林业文苑

第18辑

生态文明经济研究

廖福霖 等 著

中国林业出版社

图书在版编目（CIP）数据

生态文明经济研究/廖福霖等著．—北京：中国林业出版社，2010.10
（林业文苑·第18辑）
ISBN 978-7-5038-5965-6

Ⅰ.①生… Ⅱ.①廖… Ⅲ.①生态经济学-研究 Ⅳ.①F062.2

中国版本图书馆CIP数据核字（2010）第193955号

出版 中国林业出版社（100009 北京市西城区刘海胡同7号）
网址 http://lycb.forestry.gov.cn
E-mail forestbook@163.com **电话** 010-83222880
发行 中国林业出版社
印刷 北京北林印刷厂
版次 2010年10月第1版
印次 2010年10月第1次
开本 880mm×1230mm 1/32
印张 14
字数 430千字
印数 1~2000册
定价 45.00元

本书研究及撰写人员：

廖福霖　邓翠华　罗栋燊　俞白桦　祁新华
陈墀成　苏祖荣　苏孝同　官巧燕　郑国诜
钟明春　朱子明　谢泽峰　吴双霞

基金资助项目

1. 福建省哲学社会科学规划重点项目“海峡西岸经济区生态文明建设研究”，编号（2008A071）

2. 福建师范大学地理科学学院海西生态文明建设研究创新团队

3. 全国哲学社会科学规划一般项目“中国工业化进程中的生态文明建设研究”，编号（10BKS039）

4. 福建省哲学社会科学一般项目“生态环境优势转化为经济社会发展优势研究：以海峡西岸经济区为例”，编号（2009B176）

前　言

1　研究概况

我们对生态文明的研究已有十几个年头，经历三个阶段。期间主持、完成了生态文明建设的十个科研项目（其中国家级两个、省级重点三个、省级一般四个和厅级一个），出版专著五部，其主要成果分别获福建省人民政府第五、六、七、八届优秀社会科学成果一等奖至三等奖四项。

第一阶段从 20 世纪 90 年代开始，并以 2001 年 11 月出版的《生态文明建设理论与实践》为阶段性成果，构建了生态文明的理论体系和实践体系。《生态文明建设理论与实践》作为国内第一部系统研究生态文明建设的专著，获得时任福建省省长习近平（现任中共中央政治局常委、书记处书记、国家副主席）的充分肯定，并把这本专著推荐给省直有关部门，作为制定生态省建设的参考，有关部门也邀请笔者就此作了讲座；同时获得厦门大学林鹏院士、复旦大学陈家宽教授等著名专家的好评；2003 年修订出版第二版；2004 年、2005 年又第 3 次、第 4 次印刷；2008 年贵州省贵阳市把这本专著列入干部学习科学发展观的必读书籍之一。

第二阶段从 2002 年开始，以 2007 年 8 月出版的专著《生态生产力导论》为阶段性成果。2002 年笔者针对社会上关于建设生态省的一些误解，在《林业经济问题》上发表了《建设生态省必须确立科学的指导思想》的论文，着重强调建设生态省的根本任务是发展生态生产力；2003 年下半年，笔者到深圳参加一个全国性的学术会议，并考察了海南的生态文明建设，给笔者深刻的感触是：必须发展生态生产力，才能从深层上、根本上、长远上推进生态文明建设，于是笔者开始专注于生态生产力的研究。笔者认为，建设生态文明的关键在于生产方式和生活方式的转变，核心是发展生态生产力。生态生产力的发展是人类推动自然—人—社会复合生态系统和谐协调、共生共荣、共同发展的内在本质力量，是人类 21 世纪财富的源泉和文明的希望，它作为新生力量，是当今世界先进生产力发展的必然趋势。所以，哪个国家或民族领跑了生态生产力的发展，它就能在 21 世纪激烈的国际竞争中取胜，就能在世界民族之林立于不败之地。所以笔者对生态生产力发展的基本原理、生态生产力的结构及其功能、生态生产力发展的充分必要条件、生态生产力发展的基本规律和基本特征等理论问题进行了系统的探讨和阐述，同时以海峡西岸经济区为例，阐述发展生态生产力的战略选择、评价指标和具体对策。因为这些都是前人没有做过的事，所以做起来特别地艰难，需要花费大量的时间和精力来收集整理资料，深入实证研究，概括提炼观点，进行理论思考，以期能在创建生态生产力发展的理论体系和实践体系方面抛砖引玉。

《生态生产力导论》作为 2006 年福建省社会科学规划重点项目的成果，2008 年初由福建省哲学社会科学规划办公室组织专家鉴定，鉴定为国内领先水平，2009 年获福建省人民政府第八届优秀社会科学成果一等奖。著名经济学家陈征教授、李建平教授，郑传芳教授，福建省委宣传部副部长马照南分别在《光明日报 · 理论版》等报刊上发表书评。

党的十七大提出建设生态文明的战略，更是对我们上述研究的充分肯定，也是对我们进一步深入研究的鞭策。

从 2007 年 10 月党的十七大召开至今，我们的研究进入了第三个阶段，即研究生态文明经济及其发展。促使我们研究的原因是：多年来，笔者多次参加了福建省人大有关专门委员会、省政府有关部门、省社科联和福建日报等召开的有关生态文明建设的座谈会和咨询会，参加了一些国内外的学术会议，在省内外一些高校作了学术讲座，为地、市、县党委中心组学习和基层干部群众作了几十场相关的辅导，接受了一些媒体的采访，接触到方方面面的人，也利用参加国际学术会议和出访联系工作的机会，考察了日本、澳大利亚、新西兰、德国、法国、荷兰、意大利、布鲁塞尔等国家以及我国香港和台湾等地。生态文明建设的实践，发觉国内外不少人（甚至包括一些学界同仁）对生态文明及其建设存在着不同程度的片面理解，甚至误解，有的因为理解的偏差还在实践中走过弯路，生态文明建设难以向纵深发展。笔者对此深入地思考、分析，发现造成这种结果的原因固然有许多，但最根本的还是干部群众尚未确立协同发展生态文明经济的意识和实践，认为经济发展和生态环境保护总是“二律背反”，无法相统一和最优化。所以笔者决定研究生态文明经济及其发展，这也是撰写本专著的初衷。

2　生态文明经济是新的经济系统

2.1　研究生态文明经济及其发展，实际上是对生态生产力研究的深化

每一种生产力的发展都必然表现在与之相适应的社会经济系统的发展。换句话，新的社会经济体系的发生与发展是新的生产力发生与发展的基础，一种新的社会生产力如果缺失与之相适应的强大的经济基础，那便是空中楼阁。所以发展生态生产力，建设生态文明就必须研究生态文明经济的发展，它对于落实科学发展观，发展先进的生态生产力，优化经济结构，实现产业升级，转变经济发展方式，抢占国际经济科技制高点，提高国内外的经济综合竞争力，实现包容性增长和跨越式发展，都是个关键的问题。同时它又比生

态生产力更加微观，更具有实践性和可操作性，也更容易为广大的干部群众所理解和掌握。

2.2 生态文明经济的发展是实现包容性增长的基础

包容性增长内含着和谐发展、持续发展和全面发展之意，主要包括了城乡和谐发展、区域和谐发展、经济社会和谐发展、人与自然和谐发展、国内和谐发展和世界的和谐发展。其最重要的内容应该是促进公平公正，包括了代内公平公正和代际公平公正。在代际公平公正方面，要求能够可持续发展；在代内公平公正方面，要求促进收入差距的缩小，同时特别要注意扶持弱势群体，如增加公众在生态环境方面的话语权，改变他们所处的恶劣的生态环境现状；在经济方面，要求缩小贫富差距，实现收入再分配的公平公正，促进社会消费，拉动内需；在社会方面，要求完善社会保障体系，促进教育公平公正，扩大就业，公平地分享经济增长的成果。这些都是与生态文明经济的目的、要求相吻合的。

发展生态文明经济是实现包容性增长的基础。生态文明经济要求实现生态效益、经济效益、社会效益的相统一与最优化，通过发展生态文明经济，为和谐发展提供保障，为持续发展提供基础，为全面发展提供条件。可以预见，生态文明经济将成为全球经济发展的必然趋势，所以要通过发展生态文明经济，实现我国经济与全球经济的和谐协调发展。

2.3 生态文明经济的内涵、外延与功能

生态文明经济作为21世纪生态文明社会的经济体系，是一个新的研究领域，它是指：生态文明各种经济形态有机结合、相辅相成、协同发展的经济系统。它是经济发展理念、机制、技术、管理和市场相配套的综合创新。其中，理念创新是指在经济发展中树立生态整体主义的观念，摒弃高投入、高消耗（包括高消费）、高污染、

低产出、低效益的生产（包括生活）方式，走资源能源节约、生态环境友好、人类健康幸福的发展道路；机制创新是指摒弃各种经济形态相互孤立的旧机制，确立各种经济形态协同发展，能够取得系统效应（1+1>2），从内在力量实现生态效益、经济效益、社会效益相统一与最优化的生态文明经济的新机制；技术创新是指建立生态文明经济技术体系，它包括生态化技术、信息化技术（包括网络、智能技术）、各个领域各个产业的纵向技术的有机结合，建立社会技术平台，一方面为实现“三大效益”的相统一与最优化提供支撑，另一方面为实现产品、产业从低端走向高端，从低价值走向高附加值，提供技术保障；管理创新是指综合应用现代生态学、现代管理学、系统学、协同学等学科知识和技术，实现从末端管理走向过程管理、从单向管理走向协同管理、从开环管理走向循环管理、从低效益管理走向高效益管理；市场创新是指建立诚信市场，让生态文明经济系统生产的产品（如绿色产品、低碳产品、有机产品）能够切实促进公众的安全、健康和幸福，并在市场上确实体现其价值与价格，使企业生产生态文明经济产品既能获得生态效益又能获得经济效益和社会效益。

创新经济（也称知识经济）、体验经济、生态经济、绿色经济、循环经济、低碳经济、生态文明消费型经济以及传统经济的改造与提升，都是生态文明的经济发展形态。这里特别强调全面理解生态文明的理念及其指导下的经济发展，以创新经济为例，它既可以以工业文明理念为指导，也可以以生态文明理念为指导，两种不同的指导思想的水平维和力量维是一样的，但是价值维（效益）是不同的。工业文明视野下的创新（如技术创新、管理创新、机制创新等），基本上是围绕增加利润进行的，它主要是以获得经济效益为目的，在相当多的情况下是以掠夺自然资源、破坏生态环境以及损害公众健康为代价的。这样的创新显然是不可持续的，最终也会毁了经济的发展。所以这样的创新不符合生态效益、经济效益和社会效益相统一和最优化的要求，就不是生态文明的创新经济。同样的道理，如果我们现在的创新（包括技术创新、管理创新、机制创新等），只单纯以获取生态效益为目的，而不考虑经济效益和社会效益，那么它同样是不可持续的，最后连同生态效益也会一块丢失。这种创新也不是生态文明的创新经济。本书在第四章、第五章、第九章至第十三章中从各个侧面对此进行了定性与定量相结合的实证分析，可以明显看出：在经济发展中，在生态恢复与建设，环境治理与保护中都要十分注意生态效益、经济效益和社会效益相统一和最优化，才能取得良好的预期效果，那种只重视其中某一种效益而不重视其他效益的思想和做法，都是不可取的。这就需要协同发展生态文明经济，它是从内生力量推进生态效益、经济效益和社会效益相统一和最优化的经济系统；能够满足人类物质、精神和生态三大需求以及自然生态本身的需要；能够促进自然—人—社会复合生态系统和谐协调、共生共荣、共同发展。这在理论上是科学的，在实践中是可行的。

2.4 生态文明各种经济形态的协同发展是生态文明经济发展的基本规律

生态文明经济是新的经济系统，它不是各种生态文明经济形态的简单相加，而是生态文明各种经济形态的有机联系协同发展。生态文明各种经济形态既有它们的共性也有它们的特性，既有密切联系又有重要区别。其中，创新经济是核心与基础，贯穿生态文明经济发展的始终；体验经济作为未来经济发展的必然趋势，是一种既能实现资源节约、环境友好，又能满足人们的多样性需求，促进公众健康和全面发展，还能拉动内需、实现产品的高附加值的生态文明的重要的经济形态；生态经济主要是从宏观上解决生态与经济协调发展的问题，是一种宏观的生态文明经济形态；绿色经济是解决人类健康与安全、打破绿色贸易壁垒的重要微观经济形态，其重点是“绿色”直接体现于产品之中，特别在经济发展和诚信市场发育比较好的国家和地区，绿色产品具有很强的竞争优势。它不但突破制约问题，而且突破转化问题（即把生态环境的优势转化为经济发展的优势），绿色经济也是体验经济发展的重要基础；循环经济是一种典型的生态文明方法论经济，它贯穿在生态经济、绿色经济、低碳经济、体验经济和生态文明消费型经济之中，也是改造和提升传统经济的重要方法和途径，是把高投入、高消耗、高污染、低产出、低效益转变为低投入、低消耗、低污染（零污染）、高产出、高效益的重要方法；低碳经济是解决能源安全、拓展新的经济发展领域和应对气候变化的重要经济形态，其中能源安全主要是发展可再生能源和清洁能源，提高能源的利用率（节能）；拓展新的经济发展领域主要是可再生能源及其产业群，节能及其产业群，要着重发展它们的技术及设备，形成产业优势，抢占国内外市场先机；应对气候变化主要是减少以 CO_2 为主要的“温室气体”的排放，增加对 CO_2 的吸纳和利用，它包括减排、增加碳汇以及把 CO_2 利用来生产各种相关产品；生态文明消费型经济主要是确立生态文明的消费观，它也是一种安全、健康、幸福和全面发展的消费观。通过生态文明消费引导生态文明经济市场，通过生态文明经济市场引导企业生态文明的生产，又通过生产引导消费，形成良性循环，它是实现资源能源节约、生态环境友好和人类健康幸福的必经之路，也是实现企业生态效益、经济效益和社会效益相统一的有效途径。建立生态文明消费的关键是建立诚信市场，消费者才能放心消费、乐于消费，企业才能从生产生态文明产品中获的经济效益，实现“三个效益”的相统一，才能可持续发展；传统经济的改造与提升主要是不断发展其水平维与力量维，把传统经济发展中对自然—人—社会复合生态系统出现的负效益负价值转变提升为正效益正价值，把传统经济中的低端产品低端产业转变为高端产品高端产业。

上述各种经济形态不可混为一谈，更不可以一种经济形态取代其他的经济形态。生态文明的各种经济形态作为相对独立的因子，已逐渐被人们认识与实践，但人们又往往把它们相割离，甚至以某种经济形态取代其他的经济形态，实践效果很不尽人意，所以必须把它们作为一个系统协同发展，方能取得 1 + 1 > 2 的系统效果，这就成为一个新的研究领域。生态文明的本质特征是和谐协调。自然生态母系统协同演进的基本规律告诉我们：生态系统的各个子系统、各个因子，只有协同演进，才能实现整体功能大于部分之和（1 + 1 > 2）的系统效应，才能不断新陈代谢、生机勃勃和长盛不衰；生物多样性的协同发展才能导致生态系统稳定性，才能增强生态系统的自组织、抗干扰和抗风险能力。生态文明观认为，经济系统属于生态母系统的一个子系统，协同发展同样是生态文明经济发展的基本规律。本书以福建省德化县为实证研究，阐述了这条基本规律。同时，生态文明经济体系是一个开放的系统，随着社会实践的发展和人们认识的深化，今后还会出现新的生态文明经济形态，也必须纳入协同发展的轨道。

2.5 生态文明经济协同发展的基本特征

一是各种经济形态互相渗透，每一种经济形态中都蕴含着其他形态的经济因素。

二是各种经济可以相辅相成、既互相补充又互相促进，但又有其不同的功能，都不能取代其他的经济形态。

三是各种经济形态作为一个整体协同发展，形成有机联系的经济链（网）体，才能获得整体功能大于部分之和（1 + 1 > 2）的系统效应。

善于把生态环境优势和经济发展相互转化，是生态文明经济协同发展的基本要求，也是取得系统效应的前提条件，它更需要发展思路、技术和管理的创新。

2.6 生态文明经济是对工业文明经济的扬弃，而不是简单的否定

要发展工业文明经济中发达的水平维和强大的力量维，把它对自然—人—社会复合生态系统的负效应负价值维转化为正效应正价值；同时还要把我们现在的低端产品、低端产业链发展为高端产品和高端产业链，实现从低价值向高价值的跨越。所以生态文明经济还应该与对传统经济的改造提升结合在一起，成为有机联系的一个问题的两个侧面。

2.7 本专著以海峡西岸经济区为实证研究对象有两方面的考虑

一方面是海峡西岸经济区在生态文明建设方面一直是走在全国前列，同时它又兼备了沿海发达地区和山区落后地区的两个方面的显著特点，具备全面进行实证研究的良好基础。

另一方面也是出于方便考虑：一是便于实证研究，在福建省委、省政府有关部门和各地的大力支持下，我们对十几个大中小国企和民企（含外企）、几个沿海和山区城市、几个不同类型的县域的经济社会发展、生态恢复与建设、环境治理与保护进行了实地调研、考察、总结与提炼，成为研究的基础；二是便于研究力量的组合。

我们研究的第一阶段，基本上是笔者的单干；第二阶段就有了学校的团队；第三阶段更有了省级的团队（我们于2008年初成立了福建省生态文明研究会），使这本专著更有条件从多学科角度，从定性研究与定量研究的结合，从实践与理论的结合来深入研究生态文明经济及其发展。

3 各章的主要内容和安排思路

本书共安排十八章。

第一、二章主要阐述生态文明建设的战略意义，并针对社会上

的一些片面理解（甚至误解），论述科学全面理解生态文明及其建设的几个问题。一方面希望能让更多的公众消除误解，另一方面也为研究生态文明经济协同发展提供理论铺垫与支撑。

第三、四章主要对生态文明经济的内涵进行阐述，论述生态文明各种经济形态及其内在联系与区别，着重强调生态文明各种经济形态必须协同发展，并以德化县为实证研究，阐述生态文明经济协同发展的基本规律、基本特征、基本功能。

第五至第九章分别阐述生态文明的创新经济、体验经济和低碳经济的主要理论和实践。其中：第五、六章着重提出创新经济和体验经济的理论基础，国内外研究和实践情况，主要内涵和外延，基本特征和功能，发展创新经济和体验经济的意义、途径和要求；第七、八章主要阐述低碳经济的引擎——可再生能源的开发利用及其产业集群的发展，并以福建省为例子，运用层次分析等研究方法，对发展非粮生物质能源进行时间序列和空间布局的科学分析；第九章综合运用定量与定性相结合以及比较研究等方法，着重阐述发展城市低碳经济的几个主要理论，全面分析发展城市低碳经济的实践问题，可作为各种城市发展低碳经济的决策参考。

第十、十一章阐述企业发展生态文明经济。企业是社会经济的主要细胞，是经济发展的主体，是发展生态文明经济的主要力量。有些学界同仁提出的我国经济发展与环境保护的“二律背反”现象，究其深层次的本质原因，就是企业仍然是沿袭着工业文明经济的发展之路，如果企业都能够发展生态文明经济，那么这种“二律背反”现象就自然而然地消除，只有企业全面发展生态文明经济，社会的生态文明经济才能持续有效发展。企业包括工业企业、建筑企业、交通运输企业、现代服务企业以及农业企业等。

第十二、十三章主要是以生态文明经济的视野审视生态恢复与建设，环境治理与保护。并应用博弈理论，在定性分析的基础上进一步定量研究，有力地证实了这样的一个道理：如果不按生态系统自身的规律办事，生态恢复与建设、环境治理与保护是难以奏效的，甚至会适得其反。然而只重视生态效益，忽视经济效益和社会效益，生态恢复与建设、环境治理与保护也是不可持续的，最终也要失去生态效益。只有以生态文明经济理论为指导，遵循生态效益、经济效益和社会效益相统一与最优化这一基本规律办事，生态恢复与建设、环境治理与保护才会持续有效。德化和长汀的例子就是很生动的说明。

第十四、十五章阐述生态文化建设和大学的生态文明教育。它们与发展生态文明经济有什么关系呢？文化作为一种软实力，对于经济发展乃至国家综合竞争力的重要作用已越来越被人们所认识，以至许多专家、学者、企业和政府都把提高文化竞争力作为提高经济竞争力乃至提高综合竞争力的重要动力，认为世界的竞争从20世纪初叶的军事竞争到中叶的经济竞争到末叶的科技竞争再到现在的文化竞争，比如一个国家或一个企业的文化理念，直接关系到国家或企业制定的经济发展战略与策略是否顺应世界经济发展的大趋势，是否符合国际产业结构调整要求的大趋势，是否对社会负起责任等。生态文明经济的发展，特别需要生态文化作为支撑。建设生态文化对于发展生态文明经济具有以下五个方面的促进作用：一是能够更加自觉地以生态文明观念指导生产方式和生活方式的转变，指导生态文明经济发展和生态文明建设。所以党的十七大在建设生态文明的战略中，一方面强调生态文明经济的发展，另一方面又强调“生态文明观在全社会牢固树立”，把两者作为生态文明建设的有机统一体，使之相辅相成，相得益彰。二是有利于更加深入地掌握和应用现代生态学的原理与规律，推动生态文明经济的发展。生态文化是生态智慧的结晶，作为生态文化的高层次内容的生态原理和规律，如自然—人—社会复合生态系统的原理、生态平衡的规律、生态系统协同演进的规律，物质循环运动的规律，生态系统全息论的规律等等，都是生态文明经济发展的科学依据和基本原理的来源，同时也是促进生态文明经济发展的有效途径。比如，人类可以以自然生态系统的功能结构原理组织经济活动，发展循环经济；以自然生态系统顶级群落原理组织经济活动，增强经济活动的自调节机能和抗风险能力；学习自然生态系统的协调共生智慧，在经济活动中学会“双赢”以及综合利用资源，获取多重效益；学习自然生态系统的生物智慧，发展创新经济、体验经济和低碳经济等。可以说，人类对生态智慧的学习与运用还只是初步的，这种学习与运用不断向纵深发展，生态文明经济也会不断向高级推进。三是建设生态文化有利于形成生态文明消费观及其模式，从而推动生态文明经济的发展。四是生态文化是一种和谐文化，有利于推动社会和谐，从而有利于推动包容性经济的发展，同时为整个生态文明经济健康发展提供前提保障。五是以生态文化为基础的生态文化产业本身就是新兴的具有高附加值的朝阳产业，也是创新经济和体验经济的重要内容。

在发展生态文明经济中，高校起着特殊的作用。一方面高校可以研究和传播生态文化，研发生态产业及其技术体系，研究生态文明经济的新机制和新模式，直接为发展生态文明经济服务；另一方面高校通过培养学生生态文明经济的意识和能力推进生态文明经济的发展。

第十六、十七章，主要是构建生态文明评价指标体系，进行闽台生态文明建设合作交流的探讨。这两方面都是新的课题，在指标体系和比较研究中都突出生产方式和生活方式的转变，加大生态文明经济在评价指标体系和闽台生态文明建设比较分析中的权重，这与之前的可持续发展评价指标、环境保护评价指标等，有着重要的甚至是本质的区别。

第十八章阐述生态文明建设的社会目的，旨在从理论上阐述生态文明既需要有生态效益和经济效益，还需要社会效益，坚持生态整体主义的世界观和方法论，既反对人类中心主义，也反对自然中心主义（或纯生态主义），实现生态效益、经济效益和社会效益的相统一；物质需求、精神需求和生态需求的相融合；生态和谐、心态和谐与社会和谐的相协调。而不是厚此薄彼，更不是顾此失彼。

由于生态文明经济是一个新的研究领域，加上我们的水平所限，肯定存在许多不足和错误，希望读者批评指正，也希望有更多的学界同仁共同来修正、完善和发展生态文明经济体系，更好地促进生态文明经济的发展。这也是我们出版本书的一个重要目的。

廖福霖

于福建仙游九鲤湖

2010 年 7 月 18 日

目　录

第一章

生态文明建设的战略意义

1 生态文明建设是党中央、国务院的重大战略

2007年10月，胡锦涛总书记在党的十七大报告中提出建设生态文明的目标，这是对全球文明进程的原创性贡献。但是也有人认为，这只是我国应对气候变化而提出来的。这话是对的，我国提出生态文明的理念和实施生态文明建设的措施，是应对气候变化的极其有效举措，也得到国际社会的共同赞扬。但这只是问题的一个方面。另一方面，生态文明建设对我国优化经济结构、实现产业升级和发展方式的转变；占领国际高新科技和先进生产力发展的制高点，提高国际综合竞争力；提高人民群众的健康和全面发展水平，落实科学发展观，构建社会主义和谐社会都具有深远的历史意义。同时它对于“内需”与“外需”共同发展，对于发展新兴产业群（网），把经济危机转化为新的发展机遇，实现包容性增长，都具有十分明显的成效。

2008年3月，胡锦涛总书记又指出，建设生态文明是我党对社会主义现代化建设规律认识的进一步深化。可见，建设生态文明是事关我国社会主义现代化建设全局的重大战略。

2009年5月，在《国务院关于支持福建省加快建设海峡西岸经济区的若干意见》[1]中，从总体要求、战略定位、发展目标、重点工作，到优化经济结构、实现产业升级、生态恢复与建设、环境治理与保护，以及促进社会和谐、闽台交流合作等各个方面始终贯穿着生态文明建设的内容。

1.1 总体要求

明确提出“着力加强生态文明建设，提高可持续发展能力”，“着

力改善民生，推进社会主义和谐社会建设”等，都是生态文明建设的主要内容。

1.2 战略定位

要求成为“东部沿海地区先进制造业的重要基地”，“加快形成科技含量高，经济效益好，资源消耗低，环境污染少，人力资源优势得到充分发挥的，在全国具有竞争力的先进制造业基地和两岸产业合作基地”。这实际上就是发展生态文明型的制造业，通过发展生态生产力，用生态化技术体系改造提升传统产业，发展生态化新兴产业，建设先进制造业基地，提高竞争力。在“我国重点的自然和文化旅游中心”的战略定位中，要求“以滨海旅游，生态旅游，红色旅游和文化旅游为重点”，其中强调的“武夷山、闽西南土楼、鼓浪屿等景区”，都是以生态旅游著称，强调的“闽南文化、客家文化、妈祖文化等”也都包含着重要的生态文化旅游的内涵。

1.3 发展目标

首先把到2012年的目标界定在“优化结构、提高效益、降低消耗，保护环境的基础上”，同时要求“单位生产总值能耗持续下降，生态环境继续改善”；到2020年的发展目标中，更是直接强调“资源利用效率明显提高，生态环境优美，可持续发展能力增强，生态文明建设位居全国前列”，以及“社会更加和谐”。

1.4 重点工作

专列一项强调“加快生态文明建设，实现经济社会可持续发展”，并以“全面推进节能减排”、“加强生态建设和保护”、“强化环境综合整治”等三个分系统十二个子系统的构架，对生态文明建设提出当务之急的具体内容，其中既有宏观的，又有中观与微观的；既有定性的，又有定量的；既有发展先进生产力（即生态生产力），生态文明型产业的工程，又有生态保护和环境综合治理等工程；既有发展绿色科技的要求，又有建设机制的要求等。

1.5 优化经济结构

要求“着力转变经济发展方式和增强自主创新能力，提高经济发展质量和水平”；“全面推进节能减排”；要求“加强沿海能源基础设施建设”、“强化能源保障，优化能源结构”、积极发展可再生能源和清洁能源等新能源。笔者认为，生态文明建设的核心是把工业文明的生产方式和生活方式转变为生态文明的生产方式和生活方式，一方面以现代生态化技术改造提升传统经济，另一方面协同发展知识经济、生态经济、绿色经济、循环经济、低碳经济、体验经济，优化经济结构，提高经济发展质量和水平，走资源节约型、环境友好型的发展道路，实现生态效益、经济效益和社会效益的相统一和最优化。

1.6 产业升级

要求“按照高产、优质、高效、生态、安全的要求，加快转变农业发展方式，促进农业结构优化升级，构建现代农业产业体系”，发挥“环境资源承载能力较强等有利条件”，“立足资源优势和市场需求，大力扶持特色产业发展，提高农产品和特色资源深加工水平，推进农村资源开发”，“推广名优特品种和生态养殖模式，建设生态型海水养殖和海水产品加工基地”，同时又要求“在山区贯彻以保护为主，开发为辅的原则，最大限度地保护山川秀美的生态环境”，“促进经济社会发展和资源环境相协调”等；“坚持走新型工业化道路，加快转变经济发展方式，提升产业发展水平”，一方面发展生态文明型的高新技术产业如新能源及其产业网、精密仪器产业、环保产业、生物产业、电子信息产业等战略性新兴产业，另一方面，以生态文明的视野，用生态化技术改造提升装备制造、石油化工、冶金建材、纺织食品等传统产业；“加快发展现代服务业”；“加快转变外贸增长方式”，“严格限制高耗能、高污染、资源性产业出口”等。上述这几方面，都是生态文明建设的直接内容和要求。

1.7 加强生态建设与保护

对森林生态建设，水资源的管理和保护等方面提出十分具体的要求。如，保持森林覆盖率居全国前列，优化森林资源结构，提高森林资源质量，强化森林资源的生态功能；完善取水许可和水资源有偿使用制度，加强总量控制和定额管理，健全流域管理和区域管理相结合的管理体制，完善生态补偿办法，推动生态环境跨流域、跨行政区域的协同保护。

1.8　强化环境综合整治

在强化环境综合整治方面，分六个子系统提出全面要求。

1.9　加快社会事业发展，促进社会和谐

在“加快社会事业发展，促进社会和谐”方面，更是生态文明建设的题中应有之义，因为生态文明的本质特征是和谐协调，要构建生态和谐、心态和谐、人态和谐的自然—人—社会复合生态系统。《国务院关于支持福建省加快建设海峡西岸经济区的若干意见》要求着力改善民生，而从某种意义上说，生态文明建设是一个极其重要的民生工程。

1.10　发挥独特的对台优势，努力构筑两岸交流合作的前沿平台

在“发挥独特的对台优势，努力构筑两岸交流合作的前沿平台”方面，生态文明的许多理念，如人与自然和谐，人居环境优美，生态良性循环，可持续发展，人类健康等，也是台湾公众的强烈愿望；生态文明建设的许多内容，如生态建设与保护，环境的综合治理，生态文明方向的产业结构调整和升级，生态化技术体系的研究与开发，生态文明的经济发展模式和可再生能源产业等也是台湾地区发展的必然趋势。所以加强生态文明建设的合作交流，拓展两岸交流合作的新领域，都是促进两岸优势互补和资源共享，共同营造两岸良好的生态环境，实现两岸生态与经济可持续发展的互利共赢，笔者把此称为两岸的生态缘。

2　生态文明建设是党和国家领导人早已有之的理论思想和实践探索

一些学术界同仁认为，把生态文明建设写进党的十七大报告和中央

的各种文件，是学术界多年来研究和呼吁的结果。这也只是问题的一个侧面。实际上，党和国家领导人关于生态文明建设的思想和实践是早已有之，一以贯之的。比如：

胡锦涛总书记建设生态文明，实现科学发展的思想和探索，可以追溯到二十多年前的“毕节国家试验区”。

1985 年，胡锦涛担任贵州省委书记的第 3 天，就到毕节考察。当时的毕节人口众多、生态恶化、贫困交加，被联合国认为不宜人居的“喀斯特贫困恶性循环怪圈”。

在胡锦涛千方百计努力和国务院各部门的大力支持下，1987 年在毕节建立了以“开发扶贫、生态建设、人口控制”为三大主题的我国西部第一个国家实验区（这在当时是很了不起，也是很不容易的），这实际上就是以生态效益、经济效益、社会效益相统一和最优化为主要特征的生态文明建设实验区。二十多年来，毕节围绕“三大主题”，走出一条成功的生态文明建设之路。

现在的毕节，人口得到控制，生态良性循环，人民生活富足，人与自然、生存与生态从“对抗”走向“共赢”，是生动的生态文明建设、科学发展和构建和谐社会的实践[2]。

1999 年，时任国务院副总理的温家宝就指出，21 世纪将是一个生态文明的世纪。

2003 年，时任浙江省委书记的习近平，在福建和浙江两省提出并实施生态省建设的基础上，在《求是》杂志 2003 年第 13 期发表题为《生态兴则文明兴》的重要文章[3]。一方面把生态省建设提升为生态文明建设，另一方面提出生态省建设的六大体系，概括了生态文明建设的基本内容。

其他党和国家领导关于生态文明建设的思想与实践也是非常丰富的，由于篇幅所限，不一一列举。

3 建设生态文明的重要意义

3.1 生态文明建设是落实科学发展观，转变经济发展方式的有效载体

生态文明和科学发展观具有高度的内在一致性。生态文明建设就是遵循科学发展理念，遵照科学发展原则，应用科学发展方法，实现科学发展要求的实际步骤。生态文明建设的基本要求是实现生态效益、经济效益、社会效益三大效益的相统一和最优化[4]，实现生态、经济、社会的可持续发展，生态文明建设是优化经济结构、实现产业升级、转变经济发展方式、提高核心竞争力的必然要求。这不但在理论上是成立的，而且也有不少成功的实践。所以把建设生态文明作为贯彻落实科学发展观的重要抓手，是十分有效的。

3.2 生态文明建设是构建社会主义和谐社会的重要基础

生态文明的基本特征是和谐协调，它要求遵循自然—人—社会复合生态系统运行的客观规律，建立人与自然、人与人、人与社会和谐共生的良性循环机制，实现生态和谐、人态和谐、心态和谐三大和谐的相统一和最优化[5]。生态文明与构建和谐社会的基本要求和本质特征是一致的。生态文明的生态整体主义世界观，自然—人—社会复合生态系统和谐协调的生存与发展理念，与时俱进地体现了马克思主义辩证唯物主义和历史唯物主义的世界观，可以应用到构建和谐社会中去，并提供方法论的服务，生态文明的和谐协调与持续发展、全面繁荣的内在有机联系及其客观规律，也是构建和谐社会可以遵循的。同时，生态文明建设还是构建和谐社会的重要载体和有效途径。比如，生态文明建设十分强调公平正义，把它作为一项重要的基本原则加以实行，而这又正是构建和谐社会的关键环节。

3.3 生态文明建设是应对世界气候变化的战略举措

科学研究确认，全球气候正在变暖，它会衍生出许多的生态环境恶果，将给地球带来毁灭性的灾难，严重威胁着全人类的生态安全，所以

应对世界气候变化成为全人类共同面临的重要课题，成为世界各国政治、外交的重大热点。应对气候变化，主要从两方面入手，一是减排，就是减少以 CO_2 为主的气体排放，二是增加碳汇，就是增加对 CO_2 的固定能力，而这两个方面都是生态文明建设的主要内容，换句话说，必须通过生态文明建设，实现一减一增的要求。下面以森林生态建设为例，加以说明：

森林生态建设是生态文明建设的重要领域，同时森林又是固定 CO_2 的最重要碳库，根据《中国绿色时报》2009 年 7 月 6 日报道：据专家估算，1980 ~ 2005 年，我国持续不断地开展植树造林和森林管理活动吸收 CO_2，并通过控制毁林减少 CO_2 的排放，两项合计 51.1 亿 t。以森林生态为主体的中国陆地植被碳汇大约抵消了我国目前工业 CO_2 排放量的 14.6% ~ 16.1%，对应对全球气候变化作出了突出贡献。森林生态建设已成为应对气候变化的全球共识和行动，在国际事务和外交战略中具有十分重要的地位。2007 年 9 月，国家主席胡锦涛在 APEC 会议上，提出了建立“亚太森林恢复与可持续管理网络”的重要倡议，被国际社会誉为应对气候变化的森林方案。同年 12 月，在联合国《气候变化框架公约》第 13 次缔约方大会上，把减少毁林、植树造林等措施列为巴厘岛路线图的重要内容。

国务院的《国务院关于支持福建省加快建设海峡西岸经济区的若干意见》中，一方面强调生产和生活中的节能减排，另一方面又强调“积极推进集体林权制度改革，提高林地保护和管理能力，加强森林资源的抚育更新，保持森林覆盖率居全国前列；优化森林资源结构，提高森林资源质量，强化森林资源的生态功能”，也充分体现了这一战略举措。

3.4　生态文明建设是提高人民生活质量和健康水平的重要民生工程

首先，通过生态文明建设，保障民族和区域的生态安全。古今中外历史上，由于生态环境的破坏造成民族覆灭、社会动乱的反面例子，由于生态环境良好，促进生态经济社会良性发展，人民安居乐业的正面例子，都比比皆是；其次，在物质生活得到一定提高之后，人们对精神生活和生态环境的需求也随之提高，人居环境优美，生态良性循环成为幸福生活中的重要组成部分，据报道，拉丁美洲地区被评为全球最幸福地区，其中最大作用因素是“最生态的地区”。我国人民对衣食住行玩等的生活要求，经历过三个阶段的演变后，健康已成为许多人的首要追求，人们从吃饱→吃好→吃健康；从穿暖和→穿漂亮→穿健康；从住有房→住宽敞→住健康（包括能呼吸上新鲜空气，喝到干净的水）；旅游上，从好玩→玩好→玩健康等，这些都是生活质量提高的内容。所以生态文明弘扬了工业文明关于物质生活水平是基础的观念，同时又摒弃了工业文明单纯追求物质享受从而造成大量浪费，大量污染，危害人民群众身体健康的消费模式，把人们对物质的要求放在一个适当的位置，把人们对生态环境的要求，对文化精神生活的要求提高到一个应有的位置，使物质需求、精神需求、生态需求三者相互协调，作为生活质量的整体。同时通过生态文明建设，达到不断提高人民生活质量和健康水平的目的。

3.5 生态文明建设有利于化解经济危机，成为新的发展机遇

生态文明建设的核心是产业结构的优化和升级，增长方式和生活方式的转变。正如党的十七大报告中要求，基本形成节约能源资源和保护生态环境的产业结构、增长方式、消费模式，国务院的《国务院关于支持福建省加快建设海峡西岸经济区的若干意见》中也强调了这一方面。这在经济全球化和应对气候变化的国际大背景下，是不可逆转的，我们必须乘势而上，把握新的发展机遇。

当前，我们面临着全球性的经济危机，但是纵观世界历史，每一次经济危机，都会淘汰一批落后的产业群、孕育、发展一批代表先进生产力的新兴产业群，并成为化解危机，促进经济再次繁荣的新发展机遇，这也是历史的辩证法。在这样的历史转折关头，谁能抓住新的机遇，谁就能领跑新兴经济，就能在新的发展中取得主动权。那么，这次经济危机将呼唤出什么样的产业群呢？如果从深层次上分析，就不难发现，这次由美国的金融危机引发的全球性经济危机，实际上是由工业文明的生产方式和生活方式引发的，是工业文明消费观及其模式长期作用的结果。所以，能够化解这种危机，成为新一轮发展机遇的，就是生态文明

的生产方式和生活方式，并由此催生的许多生态文明产业群，它们的主要特征：一方面以生态化技术改造和武装传统产业群，另一方面发展新兴的生态化技术产业群，这些产业群的经济体量之大，生态环境效益之好，就业机会之多，对可持续发展影响之深，都将是巨大的。下面仅举几例：

3.5.1　再生与清洁能源产业群

美国这次刺激经济的重点领域是可再生与清洁能源产业群，如风能、生物质能、太阳能、核能、潮汐能等，并且由该领域的诺贝尔奖获得者出任能源部长。这不但是针对化石能源枯竭，应对世界气候变化的需要，而且将会出现一系列与之相适应的新兴产业群，如绿色制造产业群、绿色交通产业群、绿色建筑产业群、绿色材料产业群等，经济体量十分巨大。

3.5.2　生态化高新生物技术产业群

专家们认为，由于生物技术的不断突破，将在工业、农业、服务业、医药业等各个领域创造出许多新产品和新产业，将成为全球新的经济增长点而受到各国企业和政府的重视。

3.5.3　生态化健康产业群

健康消费是生态文明的重要消费模式，将成为继 20 世纪 90 年代的电脑和互联网产业群之后的全球第五波财富浪潮，在衣食住行玩各个领域中，一切有利于人们健康的新产品新产业都将取代旧的产品和旧的产业，都将得到人们的青睐而蓬勃发展，它将创造一个十分广阔的市场，在促进人们健康和全面发展的同时引领扩大内需，促进经济繁荣。

3.5.4　生态化信息技术产业群

这是一个具有很强创新性的新兴产业，它产生于 20 世纪 80 年代，发展于 90 年代，至今仍然还有巨大的发展潜力。更由于它是生态化技术体系的三大领域之一，覆盖了许多领域和行业，所以它不仅能带来巨大的经济效益，而且能带来巨大的生态效益和社会效益。

3.5.5　生态服务产业群

这是一个新兴的产业群，据专家测算，全球生态服务功能的价值达 33 万亿美元/年，是全球 GDP 总和（18 万亿美元/年）的近 2 倍，这还不包括生态文化产业群将创造的经济价值。生态文化产业群现在还不显山露水，但却有广阔的发展前景。

3.5.6 环保产业群和静脉产业群

这是目前全球极具竞争力的产业群，这方面大家都比较熟悉，就不多加赘述。

上述产业群只是生态文明产业群的一部分。

生态文明建设有利于海峡两岸的合作与交流，这在上面已经阐述，这里不再重复。

参考文献

[1] 国务院关于支持福建省加快建设海峡两岸经济区的若干意见.

[2] 汪孝宗，董志龙. 毕节试验20年［N］. 中国经济周刊，2008（35）.

[3] 习近平. 生态兴则文明兴［J］. 求是，2003，（13）.

[4] 廖福霖. 生态文明建设理论与实践［M］. 北京：中国林业出版社，2001，9：26～29.

[5] 廖福霖. 生态文明建设与构建社会主义和谐社会［J］. 福建师范大学学报（哲学社会科学版），2006，（2）：1～9.

第二章

科学全面理解生态文明及其建设

生态文明建设既然如此重要，党和国家领导人既然如此重视（且是一贯重视），那么怎样搞好生态文明建设？笔者认为，首先要科学准确全面地认识生态文明及其建设，因为不同的认识必然对生态文明及其建设会有不同的定位、途径、措施和方法。笔者在研究生态文明中拜读了许多文献，参加了许多学术会议，对一些地方和实际工作部门作了调研，感到学术界和社会上对生态文明的一些理论和实践问题有不同的看法，需要商榷：

1 关于生态文明观的几个概念

1.1 关于生态文明的研究对象

这是分歧比较多的问题。人们对客观事物的认识，总是需要一个过程。人们对生态文明的认识，同样走过了从侧面到比较全面，从不完善到逐步完善的过程。在早期的研究中，大多数是从狭义上理解生态文明，单纯地视为人与自然的关系，当作一种类的文明，相对于物质文明、精神文明、政治文明而言（现在仍然有一些学术界同仁和许多实际工作者持这种看法）。随着研究和实践的深入，人们发现，单纯地讲人与自然的关系，既是不够全面，也是难以实施。笔者认为，自然—人—社会本身就是一个巨大的复杂的复合生态系统，自然界的运行、人类的活动、经济社会的发展，三者是有机联系，不可分割的[1]。人类及其社会首先就是自然界的产物，是她的一个子系统。所以马克思、恩格斯关于共产主义文明社会的设想就是：人与自然、人与人的矛盾的真正解决；人与自然、人与人的真正和解。在自然—人—社会复合生态系统中，人与自然的关系是基础，但它不是孤立的，它必然要影响到人与人、人与社会的关系，包括代内关系和代际关系，如生态难民、环境危机危害全人类；争夺资源引起战争；种树获得诺贝尔和平奖等。并且，如果单纯地谈人与自然的关系，人们就容易把生态、经济、社会三者割裂开来，容易单纯地就生态讲生态，就环境讲环境，这对于经济社会的发展是不利的，也难以调动企业、政府以及社会各界建设生态文明的积极性、主动性和创造性。而人与人、人与社会的关系是关键，人类的文明观指导着人与自然的关系；人与人、人与社会的关系没有处理好，与自然的关系也难以和谐协调。如发达国家应当帮助发展中国家脱贫问题；资源分配的公正性问题；生态补偿问题；战争对生态环境的破坏问题；构建和谐世界问题等，所以，无法避开人与人、人与社会的关系而单纯地谈人与自然的关系。可见生态文明是一种生态整体主义（即自然—人—社会复合生态系统）的世界观和方法论，它强调的是复合生态系统的空间整体性、时间整体性和时空的统一性。

所以，笔者把生态文明当作自然—人—社会复合生态系统的社会文明形态，相对于原始文明、农业文明、工业文明，认为生态文明建设就是把自然—人—社会统一起来，既有物质文明建设，也有精神文明建设和政治文明建设，它能够获得生态、经济、社会三大效益的相统一和最大化，这样的生态文明建设才能让企业、政府、公众都有积极性。所以，笔者把生态文明界定为：自然—人—社会复合生态系统和谐协调，共生共荣，共同发展的社会文明形态，具体地说，它是指“人类充分发挥主观能动性，按照自然生态系统和社会生态系统的客观规律建立起来的人与自然、人与社会、人与自身的良性运行机制、和谐协调发展的社会文明形态”，它是人类物质、精神和制度的成果的总和。其中和谐协调是基础，是生态文明的本质特征；共生共荣是目标，是和谐协调与持续发展，全面繁荣良性互动的结果；共同发展旨在说明共荣是不断向着新的境界发展，而不是停滞在某一个层面上。

从笔者掌握的有关资料和参加的有关学术会议看，我国目前的生态文明研究处于这样一个态势：以类的文明形态研究为基础，逐步发展为社会文明形态的研究。这一方面，学术界虽然还有争议，但也逐步趋于统一，特别是早期研究生态文明的学者（包括像曲格平这样有影响的权威人物），基本上都把生态文明作为社会文明形态来研究。

1.2　关于生态文明观的主要内容

党的十七大强调，“生态文明观念在全社会牢固树立”。当前人们对于生态文明观念具体内容的理解往往不够全面，它应当具有两个方面的内容：地球生态母系统的生态法则和基本规律，生态整体主义的世界观和综合、系统、协调的方法论，生态文明的基本原理和本质特征，生态安全观、生态生产力观等，属于生态文明观的宏观层次；生态文明价值观、生态文明消费观、生态文明伦理观、生态文明观的绿色精神等属于中、微观层次；两个方面构成生态文明观的有机整体。但是在生态文明观的宣传、教育中，许多人常常把宏观层次忽略了，这就难以牢固树立生态文明观。

1.3　关于生态文明与工业文明的关系

生态文明是21世纪社会文明发展的必然趋势，是一种比工业文明更先进的社会文明形态，但它不是对工业文明的全盘否认，而是在继承工业文明伟大性、发达性的基础上，摒弃工业文明的残酷性和危害性。当然也吸收农业文明中有益的东西。有人提出，生态文明建设是不是不要工业化？这是一种误解。生态文明不仅需要工业化，而且还需要十分发达的工业化，需要工业化加上信息化，但是它必然是以生态文明的理念和方法来指导工业化，用生态化技术体系和信息化技术体系来改造、武装工业，发展生态效益、经济效益和社会效益相统一和最大化的先进的工业化，而不是仍然以工业文明的理念和方法搞工业化。举个例子：有些非常好的大的工业项目（经济效益和社会效益都很高）要落户在某个地方，但按传统的做法，它可能产生污染，而被简单地否定。这实际上还是用工业文明的理念和方法来对待这些好项目大项目，把思想固定在原有的框架中。如果解放思想，以生态文明的理念和方法来对待，则应当通过发展生态化技术体系和循环经济，把“污染”消除在生产环节之中，在生产过程中把“废物”变成产品，使之投入更少的资源，生产更多的产品，最后是零排放。这在理论上是成立的，在实践中也是可行的，国内外都有成功的经验。当然，目前许多领域的生态化技术体系乃至生态生产力发展还处于端倪阶段，还有许多问题（如技术、成本等）尚待解决。但相信，只要沿着这个方向坚定不移地走下去，它一定会越来越发挥其优越性。还比如，对污染的末端治理，说到底还是一种工业文明的理念和方法，它既浪费资源，又少出产品，且末端治理的成本往往又很高，还很难根治，所以企业甚至是地方政府都常常是消极的态度，公众也不放心。

2 关于生态文明建设

2.1 全面理解生态文明建设内容

全面理解生态文明建设内容，对于建设生态文明具有十分重要的意义。关于生态文明建设的内容，许多人误认为，生态文明建设就是生态的恢复与建设，环境的治理与保护，所以一谈到生态文明建设，就说那是环保部门的事（最近加了林业部门），甚至一些政府官员、学界同仁和媒体人员也是持这种观点。其实不然，正如国家环保部部长周生贤指出："建设生态文明不同于传统意义上的污染控制和生态恢复，而是修正工业文明弊端，探索资源节约型、环境友好型的发展道路。"生态文明在实践中的一个基本要求是实现生态效益、经济效益与社会效益"三个效益"的相统一，生态和谐、人态和谐与心态和谐"三种和谐"相协调，物资需求、精神需求与生态需求"三大需求"相融合为主要特征的代内与代际的可持续发展。马克思主义关于自然—人—社会复合生态系统的理论、科学发展观和现代生态科学是它的主要理论依据，国内外一些企业、产业和区域的成功经验是它的实践基础。所以生态文明建设是一个巨系统，有五个子系统：一是"生态文明观在全社会牢固树立"，这是党的十七大报告中提出的要求，要以生态文明观指导人们的生产和生活。二是发展生态生产力，它以现代生态科学为指导，以生态化技术体系为基础，以生态化产业集群为主体，是生产方式的根本转变，是21世纪先进生产力的代表、财富的源泉和文明的希望，因而是建设生态文明的核心，党的十七大报告和国务院《国务院关于支持福建省加快建设海峡西岸经济区的若干意见》重点强调了这个问题。它要求遵循现代生态科学的规律，融知识经济与生态经济于一体，努力发展生态化技术体系，使绿色经济、生态经济、循环经济、低碳经济、体验经济等协同发展，实现低投入、高产出、低排放（甚至零排放）、高效益，从内在根本力量上推动经济发展、资源节约、生态良好、环境优美、人与自然和谐。三是党的十七大报告中提出的，建立生态文明消费模式，这是生活方式的根本转变，是促进人类健康和全面发展的重要基础，同时又能创造新的消费市场，也是生态文明建设的核心。四是生态恢复与建设，环境治理与保护，这在工业文明造成严重的生态环境危机后，是亟待加强的。但随着生态文明建设的普及和深入，它寄希望于生产方式和生活方式的根本转变，推进生态环境的正向转化，实现从治标到治本的转变。同时，又要善于把优美的环境和良好的生态优势转变为经济社会发展优势，实现生态、经济、社会三方面的协调、持续、全面发展。五是生态文明建设机制的确立，它包括政府的、企业的和公众的，包括法规的、政策的、制度的、伦理规范等。生态文明建设内容可以分为远期的、中期的、近期的。

总之，生态文明建设是一个巨大复杂的系统，包括下面五个子系统（图 2-1）。

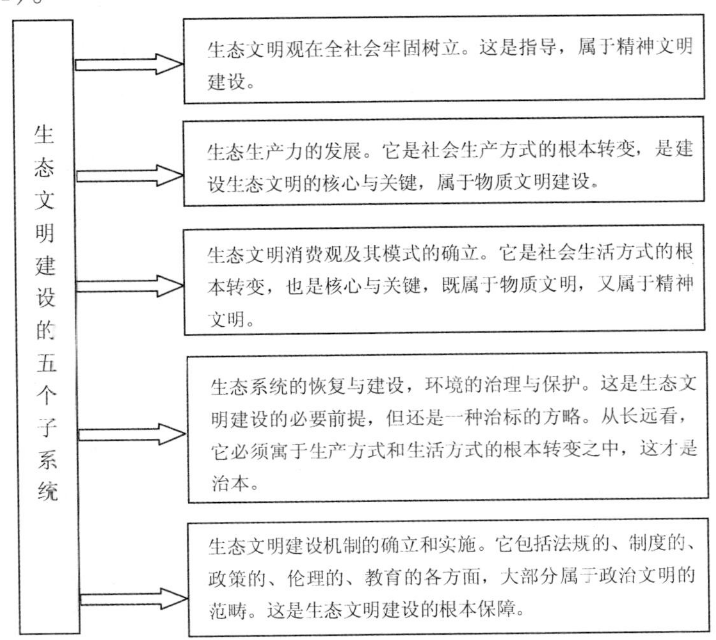

图 2-1　生态文明建设的五个子系统

2.2 关于发展生态文明生产力问题

发展生态文明生产力（简称生态生产力）对于中华民族的伟大复兴，实在是太重要了。根据生态文明的原理和发展趋势，我们可以跨越过发达国家曾经经历过的工业文明的工业化，进入生态文明的工业化，从而加快缩短我们和发达国家的距离，这是一个难得的机遇。它首先需要生产力发展的跨越，即从工业文明生产力进入生态生产力阶段。生态生产力是21世纪先进生产力发展的必然趋势，是21世纪社会财富的源泉和人类文明的希望，哪个国家或民族领跑了生态生产力的发展，他就会在21世纪激烈的国际竞争中取胜，就能够在世界民族之林立于不败之地[2]。

我们把生态生产力定义为人类充分发挥主观能动性，遵循自然—人—社会复合生态系统运行的客观规律，推动自然—人—社会复合生态系统和谐协调、共生共荣、共同发展的能力。而工业文明对生产力的定义是：人类征服自然改造自然的能力。这也是生态文明和工业文明的根本区别之一。必须注意的是：①有些文章把生态生产力当作自然生态系统的生产力(如农地生产力、林地生产力、草原生产力等)，而我们所指的生态生产力是一种社会生产力形态。两者有根本区别。②生态生产力是对工业文明生产力的扬弃，而不是对工业文明生产力的全盘否定，它继承工业文明发达生产力的一面，又克服其人类中心主义思想和生产过程的许多弊端而导致的负效应、负价值。③生态生产力的关键要素是生态化科学技术和生态化工艺体系，它是生态化科技、生态化工艺、信息科技和各个领域的专业科技的有机结合，构成社会的生态化科技与工艺体系的平台，它不但应用于工业(第二产业)，而且应用于农业(第一产业)和服务业(第三产业)，不但应用于生产，而且应用于生活。④绿色管理也是生态生产力的重要组成，其突出点是过程管理与和谐管理，这同工业文明的末端管理与行为管理有本质区别。⑤许多国家(特别是发达国家)十分重视发展以生态化技术体系武装的生态化高效工业、农业和服务业，这也应当成为我国建设创新型国家的重要目标。我们应当进一步解放思想，一方面坚持自主创新，另一方面大胆引进并加以消化吸收和创新，不应固步自封，更不应简单视为技术的买卖(表2-1)。

表 2-1 生态文明生产力与工业文明生产力比较表

比较内容 / 比较项目	定义	内涵	生产领域：运行方式	生产领域：管理模式	生产领域：产品结构	生产领域：产业结构	生产领域：技术结构	生产领域：创新性	生活领域	三大效益	经济结构
生态文明生产力（简称生态生产力）	人类促进自然—人—社会复合生态系统和谐协调，共生共荣，共同发展的能力	生态整体主义+生态化技术体系+诚信市场。三维结构：发达水平维+强大力量维+正价值维	遵循复合生态系统运行规律，实现循环式闭环，最大限度节约资源投入	实施过程管理，保证质量；同时上一环节的"流"变成下一环节的"源"最大化减少排放，最终达到零排放；大大降低成本	产品链不断延伸，多系列产品	生产性产业+还原性产业（动脉产业+静脉产业）；产业共生	"二横一纵"技术协调作用，即生态化技术+信息化技术+各行业各领域技术	善于从无中发现有，从有中发现优，从点扩展到面。善于寻找共生关系，转"流"为"源"，延长产品链	延长产品使用寿命；坚持再利用；废物回收并资源化；坚持"以人为本"消费观，资源节约、环境友好消费观与和谐消费观，倡导"全面发展"、"绿色"、"公平"三大消费模式	实现低投入—高产出—低排放—高效益，实现生态效益、经济效益与社会效益的相统一与最优化	优化的经济结构：创新经济、生态经济、绿色经济、低碳经济、循环经济、体验经济协调起作用，强调协同力。具体产业： 1. 新兴产业：可再生能源与清洁能源产业，这不仅是应对气候变化需要，也是我国能源战略安全的需要，由此产生许多新兴产业集群，其经济体量非常之大，将构成新兴经济体（全球大趋势，占领制高点） 2. 用生态化技术体系武装改造传统产业 3. 21 世纪经济主流：体验经济，也称人本经济，一是充分发挥人的创造性，人力资源成为经济发展的主要因素从而实现"三大效益"相统一与最优化；二是充分满足人的个性与全面发展需要，形成多样性经济，如现代服务业、休闲业、健康产业、文化产业，制造业也需要多样化的创新 4. 静脉产业（还原产业）、环保产业 5. 其他高新技术产业等。
工业文明生产力	人类征服自然，改造自然的能力	人类中心主义+灰色技术体系+恶性竞争市场。负价值维	违背规律直线式开环，大量资源投入，大量排放	末端治理，发现质量问题全部返工，同时污染出现了再治理，加大成本	单一产品	缺少还原产业（静脉产业）产业各自为政	"一纵"技术（各行业各领域技术）单独作用	按固定的流程，固定的模式	大量购买，即用即弃，大量消费，大量废弃	高投入—低产出—高排放—低效益，三大效益相排斥	1. 石化产业：气候变暖、资源枯竭 2. 传统产业：大量浪费资源，污染环境 3. 缺少还原产业 人类面临资源枯竭、环境恶化、人类工业病蔓延，人类已经把自然界和自己推向十分危险的境地

3 关于应对气候变化问题

应对气候变化是生态文明建设的十分重要内容，也是全世界的广泛话题。2009 年 12 月 7 日至 19 日的哥本哈根气候变化会议，193 个国家和地区参加，100 多个国家首脑与会，中国国务院总理温家宝在会上发言强调指出，“应对气候变化是当今全球面临的重大挑战。遏制气候变暖，拯救地球家园，是全人类共同的使命，每个国家和民族，每个企业和个人，都应当责无旁贷地行动起来”[3]。由此可见，应对气候变化不但是一个生态环境问题，还是一个复杂的政治、经济和文化问题，这也进一步验证了本章第一部分中论述的生态文明不单是一个类的文明形态，不单是人与自然的关系，而且是一种社会文明形态，是自然—人—社会复合生态系统的关系。

但是，由于哥本哈根会议前夕出现的“气候门”事件，使这个问题变得更加复杂化。“气候变冷”主张者借此进一步否定“气候变暖”的事实，以 CO_2 为主的“温室气体”排放大户企业（特别是美国）和石油产业国借此否定减排的必要性，少数发达国家也借此来推卸他们在历史上大量排放 CO_2 的责任，否定向发展中国家提供应对气候变化的资金和技术援助的紧迫性，一些公众也由此“摸不着头脑”。美国调查显示，“气候门”事件前后，应对气候变化的支持率从 53% 下降至 48%，我们国内也有一些不同的声音。所以如何看待“气候变化”，便成为当前重要的学术问题，这个问题不解决也会影响到国内一些人对节能减排，转变发展方式的决心和信心；影响到一些人对国家发展战略性新兴产业（特别是新能源及其新兴经济体）的信心和抢占世界经济科技制高点、把经济危机变成新的发展机遇的实际行动；当然也影响到人类拯救地球家园的进程。所以必须对“气候门”事件进行厘清。

首先，气候变暖不是某一两个科学家的研究结果，而是全世界许多国家的一大批各个领域的科学家共同的研究成果。全世界有两千多位（我国有 28 位）各个领域的科学家参加了联合国政府间气候变化专门委员会（IPCC）第四份科学评估的研究，由此可见一斑。

其次，由于气候变暖引起冰川融化、海平面上升，情况越来越严重，一些岛屿国家面临着国破人亡的绝境，一些海平面低的大中小城市面临着被淹没的危险；因气候变暖引发的各种极端自然灾害（如大干旱、大洪涝、海啸、沙漠化、物种灭绝等）频繁发生，其中最大的危害是导致世界粮食面临着大幅度减产的危机，近几年来，全球饥饿人口成倍地增加，已首次突破10亿，其中有3亿儿童是在饥饿中度过，这些都是活生生的事实。

第三，有些人承认气候变暖，但却认为那不是由于大量排放CO_2等“温室气体”的结果，而是由于太阳活动引起的。这种观点只是一种假说，到目前为止，没有任何的科学事实为依据（如观测数据等）。而唯一有科学测算数据为依据的就是大量排放CO_2等“温室气体”，它笼罩在地球表面，难以消失，就像玻璃屋一样使地球的温度散发不出去，使地球升温。

第四，上述都是不争的科学事实，英国的某个科学家故意压缩气候变冷的数据，提高气候变暖的数据，是一种十分恶劣的行径，它为科学蒙上大羞，但是如果以此来否定气候变暖的事实也是不足取的。当然，从另一个侧面看，科学家的学术道德是十分重要的，它甚至会影响到人类的历史进程。

第五，关于气候变化，我国社会上也常有不同的声音。最典型的是“阴谋论”和“被牵论”，在“气候门”事件后，这种声音尤其突出。一些人认为这是发达国家为了扼制发展中国家的发展而设置的阴谋；有些人提醒中国不能被“气候”牵着鼻子走。其实这是典型的定势（惯性）思维在作怪，这种思维只能把我们的科技和经济往后拖，而不是向前推，会使我们永远处于被动状态。这方面我们是有过历史教训的：20世纪70年代（1972年），联合国召开第一次环境大会，我国的代表团回来汇报，说大会列举的那些生态和环境问题，我们国内都存在，引起了周恩来总理的重视，于1973年召开了全国环境大会。但是，马上就有另一种声音出来，说那是西方发达国家想利用环境问题来扼制中国的发展，并从中谋取或操纵经济利益和政治利益的一种阴谋。正反两种声音在某种程度上互相抵消。到了80年代，发现我们的生态和环境问题确实十分严重，才将生态恢复与建设、环境治理与保护列为国策，但为时已晚，已处于一发不可收拾的地步，在环境治理和保护上失去了后发优势的机遇，付出了惨重的代价；80 年代，国际上提出了以燃煤为主的火力发电、钢铁产业等必须配备脱硫设备，我们国内又出现上述声音，说那是发达国家为了扼制我们的贸易，为了向我们卖脱硫设备而设计的阴谋，因而置之不理。到了 21 世纪初，相关产业配备脱硫设备已成为国际规则，我们又为时太晚，国内的技术和产品的商机又被外国人抢占去；90 年代中期，绿色贸易已在国际上盛行，但是国内仍然出现上述声音，抱怨发达国家利用绿色门槛来抵制我们的对外贸易，扼制我们的发展，是一种阴谋，这种声音又使一些人对绿色经济、绿色技术出现抵触心理，或多或少地动摇了一些地区对发展绿色技术和绿色经济的决心，放缓了其步伐；21 世纪初，世界发展新能源经济的势头迅猛，国内同样出现类似声音，或多或少地动摇了一些地区和一些人发展战略性新兴产业的信心和决心。所以这种定势思维是有百害而无一利的。

我们应该彻底改变以前被动的、消极的定势思维，转为主动的、前瞻的创新思维：

首先，生态恢复与建设，环境治理与保护，资源节约与再生，人类健康与和谐，自然—人—社会复合生态系统的可持续发展，是一个世界发展的必然趋势，是任何人都阻挡不了的，“顺势则昌，逆势则衰”是一个客观规律。因为生态和环境、资源和健康问题说到底是生产方式和生活方式的问题，所以，只有改变工业文明的生产方式和生活方式，发展生态文明的生产方式和生活方式，特别是发展先进的生态生产力，才能顺应时代的潮流，使我们的国家和民族立于不败之地。

其次，不可否认，发达国家凭借他们强大的技术力量和雄厚的资金，有实施其阴谋的一面，但是他们的这种阴谋正是利用了世界的这种发展趋势，从这个角度来看，正是他们抢占了制高点。同时他们国家的公众确实愿意花更多的钱购买真正的绿色产品，这是其阳谋的一面，有一位长期做外贸的企业家告诉我，我们真正的绿色产品在欧美市场上还是能够卖上好价格，而且还比较畅销。

第三，我们为什么不顺势而上，抢占先机，努力协同发展创新经济、体验经济、生态经济、绿色经济、循环经济和低碳经济？这样，一方面可以迎合他们公众的阴谋，扩大我们的世界市场份额；另一方面，我们也可以打破他们的阴谋，增加我们的话语权，使自己处于主动状态。可以说，有些地区和有些人老是处于被动状态，与他们的“阴谋论”的定势思维有密切的关系。尤其现在，世界上创新经济、体验经济、生态经济、绿色经济、低碳经济、循环经济以及生态文明消费引导的市场正方兴未艾，这是一个重要的战略机遇期，我们千万不可失去，应该抢占其制高点，这对21世纪的我国不仅是重要的而且是可行的。

第四，说中国是被“气候”牵着鼻子走，这是不客观的，更是不辩证的。我们还是引用温总理在哥本哈根气候会议上的讲话：“中国在发展的进程中高度重视气候变化问题，从中国人民和人类长远发展的根本利益出发，为应对气候变化做出了不懈努力和积极贡献。”[3]“中国政府确定减缓温室气体排放的目标是中国根据国情采取的自主行动，是对中国人民和全人类负责的，不附加任何条件，不与任何国家的减排目标挂钩。我们言必信、行必果，无论本次会议达成什么成果，都将坚定不移地为实现、甚至超过这个目标而努力。”[3]这就给“被牵论”有力的回击。

4　重视非气候因素的生态、资源、环境和健康问题

与此同时，我们还必须十分重视气候以外的生态、资源、环境和健康问题。不管是世界范围内还是我们国内，气候问题也只是生态、资源、环境和健康的一个方面，还有大量的非气候因素的生态、资源、环境和健康问题。如水资源、森林资源、矿产资源、土地资源、海洋资源都在大量减少，甚至面临枯竭；还有固体污染、液体污染、光污染、噪声污染以及农药化肥重金属引发的土壤污染直接威胁食品安全；非温室气体的许多气体污染，人类工业病蔓延，气候因素以外（人为）的生态灾难，如地球的肺（森林）、地球的肾（湿地）、地球的宗族（生物多样性）都在空前骤减；地球动脉大出血（水土流失），土地荒漠化速度惊人，地球保护伞（臭氧层）的空洞不断扩大，人类患癌症的风险极大增加；以二氧化硫为主形成的酸雨对全人类造成危害；海洋污染也引发各种生态危机等，不胜枚举。所以退一万步说，即使不存在气候变化问题，人类拯救地球家园实现可持续发展的行动，仍然是十分紧迫的，我们国内也是如此。所以要把气候问题和非气候问题作为一个整体

加以考虑。总之，发展生态文明生产方式和生活方式是世界发展的必然趋势，也是国内发展的必然趋势，协同发展生态文明各种经济，转变经济发展方式，优化经济结构，实现产业升级，提高核心竞争力，占领国际经济和技术制高点刻不容缓。

参考文献

[1] 廖福霖．生态文明建设理论与实践［M］．中国林业出版社，2001，9：26～29.

[2] 廖福霖，祁新华，罗栋燊等．生态生产力导论［M］．北京：中国林业出版社，2007.8.

[3] 温家宝：凝聚共识 加强合作 推进应对气候变化历史进程——在哥本哈根气候变化会议领导人会议上的讲话［N］．人民日报，2009.12.19（2）.

资料链接1

地球还剩几条“命”，科学家称地球生态系统正逼近9大极限

1. 海洋酸化

指标：全球文石（也称霰石，是一种亚稳态的碳酸钙）饱和度比率

临界点：2.75∶1

工业化前水平：3.44∶1

当前值：2.9∶1

评估：21世纪中叶将有部分海洋超出警戒线

2. 臭氧浓度

指标：平流层臭氧浓度

临界点：276个多布森单位

当前值：283个多布森单位

评估：安全但亟待改善

3. 淡水消耗量

指标：淡水年消耗量

临界点：4000km^3

当前值：2600km^3

评估：21 世纪中叶将达到极限

4. 生物多样性

指标：百万物种年灭绝数量

临界点：10

当前值：100

评估：严重超标

5. 氮磷循环

指标 1：大气年固氮量

临界点：350 万 t

当前值：1210 万 t

评估：严重超标

指标 2：海洋中所检测到的年均磷流失量

临界点：1100 万 t

当前值：90 万 t

评估：尚未超过

6. 土地使用率

指标：用于耕种的非冻土比例

临界点：15%

当前值：12%

评估：21 世纪中叶将达极限

7. CO_2 浓度

指标：大气中 CO_2 浓度

临界点：350μL/L

工业化前水平：280μL/L

当前值：387μL/L

评估：超出极限

8. 气溶胶浓度

指标：尚无

临界点：未知

9. 化学污染

指标：尚无

临界点：未知

资料来源：王小龙．地球还剩几条“命”，科学家称地球生态系统正逼近9大极限［N］．科技日报，2010－04－04（2）．

资料链接2

全球饥饿人口首次突破10亿

据联合国粮农组织估计，今年全球饥饿和营养不良人口首次突破10亿，达到10.2亿，这些饥饿人口几乎全部来自发展中国家。其中，亚洲太平洋地区的饥饿人口最多，约为6.42亿；非洲撒哈拉以南地区的饥饿人口约为2.65亿；拉丁美洲和加勒比海地区的饥饿人口约为5300万；近东和北非地区饥饿人口约为4200万；发达国家饥饿人口约为1500万。此外，非洲撒哈拉以南地区饥饿人口的比例最高，约为32%。尚不具备独立生存能力的儿童无疑是饥饿最大的受害者。目前世界上有3亿儿童在饥饿中度日，每6秒钟就有一名儿童因饥饿或相关疾病死去。

资料来源：全球饥饿人口首次突破10亿［N］．福建日报，2009－11－17（8）．

第三章

生态文明经济

任何社会文明都是建立在一定的经济基础之上，每一种社会文明都必须有与之相适应的经济体系。生态文明建设的首要任务就是发展生态文明经济，否则生态文明就会成为空中楼阁。

1 生态文明经济的内涵

我们平常所说的优化经济结构、实现产业升级、转变发展方式，其中很重要的方面就是从高投入—低产出—高排放—低效益向低投入—高产出—低排放—高效益的转变，从资源枯竭、生态危机、环境恶化、人类工业病蔓延向资源节约、生态优良、环境友好、人类安康的转变，从劳动力密集型产业向知识密集型产业转变，从工业化技术与工艺体系向生态化技术与工艺体系转变，从低端产业（产品）向高端产业（产品）的转变。消费上从基本单一的物质需求向物质、精神、生态丰富多样需求的转变。一句话：从工业文明经济向生态文明经济的转变。这是世界各国（特别是发达国家）经济发展的基本趋势。所以，生态文明经济是指：生态文明各种经济形态有机结合、相辅相成、协同发展的经济系统。它是经济发展理念、机制、技术、管理和市场相配套的综合创新，是转变经济发展方式的重要方面。它能够从内生力量推进生态效益、经济效益与社会效益相统一和最优化，实现包容性增长，从而满足人类的物质需求、精神需求、生态需求以及自然生态系统的自身需求，促进自然—人—社会复合生态系统全面、协调、持续发展。它是生态文明社会的主要经济基础，是生态生产力的主要表现形态。

2 生态文明经济的表现形态

生态文明型经济形态主要有创新经济（也称知识经济）、体验经济、生态经济、绿色经济、循环经济、低碳经济、传统经济的改造提升以及生态文明消费主导型经济。

2.1 生态文明及其创新经济

创新经济实际上也是知识经济，是生态文明的核心经济形态，它的基本特征是：创新是经济发展的引擎，知识成为经济发展的主要资源。一方面在经济发展中最大限度地发挥知识资源（主要是人的创造性），最小限度地利用自然资源，由此也就可以最小限度地污染环境；另一方面，创造和发展高新技术体系（主要是生态化技术体系），改造和提升传统经济，以实现生态效益、经济效益和社会效益的相统一和最优化。其实，生态文明建设与创新经济是相辅相成，在知识经济中，人的创造性是核心，和谐文化是创新的活力所在。心理学与创造学的研究都表明，人类只有在外部环境和谐、内部身心愉快和自由自在的努力探索中，其个体的创造性才可以得到极大的发挥；协调与协同是创新的重要机制，现代生态科学展示了地球生态母系统的两个重要机制，一是循环机制（即生物之间、生物与环境之间存在着物质的循环），这个机制的核心是协调；二是进化机制，这个机制的核心是协同，自然生态系统一定是协同演进，朝着顶级群落进化。所以绿色生命系统能够具备丰富的生物多样性，使生态系统具有很强的自组织、抗干扰、自平衡的能力；能够结构合理、联系密切、运行有序、功能强大；能够不断新陈代谢，吐故纳新，生机勃勃、欣欣向荣、长盛不衰。同样，人类只有协调与协同，其整体的创造性才能得到最大的发挥。因为生态文明的本质特征是和谐协调，所以建设生态文明又是发展创新经济的充分和必要条件。厦门路达公司创新了一百多类近万种五彩缤纷的水龙头，每一件都是艺术品，其产品的展出就是艺术的展厅，令人叹为观止，产品热销海内外，其奥秘就在于公司创造了十分和谐的、令人赏心悦目的生态文明的文化氛围。意大利的中北部艾米利亚—罗马涅达区原是农业区，分布着作坊式传统服装业，就是他们充分发挥了协同力的作用，创造出许多世界品牌，占领了许多世界市场，“成功地打破了国际市场上巨型跨国公司的垄断神话”[1]。传统服装业使该地区一片繁荣，长盛不衰，农业人口大量减少，工业人口大量增加，成为意大利一大支柱产业。

2.2 生态文明及其体验经济

未来学家托夫勒强调，21 世纪，世界经济发展将从产品经济过渡到服务经济，然后上升到体验经济，从而成为 21 世纪经济发展的主流。发达国家已处于产品经济向服务经济的过渡期，其服务业总值已占 GDP 的 70% 以上，我国尚未进入过渡期，但也有上升趋势。同时，发达国家和我国的沿海发达地区已有了体验经济的端倪，特别是其中的健康产业更加脱颖而出，专家预测，健康产业将成为继互联网经济以后的世界第五波财富浪潮，这在发达国家和发展中国家都已表现的比较明显，健康消费已成为许多国家家庭的第一大消费支出。我国的健康产业、休闲产业、文化创意产业、生态服务及其他现代服务产业等，都将成为我国经济发展的新引擎。

服务型经济和体验型经济不但是物质的，而且是精神文化的，更是生态的，是三者有机融合协调作用的经济，是生态文明的高级经济形态，具有三个基本特征：一是能够满足人们高层次需求，因而是高层次经济；二是满足个性化需求，因而是多样性经济；三是许多多样性的组合就形成规模，因而也是规模经济。如一个产品可以给人们带来高层次多样性的体验价值，上面所说的厦门路达的产品，它不但给人们带来水龙头的使用价值，而且给人们带来很好的审美价值，还有利于激发人们创造性的想象力等。所以在体验经济中，产品的生产过程必须是技术加上艺术、理性加上情感、科学加上灵感、个性加上多样。

体验经济能够满足人们物资需求、文化需求、生态需求的多样化要求，给人们带来审美、愉悦、健康、幸福和全面发展，在需求理论中属于最高层次的。以生态的需求为例：近年来，拉丁美洲地区被评为全世界最幸福的地区，其中最主要的因素就是他们是最生态的地区；据专家估算，全球生态服务功能的价值是全世界各个国家 GPD 总和的近两倍，能够创造十分可观的经济效益和社会效益。当然，这要靠人们发挥创造性，充分地保护和开发其生态服务功能，并把生态环境的优势转化为经济社会发展的优势。所以笔者把体验经济也称为人本经济，一方面满足人的个性化和包括物质、精神、生态等的多样化需求，为实现人的健康和全面发展提供经济基础；另一方面要充分发挥人的创造性，实现经济发展从主要依靠自然资源到主要依靠人力资源的转变，走资源节约型环境友好型发展道路，促进人与自然和谐。同时，由于体验经济能够满足人们高层次的文化和生态的需求，所以它能够促进人的心态和谐，从而促进社会和谐。

体验经济是多样性经济和规模经济的有机结合。现代生态科学有一个基本原理，即生物多样性导致生态系统的稳定性。这个原理同样适用于经济领域，多样性经济是经济稳健发展的重要前提。从长远看，一方面人们的需求不断地向个性化、多样化发展，另一方面，因为产品生命的周期性，单一的经济形态是有比较大的风险；当然，体验经济也离不开产品经济，产品经济是基础，产品经济发展到现代，又是一种规模经济。多样性经济与规模经济的有机结合，就必然提升为高级经济。这就形成了产品经济、服务经济和体验经济有机融合的综合经济形态。综合经济对于建设生态文明是十分重要的，能够产生 $1+1>2$ 的系统效应。这里面的机制也是协同，如何把产品经济、服务经济、体验经济有机地融合起来，协同起作用，是值得研究的。

2.3 生态文明及其生态经济、绿色经济、循环经济和低碳经济

这些是生态文明的基本经济形态。它们之间有密切的联系，又有不少区别（但是不少人把它们混为一谈，或者不知其所以然）。首先，从宏观层面看，它们都是根据现代生态学的基本原理，遵循现代生态学的基本规律，运用现代生态学的基本方法，创新生态化技术体系，以促进生态资源、生态环境与经济社会的全面、协调、持续发展，由于这些经济形态都是贯穿于实体经济（如产品经济、服务经济、体验经济）之中，所以它们都具有方法论的一面，这是它们的内在联系。但是，它们也有重要区别，分述如下：

2.3.1 生态经济

生态经济产生于20世纪60年代，80年代初传入中国，兴起研究。

生态经济是生态文明的宏观经济形态，它主要研究生态系统和经济系统协调发展的基本问题，“生态经济的理论出发点是研究生态环境对经济发展的制约，追求破除这些制约，让生态环境与经济协调发展”[2]，也是生态文明的基础经济形态。

为了实现经济系统与生态系统的协同发展，生态经济首先研究生态系统的基本规律和特征，如生态平衡规律。为什么自然生态系统能够保持生态平衡呢？这是因为生态系统的承载力具有可再生性、可修复性，生态系统具有自组织能力、自调节能力和抗干扰能力，但是基本前提是人为的干扰不超过生态系统自调节能力的阈值（也称生态不可逆阈值），这样，它就会从内在进行自组织、自调节，逐渐趋于生态平衡。根据这个规律，研究生态资源、生态环境与经济发展的关系，呈现出生态经济的“生态库兹涅茨曲线”，如图 3-1。

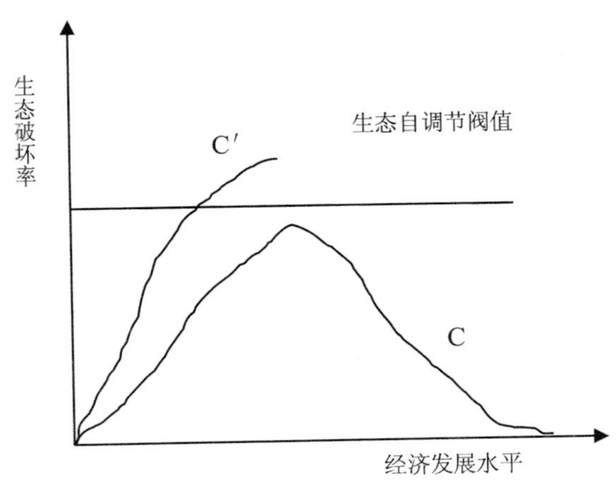

图 3-1　生态库兹涅茨曲线

（本图参考李周《生态经济理论与实践进展》，笔者略作修改）

这和通常所说的环境库兹涅茨曲线，有个重要区别，就是出现 C′ 曲线，就是它超过了生态系统自调节的阀值，所以无法呈现“倒 U”型曲线，这是十分重要的概念。在经济社会发展中，一定要重视这个概念的具体运用；同时，生态经济还研究资源的稀缺性；研究如何从资源的外部不经济变成内部性，运用市场规律来调节经济社会与生态系统的协调发展。

生态系统还具有协同演进规律，它们是生态系统生生不息，长盛不衰的重要原因，也是生态系统创新能力的重要体现。协同演进规律，表现为和谐与竞争的两个方面，和而不同。首先，在生态系统中，生物间是相依相存，相互制约，形成千丝万缕联系的生态网（生态链），所以才会有基因、物种与环境（指生物间互为环境）的多样性。比如说，某种生物过多了，那么，它们的食物就会减少，它们的生存环境就会恶化，然后迫使这种物种也减少，如果某种生物过少了，那么它们的天敌也会变少，就会优化这种物种的生存环境，所以这种物种就会繁荣起来。所以生态学中有一条重要规律，叫做生物多样性导致生态系统稳定性，就是这个道理。其次协同演进规律，充分体现为和谐与竞争的对立统一，竞争是达到和谐的重要方式；竞争中也包含合作、双赢。同时协同演进规律还充分体现了新陈代谢的规律。生态系统由于有了协同演进，它会朝着顶级群落演进（如森林的协同演进），使生态系统生生不息，长盛不衰。

运用生态学的基本原理和基本规律来解决生态与经济的协调发展，最终实现生态、经济、社会可持续发展，是生态经济学研究的重要内容。目前“生态经济研究集中在生态产业、生态恢复、生态保护三个领域，并形成了产业生态经济学、恢复生态经济学和保护生态经济学三个分支”。[2]当然，生态经济学还有其他具体的研究内容，但就其发展进程看，“生态经济的研究重点是人类社会经济系统应该如何运行才能和整个地球系统相协调”，[3]主要是集中在比较宏观方面，且多为学术上的探讨，加上一些学界同仁过分地强调了生态经济中的生态效益，忽视了其经济效益和社会效益方面，也使一些实际工作部门和干部对生态经济产生误解，进而望而生畏，或有反感、抵触情绪。同时，由于生态经济学“尚未形成一个开放的学科体系，处于被其他学科挤压的状态”。[4]但是生态经济作为绿色经济、循环经济、低碳经济的基础，作为生态文明的基础经济形态，必将重新被人们科学认识和正确运用。

2.3.2 绿色经济

绿色经济是由经济学家皮尔斯于 1989 年提出来的，学界很快就展开了研究，实际工作部门也很快进行了实践。

张春霞在《绿色经济发展研究》[5]中指出："绿色经济是一种以节约自然资源和改善生态环境为重要内容的经济发展模式。它是以经济的可持续发展为出发点，以资源、环境、经济、社会的协调发展为目标，力求兼得经济效益、生态效益和社会效益，实现三个效益统一的经济发展模式。"并在具体研究了绿色生产、绿色消费、绿色营销、绿色市场的基础上，构建了由点、片、线、面相结合的绿色经济网络体系，其中绿色企业与绿色产业是绿色经济的点，生态工业园区是绿色经济的片，绿色产业带是绿色经济的线，生态示范区是绿色经济的面。可见，张春霞研究的绿色经济是把资源节约和环境改善的实现寓于生产过程和生活方式之中的，而不是置于它们之外，是贯穿经济发展之中，而不是独立于经济发展之外的。所以，著名经济学家陈征教授为张春霞的这本书所写的序言中特别强调了经济性和实践性，指出："它构建了一个融资源节约、环境保护于经济发展之中，把经济的外部性进行内部化的新的理论框架。这个理论不仅具有很强的科学性、前瞻性，而且还具有很强的可操作性。以这样的理论为指导而建立的发展模式，就为实施可持续发展战略提供了微观的基础和实现形式，因而解决了可持续发展的实践性问题。"

同时，绿色经济还侧重于实现生态环境的优势与经济社会发展的优势互相转化，形成良性循环，取得生态效益、经济效益和社会效益的相统一与最优化。它和生态经济在理论思维、实践途径、技术体系和协同机制上都有区别。从当前情况看，绿色经济在国内外比较容易为公众、企业与政府接受并转化为实践，许多已转化为国际经济秩序（特别是贸易方式）的"绿色"规则。绿色经济的重点是"绿色"直接体现于产品之中，特别在经济发展和诚信市场发育比较好的国家和地区，绿色产品具有很强的竞争优势。它不但突破制约问题，而且突破转化问题（即把生态环境的优势转化为经济发展的优势）。绿色经济也是体验经济发展的重要基础。

2.3.3 循环经济

循环经济是典型的方法论经济，可以视为横向经济，可以贯穿在其他各种经济形态之中。其哲学基础是马克思恩格斯关于自然生态母系统物质循环的思想，恩格斯在《自然辩证法》一书中强调指出，"辩证法的规律是从自然界和人类社会的历史中抽象出来的”，[6]阐述物质运动的重要形式是循环和转化，指出“整个自然界被证明是在永恒的流动和循环中运动着”，[6]这种循环已在科学实验中不断地被证明和完善着，“在这个循环中，物质的任何有限的存在方式，——除永恒变化着、永恒运动着的物质以及这一物质运动和变化所依据的规律外，再没有什么永恒的东西”，[6]恩格斯阐述辩证法的三个规律“量转化为质和质转化为量的规律；对立的相互渗透的规律；否定之否定的规律”[6]都蕴含着物质循环运动的因素。恩格斯警告我们“不要过分陶醉于我们对自然界的胜利”[6]的分析中也透射着物质循环运动的原理等。

所以笔者认为，循环经济是根据马克思主义辩证唯物主义、历史唯物主义和现代生态科学的原理，把生态系统物质循环运动和能量梯级利用的规律，运用到经济社会发展中，一方面在生产环节中实现循环，使上一环节的“流”（在传统经济中被称为废物）变成下一环节的“源”（即原料），延伸产品链和产业链，从而达到节约资源、提高产出、减少排放（直到零排放）的目的；另一方面，对生活领域的“废物”回收、分类，进行再利用、再生产（再循环），达到变废为宝的目的。前者称为动脉产业，后者称为静脉产业（也称还原产业）。循环经济是以提高资源的利用率，减少排放，提高产出作为一个整体的协同运行，这实际上是协同创造价值，以达到节约资源（低投入），增加产品（高产出），减少排放（甚至零排放）的要求，实现生态效益、经济效益、社会效益相统一和最优化。党的十七大报告要求“循环经济形成较大规模”，《若干意见》要求“积极发展循环经济，开展国家循环经济试点。建立和完善再生资源回收体系，促进重点行业废弃物再利用和城市生活垃圾资源化利用，提高工业用水循环利用率。”

在自然生态系统中，绿色植物作为生产者，从土壤、空气等环境中吸收水分、CO_2 和其他养分，经过光合作用生产出许多碳水化合物和蛋白质；动物作为消费者，分为两级，一级为食草动物，它们以绿色植物为生。二级为食肉动物，是以其他动物为食物（但归根结底还是以绿色植物为生）；微生物作为还原者，它们通过分解植物和动物的肢体、粪便等，一方面可以从中吸取营养，另一方面把许多营养素还回到土壤中，这样就形成了一个闭路循环，如图 3-2。

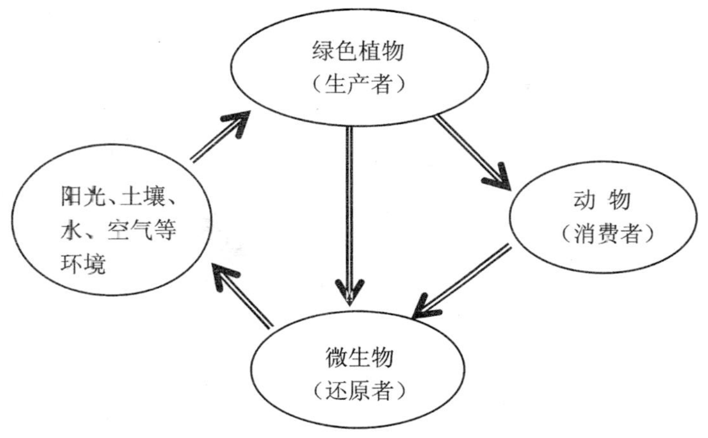

图 3-2 自然生态系统物质循环示意图

图 3-2 看上去很简单，实际上是很复杂的，绿色植物、动物、微生物，都有千千万万种，它们之间既有生存竞争，又是协同演进，它们形成相互依存、有机联系的生态链（网），在自然界中，一切事物都有其去向，一切事物都被充分利用，没有垃圾，没有浪费，是真正的生态效益与经济效益相统一和最优化，所以生态学也被称为自然的经济学。

人们把生态系统的这种原理、规律、模式运用到经济领域中，就形成了循环经济的模式，把生态链（网）移植到循环经济中，就叫做产品链（网）、产业链（网）。在循环经济中，上游产品（或产业）的“流”成为下游产品（或产业）的“源”，环环相连，构成工业生态群落或农业生态群落或工农业生态群落，使传统经济发展中废弃物都能资源化，能量得到充分利用。所以循环经济中一个十分关键的环节就是尽量延伸产品（产业）链，扩大产品（产业）网，才能达到“低投入—高产出—低排放—高效益”的两低两高的效果。人们经常把垃圾说成是放错地方的资源，也是通过循环经济的方法。发展循环经济在理论上是成立的，在实践中是可行的，国内外都有许多发展循环经济的成功实践。

循环经济遵循“3R”原则，即减量化、再利用、资源化（再循环），其中减量化是首要原则，即提高资源利用效率，这是从源头上节约资源，减少排放；资源化原则是指建立和完善再生资源的回收体系，促进重点行业废弃物和城市生活垃圾的资源化；再利用的面很广，其中要特别重视提高工业用水循环利用率。

循环经济有三个层面，即企业层面、产业层面和区域层面。

在产业层面，有农业循环经济、工业循环经济，第三产业循环经济以及三者相结合的循环经济。在区域层面，有社区的、经济开发区的以及更大区域的。

循环经济是实现低碳经济的重要方法和有效途径，所以它包含了许多低碳经济的因素，但又与低碳经济有重要区别。

2.3.4 低碳经济

低碳经济本质上是新能源和清洁能源经济，侧重于新能源和清洁能源的研究、开发和应用，节约能源，减少以 CO_2 为主的“温室气体”的排放，而循环经济还侧重于减少其他污染物的排放；低碳经济还侧重于增加 CO_2 的碳汇和回收利用（把 CO_2 称为“污染气体”是欠妥的，所有绿色植物的光合作用都需要 CO_2，同时 CO_2 还是生产饮料等许多产品必不可少的原料，所以把 CO_2 称为“温室气体”是比较妥当的），形成未来巨大竞争力的国际国内碳汇市场，所以，以植树造林为主的林业产业、以 CO_2 回收利用技术产业将成为低碳经济的重要内容，这和循环经济既有联系又有区别。发展低碳经济是应对全球气候变化、实现国家能源安全战略、优化经济结构、转变经济发展方式的重要途径，它将全面取代传统经济中的石化能源，将会产生一系列新兴的战略性产业群，形成新兴经济体系，如新能源制造产业群、新能源材料产业群、新能源电子产业群、新能源网络产业群、新能源交通产业群、新能源建筑产业群、新能源农业产业群等战略性新兴产业群，以及为之服务的下游产业群。其覆盖面之广、经济体量之大、生态效益之好、就业机会之多、对可持续发展之重要，都将是空前的，并且可能促进世界经济转型，改变世界经济运行秩序、国际贸易方式和经济增长方式的许多规则，顺其者昌，逆其者衰。它还会深刻影响国际政治和外交。所以低碳经济成为各国政府与有远见的企业家抢占的制高点（目前特别是它的研究和技术的开发应用）。这方面我国有过深刻的教训，如，对于火电的脱硫设备，我们起初争论不休，拿不定主意，后来它成为国际规则了，这个设备的技术又被外国占领去，我们就失去这个商机，类似教训不一而足。当然也有企业抓住了机遇，如三明钢铁公司，研发了具有知识产权的脱硫技术，实现脱硫生产，他们的产品就能够进入国际市场；厦门通仕达公司研发了汞回收技术，实施了汞回收，他们的产品就能够进入欧盟市场，不但有生态效益，而且有经济效益。现在我国高度重视发展低碳经济，党和国家领导人在多个场合强调发展新能源和清洁能源，国务院召开常务会议专门研究发展低碳经济，各级领导把节能减排作为硬指标实行一票否决等，据福建日报2009年12月2日报道，山东潍坊市峡山区已经奠基建设总投资176亿元、占地6600亩的“太阳能热发电研究及产业基地”，2014年建成后将成为全球规模最大的太阳能发电及产业基地，实现年产值462亿元，利税155亿元；美国总统奥巴马把发展新能源及其新兴经济体系作为摆脱经济危机，振兴经济，重新领导世界经济潮流的重头戏；欧盟更是重视。发展低碳经济既有机遇也有风险。

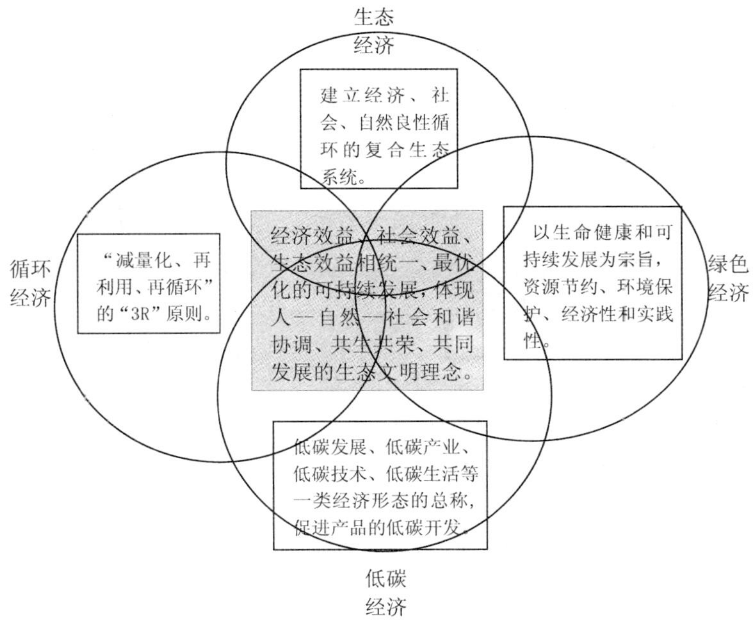

图3-3 四种经济形态的异同分析

2.4 生态文明和传统经济的改造提升

前面讨论的生态文明的经济形态是新生事物，必然要取代旧事物。但是，它们都只是刚刚萌芽，它们的发展和成熟都不可能一蹴而就，是渐进的过程，需要较长的时间。比如低碳经济中的新能源，就无法在短期内更多地取代石化能源，特别在交通运输方面，除了生物燃料乙醇和生物柴油是液体，可以取代石油之外，其他的风能、太阳能、地热能、潮汐能等等，都还无法制成液体以取代石油，而交通运输排放的 CO_2 几乎占了 CO_2 排放总量的1/3。为了充分应用这些可再生能源于交通运输业，还需要改变全球所有的交通运输工具及其生产线，这是一个十分庞大而又复杂的系统工程。关于循环经济和绿色经济，除了下面要谈的诚信市场外，还有许多技术问题和成本问题，而体验经济和创新经济的发展，更是一个长期过程。而传统经济仍然是一个十分庞大的经济体系，在经济社会的各个领域仍然起着不可替代的作用，建设生态文明也是在传统经济体系之上的。所以生态文明必须继承传统经济中发达的水平维和强大的力量维，摒弃传统经济发展中对自然资源、生态环境、人类健康和人的全面发展产生的负效益负价值，把传统经济改造提升成为符合生态文明要求的新型经济。这是相当一个时期内生态文明建设的最大量最繁重的任务。

怎样改造和提升呢？主要有两个方面：一是以生态文明的理念指导我们的生产方式和生活方式，这就是党的十七大报告中要求的“生态文明观念在全社会牢固树立”；二是以生态化技术体系武装改造传统产业。生态化技术体系是一个三维的技术体系，由生态技术、信息技术、各行业各领域的技术组成，称为“两横一纵”技术体系，并且形成社会技术平台，它不但是生产领域的，也是生活领域的，还是管理领域的。传统经济中的工业文明技术体系是一个二维体系，只有信息技术和各行业各领域的技术，称为“一横一纵”技术，缺少生态技术，其本质是违背了地球生态母系统的运行规律，因而受到规律的惩罚。

2.5 生态文明消费型主导的经济

前面谈到的生态文明建设的几种经济形态能否健康发展，或者说能否发展得快一些，一个重要的因素是发展生态文明型的消费。人们的需要决定需求，需求决定消费，消费引导市场，市场引导生产，生产满足需求与需要，于是生态文明型的经济就能健康快速发展。所以，我们把生态文明消费指导型经济作为生态文明经济体系的重要内容来研究。但为了叙述方便，下面另设一节详述。

3　生态文明消费指导型经济

3.1　生态文明消费观及其模式

消费问题也是社会问题。

消费是生活方式的重要内容和主要反映，“消费是人们生存和发展的最基本、最重要的条件”，[7] 也是事关自然—人—社会复合生态系统生死存亡的最基本、最重要的问题。当今世界自然资源枯竭，生态环境危机，人类疾病蔓延（特别是“富贵病”、“城市病”、“奇特病”等“工业文明病”），都严重威胁到自然—人—社会复合生态系统的生存和发展。而这一切都与人类不健康的（甚至是有害的）生活方式密切相关，其直接反映在消费观念、消费内容和消费方式消费文化上。比如，地球上 CO_2 的排放，1/3 来自工业生产，1/3 来自个人和家庭生活，1/3 来自交通，在交通方面又有相当部分来自自家车子。可见人类的生活方式所排放的 CO_2 几乎占了 1/2。所以消费问题也是资源、环境和人类健康的问题，是一种社会问题。

过去的一个世纪中，在欧美及其他发达国家流行着典型的工业文明消费文化和模式：这就是享乐主义、物欲横流；大量生产、大量消费、大量废弃、大量浪费（疯狂购物，即购即弃）。西方国家把此作为刺激消费、获得大量利润的有效途径。这实际上就是把地球上有限的资源通过消费（准确地说是浪费）变成垃圾（把低熵变成高熵），即使他们也在提倡和实施废物回收、循环利用，但都不是正本清源，仍然摆脱不了这种文化及其模式。科学家们测算，如果全世界都像美国那样消费，需要 20 个地球来支撑。并且被称为工业文明病的“城市病”、“富贵病”、“奇特病”等新的病种将不断增加和蔓延。自然资源耗尽、生态环境危机、“工业文明病”成为严重威胁人类的三大杀手。

工业文明的消费文化是造成美国这次金融危机的深层原因之一。

美国人在消费上过度享乐、互相攀比、大量浪费，不顾实际经济情况的超前消费和贷款消费，已经形成消费文化，突出地彰显“人类中心主义思想”，这种消费文化是造成这次美国金融危机的一个深层原因，也是美国民众受金融危机之害的重要原因。当然，他们如果能够深刻反思工业文明的消费文化，确立生态文明的消费文化，也可能把坏事变成好事。

我国经过30年的改革开放，经济上获得巨大的成效，人民群众生活得到根本性的改善，正经历着“严重物质短缺→温饱→小康→全面小康”的历史性转变。但是随之，西方国家的工业文明消费文化也长驱直入，严重影响到我国公众的生活方式和消费。我们曾经在社会上倡导过“拼命地赚钱、没命地花钱”的口号，我们在消费上的两极分化比西方发达国家有过之而无不及，消费领域的浪费现象十分严重；“有人甚至认为‘节俭已经成为我们发展经济、提高人民生活水平的最大敌人’。这实际上就是提倡西方的消费主义，对我国有百害而无一利。”[7]所以我们不但要改工业文明的生产方式为生态文明的生产方式，而且也要改工业文明的生活方式为生态文明的生活方式，这就是确立生态文明的消费观及其模式。具体如下：

3.1.1 “以人为本”的消费观和全面发展的消费模式

3.1.1.1 “以人为本”的消费观

生态文明消费观首先是“以人为本”的消费观。它是以人的身心健康为基础，以人的全面发展为目标而实施的消费活动和生活方式。

首先，生态文明观认为，自然—人—社会复合生态系统的全面、协调、持续发展的程度取决于人的主观能动性发挥的方向和程度，而人的主观能动性发挥的方向和程度，又取决人的全面发展的程度。这就是说，人越是全面发展，越能推动自然—人—社会复合生态系统沿着全面、协调、持续的方向发展。相反，如果人类自身不能全面发展，甚至畸形发展，就会走向反面。如在工业文明中，人类中心主义是人的畸形发展的典型和集中体现，在人类中心主义指导下的人类，必然走上破坏自然—人—社会复合生态系统的不归之路。

其次，工业文明刺激消费的目的是为了获取利润，生态文明倡导消费的目的是为了人的全面发展，这是两者的根本区别。

第三，“以人为本”的消费观和全面发展的消费模式能够形成以健康产业为主导，以创意产业和文化产业为两翼的现代服务业，更加利于拉动内需，使经济沿着又好又快的方向发展。美国金融危机的教训，国内毒奶粉、毒鸡蛋造成公众食品消费的恐慌和停滞，也从反面说明了这个问题。

3.1.1.2　全面发展消费模式的三个层面

3.1.1.2.1　健康消费

人的身心健康是人的全面发展的基础。人的健康分为肌体（即生理的）的健壮和心理的健康，是自然生态系统和社会生态系统在人的身上的有机融合，也是一个复杂的生态系统。人的生理即指身体的各个组成部分，如脑子、肌肉、筋骨、皮肤、五官、内脏、动静脉、神经系统等等，称为体内自然，它具有身体形态和生理机能，形成一个完整的生态链，称为生理的生态平衡，一旦哪个环节上出现失衡，就会出毛病，严重的会导致死亡。许多人把身体健康理解为少疾病，其实更重要的是维护其生态平衡，提高免疫力，预防疾病。所以生态文明消费观认为，保健消费比医疗消费更重要、更根本，成本也更低。

人的心理健康指人的心理活动、个性特征、意向心理及态度情绪等等心理品质，它们对人的身体健康的影响是巨大的，人的心理也需要维护其生态平衡，哪一个链上出现问题，也会影响身体健康，严重的也会导致死亡。一个人如果长期存在某种不良情绪，它可能演变成不良心境，而这种心境一旦形成，会严重伤害身体健康，所以古代中医上就有怒伤肝、哀伤胃、惊伤胆、郁伤肺之说，就是这个道理。心理健康的消费不但需要物质的，而且更加需要精神和生态的。

与自然和谐相处是促进人类健康和全面发展的必要条件，体现在消费上，有广泛而深刻的含义。如注重自然生态系统的服务功能、实施回归自然的消费；加强以自然法则、自然规律和自然美为内容的德育、智育、体育和美育的消费；根据上述消费问题也是资源与环境问题的分析，坚持反对浪费，防止把资源变成垃圾，既少消耗自然资源，又少污染（最终走向不污染）自然环境等。

3.1.1.2.2　素养消费

素养的全面提高是人的全面发展的核心。素养即是经常修习涵养，主要有世界观和人生观、思想品德、科学技术、文学艺术、人际交往、人与自然和谐相处等，他们是人与自然、人与人、人与社会和谐协调的内化与外化。提高人的素养主要属于精神消费、文化消费和教育消费。生态文明建设要求加强以生态文明素养为主的精神产品的生产和消费，包括生态文化产业的生产和消费，生态化科技知识的学习、教育和普及，生态旅游、生态审美、生态保健等的消费。

3.1.1.2.3　能力消费

人自身可持续发展能力的提高是人的全面发展的关键。它包括人与外部环境和谐协调、共同发展的能力，人们提高身心健康的能力，人们适应学习型社会的能力（即学会学习的能力），以及善于运用知识的能力，而最重要的是人的创造性能力。提高人自身可持续发展能力，是一个综合性问题，反映到消费上，是物质消费和精神消费、基础性消费和核心消费、学习消费和实践消费、社会消费和个人消费的有机结合。

3.1.1.3　全面发展消费模式的特征

（1）从数量型到质量型的发展：随着我国经济社会的发展，我国公众更加注重生活的质量，因而也更加注重消费质量，几十年来经历了三种消费模式：从农业文明消费模式走向改革开放后的工业文明消费模式，东部发达地区已有过渡到生态文明消费模式的端倪（表3-1）。

表3-1　三个不同阶段的消费模式

消费内容	农业文明消费模式		工业文明消费模式		生态文明消费模式
食的方面	吃饱	→	吃高档	→	吃健康
衣的方面	穿暖和	→	穿派头	→	穿健康
住的方面	遮风挡雨	→	住豪华	→	住健康
出游（行）方面	好玩	→	玩好	→	玩健康（休闲度假、锻炼身体、绿色疗法）

（2）从一元化到多样化的发展：①一元化：由于改革开放以前物质的贫乏，公众基本上是为了生存需要，所以主要是物质消费。②多样化：改革开放30年来，作为消费基础的物质已经能够满足公众的消费，

于是人们开始追求文化、教育和生态的消费，并有迅速发展的趋势。

（3）从一般化到个性化的发展：①一般化消费：这在改革开放以前和以后的一段时间里表现得尤其突出，公众基本上是清一色的衣食住行。②个性化消费：现在许多公众都能根据自身发展的需求，确定消费结构、消费方式和消费行为。

全面发展消费模式能够形成以健康产业为主导的，以创意产业、文化产业为两翼的现代服务业，它的产业链很长，有利于促进第一产业、第二产业和第三产业的发展，是我国优化产业结构的重要内容，只要建立真正的诚信市场，就能巨大地拉动内需，推动经济又好又快发展。

3.1.2　资源节约环境友好的消费观和绿色消费模式

消费问题也是资源和环境问题，这在上文已经阐述。

消费引导市场，市场引导生产，所以消费问题也是生产问题。生产方式和消费方式相辅相成，从消费上引导资源节约和环境友好，就有利于在生产中实现资源节约和环境友好。比如消费者更加乐意购买资源节约和环境友好的产品（如无公害产品、耐用品、可回收产品、易于处理的产品），这就给生产者一个强烈的信号，促进生产者生产资源节约环境友好的产品，这在发达国家已有现实。它的关键点是严格实施绿色产品认证制度，建设诚信市场。

与资源节约环境友好消费观相适应的有绿色消费模式，也有三个层次。

3.1.2.1　绿色消费

符合可持续发展和不污染环境的消费就称为绿色消费，它遵循阈值原则：一是资源阈值：即消费的产品和数量要在资源允许范围内（不但要考虑当代人，还要考虑后代人），如媒体报道西部某缺水城市用自来水冲洗大街，即使其经济条件许可，但因其资源不允许，也应当禁止；二是环境阈值：如旅游的开发与消费要控制在环境容量范围内；三是经济阈值：要在经济条件许可内，包括信贷也要考虑比较长期的经济允许；四是以不浪费为准绳的适度消费：凡是浪费的、奢侈的，不管其他条件再好，都是生态文明所禁止的，因为它浪费了资源，也必然会危害环境，这方面的领域非常广阔，节约的潜力非常之大。

绿色消费还关系到子孙后代的全面发展，它的最重要功能是防止因遗传基因的改变而严重影响（甚至是破坏）子孙后代的全面发展。否则子孙后代就会深受其害。正像卡逊在《寂静的春天》中警示的："不是魔法，也不是敌人的活动使这个受损害的世界的生命无法复生，而是人们自己使自己受害。"[8]

3.1.2.2 循环消费

它遵循生态链原理，对消费品循环反复利用，减少消费环节的排放，同时也节约了资源。循环消费也是绿色消费的重要内容，但它主要侧重于消费品的反复利用，如洗脸的水用以拖地板，拖地板的水用以浇花；少消费或不消费一次性消费品，如"少用一个包袋，多留一片森林"，为消除白色污染尽一份力；消费以后"废弃物"的回收再生产再利用等。这样就可以减轻资源和环境的压力。

3.1.2.3 低碳消费

低碳消费也是绿色消费的重要内容，但其侧重点是在消费中尽量考虑到减少 CO_2 和 SO_2 等有害气体的排放。如选择低能耗的产品（包括在生产和消费中都是低能耗）；尽量使用可再生能源；以及节约用能等。节约用能也有两种方式：一种是人为的节约，如我国公共机构节能从倡导走向强制；再一种是充分利用生态优势，达到少用能或不用能。

3.1.3 和谐消费观与公平消费模式

和谐消费观就是在消费领域实现人的消费、社会消费和自然消费的和谐协调；代内消费和代际消费的和谐协调；物质消费、精神消费和生态消费的和谐协调。实现和谐消费观的主要模式是公正消费模式。

（1）在自然—人—社会复合生态系统的层面上：要求实现人的消费和社会消费的同时，也要反哺自然界，满足自然生态系统生存与发展的消费需要，使自然界能够不断走向繁荣，体现人、社会与自然的公正，如：人们应当尊重学习自然，欣赏热爱自然，友好善待自然，摒弃对自然的单向索取，实现人与自然的双向互补，和自然建立起一种平等伙伴关系。

（2）在社会层面上：要求在资源配置和利益分配中，努力实现代际和代内的公平（如资源配置的政策导向体现区域间的公平，公共设施向公众倾斜，二次分配向低收入群体倾斜），以提高他们的消费水平，逐步实现代内的消费公平。我国特别需要提高农民的收入，从而提高他们的消费水平，急需构建农村义务教育、医疗保险和养老保险三大体系，从而提高他们的消费信心、缩小消费差距，这是构建公平消费的重要内容。与此同时，还要为子孙后代留下发展的空间，留下先进的生产力、丰富的精神财富和良好的生态环境，为他们全面发展的消费创造有利条件，体现代际的消费公平；

（3）在个人消费层面上：要求人们克服“经济人”的消费观，确立“生态整体主义”的消费观。“经济人”消费观来自“经济人”的理论假设，认为人都是追求个人利益的最大化，从消费上就是追求个人物质消费的最大化，这是典型的“人类中心主义”消费观，这在工业文明时代被视为天经地义。“生态整体主义”消费观要求人们确立全面发展消费观、资源节约环境友好消费观、和谐消费观，并用以指导自己的消费行为。

3.2 形成生态文明消费市场

可以说在我国的大部分城市和沿海发达地区的部分农村已经出现这些消费的需要与需求，同时这些地方也具备这些消费的经济条件，但是却尚未形成这种市场，所以就难以形成生态文明消费型主导的经济，这是十分遗憾的事。而在发达国家如德国（笔者2007年到德国参加一个学术研讨会，趁机对此市场作了一些调查），这种市场正在快速发展。为什么呢？主要原因就是他们比较好地建立了诚信市场。比如说绿色食品或者有机食品，价格是贵，但货是真的，消费者愿意花更多的钱买健康和买环保，于个人于社会都有利。但我国的情况就相去甚远，假冒伪劣产品充斥市场，于是，假作真来真亦假，消费者那有办法辨别？于是就有“何必花钱买气受”的感叹！所以发展诚信市场对于发展生态文明消费型经济是至关重要的，对于扩大内需也是至关重要的。

参考文献

[1] 瞿耘锋．协同力［M］．北京：经济管理出版社，2006.9.

[2] 李周．生态经济理论与实践进展［J］．林业经济，2008（8）：10~16.

[3] 唐建荣主编．生态经济学［M］．北京：化学工业出版社，2008.

[4] 沈满洪主编．生态经济学［M］．北京：中国环境科学出版社，2008.

[5] 张春霞．绿色经济发展研究［M］．北京：中国林业出版社，2002.
[6] 恩格斯．自然辩证法［M］．北京：人民出版社，1971：16，24，46，158.
[7] 柳思维．现代消费经济学通论［M］．北京：中国人民大学出版社，2006：67，68.
[8]［美］蕾切尔．卡逊著，吕瑞兰等译．寂静的春天［M］．长春：吉林人民出版社，1997：2.

资料链接

新加坡裕廊工业化区：与花园城市共存

“狮城”新加坡素有“花园城市”之称，环境清幽。但是在距离城市只有10km的裕廊岛上，却有世界著名的石化专业区。

裕廊岛位于新加坡本岛的西南方向，1995年由人工填海连接六个小岛而成。岛上已经聚集72家各类生产化工产品的工厂。炼油基地离城市很近，但是烟囱冒烟的情况很少，其危险废物焚烧炉尾气净化率达99.9999%。

在园区的集聚效应下，下游企业以上游企业的废物为原料，降低环境风险。同时，在规划上实现事前环境评估，拒绝不符合要求的项目。环保投资占园区基础设施投资20%~30%。

裕廊岛作为离岛，与主城区之间严格分离，封闭管理。进入化工岛的人和车均须经过安全检查以降低风险。岛上不设居住区和过多公共服务设施，仅有办公和生产功能。

岛上道路和绿化设计均严格按照消防和环保要求。值得一提的是，石油和化工污水均需外运，并经过管理部门的审核批准，由专业公司承担，尽管每吨所费达到200~300新币（1000~1500元人民币，按目前汇率计算）。

资料来源：贺颖彦．石化项目：从洪水猛兽到和谐共处［N］．南方周末，2009-09-10.

第四章

协同发展生态文明经济

1 生态文明各种经济形态的协同发展

在第三章中提出了生态文明的几种经济形态，下面我们接着分析探讨生态文明各种经济形态协同发展问题。

生态文明的本质特征是和谐协调。自然生态母系统协同演进的基本规律告诉我们：生态系统的各个子系统、各个因子，只有协同演进，才能实现整体功能大于部分之和（1 +1 >2）的系统效应，才能不断新陈代谢、生机勃勃和长盛不衰；生物多样性的协同发展才能导致生态系统稳定性，才能增强生态系统的自组织、抗干扰和抗风险能力。生态文明观认为，经济系统属于生态母系统的一个子系统，协同发展是生态文明经济发展的基本规律。只有生态文明各种经济形态协同发展，才能优化经济结构，实现产业升级，提升核心竞争力；才能创造新的价值、新的效益；才能使生态效益、经济效益、社会效益相统一和最优化。从这个角度上讲，协同发展本身就是一种创新。这是生态文明建设的关键问题，是落实科学发展观，转变经济发展方式的重要问题。而相当一部分的区域和干部，却恰恰忽视了这个基本规律，他们不是把各种经济形态当作有机联系的整体，而是把它们相割裂。比如，20 世纪 80 年代，生态经济传入我国，当时学术界展开了热烈的探索，但是由于很少把生态效益、经济效益和社会效益作为一个整体来研究，不少地方和实际部门的干部群众误认为发展生态经济只要生态效益而会影响经济效益，所以生态经济热了一阵就冷却了；后来有了绿色经济，有些人把它与生态经济割裂开来，以绿色经济来取代生态经济，忽视了他们之间的有机联系和协同发展；90 年代后期到 21 世纪初的几年，我国开始推进循环经济，在轰轰烈烈的试点中，循环经济确实热了一阵，但因为一些地方把它孤立于绿色经济和生态经济之外，有些地方只把它作为花瓶，雷声大雨点小，加上技术的复杂性等，其发展十分缓慢；最近我国强调发展低碳经济，说到底它是新能源（可再生能源和清洁能源）经济，笔者在第三章中分析了它的意义，这里就不重复。需要强调的是，又有人把低碳经济的内涵界定得太广泛，几乎涵盖了生态经济、绿色经济和循环经济的全部内容和体验经济的许多内容，似乎要以低碳经济取代生态经济、绿色经济、循环经济和体验经济，还有一些地方又只讲“低碳”不讲“经济”，成了“低碳”不“经济”等，这些都会给低碳经济的发展造成路障。笔者在前一章对低碳经济的科学内涵作了阐述，这里要特别强调的是，低碳经济应当是“低碳”且“经济”的，其中要特别注重发展与其相关的技术、设备和战略性新兴产业集群，提高核心竞争力，增加国内外市场的份额。但低碳经济也不是万能的，许多生态安全、资源节约、环境友好、可持续发展、公众健康、幸福指数和全面发展等问题，还应当由创新经济、生态经济、绿色经济、循环经济、体验经济和低碳经济的协同发展来解决。再比如，我国的生态省（县、市）建设、生态文明示范市建设、环保模范城市建设、可持续发展示范市建设、生态经济示范市建设、循环经济示范市建设、低碳城市建设、花园城市建设、森林城市建设、最宜人居城市建设等，可谓名目繁多，且政出多门，其中许多建设项目和评价指标都非常雷同，真可谓上面千条线只穿基层一根针，不但造成了大量的人力物力财力的浪费，而且造成相互之间的矛盾，降低了效率，这实际上也违背了协同发展的规律。协同发展没有统一的模式，应当根据不同的实际情况，因地因时制宜。为了更好地理解生态文明各种经济形态协同发展，下面以福建省德化县为例，加以探讨分析，以期从中得到有益的启示。

2 发展生态文明经济是实现包容性增长的基础保障

包容性增长要求实现代际的和代内的公平，要求产业间，生态、经济与社会间的协调发展，要求融入世界经济，实现和谐的发展，还要求帮助弱势群体切实实现生态环境权，缩小贫富差距，增加其社会福利等等。通过发展生态文明经济，可以极大促进包容性增长。

3　德化县协同发展生态文明经济的实证分析

德化县位于福建省中部、泉州市北部，地处闽江、晋江流域上游，土地面积 $2232km^2$，其中属闽江流域面积 $2138km^2$，属晋江流域面积 $92.6km^2$，全县海拔 1000m 以上的山峰有 258 座，福建省第二大山脉戴云山主峰横亘境内，是典型的山区县，但对泉州市、福建省都具有非常重要的战略意义；人口 30.6 万（2007 年）；陶瓷生产历史悠久，是我国陶瓷文化发祥地和三大古瓷都之一，也是全国最大的工艺陶瓷生产和出口基地。

德化县生态文明各种经济形态的协同发展实际上是从 20 世纪 80 年代开始的。

（1）通过发展理念和技术创新，解决“林瓷矛盾”，大力发展陶瓷业这一支柱产业，实施现代化绿色瓷都的战略目标。陶瓷业以薪炭为燃料已有千百年传统，20 世纪 80 年代随着德化陶瓷业迅速发展，森林树木大量被砍伐用来烧瓷，许多乡镇甚至发展到无木可伐的地步，“林瓷矛盾”十分突出。据统计，1982 年德化陶瓷厂仅 100 多家，可年消耗木材多达 10 万 m^3。2008 年有 1100 多家，年产值 70 亿元。如果不改变发展理念，德化县的林木蓄积量只能满足 9～12 年的瓷业生产需要，并且会走上恶性循环的不归之路。为解决“林瓷矛盾”、实现可持续发展，改变陶瓷烧制能源结构成为首要问题，当时德化县政府组织了 650 名科技人员进行电烧瓷技术攻关，几经波折，第一条“电隧道窑烧瓷”终于在德化县二轻瓷厂试验成功。这一技术的成功与推行，使长期以来的“林瓷矛盾”难题得到缓解。使用新燃料可以利用自动控温窑体缩小窑炉内的温差，不但节能，还可以提高陶瓷产品的合格率及其产量，提高经济效益，这就促使企业自觉地加快陶瓷生产窑炉技术改造，淘汰落后的燃薪龙窑、燃煤倒焰窑。于是使用水电能、液化天然气、柴油等高效清洁新能源的技术已在德化陶瓷企业中广泛推广。烧瓷能源结构的改变，使德化县成为全国第一个无黑烟污染的陶瓷产区。

（2）通过机制和管理创新，建设森林生态体系，提高森林生态总量、质量和功能，发展生态经济。德化县森林覆盖率从 1987 年的 59%

上升到2007年的77.7%，森林总蓄积量达1240万m^3，占泉州市总蓄积量的55%；森林涵养水量达100亿m^3，占全省水资源的8%，支撑全省20%人口的用水、全省27% GDP的用水；到2007年底，各类自然保护区114个（其中国家级自然保护区1个），总面积37.8万亩，占全省自然保护区面积的5.04%，位于德化境内的戴云山国家级自然保护区，总面积20.2万亩，是我国最大的黄山松种质基因基地和我国东南重要的生物多样性基因库，为我国单位面积生物多样性程度最高的保护区之一。同时加强了对水土流失的治理，坚持以生物措施为主，配套相应的工程和农业耕作措施，实行粮、林、果、牧等立体开发布局，采取生态性治理与发展流域经济的开放性治理相结合，取得明显的效果。发展森林生态不但是发展生态经济的重要基础，也使碳汇能力极大提高，是低碳经济的重要方面。

（3）通过能源结构和烧结陶瓷技术的创新，利用森林涵养的丰厚水资源优先发展水电业（可再生能源），为陶瓷产业的迅速发展和提升提供可靠的新能源保障，发展低碳经济，这是德化生态文明经济整体发展的关键。早在20世纪80年代初，李鹏（时任国家水电部副部长，后任国务院总理、全国人大常委会委员长）就倡导和支持德化县通过发展水电解决陶瓷业的能源，同时达到保护森林的效果，形成良性循环。在德化县干部群众二十几年坚持不懈的努力下，目前全县水电站总数达172座，电力装机容量29.81万kW，水电业税收约占全县税收总额的15%。全县90%左右的陶瓷企业使用水电和液化天然气（10%左右的企业使用柴油和液化石油气）；1987年德化全县共有陶瓷企业职工9414人，总产值3亿元人民币，2001年全县陶瓷从业人员达11万人，总产值38亿元，2008年全县陶瓷企业超过1100家，年陶瓷生产值近70亿元，占当地工业生产总值的60%，被誉为“福建山区第一世界”。2009年初又研发成功了大体积工业微波炉烧结陶瓷技术，既可以节约30%～50%的能源，还能提高陶瓷产品的质量及成品率，提高经济效益，已获国家专利，正在工业化试验。其发展既“低碳”又“经济”。

（4）通过种养品种、技术、模式的创新和市场开拓，利用森林提供的优越生态环境，特别是优良的水、土、气候、微生物等资源，病虫害天敌（生物资源）和森林屏障（包括大量的林下种植、养殖业），创建名特优绿色品牌，发展“三大效益”相统一的绿色经济。概括起来有三个重要特征：一是多类绿色品牌已聚集成产业集群，既具备了现代经济的多样性特征，又具备了现代经济的规模化特征；二是既建成龙头产业，又培育起后备产业，有些产业年产值几千万元，甚至数亿元，有些产业虽然年产值只有几百万元，但发展的潜力很大；三是既保证了绿色财富的增值，又实现了农民的致富，德化县农民人均收入达到全省的中上水平。如，建成了“三黑”（黑鸡、黑羊、黑兔）、“三黄”（黄花菜、德化梨、茶油）、林菌、林草、林药、林禽、林畜、果蔬、淡水养殖等绿色农林产业基地，培育打造了一批具有德化特色的“戴云”牌黑鸡、“九仙山”牌德化梨、“十八格”黄花菜、“岱仙”牌绿色系列品牌。获农业部无公害农产品认证基地 18 个，涵盖德化梨、德化黑鸡、黄花菜、淮山等产业；申请注册一批农林产品商标和地理标志证明商标或集体商标，获得注册商标专用权保护；认定一批知名商标、著名商标、驰名商标，提高农产品和涉农企业知名度，提高品牌效益；维护品牌，完善农林产品商标保护网络；指导企业推进品牌营销，提高企业运用商标实施“走出去”战略的能力，指导企业规范品牌联盟经营，提高品牌知名度和市场信誉度等，不少产品国内外市场供不应求。

（5）通过陶瓷艺术的不断创新及其文化积淀，利用优良的森林生态环境，开发陶瓷创意文化产业，森林生态旅游、休闲度假、健康产业和现代服务业，打造“中国瓷都、戴云之旅”品牌，满足公众不断增长的多样性、差异性的精神和生态的需求，发展资源节约环境友好且具有高附加值的体验经济。陶瓷艺术不断推陈出新，其适用、审美和激活创造性等功能不断提高，陶瓷产值中 80% 以上为外销工艺品，产品畅销全国各地及 190 多个国家和地区。如成功研制出“低廉铁钛黏土高档陶瓷”，由于新产品技术和艺术含量高、具有很高的审美价值，售价比普通陶瓷多出 1 ~ 2 倍，市场畅销，经济效益十分可观；德化县宁昌陶瓷有限公司研制出“废瓷再生艺术陶瓷”的艺术环保型工艺，与传统陶瓷工艺相比能耗降低 50%，并将一级品率提高到 98% 以上，年增产值 1000 多万元。德化县还兴建了瓷都休闲广场、陶瓷文化走廊、陶瓷职业技术学院、全国科普教育基地德化陶瓷博物馆，创造了戴云山国家级自然保护区、岱仙湖国家水利风景区、石牛山国家森林公园、国家地质公园和全国绿化模范县五个国家级生态品牌，生态环境质量位居福建省第1位，排在全国最适宜人居的县市第29位（前面28位大多数是未经开发，经济落后）；被文化部中国传统文化促进会评选为“最值得向世界推荐的中国文化旅游大县”。据统计，2008年1月~6月，全县旅游收入达1.5亿元。

（6）通过发展思路创新，利用森林提供的最适宜人居环境，建设生态强县，实施“大城关”战略，发展生态文明消费型经济。如制定优惠政策吸引人才来此创业、大学生回乡工作；集中人力、物力、财力在城关优先发展陶瓷业，实现了陶瓷产业集群在城关地区的高度密集和高速升级，陶瓷业的发展带动了其他产业的快速发展，目前90%以上的工业企业集中在城关地区。利用陶瓷产业的持续扩张，吸引大量农民从农村转移出来进城务工或经商，通过加强农民技能培训，保障农民工子女入学、社会保障、医疗保险等基本权利，同时保留进城农民的土地收益权，让农民得到“双份收入”，稳住进城的农民；以陶瓷为支柱的各个产业各种经济发展带动了全县18万人口向城关聚集（占全县人口的60%）；2007年全县人均GDP已突破3000美元；创建“绿色政府”、“绿色媒体”、“绿色学校”、“绿色家庭”等，倡导政府和公众绿色消费，养成生态文明的行为习惯，催生了生态文明消费型经济，既扩大了内需，又促进了就业，还使德化广阔的林区得以“休养生息”，森林覆盖率不断上升。

（7）通过发展方法和模式的创新，初步形成了全面的循环经济发展体系：

在宏观方面，有自然—经济—社会复合生态系统的良性循环，这在上面的分析中已经可以看出。此外还大力发展静脉产业，如社会废旧资源处置再生利用。一是完善环境基础设施，建设城关污水处理厂以及垃圾分类投放、分类处置设施，推进城市生活垃圾减量化、资源化、无害化；二是建设再生资源回收利用体系，建设德化县废旧物资回收交易中心，逐步建成废弃材料回收、处理、加工、交易场所。2005年全县工业固体废弃物综合利用占所产生的固体废弃物的比例已超过90%，到2008年，垃圾无害化处理率达97%。

在中观方面，有产业间和产业内的循环：

产业间循环：立足创新和生态环境优势，巩固发展陶瓷、矿业、水电、林业、旅游等支柱产业和重点产业，并形成良性循环，其关系如图4-1。

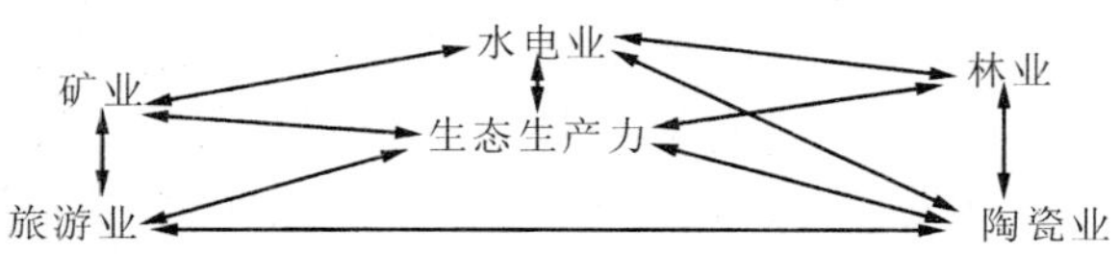

图 4-1　德化县产业间循环示意图

产业内循环：①第一产业内的循环：德化县充分发挥自然生态优势发展种植业、养殖业、畜牧业、林业，并结合农村沼气推广形成循环，其基本模式如图 4-2。②第二产业内的循环：德化县以陶瓷、矿产等产业为经济发展的主动脉，并对动脉产业实行废物再生利用、循环利用，大力发展静脉产业，结合化工厂、热电厂、水泥厂等的物、能综合利用，基本实现了第二产业的内部循环，生态效益和经济效益都很好，其运行流程如图 4-3。

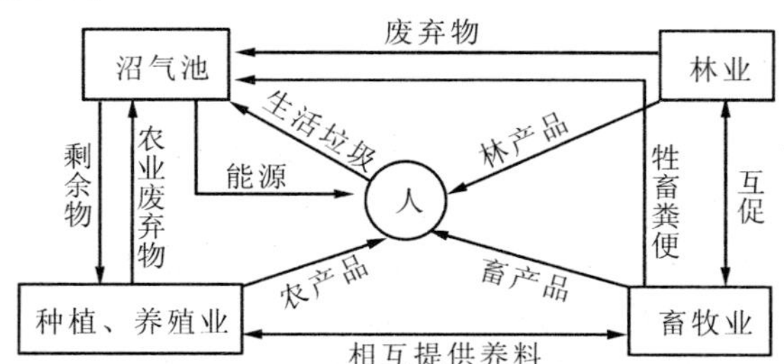

图 4-2　德化县第一产业内部循环示意图（资料来源：参考［3］绘制）

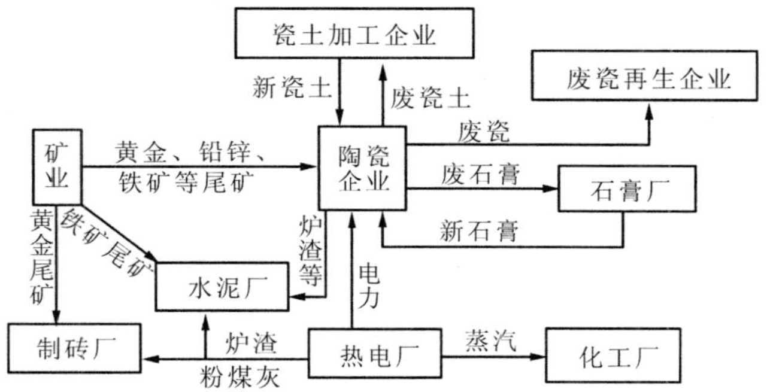

图 4-3　德化县第二产业内部循环示意图（资料来源：参考［3］绘制）

在微观方面有企业内部循环：企业是实践循环经济的微观基础，德化县充分发挥企业作为发展循环经济的主力军作用，许多企业内部构建“小循环圈”，通过ISO14000环境管理体系认证，推行清洁生产，挖掘节能降耗和减排增效潜力，特别是企业变线性生产为循环生产，变末端治理为过程治理，变被动的污染治理为主动的“三废”综合利用。如年产值约4000万元的必德陶瓷有限公司，每年回收瓷土600t、废石膏600t、废陶瓷400t；圣德新材料有限公司是一家生产二氧化锆的省级高新技术企业，公司创办时就投入100多万元实施粉尘的再利用，年可增加效益130多万元；生产日用瓷损耗最多的是水，冠福公司投建了企业内部水循环系统后，比过去节约用水70%，没有了污水排放，使河道变得整洁、清澈；冠福企业还采用了科学配方利用废瓷土，每年可节省原料6000t，节省成本700多万元。

4　生态文明经济体系的基本特征和基本功能

4.1　基本特征

我们综合分析了各地的实证调研，可以看到，生态文明各种经济形态协同发展（图4-4）显示以下基本特征：

一是各种经济互相渗透，每一种经济形态中都蕴含着其他形态的经济因素，但都不能取代其他的经济形态。

二是各种经济可以相辅相成、既互相补充又互相促进，但又有其不同的功能：其中创新经济是核心，是其他经济发展的根本保障；生态经济是基础，贯穿在绿色经济、循环经济、低碳经济、体验经济以及生态文明消费型经济的始终；绿色经济和循环经济是两大亮点，一方面正在蓬勃发展，另一方面又为低碳经济、体验经济和生态文明消费型经济的发展提供支撑，如提供安全健康的物资产品、优美舒畅的环境产品、具有绿色疗法的生态产品等；低碳经济、体验经济和生态文明消费型经济作为战略性新兴经济，已有很好的发展趋势，一方面为绿色经济和循环经济的发展拓展市场、提高知名度和美誉度等，另一方面将成为未来经济发展的领头羊，带动生态经济、绿色经济和循环经济的升级和持续发展。

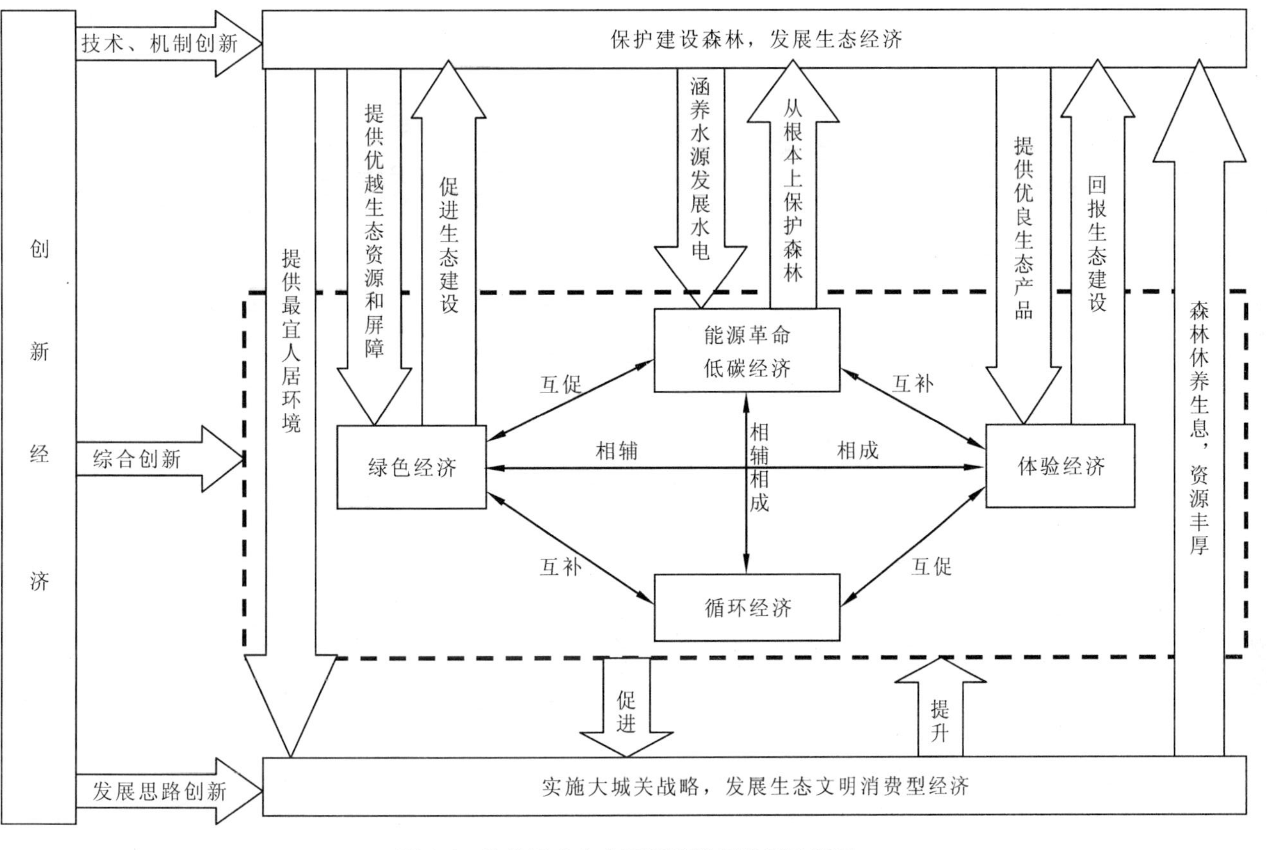

图 4-4　德化县生态文明经济协同发展示意图

三是各种经济形态作为一个整体协同发展，形成有机联系的经济链（网）体，才能获得整体功能大于部分之和（1+1>2）的系统效应。

4.2 基本功能

基于基本规律和基本特征，笔者认为，生态文明各种经济形态协同发展能够实现三个基本要求（即三个有利于）：一是有利于转变经济发展方式，增强经济的整体质量、效益和核心竞争力；二是有利于取得生态效益、经济效益和社会效益的相统一与最优化，促进自然—人—社会复合生态系统的持续发展；三是有利于促进城乡协同发展，为实现生态和谐、人态和谐与社会和谐打下良好基础。德化县正是走出一条能源资源节约，生态环境优美，支柱产业和重点产业迅速提升，战略性新兴产业势头强劲，经济结构优化、知名度和美誉度提高、人气凝聚物流集聚、城乡协同发展的科学发展路子。

参考文献

[1] 德化县志编饔委员会．德化县志．北京：新华出版社．1992.

[2] 德化县地方志编纂委员会．德化陶瓷志．北京：方志出版社．2004.

[3] 北京大学中国持续发展研究中心．福建省德化县推进县域循环经济发展规划技术报告．2007.

[4] 李辉跃．发展循环经济是时代赋予德化的历史使命．发展研究，2007（2）：57~59.

[5] 陈美凤，孙印风．绿色瓷都 和谐德化——“中国瓷都·德化”创新发展纪实：http：//www. sdoosd. com/news - show. asp？ column_ id = 1618.

[6] 黄俊．泉州德化：一个生态县域的剪影，http：//wmf. fjsen. com/2008 - 01/28/content_ 1465540. htm.

[7] 德化县政府信息公开网，http：//xxgk. dehua. net/list/7/default. shtml.

[9] 德化县林业局．福建省德化县创新生态公益林管护新机制，http：//www. forestry. gov. cn/distribution/2009/04/30/lyyw - 2009 - 04 - 30.

资料链接

一体化模式的典范
——访世界著名化学公司巴斯夫

（按：我们摘录文章的部分内容。文中的“一体化模式”实际上是讲创新经济、生态经济、循环经济和低碳经济协同发展的模式，它可以取得节约资源能源与成本、减少排放、拉长产业链、优化企业经济结构，获得生态效益、经济效益、社会效益相统一与最优化的效果。）

1. 一体化生产方式：巴斯夫哲学的灵魂

驱车1个多小时到距离法兰克福不到100km的路德维希港市，一幢写着“BASF”4个英文字的高层白色建筑会提醒你，举世闻名的化工厂就在此处了。这幢高层建筑是路德维希港市的最高建筑，它也是巴斯夫欧洲最大的化工基地及研发中心所在地。巴斯夫在德国路德维希港的总部，位于莱茵河边畔路德维希港，是“德国最大的工厂”，占地7km^2，像一个小城镇。

在化工行业，巴斯夫几乎涉足了供应链的各环节，并利用自身优势，将诸多环节紧密地连接在一起，这就是巴斯夫独创的一体化生产方式。在产业能耗上，巴斯夫已经利用一体化生产，达到了很高的水平。一体化基地的优势集中表现在两个方面：一是节约，集群化生产有利于节约资源，降低成本；二是环保，整个厂群形成了能创造高附加值的生产链，为巴斯夫带来强劲的竞争优势。

在全球范围内，这种模式每年大约能为其节省8亿美元成本。与此同时，还大大降低了对环境的影响。一体化基地模式将生产、能源和废物利用、物流以及基础设施高度衔接，最有效地利用资源和能源，降低成本，减少对环境的影响，充分体现了循环经济的要义。

2. 从工厂排到莱茵河的水比抽上来的水更干净

巴斯夫路德维希港基地紧靠着风光秀丽的莱茵河，莱茵河水是巴斯夫必不可少的资源，也是沿岸2000万人口的饮用水水源。巴斯夫的员工们自豪地说，从工厂排到莱茵河的水比抽上来的水更干净。

20世纪70年代初期，巴斯夫建立起了第一家现代化的污水处理厂，工业废水经过处理后再排放进莱茵河。这座连接着巴斯夫250个工厂的污水处理厂，每年要处理1.2亿m^3的废水，其中的83%来自化学品生产，剩余的17%则是处理市区的生活污水。巴斯夫与主管部门合作，定期对莱茵河的水质进行监测。自1976年以来，专家们一直在对流经巴斯夫的莱茵河河段中的鱼类进行详细的记录，发现的鱼类总共有30种。从这些生物学记录可以看出，莱茵河鱼类的多样性在稳步上升。

3. 从3L到1L，对低碳理念不懈追求

在巴斯夫路德维·希港的总部，有一批吸引了全德及世界各地参观者的老房子。它们不是文物，而是巴斯夫利用自己的最新节能技术改造的老房子——3L房。在德国，采暖耗能是能源主要消耗者，约占所有能源消耗量的1/3。早在2001年2月，德国通过的新节能法案就规定，新建筑物必须达到"7L房"的标准。为寻求既节能又有利于环保的建筑技术方案，巴斯夫的这项旧房改造工程，就是在这样的背景下启动的。

利用公司的资源和技术优势，巴斯夫将一幢已有70年历史的老建筑改造成了德国第一幢"3L房"。与改造前相比，采暖耗油量从20L降到了3L，"3L房"由此得名。按这幢100m^2的公寓测算，每年取暖费可从5400元降至770元，CO_2的排放量也降至原来的1/7，具有极大的经济和环保价值。

早在30年前，巴斯夫就提出"责任关怀"，自觉地保护环境；2001年巴斯夫就成立了全球可持续发展指导委员会，其可持续发展战略的要求是在经济发展的同时，必须考虑生态保护、考虑社会责任。以2002年为基准，到2020年，巴斯夫将持续地提高能源效率指标达25%；同时，持续地减少25%的温室气体排放量。

资料来源：中国环境报2010－05－25第4版 郭薇

第五章

发展生态文明创新经济

1　生态文明创新经济的发展现状

1.1　发展的阶段性和历史必然性

任何一种文明形态都有它的经济基础，在原始文明时代是狩猎经济，在农业文明时代是农业文明经济，在工业文明时代是工业文明经济，在生态文明时代是生态文明新经济形态，它的核心就是创新经济，也称之为知识经济。创新经济是对以往经济形态的扬弃，既吸收继承了工业经济形态的科学技术、市场体制和政策，又在更符合人类可持续发展的角度上提出了新的要求。胡锦涛总书记指出："培育新的经济增长点、抢占国际经济科技制高点已经成为世界发展大趋势。"[1] 在工业文明发展历程中，蒸汽机、铁路、电力、原子能、信息技术分阶段促使经济繁荣。在生态文明时代，人力资源（知识）将成为经济发展的最核心要素。

工业文明经济形态转变为生态文明经济形态不是一蹴而就的，而是具有历史必然性。在当前，资源能源危机、生态恶化、环境污染、气候变暖、人类工业文明病蔓延等国际性大问题层出不穷。这些是发达国家和发展中国家都面临的问题，无论哪个国家都要想办法去化解危机、走出困境。同时，不仅是资源环境气候问题，经济自身的结构问题也迫切呼唤着新经济形态的出现。2009 年爆发了国际金融危机，中国以出口为导向的制造业受到了严重影响，中国经济发展遭遇瓶颈，诸如"技术产业水平低、创新能力差，非自主技术制造业企业利润空间小"[2] 等问题十分突出，而且这种劳动密集型产业是工业化初期的典型产业模式，其对环境破坏也是显而易见的。傅京燕对广东省的 19 个制造业对产业污染排放强度因素研究得出结论："污染排放强度与能源使用、物质资本密度和人力资本密度…R&D 支出呈正相关关系。"[3]诸如此类的例子不胜枚举，在总结回顾了工业文明经济的发展历程可以看出，近半个世纪以来对环境的破坏程度恐怕要超过以往几百年。而创新经济主要依靠不可见的智力资源的投入，因此衡量创新经济的不是劳动生产率，而是知识生产率或者科技进步贡献率（在经济增长中有多少是由科技进步带来的）。"以知识资源最大限度的取代自然资源，由此也就可以最小限度地污染环境。"[4]因此，在国际社会迫切要求发达国家和发展中国家节能减排，减少温室气体排放的情况下，创新经济更成为新的经济研究视野。胡锦涛总书记强调："全球发展面临的严峻挑战迫切需要创新经济发展方式。"[1]

1.2 国外有关可持续发展的创新经济

创新与可持续发展之间到底有什么联系呢？为了谋求持续发展而保护生态环境是否会削弱国家和企业的竞争力？创新是否是一条能摆脱保护生态环境的成本压力走上持续发展的捷径？要回答上述的问题，首先我们得注意到两个方面的事实，那就是：苛刻的环保标准会带来最直接的社会效益，企业为防治污染所自掏腰包的费用将增加，产品的价格将增加，低成本的竞争力将被削弱。美国哈佛商学院教授波特（Porter）认为，企业应该改变旧有的思维模式——静态思维，把环境的改善与经济效益的提高和竞争力的增强放到同一层面上考虑。虽然企业要付出一定的污染治理成本使得提供给消费者的产品不再低廉，但是产品会显得更有价值。为了让消费者肯购买这种产品，这就意味着我们必须要在产品中"注入"一种东西——这就是先进的生产技术和工艺，也就是通过创新才能获取的先进的生产技术和工艺。因此波特在保护生态环境—创新—竞争力—可持续发展的链条上找到了一种合理的解释，"环境监管并非必然会给所有企业带来创新、竞争力以及生产率的提高。只有成功进行创新的公司才会取得胜利。一个真正有竞争力的行业更有可能把一项新标准看做一项挑战，并通过创新来加以应对。而缺乏竞争力的行业可能不会以创新为导向……要在一种把环境、资源生产率、创新和竞争力都联系在一起的经济逻辑基础上谋求持续发展"。[5]

1.3　国内有关生态文明的创新经济

国内创新经济主要是围绕着可持续发展这个国际话题展开。温家宝在《让科技引领中国可持续发展》报告中强调："全面协调可持续发展，尽快走上创新驱动、内生增长的轨道。"[6]在具体创新领域与国外有所不同，国内更加关注目前中国经济发展面临的主要瓶颈，有关新能源、新材料、信息科学、生命科学等高新技术产业，因此侧重在技术创新。有对垄断企业的技术创新研究，主要说明规模、技术、效益三者之间的关系。"大企业雄厚的资金优势保证了企业在 R&D 活动上具有较稳定的投资比例，有利于投入大规模的技术创新活动，促进技术创新成果产生。"[7]有对中小企业的技术创新研究，主要阐述成本、技术、竞争力三者之间的关系。"通过技术创新，企业不断改进生产工艺，可以使人力资源和能耗或其他材料损耗大大降低，使企业产品成本得到持续降低，从而增强了企业产品的市场竞争力。"[8]我国在技术创新上硕果累累，如："电力输电线路除冰机器人达国际水平，全球首台汽车混合液压制动节能器，高性能、大功率 LED 照明驱动芯片，中铝球磨机节能降噪技术……"[9]

从以上的研究理论和生产实践可以看出，我国目前仍然停留在工业文明创新经济的阶段，注重的是工业文明生产力发展，而不是生态文明创新经济，后者注重的是生态生产力发展、可持续发展。对于下文中提到的生态文明创新经济的另外两方面内容：包括市场创新和制度创新，研究的比较少。此外，对创新不仅能够改善环境，发展经济的同时也能够协调人与人的关系则鲜于报道（类似于加拿大 Manitoba 省创新基金资助的一个优先领域是和土著人社区的关系，见资料链接一）。而这恰恰是生态文明理论中强调"……人与人、人与社会（即自然—人—社会复合体）和谐协调、共生共荣、共同发展……"[10]的题中应有之义。

2　生态文明创新经济的主要内容

2.1　生态文明创新经济的特征及其与工业文明创新经济的区别

生态文明是对工业文明的继承与发展，同理生态文明的核心经济形态——创新经济也是对工业文明创新经济的继承与发展。在概述了国外先进的可持续发展创新经济和国内的工业文明创新经济后，我们总结出了生态文明创新经济的两大特征。

2.1.1 协同发展与可持续性

生态文明创新经济的理论支撑是马克思生态学思想、生态文明理论、可持续发展思想、人地协调理论等；实践应用技术是生态化技术体系（包括环保技术、节能减排技术等）。工业文明创新经济的理论支撑是工业文明生产力理论、资本积累理论等；实践应用技术则是各行各业具有创新性的技术，包括各种申请专利保护的或者以商业秘密形式保存的技术，后者如：美国可口可乐公司的配方，甚至还包括公开或半公开的各种模仿性技术等。在工业文明创新经济阶段，企业生产要素投入的目的是为了扩大再生产，利用技术的稀缺性获取超额利润。通过资本、劳动力、原材料、能源等生产要素投入扩大外延式再生产，形成规模经济，同时带来规模效益，在获得原始资本积累后为了提高产品的科技含量，又再通过科技投入提升内涵式再生产。

我们分别分析这两种生产模式的可持续性。图 5-1 反映出近 20 年来我国能源生产总量成曲线加速上升，这就表明外延式再生产模式无疑是加速了对自然资源的消耗。在中国目前这种情况十分突出，“主要表现为，一些行业发展过快，投资规模偏大，粗放型增长的特点重新抬头，资源环境的浪费和破坏也有所增加”。[11] 因此，外延式再生产模式是不可持续的。那么内涵式再生产模式是否是持续的呢？首先一个问题是为什么工业文明时代要发展创新经济？答案只有一个：那就是为了改变落后的经济结构和产业结构，提高要素的生产效率。“经济增长的直接源泉有两个：一是要素投入量的增加，二是要素生产效率的提高。两者在经济增长中的构成决定了经济增长的质量和经济增长的方式……技术创新推动经济增长的作用更加明显。”[12] “技术进步，能够推动劳动手段现代化，扩大利用资源的范围和程度，革新生产工艺……从而促进经济不断增长。”[13] 如果仅仅把眼光停留在经济结构本身或者企业本身的话，内涵式再生产模式是持续的（其实是片面的观点），例如：企业实施技术创新，产品推陈出新，进而占领消费市场，使得企业竞争力增强，在众多竞争对手之间立于不败之地；经济结构也是如此。但是如果把眼光放远到整个自然—人—社会复合体，那么可以发现内涵式再生产模式是不可持续的。图 5-2 中，因为提高了要素生产率就意味着在同样一段时间内，它比外延式再生产模式生产出更多的产品，汽车生产流水线的生产效率就是一个显著的例子，美国福特汽车公司与计算机公司惠普合作研发的“生产开发系统（EPDS）从根本上减少了每辆汽车生产的时间”。[14]即使是技术进步可以减少单位产品资源能源的消耗，但是由于企业逐利本性的主观需要，会尽其所能的去生产产品；亦由于需求决定生产的供求关系的客观需要，会尽其所能的去满足市场需求。因此，标榜着环保和低能耗的工业文明技术创新，实质上无法真正解决资源能源耗竭和生态环境恶化的问题，而只是一个为了获取自身经济利益和国际时局需要的幌子罢了。在基层调研时，几乎个个企业都声称自己的产品都是低能耗的，想必其他地区也是如此，但是和全球过高的总能耗这个极不相称的结果比较中，我们可以发现，这个近似于荒谬的“等号”其实是有其必然性依据的。

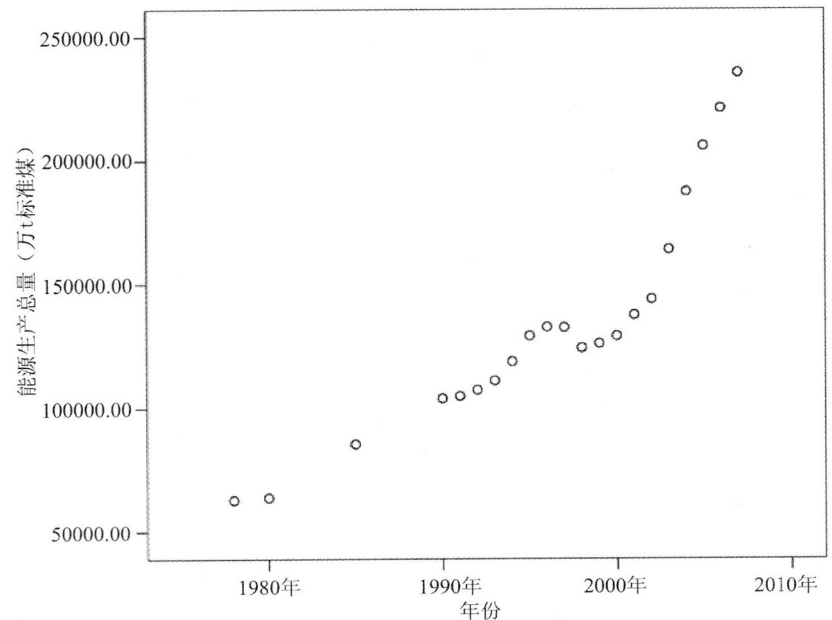

图 5-1　能源生产总量图（1978～2007 年）[15]

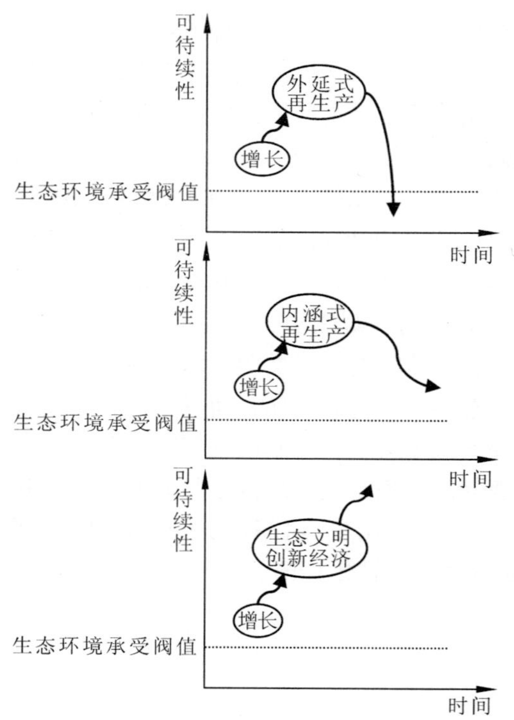

图 5-2 工业文明创新经济与生态文明创新经济的可持续性图

从图 5-3 可以看出，世界上人均 CO_2 排放量最高的几个国家和地区除了中东以及俄罗斯等原油生产国外，其他基本上是发达国家，例如：美国、加拿大、澳大利亚等。通过前述对工业文明创新经济的弊端分析，很好地诠释了为什么发达国家这么先进的生产力、这么活跃的技术创新，人均 CO_2 排放量却居高不下的根本原因。

2.1.2 生态生产力及其生产关系

工业文明创新经济的生产力是工业文明生产力，企业在经济活动中就是要实现知识资本的增殖，一言以蔽之，就是通过知识物化为高科技产品，提升产品的价值以获取超额利润。这种生产力的进步会导致资源的利用深度和广度大大增加，如果政府不采取有效措施，那么很有可能会带来外部性不经济。“知识企业生产关系的创新既包括知识资本所有

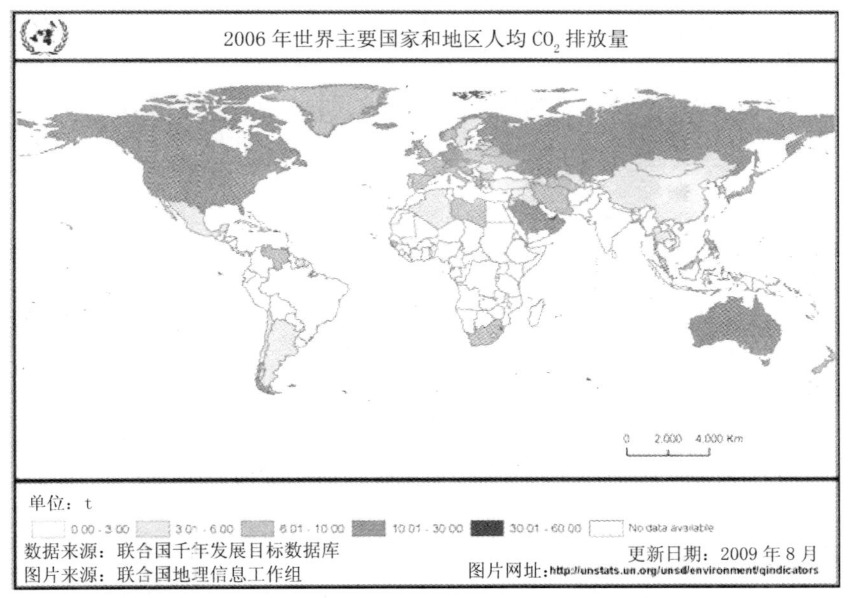

图 5-3　世界主要国家和地区人均 CO_2 排放量（2006 年）[16]

权关系的变化、利益分配关系的变化，又包括劳动组织中权力关系的变化。”[17]资本所有权关系包括：企业所拥有的结构性资本和经营性资本，员工所拥有的知识资本；利益分配关系上是处理企业所有者与员工之间的收益；劳动组织中权力关系则是企业管理上的职权级别。[17]这种生产关系没有将生态环境、人与环境等因素考虑在内，是狭义的生产关系，也就无法处理人地矛盾。“工业文明生产力因其大量破坏生态、大量浪费资源、大量污染环境，它不但难以维系社会生产的持续，而且已经使人类遭到自然界的惩罚，危及到人类的生存安全，当然更谈不上人类的发展。”[10]

而生态文明创新经济是围绕生态生产力和视野更全面更广阔的生产关系来整体把握生产与人—自然—社会复合系统之间的关系。生态生产力不仅仅是指能提高要素生产率的工业技术，而是将生态化技术体系融入到技术创新中形成的对经济发展、生态恢复、资源节约、环境保护均有正向作用的先进生产力。它具有的价值维是指：“生产力作用于复合体后产生的效果和价值，效果有大有小，价值有正有负。”[10]这是工业文明生产力不具备的。在生产关系上，生态文明创新经济的生产关系不再是狭隘的企业所有权、股权资本的利益关系，而是牢牢把握以人为本的理念，坚决摒弃人类中心主义，在关心人、爱护人的同时关心自然、爱护自然。

2.2 生态文明创新经济的三大创新内容

2.2.1 技术创新——生态化技术体系

生态文明创新经济有其具体的实现方式。这种方式是对原有的工业文明生产方式的深刻改造，是人类长期忍受生态环境恶化后深刻反思、发挥能动性的结果，“克服其在自然和社会方面的弊端，形成一种既与工业化生产方式相联系又与其相区别的新型生产方式”。[18]我们称之为：生态化生产方式，它“是要对传统的工业生产过程进行生态化改造，根据自然界物质循环的规律，建立生态工业，运用清洁工艺，进行清洁（减少污染）回收（减少资源耗费），把工业生产过程改变为循环过程”。[19]

因此我们可以发现，生态化生产方式的形成需要技术创新，很多个技术创新的合力才形成这样的生产方式。从时间序列来看存在着三种先后顺序：“一是单项新技术的出现；二是技术结构的变革；三是新技术平台的产生。”[10]单项新技术的出现是市场需求的结果，“社会上一旦有技术上的需要，这种需要就会比十所大学更能把科学推向前进”。[20]以生态养猪法为例——“也叫发酵床养猪技术，其原理是利用微生物迅速降解、消化猪的排泄物，从而达到猪场粪污的零排放”。[21]可以说：“不闻猪粪臭，唯有饲料香”，即取得了生态效益又取得了经济效益。单项技术创新仍不足以导致生态文明创新经济的形成，只有在生态农业、生态工业、生态服务业等产业的技术相继取得突破才能带来技术结构的变革（工业文明的技术创新亦如此）。新技术平台则是包含了技术研发、新技术应用、市场推广、专利申请等一系列完善有机体，有利于培养人才、催生新技术、防范研发风险等。

2.2.2 市场创新——绿色、健康市场

生态文明反对工业文明奢侈、铺张浪费、以自我为中心的消费观

念，倡导合理、绿色、健康的消费观念。这种消费模式以保护消费者身心健康为宗旨，也符合环境保护标准。

有需求就有市场，生态文明市场创新是在人们正确的消费价值观引导下的创新，致力于开拓新兴的环保产品市场，如宝马公司的氢动力内燃机技术，丰田公司的油电混合动力技术以及通用的氢燃料电池技术[22]，这些新技术的普及不仅会减少石油消耗和温室气体的排放，更重要的是它们将改变消费者的消费观念，从而新市场就代替了旧市场，环保技术成为先进技术的代名词。

生态文明创新经济并不单一注重生态化技术创新，而是要围绕着市场目标进行，不存在市场价值的纯粹意义上的生态化技术突破并不属于创新，很多时候正是由于拓展市场的失败而不是技术研发的失败造成了创新的失败，以工业文明创新经济为例，美国经济学家罗斯托（Rosston）比较英法两国的工业时期得出的结论：18 世纪法国的科学水平与发明质量超过英国，但是英国的创新超过法国，原因在于英国能将发明商业化，英国人的发明虽然不多，但是值得骄傲的是，他们能够完善别人的发明。由此产生了这样的格言："要是有一件完善完美的东西，那一定是法国人发明而在英国制造的。"[26]

2.2.3 制度创新——实现生态效益、经济效益、社会效益相统一和最优化的制度

生态文明创新经济的发展目标就是实现生态效益、经济效益和社会效益相统一和最优化，它离不开各种规章制度、政策法规，如：生态产业政策、环保政策、新能源政策、生态产权制度。要严格执行生态产业发展的政策法规，严格惩治污染制造者，实现谁污染——谁治理的原则，地方政府应扭转以 GDP 为主要政绩考核目标，建立起绿色 GDP 核算体系。同时，保障当地居民生态投诉的合法权益。生态环境具有公共属性，即不属于任何一个私人所有，但它又影响着每个人。因此要建立生态产权制度，一是将外部性不经济内部化——"通过市场主体间自由的契约交易行为解决，施害者向受害者付费"；二是通过行政手段强制执行——"针对市场外部性带来的利益失衡，采用反向的权利、义务不平衡进行校正……直接管制、限制进入、主动查外、行政处罚等方法约束或禁止负外部性的产出。"[23] 制度创新的最终目的就是实现生态

效益、经济效益、社会效益相统一和最优化，坚决反对为了经济发展而牺牲生态环境，也不以刻意保护生态环境而影响经济发展，而是在生态效益、经济效益、社会效益之间抓住一个平衡点，利用生态化技术为先导和绿色、健康市场为契机，既保护了环境，又发展了经济（图5-4）。

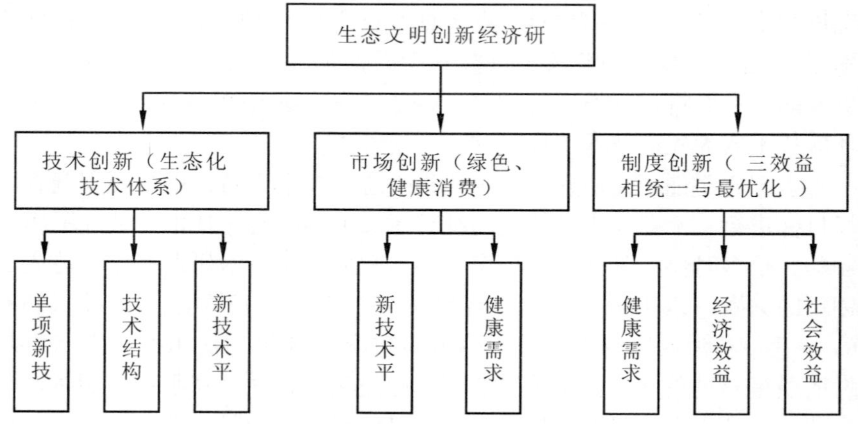

图5-4　生态文明创新经济研究内容图

3　发展生态文明创新经济的意义

3.1　增强生态效益、经济效益、社会效益的综合竞争力

从微观角度来看，创新的主体是企业。企业的经营目的就是实现利润的最大化，李嘉图认为：交换价值来源于商品的稀缺性和获取它所必需的劳动量。创新的成果则具有稀缺性的特点。一旦这项成果申请了知识产权的保护，那么就构成了一定程度的垄断。由于对该稀缺性技术的需求，就可以产生超额利润。因此，创新成为企业追求利润的内在动力。“从创新与竞争力结构关系来看，创新对竞争力有显著推动作用，但创新的滞后影响多不显著，竞争力的前期水平对后期水平影响很大，但随时间间隔增加而弱化。”[24]随着技术进步的加速，新知识和新产品的诞生周期在逐渐缩短，如20世纪50年代末提出的“摩尔定律”所言：“集成电路芯片上所集成的电路的数目，每隔18个月就翻一番。”此外，随着技术扩散、技术外溢和技术模仿，商品的稀缺性在消失，企

业就面临失去垄断的危机，为了能持续获得超额利润，就不得不进行新产品的研发，也就意味着企业不得不持续创新，从而保持自身的竞争力优势地位。

同理，生态文明的创新也是竞争力的重要影响因素。那些优先采用清洁生产技术，执行循环经济管理手段、遵守苛刻的环保准则的国家和企业能够生产出新型的生态化产品，哪怕在当前的消费能力有限，但是随着时间的推进，当初拥有技术的企业就可以依靠技术垄断占领新的市场，而后来者“仅仅依靠技术引进，而不进行自主研发……就很难获得技术能力，从而无法实现赶超”，[25]从而削弱了自身的竞争力。另外对于发展中国家而言，如果不发展生态文明创新经济，那么出口导向型企业的产品将很难进入到欧盟市场，最近几年这类事件屡见报道。

3.2　促进自然—人—社会复合体系良性互动、有序增长

苏联经济学家康德拉季耶夫（Kondratiev）在20世纪20年代提出经济发展过程中存在着繁荣与萧条交替的规律性现象（表5-1）。德国学

表5-1　康德拉季耶夫长波周期及相应的技术创新表[26]

经济发展阶段	1	2	3	4	5
振兴期	1770～1786年	1828～1842年	1886～1897年	1940～1954年	1992～
繁荣期	1787～1800年	1843～1857年	1898～1911年	1955～1969年	
衰退期	1801～1813年	1858～1869年	1912～1924年	1970～1980年	
萧条期	1814～1827年	1870～1885年	1925～1939年	1981～1991年	
技术发明	棉织物 炼铁 蒸汽机	铁路 蒸汽机车 产业近代化	电力 汽车 化学工业	原子能 电子 石油化工	信息技术

者杰哈德·门施在20世纪70年代研究了110种技术创新后画出了一个表征长期波动趋势的创新频率曲线。曲线表明18世纪60年代、1825年、1885年和1925年这4个技术创新的高峰时刻正是世界性经济萧条的中期。因此，他得出结论，经济萧条是诱使技术创新的一个前提条件。因此可以看出：当同质性产品的大量生产造成供过于求之后，那么

经济的衰退期就会到来，为了满足新的需求，对新产品的研发必然跟进。由技术创新带动需求导致新一轮经济的增长。

从两百多年的工业文明进程中看出，经济周期波动增长而生态环境整体上却一直在恶化。工业文明创新经济可以回答如何提高劳动生产率，如何增加产品的附加值，如何挖掘潜在市场，如何将企业的规模做大做强，但是却不能回答如何解决经济增长与生态环境良好这样一对“二律背反”（antinomies）的难题。生态文明创新经济从正面回答了这个问题。与工业文明囿于经济结构本身的狭隘视野不同，生态文明将视野延伸到自然—人—社会复合系统中，将生态环境作为外在变量纳入进来。生态文明的技术创新不简单是经济萧条的产物，而是经济萧条和环境恶化到了无法容忍的产物；它的出现不简单是推动经济复苏的驱动力，而是经济复苏和生态修复的双重驱动力；它不简单描述经济危机周期性出现和生态环境曲线式恶化，而是要完成这样一个使命—促进自然—人—社会复合体系良性互动、有序增长，实现和谐协调、持续发展。因为人类可以忍受经济危机，但是无法忍受生态环境破坏的底线。

3.3 促使产业结构演变——生态产业与体验经济

生态产业“就是利用一切现代科技的积极成果，在促进可再生自然资源增殖的同时，不断开发不可再生自然资源的替代品的产业”。[27]它包括三大产业体系：生态农业——相对于石油农业的一种集约化经营的农业发展模式；生态工业——以节约资源、清洁生产和废弃物多层次循环利用为主要特征的工业发展模式；生态服务业——主要包括体验经济、生态旅游、绿色商贸、绿色物流等。

国外学者对工业文明的产业结构已经做了大量的研究。如配第—克拉克定理关于就业人口在三次产业中的分布；库兹涅茨法则中关于三次产业收入差异及其劳动力流动；钱纳里的产业结构阶段论等。这些学者对产业结构研究的一个显著特点是侧重在劳动力—收入—三次产业比例，而没有将生态环境作为重要影响因子纳入到产业结构调整的研究当中，为了克服这种弊端，后人提出了环境库兹涅茨曲线和生态库兹涅茨曲线的模型。

工业文明产业结构调整模式的着力点是在于劳动者的收入，而生态文明对产业结构调整的着力点是在于发展的可持续，当然也重视劳动报酬。那又是如何实现调整的呢？答案就是：发展生态文明创新经济。将生态化技术应用到生态产业的生产、加工过程中；将绿色、健康市场的理念灌输到生态产业的销售、流通过程中；将生态效益、经济效益和社会效益相统一和最优化的制度体现在生态产业的规范、发展过程中。生态产业和以往传统产业的显著区别就是：它反映了一种新的发展思维—将生态化技术作为一种手段促进其产业化发展，从而使生态效益、经济效益、社会效益统一起来。因此，新兴的生态产业将以“环保、节能、低排放”为口号逐渐赢得消费者的青睐，各个国家也将发展生态产业提上议事日程。可以这么认为：没有生态产业的发展，产业结构调整便不能解决人口、资源和环境的深层次矛盾，更不符合人类长远发展的利益，而只不过成为收入再分配的结构性调整而已。

4　发展生态文明创新经济的途径与措施

4.1　“推拉”作用——生态化技术推动与绿色、健康市场需求

在20世纪60年代以前，很多重大的技术创新都是科学发明的结果，由于科学技术在惯性发展中取得重大突破时，生产为了适应科技进步，于是引起了技术创新。同时科学技术也企图开辟商业化道路，引导市场需求。在“科学发明”→“技术创新”→“市场需求”的进程中技术创新更主要地依赖于科学发明而不是市场需求。此模式为熊彼特所倡导，他提出：生产者掌控着主动权，需求者只是被动地跟进。然而纯粹的技术推动企图摆脱市场需求的作用力是有失偏颇的。

很多经济学家在实证研究中得出，技术创新更多是由需求拉动。但纯需求拉动模式也存在一定的局限性，因为如果没有科学发明引起的技术创新，如：计算机的出现，那么也就不会有社会对计算机的需求。

因此罗森堡提出综合作用模式，他认为创新活动并不单一依靠需求或者创新，而是由这两者共同决定，需求决定创新的预期收益，技术决定创新的可行性及研发成本。当然综合作用模式在不同阶段作用的动力不同，在技术起步阶段，技术推动的作用很明显；在技术成熟和广泛应用阶段，需求拉动则超过技术推动。

因此，生态文明创新经济需要在“科学发明”→“技术创新”→“市场需求”的链条上寻求一个平衡点。对于技术创新与科学发明的前向联接来看：国家之间的创新能力有所不同，发达国家主要依靠基础研究和实验开发，发展中国家主要通过技术引进、消化、吸收，进而技术模仿等等。对于目前中国要发展生态文明创新经济，可以分三步走：①引进国外生态化技术，发展生态产业；②采用技术模仿策略；③自主研发，引导技术创新。“本国自主技术研发能力是决定技术模仿与技术学习的关键变量，在其他条件相同的情况下，拥有较高生产率人力资本以及较强自主研发能力的国家，往往能够更有效、更充分地分享到外部先进技术的好处。”[28]

4.2 制度创新是生态文明创新经济的根本性保障

诺斯（North，1968）通过分析1600～1859年的海洋运输生产率变化得出结论：制度变革比技术变革更为重要，一个高效运行的制度，如果没有先进的设备和技术，也可以刺激劳动创造更多财富；但是再先进的设备和技术，如果缺乏高效运行的制度，那么不会创造如此之多的财富。技术创新主要目的是技术扩散与传播，制度创新则是提高技术的流动效率。因此，制度创新通过制定游戏规则，提供信息沟通和政策透明以及区域可进入性，为技术创新打开了大门，如：1978的前后10年之间，我国的技术实力并没有发生太大的变化，但是从计划经济转轨到市场经济实现了体制变革，引起了经济结构的大变化，极大地促进了生产力发展。同理，生态文明创新经济的技术创新很大一部分可以在现有的技术上加以改造，更多缺乏的是制度上的创新和执行力度。通过庇古税将外部性不经济内部化是一种治理环境污染的制度，“先从重点污染源和易于征管的课征对象入手”，以及根据不同“地区的环境质量水平…制定不同的税率体系”。[29]值得注意的是：一个企业通过外部性不经济获得的收益扣除被征收的庇古税后仍有净收益的话，那么企业仍将继续污染。另外，企业也可以通过非正常手段降低污染惩罚成本，如：贿赂税务人员。现实也证明了，靠征税是治标不治本的手段。北京的“黑帽子”——首钢一年上缴的环境税不可谓不少，但是仍然改变不了“高能耗、高水耗、高排放”的污染本质，最终不得不迁离北京。

生态文明对于环境污染更加强调过程治理而不是末端治理，在生产过程中消除污染，变废为宝。那么需要一种更符合过程治理的制度创新。“三同时”制度便是这样一种很好的污染预防制度，“指一切新建、改建和扩建基本建设项目……其中防治污染等设施……必须与主体工程同时设计、同时施工、同时投产”。[30]这种通过强制性、约束力的政策制度，可以很好地克服了当前资源环境的“老、大、难”问题。又如瑞典制定的关于显示器环保生产的TCO认证，通过在商品上贴上标签，让消费者偏向于购买贴有绿色认证的产品，这样企业考虑到自身利益为了扩大销售，在生产过程中就自然而然地应用环保工艺，达到了过程治理的目的。既没有末端治理那种“先污染后治理”的滞后性弊端，也不会给企业带来缴纳环境税的沉重负担，还可以鼓励企业研发更多的生态化技术和环保工艺，提高了产品销售额、增强了企业的竞争力，可谓一举三得。

有些基层干部讲到生态文明问题时，就认为这是环保局或林业局某个部门的事。正是由于我们没有一个优越的生态文明创新经济制度，才会产生这种有失偏颇的观点。实际上，本文所提的制度创新不是单项制度的臻于至善，也不是多项制度的叠加组合，而是要在各项制度之间构成一个互动型有机体，形成一种协同发挥作用的合力。在这种制度框架下，各个职能部门分工有序、张弛有度，不会发生部门之间行政分隔、各自为政的局面。

4.3　和谐竞争是生态文明创新经济持久发展的驱动力

生态文明创新经济倡导和谐竞争。从经济学角度看，竞争表现在价值链上的竞争，价值链就是企业各自独立又相互联系的行为活动链接在一起的表现形式。具体包括要素投入、要素转换和要素产出以及价值反馈，竞争就发生在这一系列的价值演变过程之中。

工业文明价值链是一条扭曲的价值链，它的最终目的是追求利润附加值而不顾资源能源耗竭和生态环境恶化。在产品销售上，厂家与厂家、商家与商家之间恶性竞争，大打广告战、价格战、口水战，为了赢得消费者的青睐，往往通过低成本、规模化生产，而不愿意承担环境治理成本和员工的社会成本。国家之间贸易冲突也不断，甚至欧盟以反倾销为名，企图要禁止中国的低廉产品进入欧盟市场。企业之间的战争是一场没有硝烟的战争。胜者占山为王，垄断技术和市场，败者哗然倒闭、被吞并，或者从事技术模仿和技术盗版，以更低的成本制造“山寨”产品分享市场，而这种成本是以外部性不经济为代价的……国内竞争已经白热化，国外也开始为保护本国产业发展而征收反倾销税。企业不惜代价、不计生态与人本价值回报的低水平竞争已经到了尽头，人类对自然的狂妄征服，自然一次又一次的无情报复，不和谐的竞争终究无法持续发展下去。

生态文明价值链是一条正向价值链，企业之间不再是价格上的恶性竞争，而是品牌和价值上的良性竞争；产品突显的是功能与效用而不是低廉的成本附加值；通过生态化技术体系，将自然资源化零为整，又尽可能地减少对环境外部性的损害；将科技灌输在产品中，产品在增值的同时，生态环境也向恢复健康有序过渡；企业将追求产品的标新立异，人和自然将和谐共存。因此，我们可以看出，生态文明价值链竞争的本质是：实现自然—人—社会复合体系的和谐竞争，达到生态效益、经济效益、社会效益相统一和最优化。

参考文献

［1］胡锦涛．胡锦涛同志在中国科学院第十五次院士大会、中国工程院第十次院士大会上的讲话［N］．福建日报，2010－06－08（3）.

［2］王伟．金融危机下的创新经济发展路径——兼论危机中的创业活动［J］．中国经济问题，2010，(2)：65～73.

［3］傅京燕．产业特征、环境规制与大气污染排放的实证研究——以广东省制造业为例［J］．中国人口·资源与环境，2009，(2)：73～77.

［4］廖福霖．再谈生态文明及其消费观的几个问题［J］．福建师范大学学报（哲学社会科学版），2010，160（1）：12～17.

［5］迈克尔·波特．环保与竞争力：对峙的终结. 哈佛《商业评论》［J/OL］．http：//www.ebusinessreview.cn/c/master_ article－layoutId－18－id－2386.html，2006－01.

［6］温家宝．让科技引领中国可持续发展．http：//www.gov.cn/ldhd/2009－11/23/content_ 1471208.htm［EB/OL］，2009－11－03/2009－11－23.

［7］危怀安．垄断企业的技术创新效应［J］．学术论坛，2010，(2)：109～120.

[8] 姚世斌．基于技术创新的中小企业成长性实证研究［J］．科技管理研究，2010，(5)：12~15.
[9] 中国技术创新信息网．http：//www. ctiin. com. cn/index. htm［EB/OL］，2010－06－30.
[10] 廖福霖．生态生产力导论［M］．北京：中国林业出版社，2007
[11] 袁元．中国发展突出创新与均衡［J］．瞭望，2005，(40)：34~35.
[12] 李俊霖．经济增长质量的内涵与评价［J］．生产力研究，2007，(15)：9~30.
[13] 陈海梁．论经济增长质量的内涵［J］．中国统计，2006，(08)：56~57.
[14] Dennis Jadin. 惠普工作站加快福特供应商全球生产设计过程一体化［J］．计算机与网络，1999，(15)：13.
[15] 数据来源：2007年中国统计年鉴．
[16] United Nations Statistics Division.
http：//unstats. un. org/unsd/environment/air_ co2_ emissions. htm［EB/OL］，2009－08.
[17] 陈伟东，李雪萍．知识生产力与发达国家知识企业生产关系的创新探讨［J］. 社会主义研究，1999，(5)：66~69.
[18] 赵成．论生态文明建设的实践基础——生态化的生产方式［J］．学术论坛. 2007，(6)：19~23.
[19] 黄顺基．建设生态文明的战略思考——论生态化的生产方式［J］．教学与研究．2007，(11)：13~21.
[20] 恩格斯．致瓦·博尔吉乌斯（1984年1月25日）//马克思恩格斯选集·第4卷［M］．第2版．北京：人民出版社，1995.
[21] 邹静昭．不闻猪粪臭，唯有饲料香［N］．中国环境报，2010－6－23（7）．
[22] 姜山．环保汽车三个发展方向：能源技术制高点．
http：//auto. sohu. com/20080611/n257411046. shtml［EB/OL］．2008－06－11.
[23] 罗慧，仲伟周，刘宇．陕北黄土高原生态环境治理的有效性：产权残缺理论的分析视角［J］．中国人口·资源与环境．2005，15（3）：50~54.
[24] 甄峰，傅琳．我国工业企业创新与竞争力提升的结构关系［J］．经济管理，2009，31（09）：85~92.
[25] 涂远芬，许统生．技术创新对我国出口产品竞争力影响的实证研究［J］．科技管理研究，2009，(11)：148~150.
[26] 赵玉林．创新经济学［M］．北京：中国经济出版社，2006.
[27] 尚杰，于法稳．生态文明、生态产业与西部大开发［J］．生态经济，2001，

(9)：5~10.

[28] 包群．自主创新与技术模仿：一个无规模效应的内生增长模型［J］．数量经济技术经济研究，2007（10）：24~34.

[29] 李齐云，宗斌，李征宇．最优环境税：庇古法则与税制协调［J］．中国人口·资源与环境，2007，17（6）：18~22.

[30] 雷霆，王芳．循环经济理论与“三同时”法律制度的融合［J］．经济问题探索，2004，(6)：19~21.

资料链接1

澳大利亚和加拿大的可持续发展创新经济

澳大利亚联邦交通、创新与技术部（BMVIT）成立了可持续发展技术工程——旨在通过面向未来的创新引导经济发展。它包括创新风向标（trendsetting）研究，实践上履行试点项目，手段上采取招标程序，特征是通过互联网将个人研究和项目管理相结合。它的具体目标是：为经济发展提供新的机遇；节约使用自然资源；巩固澳大利亚在技术领域的优势；对经济和就业的正面效应。它采取的具体措施有：加强研究和开发（R&D）能力；结合多学科与广泛使用信息互联网；传播和扩散R&D成果；可持续发展的原则指导；面向企业效益和市场需求；有效利用资源；使用可再生资源；多样化利用与回收；灵活性和适应性；错误容忍和抵御风险；保障就业、收入和生活水平。

加拿大Manitoba省当地政府、企业、社区、青年组织等出资成立了一个可持续发展创新基金（SDIF），为开发、实施、推广环境创新（environmental innovation）和可持续发展项目提供资金。资助人需要对Manitoba省环境保护、生态恢复做出贡献，开展的项目必须对环境和生态无害，能够促进可持续发展，有明确的环境保护效益，也要考虑到土著人社区的经济效益，鼓励更多的年轻人参与，建立社区伙伴关系，加强环保教育和意识，实施信息共享。基金资助的优先领域（The Fund’s priority areas）有如下几个：一、环境技术创新和示范（Environmental Technology Innovation and Demonstration）——对新工艺可行性研究与开发，环境技术示范和特殊项目，如：工业部门的战略研究；二、北方社区的发展和环境问题（Northern Community Development and Environmental Issues）——能加强北方和更遥远地区，尤其是土著人社区的环境和经济可持续发展的项目；三、社区可持续发展（Sustainable Community Development）——包括发挥生态效益与环境管理，能力建设机制，旧城复兴，改善年轻人和土著人的关系；四、可持续农业实践（Sustainable Agricultural Practices）——包括农业实践的可行性研究，不但能保护环境而且还有助于 Manitoba 省农业部门的多样化发展。五、生态系统保护（Ecosystem Conservation）——包括资源保护、城市森林和生态系统的维护，退化地区的恢复和振兴。六、理解我们的环境（Understanding Our Environment）——这个优先领域考虑的是有关环境的教育和意识、培训、研究、研讨会和论坛。七、生态旅游（Eco - tourism）——包括保护生态系统，进行公众教育和通过旅游业发展经济的机遇，农村地区和北方地区在这个领域更有优先资助权。

资料来源：Federal Ministry for Transport, Innovation and Technology. Technologies for Sustainable Development [EB/OL]. http://www.bmvit.gv.at/en/innovation/sustainable.html.

Government of Manitoba. Sustainable Development Innovations Fund (SDIF) Open Category. http://www.gov.mb.ca/conservation/pollutionprevention/sdif/sdifopen.html [EB/OL].

资料链接 2

由欧盟反倾销而联想到的中国陶瓷产业

最近与媒体朋友交流的时候发现经常会被问及这样几个问题：欧盟对国内陶瓷的反倾销诉讼立案，对企业出口有怎样的影响？企业销售会不会因此受打击？……相关问题凡此种种，不胜枚举。

然而，每当听到类似的问题笔者心中就不禁泛起一连寸的疑问，与此同时，脑海里面也浮现出与此等问题不相协调的几个新闻事件。2010 年北京匡时国际春季艺术品拍卖会中，一件青花瓷器以 2240 万元高价成交……；前不久，乾隆珐琅彩瓷拍出 8400 万元，创下世界陶瓷拍卖单价最高记录。据上述新闻看来，中国陶瓷在国际文化市场上的礼遇之高，大有直逼凡高、莫奈等欧洲公认艺术大师作品之势。

缘何同出一国的陶瓷产品在同一个时间点上就受到如此截然不同的两种待遇？一种是因低价倾销而被提起诉讼或将被拒之门外，另一种却是被趋之若慕，为得其一而不惜一掷千金。

回到最初有关陶瓷反倾销的问题上，其实自中国加入 WTO 以来，商品反倾销的案例层出不穷，由一开始的纺织品反倾销、钢铁反倾销等等，再到如今我们所关注的陶瓷产品反倾销，国别间的贸易摩擦此起彼伏，从未间断。但中国陶瓷，一个曾令世人着迷的高端文化产业为何就不能传承其尊贵、雍容的文化血脉，沦落到今天要被扣上低价倾销的高帽子？凡事皆有因果，既然我们的产品低价卖人还落得吃力不讨好，反遭外人唾弃。看来，我们也该反思下我们过往陶路历程的是非得失，重拾中华陶瓷大国信心。

1. 贸易摩擦之争，实为产业生产关系之争

国别间的反倾销纷争诉讼，从表象分析就是因国家和地区在产品价格上存在一定落差，出口国家的低价产品对进口国的产品价格体系造成毁灭性的打击，为此进口国不得不限制进口，从而保护国内相应产业免遭灭顶之灾的一种被动防御机制。

然而对于中国这个偌大的“世界工厂”，陶瓷反倾销纷争就是“价格战”如此简单吗？现时国内出口陶瓷产品的低价现状是由落后生产关系（模式）衍生而来的“合理低价”模式。在瓷砖生产过程中，“生产环境成本”及“员工社会成本”被转嫁到环境及社会整体。陶瓷产品的外销价格优势是建立在环境污染及劳动力贱卖的基础之上，陶瓷出口价格虽低，但放在国内相对落后的生产关系模式上依然有利可图，依然存在“合理”的利润空间。这种非理性的用国内资源拼比国外品牌，用国内有形物质对攻国外无形文化的市场拼抢模式虽能短时内满足市场份额扩张，但过度透支产业资源，无疑将使国内陶瓷产业丧失可持续发展的资源储备。换句不太客气的话来形容，这还真颇有“量中华之物力，结与国之欢心”之嫌！

中外陶瓷贸易倾销摩擦根源绝非“价格战”、“品牌战”等一言可蔽之的简单事。探究根源，这还得归结为两种生产关系间的竞争，粗放型生产模式与集约型生产模式的对比竞争。以欧洲为代表的集约型陶瓷生产模式在生产过程中已经将“环境成本”、“用工社会成本”纳入到整个生产成本体系中，整个的价值体系可视为无害的良性循环生产模式。相比之下国内陶瓷生产系统却是非封闭式资源消耗模型，“环境成本”、“用工社会成本”等隐性成本被忽略，每块瓷砖的生产都将给自然环境、社会集群带来一定的额外负担，其偏低的价格定位又不足以创造足够的价值去弥补对环境的伤害。

用一句简单易懂的话来形容国内陶瓷与欧美陶瓷之间的最大区别就是：欧美陶瓷凝聚了更多的人文元素，更多地考虑到了人文环境与自然环境的和谐共存。这个其实与文章开篇所谈到的过往陶瓷前辈所缔造的青花瓷、汝瓷、珐琅瓷器受狂热追捧有着深层次的相似！君不见中华延绵千年的陶瓷文化之所以得到世界的认同除了其精湛的制瓷技艺外，另外一个重要因素是陶瓷生产与时代文化发展紧密结合，人文文化与陶瓷文化互生互衍，集中体现了陶瓷文化的基础。试想，一个尚且不能与环境共生共存的生产模式，又怎能期望在此模式下生产的产品能博得世界认同？

2. 建立合理生产模式，塑造健康产业形象

诚然，行业生产过剩、国内行业竞争激烈、品牌塑造过程漫长等原因使众多的陶瓷企业被迫走上低价外销的企业发展之路。现有的国内陶瓷产销模式系自瓷砖工业化后的二三十年内建立起来的，相比欧洲的西班牙、意大利等陶瓷强国在产业文化积累、产业理论发展等方面还有较大差距。

然而，产业追赶过程中，国内众多企业却并没有以产业生产模式、产业文化塑造等内在核心竞争力为追赶目标，而是功利地将产品设计、产品外观等作为模仿主要对象，产业生产模式、品牌塑造管理等“内家功夫”没有学好，“花拳绣腿”不伦不类的浮华文化包装倒学得一箩筐！两军对决，在整体综合竞争力上，国内陶瓷企业必然是技输一筹。

依笔者之见，要从根本上解决陶瓷倾销问题还需从根本上建立与欧美建陶强国相类似的陶瓷产业模式，并更多的关注产业与社会整体，产业与环境之间的关系。将产业发展纳入到社会整体发展的大背景下进行考量，塑造一个健康、绿色的产业形象才是扭转中国建陶不利局面的根本出路。

其实，部分国内陶瓷企业在生产模式管理、品牌形象塑造方面还是走在了行业之先。在行业中一直都存在一种定位精准，注重品牌文化发展的集约型生产企业，其中以嘉俊陶瓷、欧神诺为首的几大行业品牌最为经典。“高技术、高品位、低耗能、低污染”一直被奉行为该模式精髓。闻说嘉俊陶瓷在恩平设立的新厂将采用与欧美陶瓷名企同步的先进生产模式，高品质、低耗能的硬性指标自不用说，就连员工区生活配套也极具人性化设计。

本次的欧盟陶瓷反倾销诉讼表面系价格倾销诉讼，但国内企业应从更深层次认识问题。如若国内陶企不能改变原有生产价值体系，陶瓷产业将掉入无休止的诉讼、反诉讼梦魇。据笔者愚见，建立合理生产模式，塑造健康产业形象才是产业发展根本保证！

资料来源：谭瑞源．由欧盟反倾销而联想到的中国陶瓷产业．

http：//home. focus. cn/news/2010 - 07 - 12/180602. html ［EB/OL］，2010 - 07 - 12.

第六章

在生态文明建设中发展体验经济

正如本书前面章节所述，体验经济是生态文明经济的表现形态之一，是物质、精神和生态三者有机融合协调作用的经济，是生态文明的高级经济形态。体验经济能够满足人们物质、文化、生态的多样化需求，能给人们带来审美、愉悦、健康、幸福和全面发展，同时又能节约资源保护环境，能够促进自然—人—社会复合生态系统的和谐协调全面发展。

1 体验经济的提出及其含义

“体验经济”一词最早出现于美国未来学家阿尔文·托夫勒 1970 年出版的《未来的冲击》一书，书中指出社会经济的发展在经历了农业经济、工业经济、服务经济等浪潮后，体验经济将成为新的发展浪潮。1998 年约瑟夫·派恩二世和詹姆斯·吉尔摩在《哈佛商业评论》杂志上刊登了一篇引起多方关注的文章《欢迎进入体验经济》，文章指出体验经济时代的来临[1]。1999 年他们二者合著出版了《体验经济》一书，书中把体验经济定义为企业以服务为舞台，以商品为道具，以消费者为中心，创造能够使消费者参与、值得消费者回忆的活动，并最终实现高经济效益的一种经济形态[2]。《体验经济》一书以美国人常用的案例分析法，描述了体验经济先是从好莱坞、迪斯尼开始，漫延到游乐业、休闲业、旅游业、足球业，再渗透到交通运输业、商贸业、医疗业、服饰业……，最后进人其他行业[3]。两位作者还从经济提供物、经济功能、提供物的性质、关键属性、供给方法、卖方、买方、需求要素等几个方面归纳了产品经济、商品经济、服务经济和体验经济的特点与区别（表 6-1）。

表 6-1 经济形态区分表

经济类型	产品经济	商品经济	服务经济	体验经济
经济形态	农业	工业	服务	体验
经济功能	采摘	制造	传递	舞台展示
提供物性质	可替换的	有形的	无形的	难忘的
关键属性	自然的	标准化的	定制的	个性化的
供给方法	大批储存	生产后库存	按需求传递	在一段时间后显露
卖方	贸易商	制造商	提供者	展示者
买方	市场	用户	客户	客人
需求要素	特点	特色	利益	感受

资料来源：参考文献[3]。

从表 6-1 中可以看出，体验经济与产品经济、商品经济的区别是很明显的，但是与服务经济的区别却需要进一步辨析。根据现代汉语词典的解释，体验是“通过实践来认识周围的事物；亲身经历”，是人们参加某一实践活动之后得到的印象、感受、领悟的总和；服务是“为集体（或别人的）利益或为某种事业而工作”。按照派恩和吉尔摩的理解，服务经济的特点是根据已知客户的需求来订制的无形的活动，服务人员以商品为依托，为特定的客户服务或者为客户特定的财产和物品服务，商品与服务对消费者来说是外在的；体验的特点是个性、参与、互动，是内在的，存在于人的内心中，是人的心境与外在环境互动中的内心感受，“一旦某个公司有意识地以服务作为舞台，以商品作为道具来使消费者融入其中，‘体验’就出现了。”体验的本质是当一个人达到情绪、体力、智力甚至于精神的某一特定水平时在意识中产生的美好感觉。体验经济的典型特征是:“消费是一个过程，消费者是这一过程的‘产品’，因为当过程结束的时候，记忆将长久保存对过程的‘体验’，消费者愿意为这类体验付费，因为它美好、难得、非我莫属、不可重制、不可转让、转瞬即逝，它的每一瞬间都是一个‘唯一’。”有这样一个关于体验经济的例子：某地生产花生，当花生成熟以后，农民自己食用或者未经加工把它拿到市场上去卖，2 元 1kg，这是“农业经济”；后来有人收购花生并把它做成各种食品，经过产品包装和市场营销，卖到 20 元 1kg，这是“工业经济”；再后来有人把加工好的花生摆在酒吧或咖啡厅里供人品尝，变成了 60 元 1kg，这是“服务经济”；最后，有人找到了花生之乡，在这里营造一种生活形态，或者是旅游区，或者是农家乐等等，消费者参与花生种植或者加工，体验当地生活，享受劳动乐趣，一天下来消费者每人至少要付费200元，这就是“体验经济”。

按照消费者参与程度和环境上的关联性，“体验”要素由4e组成：娱乐（entertainment）、教育（education，在参与中学习、体验中学习）、逃避现实（escape，即用参与式的方式逃离家庭和工作场所，进入一个全新的境界，如主题公园、虚拟现实、动感电影、网络等）、审美（estheticism）。因此基于消费者是主动参与还是被动参与，以及消费者与环境的关系是融入情境还是吸收信息，体验可以分为审美体验、娱乐体验、教育体验和逃遁体验等四种基本体验类型。四种类型的消费体验没有绝对的分野，只是不同的人的体验重点不同[4]。那些最好的体验往往同时包含所有四种体验类型，即四种体验的重合部分，派恩和吉尔摩称之为“甜蜜地带”，体验的情感分类如图6-1。

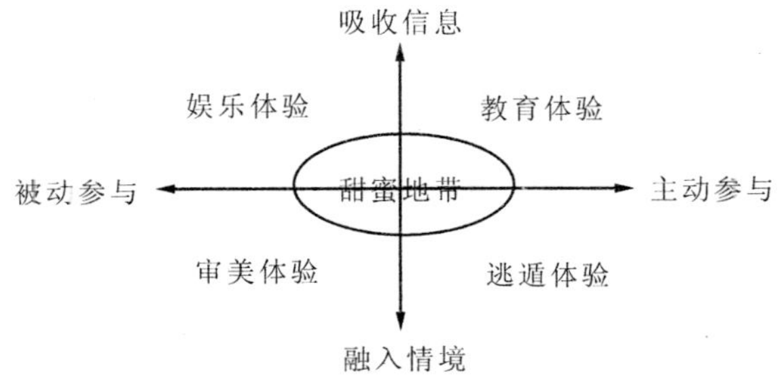

图6-1　体验的情感分类

（资料来源：参考文献［4］。）

2　发展体验经济的基础

2.1　发展体验经济的心理基础

人具有追求全面发展的心理。马克思主义认为，人的全面性不是想象的或设想的全面性，而是它的现实关系和观念关系的全面性。人的全面发展的内容主要包括：个人社会关系普遍的全面的发展；个人需求的全面发展；人的能力的全面发展以及人的个性的全面发展。由于现实的社会分工还是建立在自发而非自愿的基础之上，因此人的全面发展还难以实现，只能通过创造条件，以体验的形式来逐步实现满足自己全面发展的心理需要。根据马斯洛需求层次理论（包括生理需要、安全需要、归属与友爱的需要、尊重的需要和自我实现的需要五个层次），较低层次的需要得到适当的满足之后，便会出现较高层次的需要。在社会经济、技术发展到一定程度的基础上，当一部分人已基本满足前面四种需要的情况下，便开始寻求个人价值，追求体验，以图实现自我。需要层次跟经济时代有一定的对应关系，它们的主要对应关系如图 6-2。体验经济的产生正是建立在人们追求全面发展、渴望自我实现的需要这一心理基础之上的。追求全面发展、渴望自我实现是产生体验经济的主观条件和内部动力。

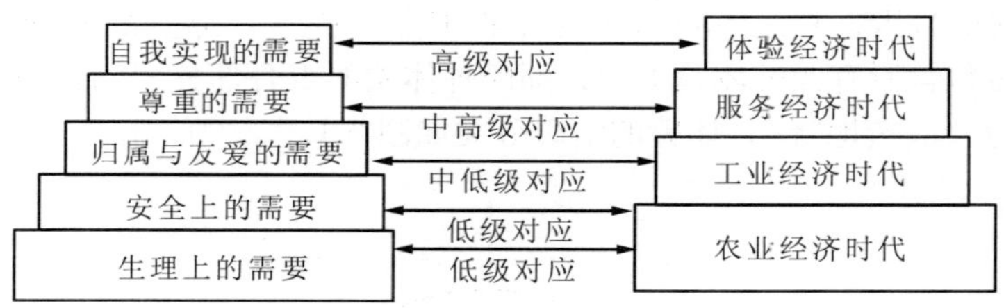

图 6-2　需要层次与经济时代主要对应关系

2.2　发展体验经济的经济基础

单有主观条件尚不足促成体验经济，体验经济的发展客观上要求建立在一定的经济基础之上，而且要有较高水平的经济基础。从宏观上看，体验经济要建立在服务经济高度发展的基础上。工农业劳动生产率的不断提高将促进整个社会收入的提高和闲暇时间的增加，因此对第三产业提供的各种服务的支付能力和消费水平不断提高，进而产生服务经济。正如服务业不是对农业、工业的替代而是对其进一步发展一样，服务业的进一步发展及其竞争的加剧，便会进一步形成以满足消费者心理体验、主观感受、自我实现为宗旨的体验经济。从微观上看，随着收入水平的不断提高，人们生存消费需求的比重逐渐下降，发展和享受消费需求的比重逐渐上升；从追求数量扩张的消费模式向追求质量、品牌、档次的消费模式过渡；从消费需求的同步化向个性化、高档化过渡；在全部消费中，商品性消费的比重逐渐下降，服务性消费比重上升，物质消费比重下降，精神文化消费比重上升；在服务性消费中，被动接受服务的比重下降，而追求体验、主体感受的主动式、自助式服务上升[5]。总之，当收入水平达到一定高度时，在生态文明消费观的指导下，个人消费将朝全面发展的消费模式、绿色消费模式和公平消费模式发展，各种体验消费将成为主流。

2.3　发展体验经济的生态环境基础

体验经济不是独立存在于农业、工业和服务业之外，而是依托传统的农业、工业与服务业产品，但又赋予这些传统产品以新的内涵、新的形态和新的价值，它是物质、精神和生态三者有机融合协调作用的经济。发展体验经济除了心理基础和客观经济基础之外，还要有良好的生态环境基础。良好的生态环境有利于保持身心健康、提高消费者的体验质量，利用良好的生态环境或者营造美好的生态环境有利于促进体验消费，发展体验经济。这从国内外体验经济的一些实例就可见一斑。北京热带雨林酒店中的花港食府造型别致的海船里有数十种鲜活海鲜供消费者选择，海船外还提供室内垂钓，消费者可以为自己的餐桌垂钓到最新鲜的水产原料；在小桥流水，鸟语花香，鱼儿跳跃，绿色环绕的生态环境中消费者可尽情享受自然、美食与休闲；酒店里的咖啡厅在继承了热带雨林绿色风格的同时，引进了欧式负氧离子制雾系统，智能温室等一系列高科技技术，是一个集自然与科技为一体的综合休闲场所；生态养生堂在宽大碧绿的亚热带植被中，消费者可以呼吸着绿色的芬芳，享受着酒店提供的足疗保健和茶艺等休闲养生服务；以自然之道养自然之身，私家生态养生菜针对当今社会人群的健康状况而推出的以“美味和生态”为基础，以“养生和健康”为目标的菜系[6]。在日本，著名的花园漫步商场（Garden Walk）是一家专门销售高级女性流行服饰的购物中心，设计师以各种灿烂如庆典般花朵的主题图案，设计和连接了三个不同情调的露天广场，用不同的花瓣和叶子镶嵌在路面上，引导购物者进入三个购物商场，花刺成了购物者舒服的坐椅，橘红色的大向日葵塑成的舞台供朋友聚集与才艺表演之用，绚丽明亮的颜色和图案，营造出复杂而多变的都市花园氛围；花园漫步是一个以花为元素的主题体验式商业设计方式，这种体验式商业，借规划、设计、装修、材料等来体现统一的商场主题，通过对主题事物的发掘，在建筑、装饰、商品组合等方面采用象征、隐喻等表现手法，创造出令人心旷神怡的商业环境和氛围。在美国，拉斯维加斯的论坛购物中心就是成功展示体验经济的例子，它以古罗马集市为主题，从各个细节展现主题。购物中心铺着大理石地板，有白色罗马列柱、仿露天咖啡座、绿树、喷泉，天花板是个大银幕，其中蓝天白云的画面栩栩如生，偶尔还有打雷闪电，模拟暴风雨的情形。在集市大门和各入口处，每小时甚至有恺撒大帝与其他古罗马士兵行军通过，使人感觉仿佛重新回到古罗马的街市[7]。

2.4 发展体验经济的科学技术基础

现代科学技术创造出巨大的物质生产力，它给现代社会的人们提供了丰富的物质产品和更多的闲暇时间，为体验经济的发展提供了物质保障和时间保证，是体验经济产生的技术平台。科学技术作为一种手段，它在为体验经济的产生提供技术平台的同时，其本身的奥妙也成为人们体验的对象。比如迪斯尼乐园通过激光、电子、数字、航天等各种最先进的科技来创造情景气氛和娱乐效果吸引了大量的体验者。迪斯尼在开业后的几十年里，项目不断更新和增加，依靠的就是高新科技。可以说，迪斯尼的发展是与美国科学技术的进程是同步的。迪斯尼与时俱进的游乐项目也是美国科技应用娱乐市场的一部精彩的历史画卷[8]。

3 体验经济是社会经济发展的必然趋势

3.1 生产力的发展和需求的升级是体验经济发展的内在因素

从农业经济到工业经济、工业经济到服务经济、服务经济再提升为体验经济都是社会经济环境发生深刻变化所引起的，有其内在必然性，即都是生产力发展和人类需求不断升级及其相互作用的产物。

由于生产力较为落后，农业经济时代只能以农产品作为经济提供品来满足人们的生存需要。

随着生产力力量维的壮大和水平维的提高，人类进入工业经济时代，提供工业产品满足人们物质文化生活需要。

生产力的进一步发展，商品经济的空前繁荣，收入的不断提高，人们对生活质量和人生价值的追求日益强烈，对服务的需求不断增加，对服务的品质日益挑剔，服务经济时代呼之欲出。20 世纪 70 年代，斯坦福研究所提出一个问题："在一个国家里，当基本物质需要用生产能力约 3/4 甚至 1/2 就可以满足时，就必须进行根本性的调整，使经济健康发展。"因此，在这个时代，人们的需求层次同以往时代相比有了很大发展和提高，从社会总体上看进入了较高的需求层次，对社会地位、友情、自尊、他尊的追求，使得高品质的服务成了满足人们需要的主要经济提供品。各企业也因此开始系统地拓展和强化自己高效有序的服务体系，并把它作为企业核心竞争力的重要组成部分，以吸引和留住顾客。

服务经济发展到 20 世纪末，人们的需求层次有了进一步的升华，不但要求优化物质、精神需求，对生态需求也有更高的要求。时代提出这样的一个问题，"服务业之后，还搞什么"？托夫勒从需求结构调整角度得出的结论是"体验制造商将成为经济的基本（假如不是唯一的）主柱"。随着生产力水平的提高，特别是生态生产力的逐步兴起，物质、精神和生态三者有机融合协调能力的增强，逐步能够满足人们较全面的需要，"体验"开始成为经济提供品。

从社会总体上看，人们的需求在满足了生理、安全、社交、尊重的需要之后，实现了历史性的跨越，进入了"自我实现"层次。因此，人们需要更加个性化、人性化的消费来实现自我，于是，体验就成了服务经济之后的主要经济提供品，从而将人类带入了体验经济时代[9]。

社会经济演进过程有这样的特点：在某一经济发展水平，经济层次越高，消费群体越小，经济层次越低，消费群体越大，经济层次与消费群体的关系如图 6-3，随着生产力的发展，社会的进步，体验经济的消

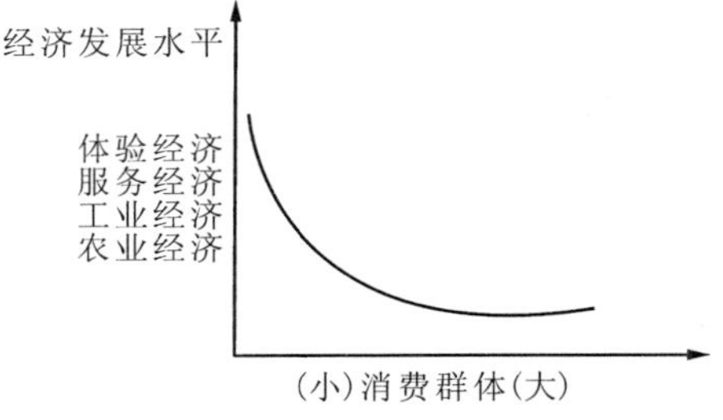

图 6-3　经济层次与消费群体的关系

费群体将逐步增大，而且在某一跃迁点，消费群体增大有加快的趋势，其关系如图 6-4。

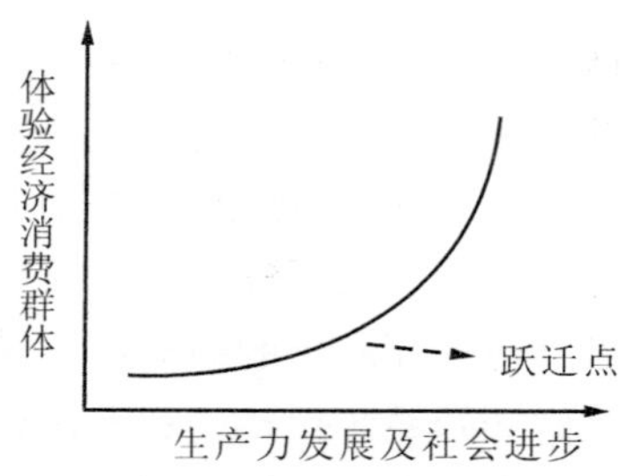

图 6-4　体验经济消费群与社会进步的关系

托夫勒提到："1956 年，美国首次服务业和信息业从业人员超过了'蓝色的'工厂工人人数，这发生的一切意味着美国从制造业转向服务业，从服务业转向信息处理和信息交换，转向通信。这仅仅是以后一系列变革的开始。"这里的"一系列变革"包括 20 世纪 50 年代美国从工业经济转向服务经济，服务经济进一步发展壮大，到 20 世纪末，服务经济又开始朝体验经济发展。很显然，发达国家是体验经济的先行者，而且在他们看来，社会主要经济提供品这种演进过程就是人类社会经济价值的演进过程，并且这一演进过程具有明显的自然性，因为它是生产力的发展和人类需求层次的升级这一内在因素促成的。

3.2　市场经济和市场竞争是体验经济发展的外部推动力

市场经济作为一种社会配置资源的方式和经济体制，促进了资源的优化配置和竞争的自由、公平与公正。市场经济的不断发展和市场竞争的演进将成为外部动力推进体验经济的发展。这从经济演进历程可以得到体现。工业经济向市场提供大批量、标准化的产品，同样品质的产品只有通过企业的不同品牌才能给予区别，但当顾客难以鉴别不同品牌之间产品的差异与优劣时，企业竞争的焦点便转为向市场提供服务的质量与数量，而顾客则以此作为判定与选择品牌乃至企业产品的标准。服务经济的运行，使企业在其经济活动中，不仅要提供有形产品，还要提供无形服务。商品是提供服务的依托，而在纯粹的服务产业中，服务本身就是一种商品。在服务经济条件下，消费者通常发现不了商品之间的差别，所以，企业为了争夺更高的市场占有率，很难摆脱低价恶性竞争的境地。在市场经济条件下，竞争迫使企业不断挖掘服务中更深层次的内涵，以差异化战略来满足消费者个性化、多样化的需求。某些企业率先有意识地以服务作为舞台，以商品作为道具来使消费者融入其中，提供"体验"这一商品，"体验"的出现给消费者带来了美好的感觉、难忘的记忆，能够满足消费者自我实现的需要，从而形成了巨大的拉动性需求，带来了巨大的市场潜力。潜在的市场吸引其他企业纷纷效仿或者进一步创新，提供更多更好的"体验"商品，这样就使服务经济的内容更加丰富，更具有延展效应。在市场竞争机制的作用下，一旦"体验"商品在服务经济中所占的比重成为主要部分，体验经济就因此产生，并且不断发展壮大。

3.3　现代信息网络技术是推动体验经济发展的润滑剂

服务经济能够显示企业的个性与风格，是经济运行主体的个性化表现，但它并不一定代表着对消费者的个性化满足。体验经济在延续服务经济的发展中，使市场竞争跳出了低价的陷阱，企业在经济运行中由于需要按照消费者的个性要求创造出不同的提供物，因此不同提供物之间的价格不具有可比性，自然不能统一定价，可以避免低价恶性竞争。然而，使企业创造不同提供物这种愿望，从设想到现实之间还有相当长的距离。这种距离在大规模经济发展阶段永远也不能缩短，从而其目标不能得以实现[10]。只有充分利用信息网络技术，这种距离才能逐渐缩短，并促使其目标得以实现。为了创造体验，企业必须清楚地知道消费者与它提供的商品和服务是如何互动的，这必须利用信息技术和网络技术建立顾客关系管理系统，通过对顾客信息的收集、分析、集成、共享，实时了解顾客的真实需求，把握顾客的特定偏好，从而为顾客提供个性化的服务，给顾客予快乐的体验。现代信息网络技术为人们分享生活中的体验和协同设计体验的舞台提供了强有力的技术支持。随着信息技术的成熟、网络经济的普及，体验经济可以利用消费者的个性化和多样化需求及因为大量个性化和多样化需求形成的规模经济为消费者提供多种体验。正如一个鞋业公司的老总说，"过去批量生产很难满足顾客的个性需求，现在的网络经济、信息技术，使我敢承担为任何一个顾客定制一双鞋的委托，同时成本也不会大幅度上升”[10]。这种定制服务只有充分利用信息网络技术才有可能顺利实现。因此，信息网络技术是体验经济发展的重要手段，是推动体验经济发展的润滑剂。

3.4 闲暇时间的增多为体验经济的发展创造了必要条件

现代科学技术的迅猛发展促进了社会劳动生产率的大幅度提高，为劳动者拥有更多闲暇时间创造了条件。这主要表现为：日工作时间逐渐缩短，目前我国及很多国家都实行 8 小时工作制，甚至更短；每周工作天数逐渐减少，不少国家实现每周 5 天工作制，有的国家已开始实行每周工作天数更少的工作制；节假日逐渐增多；随着人口平均寿命的增加，人们退休后的时间也在增加。随着闲暇时间的增加，为了克服没有工作的空虚无聊，对休闲娱乐、健身健美及旅游观光之类的精神文化需求大大增加。以美国为例，统计显示，美国人有 1/3 的时间用于休闲，有 2/3 的收入用于休闲，有 1/3 的土地面积用于休闲。事实上，时下美国的休闲产业已成为位居首位的经济活动。而在休闲活动中，体验消费无疑是内涵最丰富、吸引力最强的一种消费方式[9]。可见，人们闲暇时间的增多，为体验这种经济提供品带来了广阔的市场前景，为体验经济的发展创造了必要条件，为体验消费提供了时间上的保证。

3.5 体验经济时代必然到来图析

社会经济系统有如一个圆球，生产力发展、需求层次升级作为拉力，市场经济和市场竞争作为推力，网络信息技术作为润滑剂以减少阻力，闲暇时间作为必要条件，这几者相互作用，必然将社会经济系统这个圆球向体验经济时代推进，它们的关系可以用图 6-5 表示。

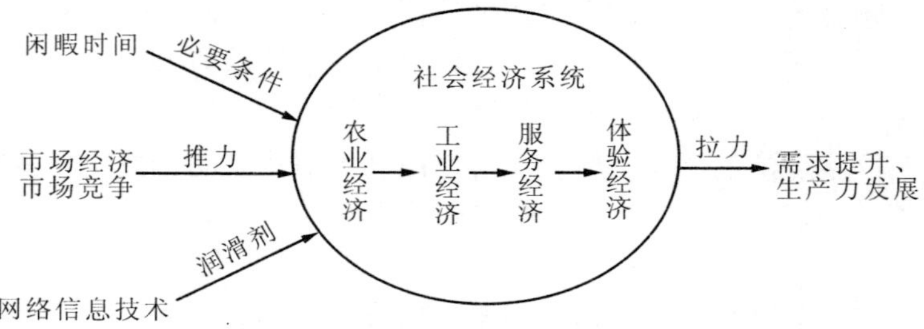

图 6-5 社会经济系统演进图

4　体验经济发展的中西方比较

目前，我国的体验经济还处在零星的、低水平的、不自觉的状态，与西方发达国家的规模化、高水平、有意识的发展相比还有很大差距[5]。

（1）我国的第三产业（服务经济）发展水平还比较低。国民经济和社会发展统计公报显示近几年我国第三产业占国内生产总值的比重在40%左右徘徊（图6-6）。

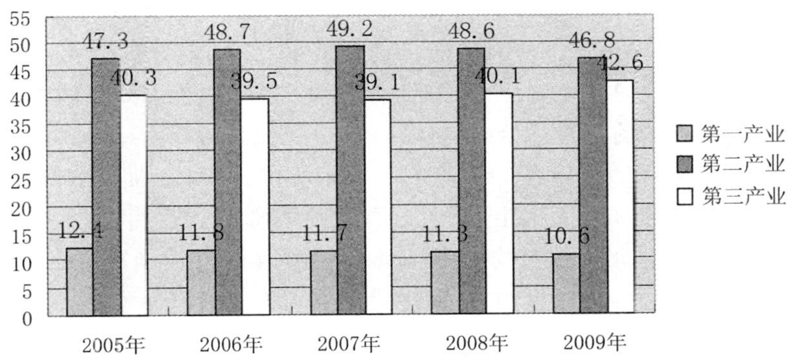

图6-6　我国各产业占国内生产总值比重

从国际比较流行的莱克尔斯现代化标准（即服务业增加值占国内生产总值的比重在45%以上）来看，我国第三产业占GDP比重仍有一定差距。从世界范围来看，中等发达国家第三产业占比约为50%，而西方发达国家这一比例一般都高达70%以上。早在1948年，美国第三产业比重就已经超过第一、第二产业之和，达到了53.96%，但是在随后的52年间仍然保持了增长趋势，到2000年达到了74.45%，平均每年增加0.4个百分点。同时，第一、二产业的比重继续保持下降趋势，分别从8.89%和37.14%下降到了1.37%和24.19%。① 由此可见，作

① 根据美国经济分析局网站资料整理（www. bea. gov/）。

为服务经济进一步发展的体验经济，首先在美国提出也就不足为怪，而我国由于服务经济还不够发达，体验经济就只能是处于低水平的萌芽状态。

（2）我国消费层次总体水平还比较低。我国城乡居民收入总体较低，居民家庭恩格尔系数总体较高（表6-2），而且比十几年前发展中国家35%平均数还要高。1985～1993年，绝大部分发达国家的恩格尔系数低于15%（以购买力平价为依据计算而来，以下均同），平均值是13.3%，高于15%的是希腊（28.1%）、西班牙（16.8%）和葡萄牙（19.8%）三国。不少发达国家该比重甚至低于11%，例如：加拿大9.0%、丹麦10%、德国10.7%、日本10.9%、荷兰10.7%、瑞典10.4%、英国10.6%，美国最低，只有8.4%。同期计算的42个发展中国家平均值为24.08%，但各国差别较大。到20世纪90年代中后期，发达国家的恩格尔系数相对以前没有多少变化。1997年，七个主要发达国家恩格尔系数稳定在11%左右，其中美国为8%、加拿大9%、日本、英国和德国11%，法国12%，意大利14%。1997年计算的55个发展中国家恩格尔系数平均为30.4%。1998年，发达国家恩格尔系数平均为19.2%，其中七个主要发达国家平均为12.7%，而发展中国家则平均高达35%[11]。

表6-2　我国城乡居民生活情况

指标	单位	2005年	2006年	2007年	2008年	2009年
城镇居民人均可支配收入	元	10493	11759	13786	15781	17175
农村居民人均纯收入	元	3255	3587	4140	4761	5153
城镇居民家庭恩格尔系数	%	36.7	35.8	36.3	37.9	36.5
农村居民家庭恩格尔系数	%	45.5	43	43.1	43.7	41.0

资料来源：各年国民经济和社会发展统计公报。

我国居民恩格尔系数较高，说明总体状况仍是温饱型小康，还没有经济实力用于大规模高水平的“体验”支出，更多地只能表现为逛动植物园、世界乐园、民族文化村、游乐园、实弹射击等水平较低的、零星的、较单调的体验活动。但我国贫富差距较大，进入21世纪后基尼系数基本上在0.4以上的水平发展，2003年达到0.46后继续增加，现在已经接近0.5，我国总人口中20%的最低收入人口占收入的份额仅为4.7%，而总人口中20%的最高收入人口占总收入的份额高达50%。考虑到我国有13多亿人口，有实力可以进行较高层次体验消费的人数并不少。中国老百姓一年单在电影上的花费就超过62亿元，这还不包括DVD等[12]。

（3）我国用于支撑体验经济发展的科技水平较落后。以美国洛杉矶的迪斯尼乐园电影城为例，米高梅乐园中的四维电影，除三维立体视觉外，连香味、喷水雾、座椅波动都仿真模拟，在穿越文化时空隧道时，两边展示各个时期的人物造型，人像的动态做得栩栩如生，连拉小提琴人像的手指，按动琴弦竟与播放音乐的节奏完全一致，以假乱真到如此地步，令人叹为观止。这些都要依靠高新科技，而我们不具备这样的条件[8]。发达国家在经济增长中科学技术的贡献率为75%～80%，而我国在经济增长中科学技术的贡献率仅为25%～30%。因此，我国还难以搞出像美国迪斯尼、欧洲迪斯尼那样大规模的体验与休闲场所，以及像太空旅行、水下旅行那样具有高科技含量的体验经济。[5]

（4）我国体验经济理论的研究滞后于实践。理论源于实践，反过来又指导着新的实践。较成熟的理论往往具有超前性、先导性和预见性的特征。西方国家体验经济的产生一方面得益于其经济与技术基础，同时，又与西方国家体验经济理论的产生及其影响有着密切的关系。发端于欧美发达国家的体验经济，近年来才渐渐为我国经济界、学术界、新闻界所熟知，从理论上说，我们还没有完全引入体验经济的概念，但从实践上说，我们正在自觉不自觉地向着体验经济发展。

（5）我国企业经营管理总体水平还较低，提供体验商品的能力还较弱。体验经济源于西方发达国家，他们是在服务业十分发达，供应链体系相当完善的条件下探讨这一问题的，而我国还处于农业经济、工业经济、服务经济相混合的阶段，国内许多企业在规模和范围上还没有达到一定的总量和覆盖，每个环节的管理技术还没有形成整体的效率，就加入体验经济这场新的浪潮中，争相搭乘“体验经济”的快车，以为这样做就是与国际接轨，就能实现管理的现代化。从ERP、学习型组织、知识管理到危机管理，都是一开始轰轰烈烈，但结果却常常是淮橘为枳。[13]中国企业在提供体验商品时显得经验不足，缺乏竞争力。在美国奥兰多迪斯尼乐园不远，有中国在1993年投资1.5亿美元的“锦绣中华”（Splendid China），然而10年后，它倒闭了。[8] 从我国体验经济目前的发展来看，由于体验经济本身的从业人员对于消费者体验的内在规律的认识还不够，加之体验经济自身也处在尚未成熟的阶段，大多数以体验经济示人的经济形态依然体现出遵循传统投入产出规律的特点，仅仅在企业生产消费的某一些过程中体现出不同于以往的价值规律。而且，现有体验经济的应用往往停留在企业营销策划阶段，而没有深入到企业要素生产的各个阶段。由于体验经济的发展需要一个比较长的阶段，而在这期间，对于人才的培养尤为重要。如果没有相应的熟悉体验经济的人才，发展体验经济很容易就陷入对于市场营销手段趋于极致的“滥用”。[14]

总之，无论是从供需双方角度来看，还是从科技、人才、理论研究方面来看，在发展体验经济上，我国与西方发达国家都有较大差距，西方发达国家都有不少经验值得我们借鉴。

5　体验经济的类型及其演进过程

前文谈到按照消费者参与程度和环境上的关联性，体验可以分为审美、娱乐、教育和逃遁等四种基本体验类型，在此不再赘述。

根据哥伦比亚大学商学院教授伯恩德·H·施密特在其《体验式营销》一书中，按照消费者心理认知过程，将体验分为感觉、情感、思维、行动、关系五种类型。感觉体验是消费者通过视觉、听觉、触觉、味觉、嗅觉等与外界互动所体会到的知觉体验愉悦感。它是消费者最基本的体验，如欣赏音乐、品尝美酒佳肴等。情感体验是诉求消费者内在的感情与情绪，目的是创造情感体验，其范围可以是一个温和、柔情的正面心情，到欢乐、自豪甚至可能是激情的强烈情感反应，如青岛国际啤酒节的情感体验。思维体验是较为理性的，通过启发消费者的智力，以创意的方式引起消费者的惊奇、兴趣、对问题集中或分散的思考，为消费者创造认知和解决问题的体验。行动体验是通过吸引消费者的主动参与，让消费者在整个过程中获得一种全新的体验，让消费者感同身受，进而去引领消费者一种全新生活方式或生活体验。关系体验包括感觉、情感、思维、行动等层面，它超越了私人感受，把个人与理想中的自我、他人（社会认同）和文化有机联系起来而获得的反应。它使人们建立起对某品牌的偏好，同时让使用该品牌的人们形成某个特定的社会群体。[15]

曾建明在《体验经济探析》一文说明了体验的特征和对象类型，包括：体验古代文明，追求返璞归真；体验域外文明，拓展空间感受；体验理想职业，弥补职业缺憾；体验刺激，展示能力，如攀岩、探险；体验休闲、娱乐；体验高科技文明。

瑟夫·派恩二世和詹姆斯·吉尔摩在《体验经济》一书指出体验经济先是从好莱坞、迪斯尼开始，漫延到游乐业、休闲业、旅游业、足球业，再渗透到交通运输业、商贸业、医疗业、服饰业……，最后进人其他行业。[3]

纵观国内外的体验经济现象，特别是从发达国家的经验基本可以判断体验经济的发展跟传统经济中的产业演进刚好相反，传统的产业演进的历史过程往往是从农业到工业再到服务业，而体验经济的演进历史可以说是服务业先加入体验因素，然后才是工农业加入体验因素，而且体验往往从较浅层的参与度较低的感觉、情感体验类型，到较深层的参与度较高的思维、行动，最后是综合的关系体验类型。比如工农业的体验经济往往是从工业旅游和农业观光园开始再逐步深入的，福建省德化县的陶瓷工业体验经济可以说已经试探着进入行动层面的体验，消费者可以在师傅的指导下往瓷杯、陶瓷工艺品上自己作画、题字等，然后企业将烧好的凝聚着消费者劳动的成果交给消费者，使消费者保持难忘的美好的体验。随着经济社会的发展和进步，人的全面发展的能力提高及自我实现意识的增强，体验经济会逐步深入到各行各业，包括现代新兴产业。特别需要指出，工业企业（特别是制造业）具有很大的体验经济的潜力，它是制造业实现高附加值的重要渠道，我们在前面几章已分别阐述，这里就不再重复。

6　我国发展体验经济的对策

发展体验经济须做到“五要”：经济基础要实，发展方向要对，发展动力要强，消费需求要旺，素质水平要高。

6.1 发展生态生产力，夯实体验经济基础

生产力是全部社会历史的基础，是社会发展的最终决定力量，而且它的发展具有阶段性、多层次性、连续性和继承性。任何社会的发展都要建立在一定的经济基础之上，更高一级文明的经济必须建立在其前一文明经济的基础上，而每一经济时代都有其相对应的生产力。体验经济是生态文明经济的表现形态之一，它的发展要以农业的现代化、工业的优化和服务业的繁荣为前提，要建立在生态生产力不断发展的基础之上。生态生产力继承工业文明生产力强大的力量维和发达的水平维的基础上，呈现出正价值维（正效果）。要通过发展生态生产力，达到生产发展、生活富裕、生态良好的态势，全面提升小康水平，夯实体验经济的基础。

6.2 树立生态文明观，指引体验经济发展方向

生态文明观是科学发展观和社会主义核心价值观在社会文明中的具体体现。发展体验经济必须以生态文明观为指导，将体验经济引向健康发展的大道。在体验经济的发展中，存在着一味追求“体验”而忽视产品经济、商品经济的发展和服务经济的完善的倾向；存在因注重体验的经济效益，而忽视体验产业的生态性、文化性、艺术性、健康性等问题，这些都是不可持续的。就我国目前的实际状况看，体验经济的发展遇到的首要问题是，如何将生态文明消费观应用于健康的体验产业，而避免体验经济成长中所滋生的那些庸俗的或低俗的体验消费[16]。事实上，没有高品位的物质、精神、生态体验，体验产业或休闲产业也只能是低级的、不可持续的“体验”。只有将体验经济的成长与生态文明建设有机结合，才能使未来的体验经济具有健康性与可持续性。从现实看，中国社会目前的“体验”消费主体大多是中高层收入者，特别是那些“大款”和“先富起来的人”，这些体验消费者如果缺乏生态文明意识，将给普通大众带了个很坏的头，不利于体验经济的健康发展。

6.3 完善生态文明建设机制，增强体验经济发展动力

正如第十三章将要阐述的，环境治理与保护是居民、企业、政府多方博弈的结果，生态文明建设也需要多方进行公平公正进行博弈。它不仅要协调人与自然的关系、人与人的关系，消除社会不公，还要协调人自身的身心，全面推进人类文明的发展和进步，实现社会公平公正的目标（包括人与自然之间、当代人之间、当代人与后代人之间的公平公正等）。生态文明建设中的公平公正涉及公正、公平、公开的政治参与和政治决策；法律面前人人平等的法治，抑制司法腐败；公正的经济运行机制，实施公平竞争原则；公正的社会监督，充分发挥社会舆论和体制外的监督力量；追求资源环境正义，尊重资源环境作为人类社会发展重要因素的权利和地位，实现可持续发展，在当代与后代之间维持一种公平公正的代际关系。生态文明建设需要多元主体在追求公共利益过程中，形成良性互动的和谐关系；在人与自然的和谐相处的动态过程要求人类的经济活动不但要考虑人类的需求，也要考虑自然生态系统的需求；在人与社会的良性互动过程主要通过合作、协商、伙伴关系、确立绝大多数人认同的目标等方式实施对公共事务的管理。生态文明建设的良性互动机制应建立在市场原则、公共利益和绝大多数人认同的基础之上，其权力向度是多元的、相互的，而不是单一的和自上而下的[17]。体验经济发展是生态文明建设的一个方面，完善的生态文明建设机制是体验经济发展的强大动力。我国生态文明建设过程中要进一步完善机制，按照公平公正的原则行事，以增强生态文明经济（含体验经济）发展的动力。比如目前的收入分配改革就应通过多元主体公平公正的协商机制形成绝大多数人认同的方案，否则，由于中国财富主要向政府、垄断企业和资方集中，而资方在政绩导向下也被置于政府保护的行列，在没有利益群体参与博弈的情况下，仅靠政府安排就难以调整利益分配关系[18]，不利于体验经济发展。

6.4 缩小贫富差距，扩大体验消费群体

我国 30 多年来改革所取得的经济成就，初步为我们发展体验经济打下了较为厚实的物质基础。复旦大学国际问题研究院常务副院长沈丁

立指出，从2007年起，中国内地的经济总量已经超出德国，跃居世界第三。联合国亚太经济和社会委员会（ESCAP）发布的《2010年亚洲及太平洋经济和社会概览》称中国将继续保持快速增长，并在2010年成为世界第二大经济体。2005年底我国居民储蓄余额就已突破14万亿元，人均储蓄超过1万元，接着几年持续上升（图6-7），2009年我国居民储蓄存款总余额超过26万亿元，达260772亿元，现金流通量4万亿元，考虑外籍人士存款和企事业单位现金因素，中国人均存款现金2万元，一家三口则为6万元。这样的存款余额可以说具备一定的体验消费能力。但正如前文指出我国贫富差距较大，影响到体验消费群体的扩大。中国人民大学商学院教授郭国庆说，受城乡人口比重和收入差距的影响，中国储户结构与收入并不对称。人数最多的中小储户，拥有的存款并不多。加之我国社会保障体系不健全，教育、医疗、住房支出压力大，使得真正需要消费的人没有足够的钱或者有一些钱却不敢拿出来消费，更不用说花在体验消费上。由于消费能力不足或者片面消费使得有些产能过剩而有些产能不足，造成就业不稳定，进而影响消费的信心，因此出现不良循环，影响经济的稳定发展。体验经济应建立在一般需求旺盛的基础上，所以应尽早出台更为公平合理的收入分配改革方案，并配以更加完善的社会保障体系，从而提高更广大群众的消费信心和能力，进而扩大体验消费群体。

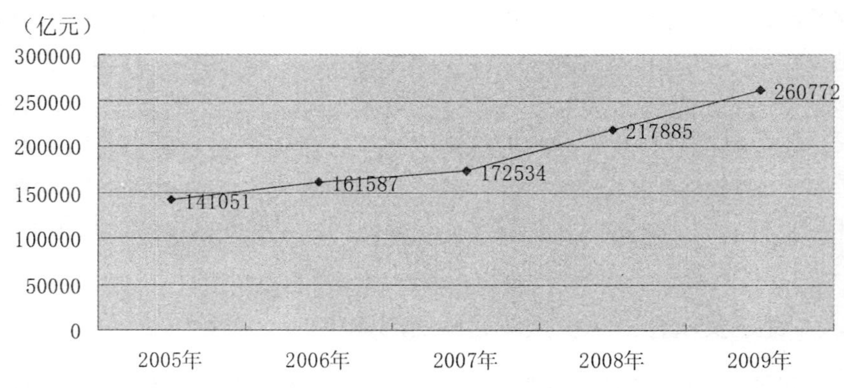

图6-7　2005～2009年城乡居民人民币储蓄存款余额图

6.5　加强素质教育，提高体验经济水平

教育产生劳动能力，而这种劳动能力是由于被教育者的人格建树和智力发展而获致的。简言之，教育的生产体现在教育对象的发展。素质教育是提高人的身心发展水平的教育。教育可以带来人的各方面的发展，在这些发展中最有意义的是人自身的创新，人的生命拓展。素质发展指的是人自身的创新，人自身的创新体现为人的身心发展水平的变化，它能带来一种成功感、成就感、幸福感，[19]进而促进人自身的创新。在生态文明建设中，最根本的就是要提高人的素质。

提高体验经济水平必须加强素质教育，提高人的素质，特别要提高企业科技和经营管理人才（企业员工）以及消费者的素质。

人才决定创新，创新决定体验经济发展水平。比尔·盖茨曾经说过，“如果可以让我带走微软的研究团队，我可以重新创造另外一个微软”。有位成功的企业家在谈论企业发展经验时指出：决定企业未来发展最关键的因素是提高员工绩效，如果你能够有效地识别、保持和激励高绩效的员工，他们为公司带来的成长将是惊人的。体验经济是服务经济的延伸和进一步发展，企业靠的只能是不断营造适合消费者需求的体验氛围来吸引并留住顾客。要保持企业的可持续性发展，关键是要通过高素质的企业员工积极主动发现消费者的兴趣所在，创造性运用知识，充分调动并合理配置企业资源，在恰当的时间、恰当的场所、为特定的顾客提供个性化的体验氛围，满足顾客自我实现的需要。

在激烈的市场竞争中，顾客是企业生存和发展的前提和基础。菲利浦·科特勒在《市场营销管理》一书中指出：“企业的整个经营活动要以顾客满意程度为指针，要从顾客角度，用顾客的观点而非企业自身的利益的观点来分析考虑消费者需求。”这意味着那些能够提供顾客参与、满足顾客消费前、消费中、消费后整体体验的企业日益得到消费者的青睐。反过来，消费者素质将从需求方面影响到体验经济的发展。消费者如果素质较高、生态文明消费观念较强，那将化为需求的动力推进生态文明经济发展，提高体验经济发展水平。

参考文献

[1]Pine Ⅱ，Gilmore J H. Welcome to the experience economy[J]. Harvard Business, 1998，4：97~105.

[2][美]约瑟夫·派恩二世，詹姆斯·吉尔摩．体验经济[M]．贾业良等译．北京：机械工业出版社，2008.

[3]王兴斌．“体验经济”新论与旅游服务的创新[J]．桂林旅游高等专科学校学报，2003(1)：16~20.

[4]孙明泉．“体验”的经济价值及其产业发展[J]．中州学刊，2009(5)，50~55.

[5]曾建明．体验经济探析[J]．西南民族大学学报(人文科学版)，2003(12)：347~349.

[6]草桥．热带雨林酒店简介[EB/OL]．http：//www. cqsy. com. cn/bencandy. php?fid=5&id=1315.

[7]新浪城市．舒适都市 体验经济时代的快乐生存[EB/OL]．http：//city. sina. com. cn/city/2010-02-10/120567. html.

[8]王大悟．主题乐园长盛不衰十大要素论析[J]．旅游学刊．2007(2)：33~37.

[9]郭馨梅．体验经济刍议[J]．北京工商大学学报(社会科学版)．2003(4)：1~4

[10]汪秀英．体验经济的成因与价值分析[J]．北京工商大学学报(社会科学版)．2005(1)：46~49

[11]资树荣，范方志．发达国家与发展中国家居民消费需求变动比较[J]．经济纵横 2004(5)：45~48

[12]曹杰．分析报告：第三产业将成我国经济转型主动力[EB/OL]．http：//www. mei. gov. cn/industry/utility/news. jsp? cd=292156&edittime=2010-01-18#.

[13]宁阳．中国服务经济发展的体验化趋势[J]．云南财经大学学报．2009(5)：35~38.

[14]张正博．中国体验经济发展若干问题探讨[J]．合作经济与科技，2010(1)：12~14.

[15]陈丽．体验式营销“五种类型”[J]．现代营销(经营版)，2009(12)：42~43.

[16]赵放．体验经济的本质及其成长性分析[J]．社会科学战线，2010(3)：24~27.

[17]陈家刚．生态文明与社会公平[EB/OL]．http：//news. sina. com. cn/o/2007-10-18/112712748713s. shtml.

[18]张立伟．收入分配改革需过三关[EB/OL]．http：//www. 21cbh. com/HTML/2010-5-31/2NMDAwMDE3OTc2NQ. html.

[19]郭思乐．素质教育的生命发展意义[J]．教育研究．2002(3)：9~13.

资料链接

体验经济（experience economy）时代已经来临。经济的演进过程，就像母亲为小孩过生日、准备生日蛋糕的进化过程。在农业经济时代，母亲是拿自家农场的面粉、鸡蛋等材料，亲手做蛋糕，从头忙到尾，成本不到1美元。到了工业经济时代，母亲到商店里，花几美元买混合好的盒装粉回家，自己烘烤。进入服务经济时代，母亲是向西点店或超市订购做好的蛋糕，花费十几美元。时至今日，母亲不但不烤蛋糕，甚至不用费事自己办生日晚会，而是花100美元，将生日活动外包给Chuck E Cheese's，Discovery Zone等公司，请他们为小孩筹办一个难忘的生日晚会。这就是体验经济的诞生。体验不是免费的午餐，“真假咖啡店”是真正以体验收费的例子。一位以色列的创业家开了“真假咖啡店”，服务员送来的杯子、盘子，里面空无一物，但是每位顾客要付3美元，周末6美元。“真假咖啡店”经理人卡斯比表示，消费者到咖啡店是来认识朋友、体验社会生活，而不是为餐点而来。不过企业以体验收取门票，并不表示要停止销售产品与服务。英特尔总裁格罗夫在1996年11月COMDEX电脑商展中的演讲指出，“我们的产业不仅是制造与销售个人电脑，更是传送资讯与栩栩如生的互动体验。”体验经济已经逐渐成为继服务经济之后第四个经济发展阶段。愈来愈多的消费者渴望得到体验，愈来愈多的企业精心设计、促销体验。各行各业的顶尖企业都将发现，未来的竞争战场，就在体验。除非企业打定主意要一直留在商品经济阶段，否则总会被迫升级到体验经济阶段。用经济学家熊彼特的话来说，经济是经由“强大的创造性破坏”而逐步成长成熟，也就是经由企业创新而成长，这也是未来体验经济的成长方式。企业如果不创新，将把自己局限在愈来愈萎缩的商品与服务经济中，与未来的发展渐行渐远。体验经济到底是什么？企业要如何迈入体验经济？企业可以由了解体验的特质着手，看看体验经济先驱者的做法，思考自己的答案。

资料来源：http：//www. docin. com/p－48666201. html

第七章

低碳经济的引擎（上）

低碳经济是生态文明经济的重要组成部分，是以新能源、低排放、低污染、高能效为特征的经济发展模式，其实质就是清洁、可再生、低耗能的新能源（可再生能源和清洁能源）经济，即用可再生能源取代不可再生的即将枯竭（必然要枯竭）的化石能源，用低碳技术改造高碳产业的发展模式。正如前文第二章所述，这是对传统经济领域的革命性颠覆，会产生一系列战略性新兴产业群，经济体量十分庞大，并将引领21世纪新一轮的世界技术革命，所以可再生能源开发利用技术、设备、市场成为许多国家和区域抢占的制高点。

根据《中华人民共和国可再生能源法》的定义，可再生能源是指风能、太阳能、水能、生物质能、地热能、海洋能等非化石能源。与造成空气污染、“温室效应”的不可再生能源相比，可再生能源的突出特点是洁净、环保、可持续，对落实科学发展，构建和谐社会具有重要意义。进入当代社会，能源与生态、经济和社会发展的关系愈加紧密，从长远看，发展新能源（可再生能源和清洁能源）不仅是应对全球气候变化的首要措施，而且是国家民族发展的最重要战略（和粮食安全、生态安全并列为三大战略），是国家或区域生态、经济、社会发展的重要瓶颈。能源的承载能力制约着生态、经济、社会发展的速度、质量、结构和方式，特别是我国，严重缺乏能源，发展新能源显得尤其重要和迫切。所以党的十七大报告指出：“建设生态文明……可再生能源比重显著上升……”下面以福建省为例，对可再生能源特别是非粮生物质能源的开发利用作详细分析，以期从中得到一些有益的启示。

1　研究区域概况

福建省位于中国东南沿海，东邻台湾海峡，与台湾隔海相望，北连浙江省，南接广东省，西与江西省毗邻，地处东经 115°50′～120°43′，北纬 23°33′～28°19′。陆域面积 12.14 万 km^2，海域面积 13.6 万 km^2。现辖福州、厦门、泉州、漳州、莆田、龙岩、三明、南平、宁德 9 个设区市，2008 年末总人口 3604 万人。福建经济发展迅速，2008 年地区生产总值 1.823.11 亿元，人均生产总值 30123 元，三次产业结构比例 10.7：50.0：39.3，农业比重不断下降，工业经济主导地位进一步提升，第三产业成为重要经济增长点，农民人均纯收入 6196.07 元，城镇居民人均可支配收入 17961.45 元。[1]福建省经济发达，生态资源环境优越，但人多地少能源短缺，发展可再生能源具有重要现实意义。

2　福建省可再生能源开发利用的重要意义

福建省是一个无油，无天然气，少煤，常规能源短缺的省份，一次能源自给率约为 40%，能源对外依存度高，许多重要资源人均占有量远远低于全国发展水平。能源是产业、经济、社会发展的重要支撑，福建省正处于建设海峡西岸经济区的重要阶段，对能源的需求量特别大，能源发展的优劣将密切影响着福建省社会经济的发展与群众生活的质量。发展可再生能源，替代化石能源，利于改变福建省能源资源少、能源结构不合理的现状，是缓解能源和环境压力的必由之路。

2.1　能源安全的需要

根据截至 2003 年已完成的地质报告，探明福建省煤地质储量 14.7 亿 t，其中工业储量约 7.7 亿 t，远景储量约 7 亿 t。按福建省目前煤资源平均回采率计算，若全省煤年产 2000 万 t，福建省煤炭实际保有储量，乐观估计仅能开采 12 年左右，烟煤、石油、燃气几乎全部依赖省外采购和进口，因此“十一五”期间福建省能源 60% 以上需引进的格局不会改变[2]。

另一方面，福建省能源消费需求量巨大，据 2009 年福建省统计年鉴，2008 年全省能源消费总量达 8238.4 万 t 标准煤，比 1990 年增长 4.6 倍。能源的自给率呈不断下降的趋势，2008 年全省能源供给总量 2940.54 万 t 标准煤，能源自给率仅为 35.6%，缺口 5297.86 万 t 标准煤。随着经济的发展，福建省能源消费量还将大幅增长。

能源消费大、对外依存度高的消费局面十分不利于福建省经济的持续、健康发展。在2009年12月7日在哥本哈根召开的世界气候大会上可以看到，当世界各国围绕减排、减多少相互争论不休时，背后隐含的是各国间政治力量、经济力量和综合实力的博弈，气候大会的结束仅仅只是气候政治的开始，其中隐射的能源安全问题将对国际政治产生越来越大的影响。能源在任何一个国家和地区的社会经济发展中都起了无可替代的作用，能源发展战略的合理制定更是关系到每一个国家地区经济和社会的稳定、健康、可持续发展。

2.2 环境保护的需要

随着经济社会的发展，人们对生态系统的影响扩大，生态问题日益严重。据2009年福建省环境状况公报，全省环境形势仍不容乐观，环境保护面临的压力依然很大，经济社会发展与资源环境压力不断加大的矛盾仍比较尖锐，环保工作还面临不少困难和问题。全省海域一类、二类水质占55.4%，三类水质占9.2%，四类和劣四类水质占35.4%，全省近岸海域水域功能达标率为48.1%，10个主要港湾中，湄洲湾、东山湾和诏安湾水域功能达标，其余港湾均不同程度劣于功能区划要求；全省降水pH值年均值为5.05，较上年提高了0.07个pH值单位；酸雨出现频率为36.8%，较2008年下降了10.3个百分点，降水pH最低值为3.30，出现在南平市；森林林分结构不合理，水土流失依然明显，生态环境仍较脆弱。

大气污染、全球变暖、环境破坏的主要原因是传统化石能源的使用，而可再生能源的使用正好能克服这个问题。可再生能源清洁、环保、可持续的利用方式不仅是对能源供给的有效补充，而且也是环境保护和生态建设的重要举措。

2.3 低碳经济的引擎

可再生能源的开发利用技术也代表了先进生产力的发展，是生态生产力的重要组成部分。可再生能源技术提高了资源和能源的利用效率，最大程度地减少碳排放，保护生态环境，改善能源结构，是发展低碳经济的引擎，是建设资源节约型、环境友好型社会的重要战略措施，是生态文明经济的重要组成部分。

同时，可再生能源产业代表了生态文明建设中新兴产业，覆盖着许多领域和行业，它的发展能充分带动上下游产业，引领低碳经济发展，金融危机后成为许多国家刺激经济发展的重点领域。如发展晶硅太阳能光伏产业链，上游产业包括了太阳能级硅材料生产、硅片加工、专用设备制造；中游产业包括太阳能电池及组件、光伏发电配套产品等；下游包括了装嵌电池模块、光伏发电系统、光伏系列应用产品等产业。

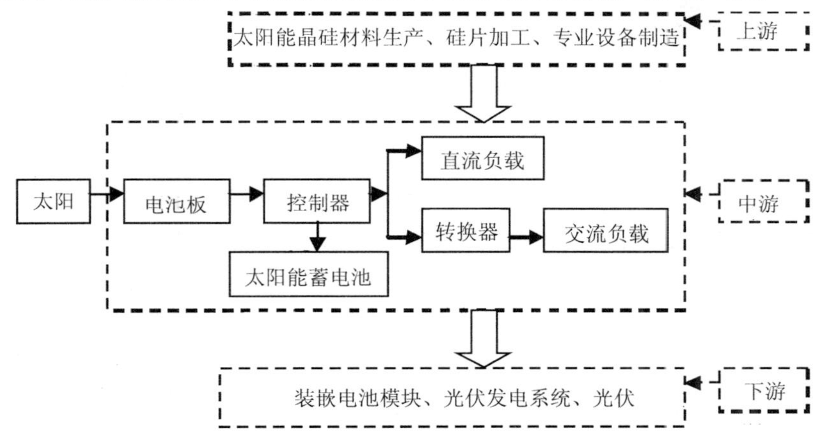

图 7-1　晶硅太阳能光伏产业链示意图

（本图参考《福建省新能源产业振兴实施方案》相关资料绘制）

3　福建省可再生能源发展现状

虽然福建省化石能源极少，但风力、地热能、潮汐能等可再生能源十分丰富。近年来，福建省在建设生态省、发展生态文明的契机下，积极优化能源结构，加速引导，可再生能源产业迅速在沿海地带和部分内地山区兴起。

3.1　水　能

福建省水系发达，河流众多，且雨量充沛，水力资源比较丰富，主要分布在西北部。据福建省水利水电勘察设计规划院调查统计，全省可开发的水电资源装机容量1123 万kW，年发电量约400 亿kW·h。其中2.5 万kW 及以下规模的有1 万多处，装机478 万kW，占全省总装机的42.5%，年发电量183 亿kW·h，占全省总发电量的45.8%[3]。水电是福建省电力的重要组成，据福建省统计年鉴，2008 年，福建省水力发电占一次能源生产总量的44.3%，据“十一五”电力发展规划，水电将占全省电力装机容量的28%。

3.2 太阳能

太阳能产业是开发利用可再生能源的朝阳产业，近年来在我国发展迅速。据《福建省太阳能产业发展行动方案(2007～2009 年)》介绍，福建省太阳能资源较为丰富，日照时间较充足。闽东南地区全年日照时数在2200～3000h，太阳辐射年总量在5016～5852MJ/m^2，属光照三类区；闽北地区全年日照时数在1400～2200h，太阳辐射年总量在4180～5016MJ/m^2，属光照四类区，在太阳能产品应用上具有较优越的天然条件。

为了推进太阳能产业的发展，近年来福建省出台了相关政策：2006年福建省建设厅批准执行的《居住建筑和太阳能热水系统一体化设计、安装及验收规程》，对居住建筑推广应用太阳能技术有很大的促进作用；2007 年福建省经贸委印发了《福建省太阳能产业发展行动方案(2007～2009 年)》，加强了对太阳能产业发展的政策扶持力度，建立健全太阳能产业发展的保障措施，进一步推动了太阳能产业健康发展。

3.3 海洋能

海洋能包括有潮汐能、波浪能、潮流能、海流能、温差能和盐差能等，目前利用技术较为成熟的是潮汐能。福建省海岸线曲折，港湾多，潮差大，潮汐能较为丰富。据1981 年普查，全省海湾水面面积在0.25km^2 以上的共有65 处，其潮汐能的理论蕴藏量为3424.68 万kW，年平均电能966.42 亿kW·h。其中可开发的潮汐能装机1033.27 万kW，年平均电量283.84 亿kW·h，占全国可开发的潮汐能年电量的46%，居全国首位[4]。福建省潮汐平均潮差为4.2m，三都澳和兴化湾平均潮差分别是 5.34m 和 5.15m，最大潮差分别达 8.32m 和 8.74m。且福建海湾全年不冻，四季均可供发电，海岸线基岩广泛裸露，多处已有围垦的海堤可利用，建设条件好[3]。福建省在潮汐能资源的开发利用方面，起步较早，资源条件、技术条件和前期工作基础较好，如能加大技术资金投入，将为福建省能源消费提供重要来源。

3.4 生物质能

随着对可再生能源的不断重视，福建省生物质能在能源利用中的比重也不断上升。福建省生物质能资源丰富，近年来生物质能新技术的迅速发展，使得生物质能的利用形式也多种多样。在沼气、生物柴油、生物质发电等利用方式方面福建省走在了全国的前列，各项生物质转化技术都较为成熟。但在其他项目的开发利用上如燃料乙醇却还是空白，主要原因在于资源短缺、生物质能利用工程规模小、生物质能成本高、缺乏竞争力以及政策环境不完善等几个方面。但从经济社会发展对能源的需求以及开发利用生物质能的经济效益、社会效益、生态效益方面看，福建省十分必要发展生物质能。另外，就生物质能发展未来市场、利用技术以及市场经济成本上看，在福建省开发甘蔗乙醇、木薯乙醇、林木生物质柴油是完全可行的，且发展潜力巨大。

在各种可再生能源利用形式中，生物质能是唯一可以转化为固态、气态、液态三种形态的能源，因此，它的发展尤为重要。关于福建省非粮生物质能源的发展利用，将在后一章做进一步研究。

3.5 风　能

福建属亚热带季风气候，受季风气候和台湾海峡的狭管效应，福建省风能资源十分丰富。据福建省气象局专业气象台提出的福建省陆地风能资源评价报告，福建省陆地总面积 12.2 万 km^2，风能资源总储量 4131 万 kW(10m 高度)，其中技术可开发面积 3060 km^2，风能资源技术开发量为 607 万 kW，全部集中于占全省总面积 2.51% 的海岛和半岛上。近海海域风能资源比沿海陆域更丰富，约为陆地的 3～4 倍。福建沿海各地风能秋冬季为高峰期，春夏季为低谷期，刚好与水电的春夏丰水期、秋冬枯水期互补，给电网均衡运行创造了有利条件[3]。

福建省风电发展起步较早，1977 年就被确定为国家重点资助的首批开发风能省份。20 世纪 80 年代中期，我国试制出产的 55kW 风电机组在平潭并入电网成功，是当时国内自行设计制造并运行的最大风力发电机组。近年来风电发展迅速，根据福建省电力勘察设计规划院的最新推算结果，福建省风电最终开发量可达到 1500 万～2000 万 kW。已经筛选出全省第一批沿海比较优越的风电场 17 处，装机 156 万 kW，年发电量 43 亿 kW · h，近海海域风电场 14 处，装机 397 万 kW，年发电量 129 亿 kW · h，两者共 31 处，装机 553 万 kW，年发电量 172 亿 kW · h[3]，风能开发潜力巨大。福建省“十一五”期间，风电占全省电力装机容量的 2%，风力发电电源装机容量达 60 万 kW。按福建风电中长期发展规划，到 2020 年，预计全省风电装机规模将达到 300 万 kW。

3.6 地　热

福建省是地热资源较为丰富的省份之一，据调查统计，全省大于 30℃的温泉有 193 处，分布在 49 个县(市)，其中大于 80℃的有 13 处。现有温泉自流量和经地质勘探已探明水热型地热资源量为 6153 万 m^3/年，相当于 35.16 万 t 标准煤/年，现已开发 1/3。按现有地热异常区 62.3km 推算，福建地热资源量相当于 13.07 亿 t 标准煤[3]。福建省开发利用地热资源是从开发利用温泉开始的，已有 1000 多年的历史，主要应用于洗浴和育秧等。20 世纪 70 年代以后，才把地热能作为新能源进行开发。福建省远距离城镇地热引水工程技术居全国前列，1993 年继安溪县建成全国输水距离最长的地热引水工程后，连江、同安、德化、南靖等县陆续建成了城关地热供热工程。2005 年，福州融侨房地产公司建成 30km 地热输水管道，将闽侯县双龙温泉水引到福州市融侨房地产开发区创造了较好的经济效益[5]。

4　福建省可再生能源开发利用存在的问题

福建省可再生能源近年来发展较快，技术也得到了很大提高，开发利用取得了一定的成绩，但仍存在一些问题：

4.1 公众关注度不高，认识存在误差

发展可再生能源对增加福建省能源供给，保障能源安全，具有重大意义，是发展生态文明经济的重要组成部分。但从总体情况看，我国目前对发展可再生能源的重要性认识还远未达到发达国家的水平，对发展可再生能源必要性的认识还不深刻[6]。近年来，虽然人们对环境污染、生态破坏有所关注，但还未能形成全社会积极参与和支持的良好局面。第二章所述关于气候变化，我国社会上出现“阴谋论”和“被牵论”的声音，实际上也正是人们对生态文明建设，新能源发展认识滞后的表现。

4.2 成本相对较高，缺乏市场竞争力

当前成本高是造成可再生能源产业化体系未能形成的主要障碍。成本主要包括生产成本以及原料成本，其中生产成本则主要由技术及生产设备决定；而原料成本取决于原料价格，包括原料收集和原料运输等方面的投入。

从生产成本上看，由于生产技术原因，相关设备尚未产业化，发展可再生能源工程一次性投资较大，成本较高。与同类技术相比，可再生能源生产成本比化石燃料高得多。假设燃煤发电成本为1，则小水电发电成本约为煤电的1.2倍，生物质发电(沼气发电)为煤电1.5倍，风力发电成本为煤电的1.7倍[7]。成本高使得可再生能源产品缺乏市场竞争力，导致可再生能源产业无法形成。

原料成本上以生物质能为例，生物质能的生物质资源主要是农业、林业废弃物，存在资源分散，季节性强、收集运输困难等问题。福建省地势多山，农业生产分散在零碎的农田上，农业收割后农作物废弃物等资源广泛分布在农村地区，不便收集；林业废弃物更是分散分布在山区，交通不便，运输困难。收集手段落后，使得原料附加成本高，难以形成规模效益。

4.3 法律法规体系不健全，服务管理体系不完善

可再生能源产业的实质是低碳经济，不仅要求能源产品的低碳、清洁，而且要求能源产品的生产过程都应该是低排放、低耗能的。因此，

生产过程从资金投入、原料采购、生产到销售应是清洁、可循环，没有废弃物的。这就要求可再生能源产业要形成一个完整的产业链，循环利用才可产生综合效益。但法律法规体系的不健全，使得可再生能源企业在产业链打造、市场形成上面临的巨大问题。福建省也已出台一系列的法规体系，并给予许多优惠政策，但在资金支持、可再生能源消费者权益保护、价格及相关产品的质量要求等方面还缺少相应的政策或法规保护。

其次，福建省可再生能源产业目前缺乏合理有效的运行模式，由于没有建立科学完善的服务管理体系。在现行能源价格条件下，技术标准未规范，造成市场管理混乱的现象。如生物质发电、燃料乙醇的生产技术已相对成熟，但缺乏标准体系和服务体系的保障，产业化程度低，大规模生物质能源产业化的体系尚未形成。总体上看，对可再生能源发展的优惠政策还较少，体系还不完善，支持力度也有待进一步加强[6]。

4.4 缺乏足够的激励机制，融资能力薄弱

可再生能源的发展技术含量高，产品开发利用周期长，技术研发资金投入较大。与常规能源相比，成本较高，效益却较差，对投资者缺乏吸引力。且受我国投融资体制的限制，可再生能源的投资方式和融资渠道比较单一，在民间和国际资本市场上的融资能力较低，资金短缺、融资能力低势必影响可再生能源的产品开发和规模化产业化发展[8]。因此，新兴的可再生能源产业需要政府制定相应的经济鼓励政策和激励机制，加大对可再生能源的资金投入，建立有效的资金运行机制。

4.5 新技术研发力度不足，自主创新能力弱

可再生能源的技术含量高，技术的成熟与否成为可再生能源开发利用程度高低的关键。目前，福建省的可再生能源发展的主要问题是缺乏对可再生能源利用新技术的研发和推广，缺乏自主创新能力。主要表现在，第一，可再生能源技术研发投入过少，多为低水平重复研究，许多关键技术未能解决。第二，起步晚，产业基础薄弱，大部分技术尚处于试验示范阶段。第三，可再生能源产业发展需要雄厚的技术实力和强大的制造业，但目前相对薄弱的设备制造业使得可再生能源设备对国外技

术或进口设备形成依赖，而自主创新能力弱。

尚未建立起完备的工业产业体系也影响了可再生能源的开发利用。以生物质能开发利用为例，虽然福建省早已实现以地沟油为原料的生物柴油产业化生产，但以其他能源作物为原料的生物质燃料尚处于技术试验阶段，要实现大规模生产，还需要在技术创新和设备研发等方面做大量工作。

5　福建省可再生能源发展对策及建议

5.1　深化能源体制改革，加快可再生能源开发

可再生能源是重要的战略替代能源，对改善能源结构、保障能源安全、保护环境有重要作用，它是发展生态文明经济和建设生态文明的重要战略措施。一要加快能源体制的改革，加大对水能、风能、太阳能、生物质能、地热能等新能源的开发利用，继续发展水电、太阳能热利用、沼气等技术成熟的新能源；二要制订可再生能源发电配额制度，完善可再生能源发电电价优惠政策，施行有利于生产和使用可再生能源的税收政策；三要通过试点和示范加快可再生能源的开发利用；四是各级城镇应根据本区域资源禀赋、技术特点、市场需求等条件，坚持因地制宜、突出重点的原则，研究制定适合本区域的可再生能源开发利用规划，明确项目开发顺序，将可再生能源开发利用规划纳入本城镇的能源发展体系和经济社会发展规划中，按照切实可行的发展目标和要求，充分发挥好资源优势，稳步、有序的实现可再生能源对化石能源的替代。

5.2　推进能源科技进步，构筑技术保障体系

发展可再生能源，关键在于科技创新，提高转换效率，降低产品的成本。因此，首先应在科研专项基金上给予支持，创造有利于可再生能源发展的科研环境，鼓励可再生能源开发、转化和利用技术的创新；其次，依托重点建设工程，坚持技术引进与消化吸收相结合，围绕关键核心技术组织研究开发，提高重大能源技术装备自主研制能力；三是加强以企业为主体、产学研密切合作的技术创新体系的建设，推进产业化示范。针对可再生能源中各项技术发展不平衡的现状，对成熟技术进行积

极推广，对尚未完全成熟的技术要组织示范。以企业为核心，根据福建省可再生能源科技发展特点，发挥各类科研机构优势，为可再生能源新技术、新产品开发服务，形成以应用为主的科研导向体系；四是建立可再生能源高新技术产业区，利用现有的科技、人才及产业化优势，采取积极的鼓励扶持政策，充分利用对外开放的有利环境，加强国际合作，引进国外先进技术、人才等资源，抓住机遇，更好地发展福建省可再生能源产业群。

5.3 制定发展鼓励政策，推进产业化体系建设

5.3.1 制定可再生能源发展指令性政策

制定可再生能源发展的法律、法规或条例，以立法的形式确定可再生能源发展的地位及强制性。可再生能源产业化初期，在市场上缺乏竞争力，必须有相应的法律法规保障其稳步发展。如可再生能源发电产业具有成本高、不能保证连续供电以及缺乏对电力市场的吸引能力的问题，因此，必须在并网、收购发电量等方面为其提供法律保障。

借鉴其他国家都在制定强制性法律法规的做法。如日本于2002年实施《新能源电力促进法》，明确规定各电力公司每年应购进的可再生能源电力量[9]；德国的《可再生能源法》代替了原来的电力供应法，调整了各种可再生能源发电的补偿标准[10]；英国于2002年开始实施的《可再生能源义务法》，建立了相对完善的可再生能源电力配额制度[11]。

福建省可再生能源政策也应该围绕可再生能源开发利用这个核心目标建立相关配套政策和机制，并制定相关的技术标准建立检测和认证机构，各级部门继续细化实施细则，落实政策，构筑完善的法律保障体系。

5.3.2 制定可再生能源发展的经济鼓励政策

可再生能源在发展初期，受各方面因素影响，成本高，经济效益低下，除法律和行政手段外，经济政策对于推动可再生能源发展更具现实意义。其他国家可再生能源产业能取得较快的发展，很重要原因就在于都采取了各种直接和间接经济政策。主要包括：

5.3.2.1　补贴政策

在可再生能源开发利用过程中，福建省可以参考国外或其他省份可再生能源补贴政策，根据本省现实情况采取弹性补贴、投资补贴、产出补贴、设备补贴等补贴方式。

弹性补贴。如我国2006年9月出台的《关于发展生物质能源和生物化工财税扶持政策的实施意见》提出了建立风险基金制度与弹性亏损补贴政策扶持生物质能源的发展。风险基金制度与弹性亏损补贴政策，即当石油价格高于企业正常生产经营保低价时，国家不予亏损补贴，企业此时应当建立风险基金；当石油价格低于企业正常生产经营保低价时，先由企业用风险基金以盈补亏，油价长期低位运行，则适时启动弹性亏损补贴机制，对生产企业给予适当补贴。

投资补贴。主要是技术研发和商业化前期技术的示范项目补贴。如英国政府对可再生能源的企业和研究机构开发新产品或从事创新技术的开发与研究，提供其费用总额的70%进行资助[13]。印度政府为降低可再生能源企业的运行成本，特别为其提供10%～15%的装备投资补贴。

产出补贴。美国的补贴政策突出产出补贴，即根据可再生能源设备生产的产品进行补贴。1992年美国的《能源政策法》规定：通过国会年度拨款为免税公共事业单位、地方政府和农村经营的可再生能源发电企业，每生产1kW·h的电能补助1.5美分。

设备补贴。通过向可再生能源技术和设备的购买者、可再生能源电力的用户、采用可再生能源与建筑一体化技术的建筑开发商、推广应用新型节能设备的企业或家庭用户给予一定的财政补贴。如瑞典对可再生能源生产企业给予一定的资金补贴，对居民使用木材颗粒燃料的，政府一次性补贴购买燃烧设备费用的30%。

5.3.2.2　税收政策

税收政策也是国外应用较多的经济政策，如减税、所得税抵免、加速折旧等降低可再生能源企业的建设成本、运营成本，提高企业投资和生产积极性。

(1)减税。美国在税收政策主要采取直接减税和企业所得税抵免的政策。企业建立起10年内，每生产1kW·h的电能可享受从当年的个人或企业所得税中免交 1.8 美分的待遇。在 2005 年 8 月通过的新《国家能源政策法》明确规定，将在未来 10 年内，向全美能源企业提供 146 亿美元的减税额度。

(2)征收生态税。德国在税收方面采取“燃油税”附加的方式，向汽油、柴油、天然气等收取“生态税”。不同用途、不同品种采用不同的税率，平均税额占油价的 12% ~15%。其主要目标是通过征收生态税，使石化燃料对气候和环境所造成的危害的治理成本内部化，即将治理费用纳入消费者购买石化燃料产品的价格中，并将大部分生态税收入用于补充职工养老金，使企业养老金费率降低，从而起到降低雇员劳动成本、增加就业的目的。福建省也可参考征收生态税，征收所得收入可部分用于支持可再生能源的发展，从而将发展可再生能源的高成本分摊到所有化石能源消费者身上，以鼓励更多的消费者使用环保能源。

5.3.2.3 价格政策

可再生能源产品成本一般高于常规能源产品，所以对可再生能源实行优惠的价格政策或采取价格补偿在可再生能源发展较好的国家十分普遍。如德国对不同的可再生能源发电提出了不同的补偿标准，装在建筑物上或建筑物旁 30kW 以下安装功率的光伏发电装置将可以获得 59 欧分/(kW·h)的补偿，海上风力发电初期较高补偿标准为 8.9 欧分/(kW·h)。

5.3.2.4 低息或贴息贷款政策

此类政策主要包括低息贷款政策和延长还贷期限，由于它可以减轻企业还本期利息的负担而有利于降低生产成本。如印度是由非常规能源部和可再生能源开发署负责提供财政支持，通过建立可再生能源投资公司提供低息贷款，该公司专门为可再生能源技术的开发提供低息贷款，以及帮助可再生能源项目进行融资[12]。目前德国对风电项目和光伏发电项目实施低利率贷款，利率从 2.5% ~5.1% 不等[13]。目前我国的贷款利率为 5.62%，一些贴息贷款利率为 3%，对可再生能源发电的优惠政策可参照此设定。

5.3.2.5 配额制

配额制是指在地区电力建设中，可再生能源发电必须保持或占有一定比例，从而促使可再生能源发电能够在不同地区均衡，保证可再生能源健康发展；该项政策具有强制性，其实质是使配额比例相当的可再生能源在各地区各电网之间交易，以解决地区间可再生能源的差异，从而把资金引向可再生能源资源丰富地区[14]。这项政策要求实施地区的电力消费中必须有规定比例的电力是利用可再生能源生产的。配额制中配套实行电力证书交易制度，没有完成义务的公司可向超额完成义务的公司购买绿色证书，通过证书转让的方式来完成自己应完成的义务，从而使可再生能源追求环境效益而花费的成本由全体享有者分摊。英国是实行配额制的主要国家。英国“可再生能源义务条例”规定，供电商有义务购买一定比例可再生能源电力。可再生能源电力的比例由政府每年根据可再生能源的发展目标和市场情况等来确定[13]。

5.3.2.6 政府采购

政府市场是一个庞大的市场，政府采购作为重要的财政工具，可以通过对市场的调节达到支持和保护可再生能源中小企业的目的。可再生能源作为新能源新兴产业，迫切需要资金和建立市场，政府通过采购政策的倾斜，有利于为其提供最初的原始市场和公平的竞争环境；政府采购的引导效应也将促使资本向可再生能源产业集中，形成规模效应。如“硅谷”的成功就得益于在一开始就由美国军方购买了“硅谷”生产的全部集成电路，从而大大刺激了高新技术产业的迅速发展。同时，政府采购市场是一个公平竞争的市场，尊重市场的优胜劣汰原则，这必然刺激可再生能源企业改进工艺，降低成本，自主创新，提高企业竞争能力。因此，当政府采购倾向于可再生能源产品时，并配合优先采购政策、订购政策等具体的扶持自主创新的措施，必有利于可再生能源产业市场的形成，企业竞争力的提高。

5.4 建立部门间协调机制，完善市场运作机制

可再生能源开发利用从政府管理来看，涉及能源、经济、农业、林业等多个部门，是跨学科、跨行业、跨部门的新兴产业。为了促进可再生能源开发利用，需要建立起可再生能源开发利用的协调管理体系。理顺可再生能源开发利用的行政管理体系，充分发挥中央和地方两个面的积极性，实行资源管理与行业管理相分离的原则；建立统一监管体系，解决因部门职能交叉、分割管理造成的责任不明确的问题。

完善的市场保障机制，有利于形成稳定的市场需求，有利于拉动新技术的发展，形成可再生能源生产规模效益，从而降低生产成本。目前，福建省可再生能源市场小且不稳定，政府应加强中心作用与市场调节功能相结合，建立可再生能源良好的市场运作机制，促进可再生能源迅速发展。借鉴国外经验，发展可再生能源必须走以市场机制为主的道路。

5.5 加大宣传力度，提高公众认识

加强对可再生能源的宣传力度，各职能部门可以使用简报、宣传手册、画报等多种形式，将信息形象传递给群众，提高群众对可再生能源的认识。可再生能源的开发利用是一项民生工程，与群众生活息息相关。应加大可再生能源利用在有效改善生态环境，提高生活环境质量方面的宣传，改变居民的传统观念，创造良好的消费氛围，使可再生能源在社会中普及。

参考文献

[1]福建统计年鉴[M]. 北京：中国统计出版社，2009.

[2]福建省能源状况及其对经济发展的支撑力分析[EB/OL]. 中国统计信息网 . http：//www. dss. gov. cn/.

[3] 任东明 . 福建省可再生能源强制性配额政策框架与实施方案的初步研究[J]. 可再生能源，2005，(4)：1 ~ 5.

[4] 杨志英 . 福建潮汐能资源开发利用研究[J]. 水利科技，2002，(4)：1 ~ 3.

[5]赵云华，赵亮亮，简文彬等 . 福建省地热能学科发展报告[J]. 海峡科学，2009，(1)：30 ~ 35.

[6]孟凡生 . 我国可再生能源发展问题研究[J]. 经济纵横，2008，(11)：50 ~ 52.

[7]李春华 . 中国可再生能源问题研究进展[J]. 中国科技论坛，2008，(2)：111 ~ 114.

[8]师连枝 . 我国发展可再生能源的障碍及对策[J]. 河南社会科学，2007，15(2)：166 ~ 168.

[9]郭廷杰 . 日本实施新能源情况简介[J]. 能源政策研究 . 2004，(2)：53 ~ 60.

[10]胡其颖 . 德国可再生能源发电的补偿标准[J]. 太阳能 . 2004，(5)：49 ~ 50.

[11]时景丽，李俊峰 . 英国可再生能源义务发令介绍及实施效果分析[J]. 中国能

源. 2004, (11) : 38.

[12]满相忠，王珊珊. 国外开发生物质能优惠政策及其经验启示[J]. 地方财政研究. 2007, (8): 59～63.

[13]李霞，史瑞琼. 能源经济可持续发展与促进可再生能源发电法律制度研究[J]. 能源与环境. 2005, (4): 4～6.

[14]周鹏飞. 浅析我国实施可再生能源配额制政策的必要性[J]. 中国农村水利水电. 2001, (9): 47～48.

第八章

低碳经济的引擎（下）

第七章对福建省可再生能源的发展利用做了分析，本章将对可再生能源的重要组成部分的生物质能做详细阐述。生物质能是一种遍在性能源，存在于任何国家和地区，它的来源丰富，转化利用形式多样，各个国家和地区都可以根据本国的资源环境特点，开发利用适合本国的生物质能方式。更重要的是，生物质能中的生物燃料乙醇和生物柴油，是目前为止所有可再生能源中唯一能够转化为液体的能源形式，使用它们可以不改变现有的交通工具如汽车、火车、飞机等的燃料动力系统，且它们分散、规模小，破坏难，可以藏油于民，是重要的战略能源。但生物质能源是一种新能源，需要人们的关注，它的发展需要政府扶持。无序、混乱的竞争会使新兴的生物质能市场受损害，最终导致生物质能产业无法持续、健康发展。因此，从战略角度规划、引导生物质能健康有序发展十分必要。福建省位于我国东南沿海，经济较为发达，但人多地少，能源短缺，在这样一个经济发展较快但能源需求紧迫的省份开发利用生物质能，更具现实意义。

1 福建省生物质能发展现状

福建省生物质能资源丰富，开发利用具有一定基础，生物质能的利用方式目前主要集中在以下几个方面：

1.1 沼 气

福建省从20世纪30年代就开始发展沼气，沼气的发展近年来越来越受重视，农村户用沼气建设工程被列入2006年省委省政府为民办实事项目。“十五”以来，在农业部沼气建设项目的带动下，以“一池三改”为基本建设单元，“猪—沼—果”等生态农业模式得到积极推广。至

2008年底，全省户用沼气池约35.24万口，年产沼气2.22亿 m^3，大中型沼气工程988处，沼气建设从20世纪70年代能源需求型阶段转化为目前的生态需求型阶段[1]。沼气技术不断成熟，“常规水压型”、“曲流布料型”、“强回流型”、“旋流布料型”等池型不断推广；“一池三改”(改厕、改圈、改厨)功能效应不断扩展，以沼气为纽带、“畜—沼—果”、“猪—沼—渔”、“畜—沼—菜”、“庭院生态经济综合利用”、“农业废弃物综合处理及资源化利用”等生态农业模式不断创新；沼气配套管理与服务得到不断完善，从省到地市、县、乡、村都建立了沼气管理和推广机构以及服务站。

1.2　生物燃料乙醇

目前国家发改委批准的燃料乙醇试点项目全部集中在东北和华北地区，东南沿海还没有一家企业获准，福建省目前也无燃料乙醇生产企业。

“十一五”期间，国家继续实行生物燃料乙醇“定点生产，定向流通，市场开放，公平竞争”相关政策。总体思路是积极培育石油替代市场，促进产业发展；根据市场发育情况，扩大发展规模；确定合理布局，严格市场准入；依托主导力量，提高发展质量；稳定政策支持，加强市场监管。“十二五”期间将是我国燃料乙醇发展的重要时期，国内乙醇汽油消费量占全国汽油消费量的比例将大幅上升。因此，福建省应抓住这个机遇，认真分析论证，尽早立项引进生产线，力争使福建省燃料乙醇项目走在我国东南沿海前列。

1.3　生物柴油

福建省生物柴油生产发展较早，主要是民营企业生产，目前已形成产业化发展。原料以植物油下脚料、地沟油为主，全省年生产能力达20万～30万t，走在了全国的前列。福建省目前生物柴油生产企业主要有龙岩卓越新能源公司、福建古彬生物柴油有限公司、福建源华能源科技有限公司、福建中德科技股份有限公司等。其中，龙岩卓越新能源发展有限公司年产2万t生物柴油装置建成于2002年9月，并于2003年建成年生产能力10万t的生产装置，2006年公司组织实施的年产5万t

生物柴油生产线被列入2006年国家重点火炬计划项目，并在伦敦成功上市。厦门卓越生物质能源有限公司是龙岩卓越新能源发展有限公司继成功发展龙岩卓越后的第二战略发展项目，成立于2006年8月，设计年产能10万t，2007年被列入国家十大节能工程示范项目，2008年被评为厦门市循环经济先进单位。福建古彬生物柴油有限公司是古彬集团设立的分公司之一，创建于2005年6月，公司拥有年产10万t生物柴油生产线。福建源华能源科技有限公司始建于2005年1月，公司目前拥有年产4万t生物柴油和特种油品的生产线，2007年底达到10万t生产规模。

由于我国一直没有自己的生物柴油标准，造成民营企业生产的生物柴油无法进入官方销售渠道，生物柴油的质量处于混乱状态[2]。虽然卓越企业起步早，发展较快，2006年在伦敦成功上市，但是缺乏共同承认的产品标准，生物柴油没有通过官方系统进入中石油、中石化的销售网络中，一定程度上限制了生物柴油的发展。据悉，我国首个由中国石油化工股份有限公司提出、石油化工科学研究院起草的生物柴油国家标准《柴油机燃料调和用生物柴油》已正式进入报批程序，这意味着不久福建省生物柴油将进入产业化大发展阶段。

1.4 生物质发电

福建省生物质发电近年发展较快。我国首个鸡粪发电厂2007年在福建省光泽县正式动工建设，该项目由福建圣农公司和武汉凯迪发电控制公司共同投资，总投资4.8亿元，分两期进行：首期建设两台汽轮发电机组和循环流化床锅炉，投资2.8亿元，年处理鸡粪30万t以上，于2008年10月建成发电，年发电量达1.68亿kW·h。该厂利用鸡粪与谷壳混合物为原料，通过直接燃烧发电，整个项目建成后，将满足1.2亿羽肉鸡产生废弃物的资源化处理需求，并为当地农民提供更多就业岗位。

垃圾焚烧发电方面，福建表现也较为突出。垃圾焚烧发电是利用焚烧垃圾的余热发电，可减少排放垃圾体积85%～95%，避免土地资源浪费，垃圾焚烧产生烟气中的有害气体经处理达标后排放，可避免垃圾填埋而产生的二次污染，从而达到城市生活垃圾的减量化、无害化、资源化。福建省是全国第一个对垃圾焚烧发电设施进行规划建设的省份，目前垃圾焚烧处理技术已较成熟，2007～2010 年建设(包括扩建)20 座垃圾焚烧发电厂，设计总规模为 17400 t/天，2010 年全省城市(含县城)垃圾无害化处理率将达到60%以上、设区市城市垃圾无害化处理率将达95%以上的目标。其中，焚烧发电处理量占全省生活垃圾无害化处理总量的78.9%。福建省城市垃圾无害化处理水平处于全国先进行列，福州、厦门、泉州三大中心城市的垃圾无害化处理水平在全国同类城市中也处于前列。

2　福建省生物质能发展必要性分析

福建生物质能开发利用在目前经济社会发展现状下，十分必要且具有重要意义，主要表现为以下几点：

2.1　需求不断扩大

随着化石能源的枯竭，环境污染等问题，以可再生能源替代不可再生的化石能源成为能源发展的趋势，使得生物质能的需求不断扩大。

沼气是农村的重要能源，建设社会主义新农村的提出，在农村发展沼气工程以整治村容村貌，使得沼气的需求不断扩大。福建省在“十一五”环境保护与生态建设专项规划中，大力推广以农村沼气应用为重点的生态农业，在山区大力开展户用沼气工程建设，每年新增户用沼气池3 万～5 万户。

据《可再生能源发展中长期规划》，到 2010 年将增加非粮燃料乙醇用料 200 万 t，2020 年达 1000 万 t，而目前福建省燃料乙醇的生产几乎为零。生物柴油的需求同样迫切，目前国际的普遍做法是将生物柴油添加到柴油中使用，以 2008 年福建省规模以上工业企业柴油消费量 554209 t 为依据，调和比例为 B2，就需要 110841.8t；调和比例为 B5，则需要 277104.5 t，市场前景十分乐观。

根据生物质能资源可获得量，假设能源植物部分(制生物燃油)按 2020 年、2030 年、2050 年分别取可获得量的 30%、50%、70%的利用率(综合考虑市场需求、技术经济性和政策等因素)计算，其他资源主要用于生物质发电，按2020年、2030年、2050年分别取可获得量的20%、40%、60%的利用率计算，发电效率按20%计算，那么到2050年我国生物质能资源可开发量接近10亿t标准煤，其中能源植物(制生物燃油)3.6亿t标准煤，占到了30%以上的份额。[3]

2.2 技术不断成熟

目前生物质能转换技术主要有四类：直接燃烧技术、物化转化技术、生化转化技术、植物油技术，具体还可以分为不同细类，例如生化转化技术包括填埋制气与堆肥技术、小型户用沼气技术、大中型厌氧技术、制取乙醇技术。根据技术的发展阶段，这里将技术发展分为起步阶段、研发阶段、技术较成熟阶段、技术成熟阶段，福建省生物质能主要利用技术所处的发展阶段见表8-1。

表8-1 福建省生物质能主要转换技术所处的发展阶段

技术	发展阶段	下一步发展	发展潜力
生物燃料	技术成熟	寻找廉价原料	好
沼气技术	技术成熟	推广	好
气化技术	技术较成熟	发电	较好
燃烧技术	技术成熟	发电	较好
压缩成型技术	技术较成熟	技术实用性	较好
炭化技术	技术成熟	商业化	一般
液化技术	研发	技术成熟	较好
废物处理技术	技术成熟	商业化	好
生物燃料电池	起步	技术成熟	好
生物制氢技术	起步	技术成熟	好

在制取生物燃料技术上，福建省具有明显优势。福建省人多地少，生物燃料原料考虑以山地甘蔗、甘薯等为主，目前在甘蔗、甘薯育种和产品开发等领域处于国内领先地位。生产工艺上，福建省“甘蔗汁直接发酵乙醇的工艺和高效酵母菌”成果经部、省科技鉴定已达到国际先进水平。福建师范大学生物质能研究中心研制出不同原料进行酯化和转酯化生产生物柴油的高效化学催化剂，使得福建省生物柴油的研究与开发

处于全国的先进水平。[4]因此，在制取生物燃料方面，福建省技术已经成熟，下一步目标是选择并培育廉价原料，降低成本并产业化发展。

可见，总体上福建生物质能技术已处于较成熟阶段，随着科技的发展，技术的进步，进一步重视并加强规划，生物质能必将得到更大的发展和更广泛的运用。

2.3　生物质能利用的生态效益

生物质能具有环保性，是缓解生态安全的希望。如乙醇汽油的使用，可使 CO 等污染物的排放量减少 40%；生物柴油与传统化石能源相比，含硫数值比 0#化石柴油低得多，十六烷值比化石柴油更高，不含芳烃和重金属，含氧值 11%，能保证燃烧充分，CO_2 减排量达 50% 以上，几乎没有污染，且闪点高达 118℃，运输、储存、使用具有更好的安全性；生物质发电机组，与同类型 2.5 万 kW 火电机组相比，每年可减少 CO_2 排放约 10 万 t，大大减轻 CO_2、SO_2 等温室气体或有害气体的排放，燃烧后产生的灰分，每年可达 8000 t 左右，作为高品质的钾肥，还可直接进行还田，环境效益显著。[5]

2.4　生物质能利用的社会效益

生物质能的效益除了环境方面，更重要的是社会的，是更长远的人类社会可持续发展方面的效益。生物质能主要是农村能源，“三农”问题是我国现代化进程中的重要问题，农村生物质能的发展能直接带动农民的增收。如农民建一座 $8m^3$ 的沼气池，每年可增收节支 1500 元左右，建沼气池的成本一年便可收回。以国能生物发电有限公司“单县生物发电项目”为例，2.5 万 kW 的发电机组不仅能带来显著的环境效益，而且一天就能处理农林剩余物 800t，当地农民每年可通过出售秸秆获得直接收入 4000 多万元，形成围绕燃料收、储、运等的产业链条，能够直接吸纳当地农村劳动力 1000 余人，大大缓解农村剩余劳动力和城镇下岗人员等待业人员的就业问题，维护社会稳定。

生物质能发展还具有社会联动性。生物质能发展带动科技的发展，围绕技术的支撑，逐步形成完整的产业链条。不同的生物质能具有不同的生产工艺，会产生和带动不同方向的科研与相关产业发展。以生物发电为例，从原料收集到发电要经过这样的流程：[6]原料，即植物的选育、栽种—收集—仓储—填塞进锅炉，锅炉直接燃烧核心环节以及最后的产电利用环节，整个过程涉及植物、林业、农机、运输、仓储、锅炉、发电等各个行业。

2.5 生物质能开发利用的经济可行性

目前，受原料来源、生产技术和产业组织等多方面因素的影响，生物质能不具备与常规能源竞争的优势主要在于成本太高，制取成本主要又集中在原料成本。据农业部从企业角度对生物能源所做的成本分析，陈化粮为原料生产的燃料乙醇的成本约为 3500 元/t 左右，用甜高粱、木薯等为原料制取燃料乙醇的成本为 4000 元/t，用油菜制取生物柴油的成本为 8100 元/t，按等效热值与汽油比较，汽油价格达到每升 6 元以上时，燃料乙醇才可能赢利。制备成本的 75% 是原料成本，采用廉价原料及提高转化率从而降低成本成为生物燃料能否实用化的关键。随着国家对生物燃料的重视以及财政补贴的增加，企业生产成本在逐渐地降低，当然，随着油价上涨，成本差距也会不断地缩小。

生物质能的技术进一步改进，有望成为成本最低的能源之一，而且比核能、煤炭安全得多。但新能源技术在初期都具有投资高、运行费用高的特点，此时国家财政支持显得尤为重要。我国目前已出台了《关于发展生物能源和生物化工财税扶持政策的实施意见》，该意见将在四项财税政策上扶持生物质能源的发展：一是建立风险基金制度、实施弹性亏损补贴。二是原料基地补助。发展生物质能源不能占用耕地，主要是开发利用现有的荒草地、盐碱地等未利用地，国家将给予一定的支持。三是项目示范补助。四是实施税收优惠政策。对国家确实需要扶持的生物能源和生物化工生产企业，国家给予税收优惠。

国家财政、金融部门的大力支持、直接参与，为生物质能源的发展提供强大的政策动力。从实践效果来看，2002 年以来，中央财政共拨付亏损补贴 20 亿元，有力地保障了燃料乙醇试点企业正常生产经营，成效十分明显，对生物质能源发展具有强大的助推作用。长远来看，生物质能的市场商机巨大、发展速度也将会很快，加上国家优惠政策的支持，该领域将会与资本市场发生联系，会有一批上市公司进军生物质能产业市场，并从而获益。

2.5.1　户用沼气池

据永定县农业局对不同乡镇不同建池方式的统计[7]，一口 8m³ 沼气池的建设平均成本见表 8-2。

表 8-2　沼气池建造平均成本造价　　单位：元

成本项目 建造方式	原料	小工	挖穴	技工	灶具、配件	合计	平均成本
砖模水泥浇筑	1344	297.5	400	530	310	2881.5	
树模(玻璃钢)水泥浇筑	787	280	400	600	310	2377	2833
砖砌	1358	472.5	400	700	310	3230.5	

由表 8-2 可知，建设一口沼气池总投入约 2800 元，2007 年省、市、县政府补贴 1400 元/口，则农户只需投入 1400 元左右。据农业部门测算，一口正常投料的 8m³ 沼气池年可为农户节省能源、增加经济效益 1400～1700 元，农户投入建设成本 1～2 年即可收回，如图 8-1。

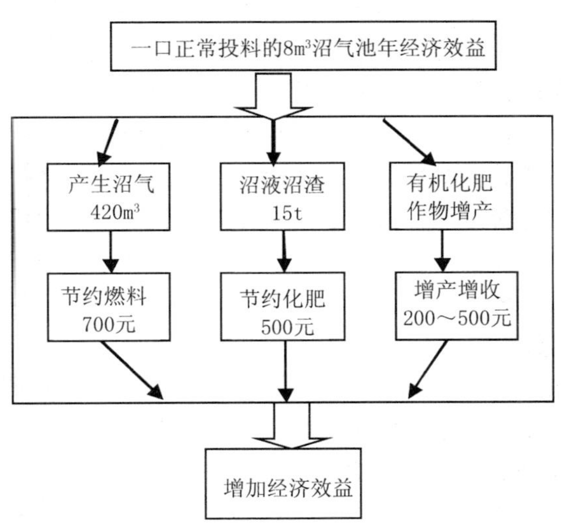

图 8-1　8m³ 沼气池的年经济效益

2.5.2 燃料乙醇

国家规定燃料乙醇价格执行同期公布的90#汽油出厂价乘以价格系数0.9111，交石油销售公司调配乙醇汽油。2008年3月中石化90#汽油的价格约为6500元/t，则燃料乙醇的售价约为5922元/t。

前段玉米收购价约为1500元/t，约3.3 t玉米可制1 t乙醇，制造费、设备费、工资等其他费用计每吨900元，则每吨乙醇成本约5850元。2007年国家对乙醇补贴统一减少到每吨1373元，则每吨玉米乙醇的实际出厂价约为4450元，盈利1577元。如果没有国家补贴，玉米乙醇有可能亏损。

甘蔗乙醇的比例约为12:1，甘蔗每吨约280元，加上制造费、设备费、工资等其他费用700元，甘蔗乙醇的生产成本约为4060元/t，如果加上国家补贴，出厂价可降低至2690元/t。由于甘蔗乙醇原料成本低，所以利润空间较大，达3200元/t，若扣除蔗渣等副产品，利润空间还将扩大。

木薯乙醇的制取。约3 t薯干制1 t乙醇，每吨薯干价格1300元，制造费、设备费、工资等其他费用也计每吨900元，则木薯乙醇出厂价约为4800元/t。若加上国家补贴，利润约有2500元/t。

因此，从玉米、甘蔗、木薯三种原料上看，甘蔗乙醇利润空间最大。福建省甘蔗种植面积较大，且甘蔗种植技术较高，单产可达7~8t/亩，全省种植面积若达80万亩，蔗产量可达560万~640万t，则不仅可满足20万t乙醇和80万t乙烯的原料，还可生产蔗糖25万~35万t，基本满足全省食糖需求。[4]建议将山地甘蔗乙醇作为福建省燃料乙醇发展的重要方向。山地甘蔗既不影响全省食糖需求，又充分利用贫瘠山地资源，不与粮争地。

2.5.3 生物柴油

目前地沟油、潲水油和废弃动物油是生物柴油制取的主要原料，1.1 t原料油生产1 t生物柴油，原料油基本价格约3400元/t，催化剂、水电、煤、设备、工资等其他费用计800元/t，则出厂价约4540元。生物柴油至今为止还没有得到国家石油公司的认可，所以其销售价格不会高于标准柴油价格，以5500元/t计，可实现利润960元/t。

以上分析，成本因素基本按最高价计算，各生物质能源实际利润可能更大。因此，从经济成本上看，福建省生物质能发展具备可行性。

3　福建省生物质能发展资源潜力分析

福建省生物质能资源丰富，总体技术较为成熟，在沼气开发、生物柴油、垃圾焚烧发电等实践上取得一定成效，但燃料乙醇、林木生物质能等项目还未充分开发，其中部分原因在于未能找到合适的原料。实际上福建省生物质能发展的资源潜力巨大，以下对主要生物质能的资源潜力进行分析：

3.1　木材及其加工废弃物供给潜力

福建省素有“八山一水一分田”之称，森林资源丰富，木材工业发展迅速，每年产生大量的“三剩物”(山场剩余物、采伐剩余物、加工剩余物)。据不完全统计，每采伐 $100m^3$ 的木材，剩余物约占 30%，其中约有 $15m^3$ 的枝丫和梢头，$8m^3$ 的木截头以及部分小杆等。在制材厂产生的木质废弃物中，树皮占 20.21%、板皮与端头小碎料占 39.54%、锯屑占 36.76%、其他占 3.49%。在胶合板厂产生的木质废弃物中，树皮占 4.77%、木芯与碎料占 23.16%、单板屑占 48.79%、其他占 23.28%。

目前，我国的森林采伐利用率和木材综合利用率分别为 61% 和 63%，现有生产规模和加工能力推算，森林采伐利用率和木材综合利用率每提高一个百分点，分别相当于增加木材供给 100 万 m^3 和 40 万 m^3。2008 年福建省年木材产量 1526.4 万 m^3，可产生有 500 万 m^3 的剩余物。这些剩余物在过去常被丢弃或直接燃烧，但收集起来用于生物质能利用，再次利用率按 55% 计算，将会有 275 多万 m^3 的剩余物可供加工利用。但就目前的情况看，部分林产品加工的废弃物已经被充分利用了，如用来制作各种人造板材。且随着木材加工技术和废弃物的人造板材利用比率的提高，林产品加工废弃物的数量将呈逐年下降的趋势。

3.2　动物粪便及污水供给能力

福建省地处亚热带，全省年平均气温 19 ~ 21℃，气候温和湿润，是全国最适宜发展沼气的地区之一。据测算，福建省每年人、畜禽粪便和农村农作物秸秆年可产沼气 109.2 亿 m^3，相当于 8.57×10^6 t 标准煤。[8] 动物粪便及污水通常对环境产生影响，我国每年有 30 亿 t 畜禽粪便成为水体的严重污染源。特别是在农村，缺乏集中处理的粪便及污水公用设施，畜禽粪便不仅污染环境，而且影响村容村貌。但如果开发农村的户用沼气不仅可以使环境得到了大大改善，还可以提供农民足够使用的燃气。

福建省畜牧业经济总量较小、畜产品加工滞后、基础设施薄弱。改革开放后，畜牧业稳步发展，现已形成福清、新罗肉猪，南平奶业，光泽、永安肉鸡、连城白鸭、闽南黄牛等区域特色产业。但福建每年仍需要从省外调入大量的生猪、禽蛋和乳制品，畜牧业发展的潜在市场空间为生物质能利用带来了潜在的利用空间。

2008 年福建省大牲畜存栏数中，牛 70.83 万头，乳牛 4.69 万头，猪存栏数 1324.09 万头，家兔存栏数 812.41 万只，家禽年末数 9339.30 万只。[9] 可以看出，福建省主要牲畜是猪、牛以及家禽，而且主要是集中式饲养，其粪便也具有较高的可获得性，据 2008 年数据计算，年可获得标准煤 417.94 万 t(表 8-3)。

表 8-3　2008 年福建省主要牲畜粪便量及其折标准煤量

参数	牛	猪	鸡
体重(kg)	500	50	1.5
每头年排泄量(kg)	12410	2190	36.5
2008 年存栏总数(万头)	70.83	1324.09	9339.30
粪便资源量(万 t)	879	2899.76	362.78
粪便收集系数	0.6	1	1
其中干物质含量	20%	20%	80%
粪便可开发量(万 t)	105.48	579.95	290.22
折算标准煤系数	0.47	0.43	0.41
折标准煤量(万 t)	49.57	249.38	118.99

资料来源：粪便收集系数和折标煤系数均为 2000 年中国农村能源行业协会调研结果，产量来源于《2008 年福建省统计年鉴》。

3.3 农作物废弃物供给潜力

农作物废弃物主要包括秸秆、杂草、稻壳、花生壳等。农业生产每年都产生大量的废弃物，如稻谷，每4 t的稻谷产量可产生1 t的稻壳，每2.2 t花生产生1 t花生壳，但大部分农作物废弃物没有得到充分的利用。由于收集和运输这些废弃物需要花费很大代价，目前，农作物秸秆除了被用于填埋造肥和饲料以外，剩余大部分用于农户炊事、直接燃烧，利用效率十分低下，直接转换效率仅为10%~20%。并且随着农村经济发展，商品能源逐渐在农村普及，原来直接燃用秸秆薪柴的炊事取暖局面不断被取代，被弃于田间直接燃烧的秸秆量逐年增大，一些地区废弃秸秆量已占总秸秆量的60%以上，既危害环境，又浪费资源。如果用作生物质燃气或发电，不仅提供了的生活能源，而且大大改善农村卫生环境，提高生活质量，减轻农民劳动强度。此外，对农林剩余物的采集、加工、运输、储存，会提高农民收入，增加农民就业机会，开辟农业经济和县域经济新的产业。

农作物秸秆是福建省生物质能主要来源，每年的农作物种植，为生物质能利用提供了大量的潜在资源，表8-4提供了福建省主要农作物秸秆产量及其折标煤量。

表8-4 2008年福建省主要农作物秸秆产量及其折标煤量

农作物	产量(万t)	谷草比	秸秆量(万t)	折标煤系数	折标煤量(万t)
稻谷	508.81	0.623	316.99	0.429	135.99
大小麦	1.72	1.366	2.35	0.5	1.17
甘薯	86.42	0.5	43.21	0.486	21.00
马铃薯	23.14	0.5	11.57	0.486	5.62
豆类	17.26	1.5	25.89	0.543	14.06
油料	25.4	2	50.8	0.529	26.87
甘蔗	70.90	0.1	7.09	0.441	3.13
合计	733.65		457.9		207.84

资料来源：谷草比和折标煤系数均为2000年中国农村能源行业协会调研结果，产量来源于《2009年福建省统计年鉴》。

2007年11月，国家发改委、财政部就生物质能综合利用发出通知：为加速农林废弃生物质能综合利用，国家近期将重点支持三大领域，包括生物质成型燃料、畜禽养殖场沼气发电和生物质气化(炭化)发电。每个省(区、市)可申报的示范项目不超过15个的示范项目，国家财政按项目投资一定比例给予补助。[10]通过农林废弃生物质能的开发利用及产业化发展，促进生物质能技术进步，培育农村新型产业，增加农村清洁能源供应，推动新农村建设。

3.4 可开发生物质能的农作物及燃料植物潜力

农作物开发生产液体燃料重在不与粮争地，目前具有较高开发价值的非粮农作物如山地甘蔗、木薯、甘薯等在福建省都有大量种植。特别是山地甘蔗，福建是甘蔗种植的主要省区之一，甘蔗及蔗糖副产品糖蜜可直接用于生产燃料乙醇，蔗渣可生产生物柴油。山地甘蔗不影响福建蔗糖生产，可以在保证蔗糖生产量之外，满足蔗制乙醇的需要。适当开发宜蔗土地是蔗制乙醇的重要途径，约12t甘蔗产量即可制取1t乙醇。据2003年度福建省土地变更调查结果，福建省未利用地约1588.95万亩，占土地总面积的8.54%，若开垦宜蔗土地80万亩，按亩产6t计算，就可多产480万t，折合40万t乙醇。木薯具有易栽、耐旱、耐涝、高产等特点，适合在热带、亚热带地区种植，基本不与粮争地，在福建省也有广泛种植，鲜木薯的淀粉含量在30%~35%，约7t鲜薯可生产1t燃料乙醇。若开发福建省未利用地1/5用于种植木薯，按亩产2t计算，可收获635.58万t木薯，生产燃料乙醇约90.8万t，折合129.84万t标准煤。

福建省森林覆盖率居全国首位，森林资源丰厚。广袤的山地资源中，还蕴藏着十分丰富的燃料油植物资源。据调查，福建有60种以上种子含油量在40%以上，20种以上植株茎枝含丰富碳氢化合物，开发生物柴油价值极高。

4 基于时空分异的福建省生物质能发展战略

受技术水平、资源赋存、政策支持等因素影响，生物质能开发利用是一个渐进的过程，不同阶段不同区域生物质能发展重点将会不同。

4.1　生物质能发展时间序列

由于不同因素影响，福建省生物质能开发利用应考虑阶段性，我们利用层次分析法，分析不同阶段生物质开发的时间序列。

4.1.1　层次分析法的基本过程

层次分析法(AHP，The Analytic Hierarchy Progress)的提出可追溯到20世纪70年代，由美国运筹学家，匹兹堡大学教授萨迪(T·L·Saaty)创立。它将复杂的问题分解成各个组成因素，再将这些因素按支配关系分组，组成递阶层次结构，通过两两比较的方式确定层次中诸因素的相对重要性，然后综合决策者的判断，确定决策方案相对重要性的总排序，最后得到各因素相对于决策目标的优选序列。[11] AHP将人的主观判断用数量形式进行表达和处理，是一种定性与定量相结合的方法，大大提高了决策的有效性、可靠性和可行性。

4.1.2　指标体系构建与选取

生物质能开发利用考虑的主要因素有：当地的资源赋存、市场需求、资金、技术、政策以及生态效益、经济效益、社会效益等。这些因素主要体现了发展生物质能的可行性、宏观环境以及效益等准则，而这些准则最终反映了具体生物质能开发项目这个目标。

本文中主要选择了农村沼气、生物柴油、燃料乙醇、垃圾焚烧发电、生物质液化几个项目进行分析。除了简化分析过程外，主要原因是目前我国对生物质能的利用也主要集中在沼气利用、生物质燃料利用、秸秆利用、生物质气化、生物质发电、生物质固化成型这几个方面。不同省份地区由于资源限制以及当地自然环境不同，发展的重点及需求也不同。对福建省而言，除了农村沼气、生物柴油、垃圾焚烧发电这几个项目，其他项目如在其他省份发展较快的生物质固化成型项目在福建省发展较少。沼气主要是农村使用的主要能源，大型沼气池等利用在我省较少，沼气利用也定位于主要满足农村生活用能，故选择农村沼气作为所有沼气利用的代表。生物柴油和燃料乙醇同属生物质燃料，但福建省生物柴油发展已形成产业化，而燃料乙醇还未发展，由于这两种生物质利用发展区别太大，且燃料乙醇对未来替代石油燃料具有重要意义，故将两者分开分析。生物质发电项目也有很多，包括秸秆燃烧发电、沼气发电、生物质气化发电等。生物质发电一定是未来生物质能利用的重点方向，福建省垃圾焚烧发电发展在全国较为领先，故选择其作为生物质发电代表进行研究。生物质液化是目前生物质能利用的新兴方向，代表新型生物质能利用项目。据以上分析，构造出图 8-2 所示的层次结构模型。

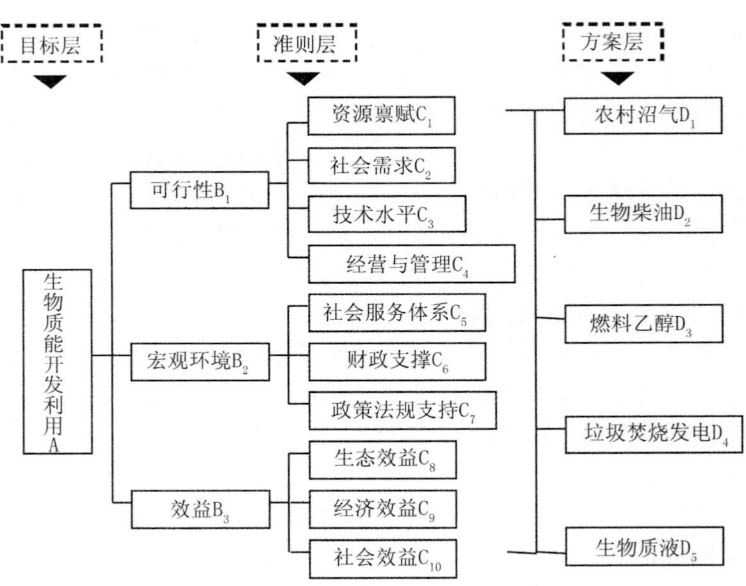

图 8-2　生物质能开发利用指标体系构架图

4.1.3　构造判断矩阵

建立层次结构模型后，上下层次间元素的隶属关系就被确定了。针对上一层准则对下一次元素进行重要性比较，具体给定标度参照表 8-5。

表 8-5　1～9 标度的含义

标　度	含　义
1	表示两个元素相比，具有同样重要性
3	表示两个元素相比，前者比后者稍重要
5	表示两个元素相比，前者比后者明显重要
7	表示两个元素相比，前者比后者强烈重要
9	表示两个元素相比，前者比后者极端重要
2，4，6，8	表示上述相邻判断的中间值
倒数	若元素 i 与元素 j 的重要性之比为 aij，那么元素 j 与元素 i 重要性之比为 $aji = \frac{1}{aij}$

资料来源：参考文献[11]。

平均随机一致性指标 RI 的值见表 8-6。

表 8-6　平均随机一致性指标 RI

矩阵阶数	1	2	3	4	5	6	7	8	9
RI	0	0	0. 52	0. 90	1. 12	1. 24	1. 32	1. 41	1. 45

资料来源：参考文献[11]。

福建省生物质能开发利用判断矩阵构造过程见附录。

4. 1. 4　判断结果

利用判断矩阵判断结果见表 8-7、表 8-8。

表 8-7 生物质能开发利用体系指标权重

目标层	准则层 B 权重	子准则层 C 权重	准则层 C 总排序	秩	
A	B_1(0. 7306)	C1(0. 1340)	0. 0979	4	CI = 0. 0419 RI = 0. 79 CR =0. 0531 <0. 1
		C2(0. 5098)	0. 3725	1	
		C3(0. 2802)	0. 2047	2	
	B_2(0. 0810)	C4(0. 0760)	0. 0555	6	
		C5(0. 1047)	0. 0085	10	
		C6(0. 6370)	0. 0516	7	
	B_3(0. 1884)	C7(0. 2583)	0. 0209	9	
		C8(0. 1220)	0. 0230	8	
		C9(0. 5584)	0. 1052	3	
		C10(0. 3196)	0. 0602	5	

表 8-8 生物质能开发利用排序结果

	D1	D2	D3	D4	D5	
C_1(0. 0979)	0. 3469	0. 0905	0. 0433	0. 4197	0. 0997	
C_2(0. 3725)	0. 1164	0. 3428	0. 3428	0. 154	0. 044	
C_3(0. 2047)	0. 5128	0. 2184	0. 0362	0. 0921	0. 1404	
C_4(0. 0555)	0. 2867	0. 4496	0. 0396	0. 1494	0. 0747	
C_5(0. 0085)	0. 4879	0. 1418	0. 0326	0. 2558	0. 0819	CI = 0. 0545
C_6(0. 0516)	0. 4614	0. 0856	0. 1397	0. 2678	0. 0454	RI = 1. 12
C_7(0. 0209)	0. 4258	0. 0653	0. 1094	0. 2495	0. 1501	CR = 0. 0487 $<$ 0. 1
C_8(0. 0230)	0. 2626	0. 1616	0. 0754	0. 4157	0. 0847	
C_9(0. 1052)	0. 4201	0. 1026	0. 1638	0. 2652	0. 0484	
C_{10}(0. 0602)	0. 1357	0. 3396	0. 3396	0. 1357	0. 0494	
准则层 D 总排序	0. 293461	0. 2481535	0. 190722	0. 192435	0. 075226	
秩	1	2	4	3	5	

4. 1. 5 主要结论

（1）根据以上多层次指标构建、判断及权重分析，福建省生物质能发展的时间序列为：沼气→生物柴油→垃圾焚烧发电→燃料乙醇→生物质液化。

（2）从影响生物质能开发利用时序的各因素看，市场需求、技术水平、经济效益是影响区域生物质能开发利用的主要因素，它们的权重都占到 0. 1 以上。资源禀赋、社会效益、经营与管理、财政支撑等因素影响程度次之，权重都在 0. 05 ~ 0. 01 之间。政策支持、社会服务体系影响尚未彰显。

（3）从福建省生物质能发展现实情况看，沼气在福建省发展历史最长，技术已经成熟，管理、资金、政策等各方面配套措施发展都较成体系；且目前我国积极建设社会主义新农村，沼气作为重要的农村能源，解决了大部分农村用能需求，其环境友好的特征也使村容村貌发生了很大的变化，沼气正是当前福建省农村发展迫切需要的。因此，从分析结果看，沼气开发利用项目排在首位符合现实发展需要。

（4）化石能源及其形成的产业结构及社会发展体系，短期内将难以被可再生能源替代。生物燃料以添加的形式与柴油、汽油等混合使用，符合现实利用，是逐渐实现可再生能源替代化石能源的重要形式。福建省生物柴油的发展走在了全国前列，继续保持优势，在近期内重点发展开发生物柴油项目，有利于发挥福建在全国的引导及示范作用。

(5)垃圾焚烧发电主要以城市生活垃圾为原料，对城市实现可持续发展、发展生态城市具有重要意义。福建省是第一个对垃圾焚烧发电设施进行规划的省份，这对于近期内福建省垃圾焚烧发电技术提高到一个新的层次、成套设备的推广、垃圾焚烧发电并网使用及其服务体系的成熟起了极大的推动作用。因此，垃圾焚烧能源化利用——发电，应作为近期内福建省生物质能源发展的重点项目。

(6)燃料乙醇发展在福建较为缓慢，主要原因在于原料短缺，不受重视，存在与粮争地的争议。目前国外生产燃料乙醇的原料以玉米、高粱、小麦等粮食作物为主，这对于土地资源短缺的福建省来说不现实。但福建省仍有丰富燃料乙醇原料，如山地甘蔗、木薯、甘薯等非粮作物，世界生物乙醇生产大国——巴西也以甘蔗为主要原料。因此，面临选择合理的原料以及燃料乙醇技术进一步提高等问题，将燃料乙醇发展列于福建省生物质能发展中长期计划较为合理。

(7)生物质液化、生物质制氢等技术尚处于不成熟阶段，是远期生物质能的发展方向。

4.2　生物质能发展区域分析与产业布局

综合资源禀赋、生物质能发展基础及当地社会经济发展概况等几个方面的要素，本文将福建省分为5个生物质能产业区：①闽西北林木生物质能产业区；②闽中生物柴油产业区；③闽东生物质能发电产业区；④闽西南林木燃料乙醇产业区；⑤闽东南非粮燃料乙醇区。本文中依据这5个产业区的生态环境及区域特点，分析生物质能的开发利用方向。生物质能开发利用要在坚持因地制宜的基础上，加强对各生态区水土流失的防治和生态系统的维护。

4.2.1　闽西北林木生物质能产业区

位于福建省北部、西部，包括建溪、富屯溪、沙溪、汀江和永定河流域全部地区。行政上包括南平市、三明市、龙岩市的大部和漳州市西小部。土地总面积达 54646.4km^2。本区总人口 673.94 万人，人口密度为 189 人/km^2，人口密度低[12]。

该区生物质资源的主要特点是：森林覆盖率高，拥有大量的薪材林、经济林，可利用的木本油料植物很多，包括无患子、油桐、麻风树、黄连木、乌桕、蓖麻、木姜子等。林业加工业发达，林木废弃物资源丰富；畜牧业在全省相对发达，牲畜粪便资源丰富；经济上以种植业为主，农作物秸秆资源丰富，除部分还田及作为牲畜饲料外，大部分直接焚烧。生物质能开发利用方向为大力发展农村沼气工程，推广节材灶。利用林业废弃物、农业废弃物发展生物质固化成型，建立小规模生物柴油产业化工程。充分利用本区丰富的燃料油植物资源，发展林木生物质能重大产业示范工程。

随着国际石油价格不断上涨，生物质能优越性不断显露。中石油、中石化、中海油相继涉足生物柴油领域，分别在四川、贵州、广西和海南各地投入巨资种植大片麻风树，培育自己的能源林。麻风树是目前速生高效的能源树种之一，可在贫瘠的荒地生长，生长快、结实早、产量高、易管理，种子含油量高，大约每 3kg 种子可提炼 1kg 柴油，种植每亩可提取柴油约 175kg。福建省除个别较寒冷地区外，都适宜种植麻风树，据估算种植第三年就可以开始盈利，可收获 30 ~ 50 年。无患子极具水土保持能力，近年来，借助福建省“6.18”平台，无患子生物质能源得到大力发展，目前已种植近 5 万亩，福建省规划在 3 ~ 5 年内种植无患子 100 万亩。

在林木生物质能发展上，福建省当务之急是加快优良树种或优良材料的选育和示范工作，尽快建成一批具有带动效应的示范工程。其次应加强综合开发，提倡多样利用，多产品开发，提高经济效益。如山苍子，除开发山苍子油外，还可用山苍子油开发香料、杀虫剂、药物等，开发下游产业链有利于降低成本、提高经济效益。

4.2.2 闽中生物柴油产业区

该区位于福建省东北部，鹫峰山脉东侧，包括闽东水系、闽江中游各支流水系和木兰溪、晋江、九龙江三水系的上游流域部分。行政上包括宁德市的大部，南平市东小部和东南小部，福州市大部，三明市东部，莆田市北部，泉州市西部和北部，龙岩市东部，漳州市小部，总面积 39052.95km^2。该区有 598.4 万人，总人口密度为 153 人/km^2[12]，属于人多地少，资源贫乏，经济相对落后的地区。

该区森林资源多，生物质能资源丰富。生物质能开发方向为大力发展农村沼气工程，推广节材灶。开发油料植物种植，恢复良好的森林生态环境，在稳定植被群落结构和维持生物多样性的情况下，开发生物质能。本区龙岩市已建有卓越新能源发展有限公司，主要生产经营生物柴油，拥有 15 万 t 年生产能力，处于全国领先地位。因此，建议以此为基础，加大政策扶持力度，建设成为废弃油生物柴油重大产业示范工程。同时可适当种植开发林木生物质能，为废弃油制取生物柴油提供原料补充。

4.2.3 闽东生物质能发电产业区

该区包括闽江口以北闽东临海的各乡(镇)和所包围的内湾及相邻的外海海域。行政上包括宁德市东部，福州市东北的局部。该区面积 12830.3km^2，总人口达 148 万人，人口密度 115 人/km^2，经济较发达，农业生产集约化程度较高[12]。

该区为福建省经济较发达地区，土地的开发强度比较大，能源利用比较多样，农村对生物能源的消耗有逐年减轻的趋势。生物质能开发方向为大力发展农村沼气工程，推广节材灶，发展地沟油生物柴油，建设小规模生物柴油产业化工程。加大生物质发电项目建设，着重开发垃圾焚烧发电，解决经济发达能源需求高的问题。发展集约化生态农业，控制面源污染，加强能源林建设，加强水土资源的保护。

4.2.4 闽西南林木燃料乙醇产业区

包括福厦高速公路和 324 国道所经过的市区和乡镇以西的所有区域。行政上包括漳州市中部，泉州市及莆田市中部。本区面积 10893.6km^2，人口 399.7 万人，总人口密度为 367 人/km^2，人口密度较大[12]。本区自然条件优越，土地利用程度较高，经济发展快，经济以农业为主，农民收入较高。

该区农村能源仍主要以液化气、薪材等为主。今后生物质能开发方向应大力发展农村沼气工程，推广节材灶，减少薪材使用，减轻对林业的压力。加强能源林建设，依靠龙岩充足山地，开发林木燃料乙醇、生物乙烯产业化工程。加大生物质能发电项目建设，加强水土流失保护。

4.2.5 闽东南非粮燃料乙醇

本区位于福建省东南部，东临台湾海峡，包括福州盆地、龙江流域、木兰溪、晋江、九龙江及九龙江以南诸河下游流域区域。行政上包括福州、莆田、泉州、厦门及漳州中心城区和外围城镇，面积为40583.21km^2，总人口达1362.64万人，人口密度高达1478人/km^2。[12]乡镇企业和民营经济发达，经济发展水平最高，经济开放度高，农业集约化重度高，具有城郊化特色，是福建省经济发达地区，城镇化水平高。多优良港湾和优质沙滩，海洋资源丰富，水产养殖丰富，滨海旅游资源丰富。

该区经济发达、城镇化水平高，农村能源已由传统的薪材转向煤炭和液化气。为减少化石能源对环境污染，今后生物质能开发利用发展方向为大力发展农村沼气工程，加强农作物秸秆利用，发展生物质燃料、生物质发电，加强城市有机废弃物沼气工程，加大垃圾焚烧发电项目。

本区还考虑布局非粮燃料乙醇重大产业化示范工程，主要以山地甘蔗、甘薯、木薯等原料。本区具有大片的沙洲地、围垦地、丘陵旱地，适宜种植山地甘蔗、甘薯、木薯，它们开发成本低，且福建历来就有大量种植，是目前较适合福建省利用的燃料作物。经营上可实施“政府引导+企业带动+基地示范+农户种植+市场机制”的产业化经营模式，由政府牵头制定扶持的产业化政策，鼓励企业建立一定规模原料林基地，以起示范带头作用；鼓励农民开发利用适宜种植的荒地贫瘠地，种植油料作物；农户与企业签订收购合同，做好订单农业；政府相关技术部门为企业和农户提供技术指导，从而迅速建立产业化经营模式。充分发挥示范工程的先导辐射作用，带动生物质能其他产业和上下游产业的发展并逐步探索和总结出适合福建省生物质能发展的道路。

附 录

福建省生物质能开发利用判断矩阵构造过程：

A－B

A	B_1	B_2	B_3	W
B_1	1	7	5	0.7306
B_2	1/7	1	1/3	0.0810
B_3	1/5	3	1	0.1884

$\lambda_{max} = 3.0649$

CI = 0.0324

RI = 0.52

CR = 0.0623 < 0.1

B_1－C

B_1	C_1	C_2	C_3	C_4	W
C_1	1	1/5	1/3	3	0.1340
C_2	5	1	2	5	0.5098
C_3	3	1/2	1	3	0.2802
C_4	1/3	1/5	1/3	1	0.0760

$\lambda_{max} = 4.1587$

CI = 0.0529

RI = 0.89

CR = 0.0594 < 0.1

B_2－C

B_2	C_5	C_6	C_7	W
C_5	1	1/5	1/3	0.1047
C_6	5	1	3	0.6370
C_7	3	1/3	1	0.2583

$\lambda_{max} = 3.0385$

CI = 0.0193

RI = 0.52

CR = 0.0371 < 0.1

B_3-C

B_3	C_8	C_9	C_{10}	W
C_8	1	1/4	1/3	0.1220
C_9	4	1	2	0.5584
C_{10}	3	1/2	1	0.3196

$\lambda_{max}=3.0183$

$CI=0.0091$

$RI=0.52$

$CR=0.0175<0.1$

C_1-D

C_1	D_1	D_2	D_3	D_4	D_5	W
D_1	1	5	8	1	4	0.3469
D_2	1/5	1	3	1/2	2	0.0905
D_3	1/8	1/3	1	1/8	1/3	0.0433
D_4	1	5	8	1	4	0.4197
D_5	1/4	1/2	3	1/4	1	0.0997

$\lambda_{max}=4.6793$

$CI=0.0802$

$RI=1.12$

$CR=0.0716<0.1$

C_2-D

C_2	D_1	D_2	D_3	D_4	D_5	W
D_1	1	1/3	1/3	1/2	4	0.1164
D_2	3	1	1	3	6	0.3428
D_3	3	1	1	3	6	0.3428
D_4	2	1/3	1/3	1	4	0.1540
D_5	1/4	1/6	1/6	1/4	1	0.0440

$\lambda_{max}=5.1364$

$CI=0.0341$

$RI=1.12$

$CR=0.0305<0.1$

$C_3 - D$

C_3	D_1	D_2	D_3	D_4	D_5	W
D_1	1	3	8	5	6	0. 5128
D_2	1/3	1	5	2	3	0. 2184
D_3	1/8	1/5	1	1/4	1/5	0. 0362
D_4	1/5	1/2	4	1	1/3	0. 0921
D_5	1/6	1/3	5	3	1	0. 1404

$\lambda_{max} = 5.3839$

$CI = 0.0960$

$RI = 1.12$

$CR = 0.0857 < 0.1$

$C_4 - D$

C_4	D_1	D_2	D_3	D_4	D_5	W
D_1	1	1/2	6	3	4	0. 2867
D_2	2	1	7	4	6	0. 4496
D_3	1/6	1/7	1	1/5	1/3	0. 0396
D_4	1/3	1/4	5	1	3	0. 1494
D_5	1/4	1/6	3	1/3	1	0. 0747

$\lambda_{max} = 5.2170$

$CI = 0.0542$

$RI = 1.12$

$CR = 0.0484 < 0.1$

$C_5 - D$

C_5	D_1	D_2	D_3	D_4	D_5	W
D_1	1	4	9	3	6	0. 4879
D_2	1/4	1	5	1/3	3	0. 1418
D_3	1/9	1/5	1	1/6	1/5	0. 0326
D_4	1/3	4	6	1	4	0. 2558
D_5	1/6	1/3	5	1/4	1	0. 0819

$\lambda_{max} = 5.3432$

$CI = 0.0858$

$RI = 1.12$

$CR = 0.0766 < 0.1$

C_6-D

C_6	D_1	D_2	D_3	D_4	D_5	W
D_1	1	5	3	3	7	0.4614
D_2	1/5	1	1/2	1/4	3	0.0856
D_3	1/3	2	1	1/3	4	0.1397
D_4	1/3	4	3	1	5	0.2678
D_5	1/7	1/3	1/4	1/5	1	0.0454

$\lambda_{max}=5.2671$

$CI=0.0668$

$RI=1.12$

$CR=0.0596<0.1$

C_7-D

C_7	D_1	D_2	D_3	D_4	D_5	W
D_1	1	4	3	2	5	0.4258
D_2	1/4	1	1/2	1/3	1/4	0.0653
D_3	1/3	2	1	1/2	1/2	0.1094
D_4	1/2	3	2	1	3	0.2495
D_5	1/5	4	2	1/3	1	0.1501

$\lambda_{max}=5.3184$

$CI=0.0796$

$RI=1.12$

$CR=0.0711<0.1$

C_8-D

C_8	D_1	D_2	D_3	D_4	D_5	W
D_1	1	2	3	1/2	4	0.2626
D_2	1/2	1	2	1/3	3	0.1616
D_3	1/3	1/2	1	1/4	1/2	0.0754
D_4	2	3	4	1	5	0.4157
D_5	1/4	1/3	2	1/5	1	0.0847

$\lambda_{max}=5.1737$

$CI=0.0434$

$RI=1.12$

$CR=0.0388<0.1$

$C_9 - D$

C9	D1	D2	D3	D4	D5	W
D1	1	4	3	2	6	0.4201
D2	1/4	1	1/2	1/3	3	0.1026
D3	1/3	2	1	1/2	4	0.1638
D4	1/2	3	2	1	5	0.2652
D5	1/6	1/3	1/4	1/5	1	0.0484

$\lambda_{max} = 5.0988$

$CI = 0.0247$

$RI = 1.12$

$CR = 0.0221 < 0.1$

$C_{10} - D$

C_{10}	D_1	D_2	D_3	D_4	D_5	W
D_1	1	1/3	1/3	1	4	0.1357
D_2	3	1	1	3	5	0.3396
D_3	3	1	1	3	5	0.3396
D_4	1	1/3	1/3	1	4	0.1357
D_5	1/4	1/5	1/5	1/4	1	0.0494

$\lambda_{max} = 5.1244$

$CI = 0.0311$

$RI = 1.12$

$CR = 0.0278 < 0.1$

参考文献

[1]农工党福建省委会课题组．福建应加快发展农村沼气建设[J]．开放潮．2005，(4)：52～53.

[2] 冀星．生物柴油的现状与思考[EB/OL]．[2007－07－16]．http：//www. china5e. com.

[3]中国生物质能发展现状和潜力分析[EB/OL]. http：//www. cogenchina. com.

[4]廖福霖，陈如凯．海峡西岸经济区生物质工程产业研究[M]．北京：中国林业出版社，2007：9.

[5]李新民．生物质发电环保效益突出．经济参考报．2006－12－07.

[6]朱秀亮．生物质能产品将面临困难与效益并存[EB/OL]．新经济导刊．[2007－06－25]．http：//www. china5e. com.

[7]永定农业信息网[EB/OL]．[2007－9－18]．http：//www. ydnyxxw. cn/nyview. asp?newsid＝55.

[8]徐庆贤，陈彪，钱午巧等．福建省农村有机废弃物及沼气潜力评估[J]．能源研究与利用．2004，(6)：44～46.

[9]福建省统计局．2009 年福建省统计年鉴[M]．北京：中国统计出版社．

[10]农林废弃生物质能利用[EB/OL]．http：//www. cogenchina. com/.

[11]王莲芬，许树柏．层次分析法引论[M]．北京：中国人民大学出版社．1990：3～14.

[12]郑达贤，汤小华．福建省生态功能区划研究[M]．北京：中国环境科学出版社．2007：102～166.

[13]王新．福建省水土保持生态修复分区探讨[J]．亚热带水土保持．2007，19(2)：56～59.

资料链接1

国内外生物质能研究综述

一、生物质能简述

根据IEA(International Energy Agency，国际能源机构)的定义，生物质是指通过光合作用而形成的各种有机体，包括所有的动植物和微生物。生物质能是太阳能以化学能形式储存在生物质中的能量形式、以生物质为载体的能量。在各种可再生能源中，它是唯一可以转化为常规的固态燃料、液态燃料和气态燃料各种形式的能源，而且资源丰富取之不尽、用之不竭。全球每年经光合作用产生的生物质约1700亿t，其能量相当于世界主要燃料贡献的10倍，而作为能源的利用量还不到总量的1%[1]，开发潜力巨大。

生物质资源所包括的范围广泛，数量巨大，而且存在分散，主要有[1]：木柴燃料、农作物废弃物、畜禽粪便、能源植物、城市废物。根据其使用方法，可归结为传统和现代两类。传统生物质主要是指用于直接燃烧的薪材、木炭、秸秆等农作物废弃物，主要在一些不发达地区使用。现代生物质指利用现代生物质转化技术转化成燃料而使用的有机质载体，例如动物粪便、生活垃圾污水、能源植物等。

由于美国和巴西等国发展生物质能是建立在使用大量农产品玉米和甘蔗的基础上，现代生物质能和农产品与粮食被联系在一起，随着粮食价格的上涨，生物质能的发展被认为是重要原因，是在与粮争地。但如上文介绍，生物质能来源丰富，它的发展前景并非基于粮食作物。本书讨论生物质能也主要围绕非粮生物质能，即利用非粮食作物开发的生物质能。我国是人口大国，许多粮食生产需要进口，用粮食发展生物质能不符合我国国情，因此非粮生物质能是未来我国生物质能的开发方向。

在各种可再生能源中，由于核能、大型水电具有潜在的生态环境风险[2]，风能和地热等具有区域性资源制约，大力发展受到限制和质疑，而生物质能却以遍在性、丰富性、可再生性、环保性等特点得到人们的认可。

生物质能具有遍在性特点。生物质存在十分分散，不像矿物性燃料那样集中，只要有光合作用就有生物质，它存在于任何国家和地区；生物质品种多样，一种生物就可提供多种生物质，如：玉米可提供玉米和玉米秆，水稻可提供稻壳和秸秆。且生物在不断生长繁衍中，生物质可谓是取之不尽，用之不竭。任何国家和地区都可以发展生物质能源，特别是落后地区和农村，发展生物质能即可改善环境，又可增加农民收入。资源丰富的生物质能即可有效解决化石能源不可再生的问题，也可保障国家能源安全。

生物质能具有环保性特点。由于生物质生长时需要的 CO_2 量相当于其燃烧时排放的 CO_2 量，理论上，生物质能的使用对大气中 CO_2 净排放量接近于零；同时生物质的硫含量、氮含量低，燃烧时释放的硫化物和氮化物较少，对大气几乎没有影响，缓解了化石燃料燃烧对环境的压力。而且，农作物废弃物、畜禽粪便、城市废物等通过生物质转化技术转化为生物质能源，还可减少环境污染和疾病的传播隐患。

二、生物质能研究现状

目前，国内外关于生物质能的研究主要集中于以下几个方面：

(一)生物质能转化技术的研究

长期以来，生物质能的利用以直接燃烧为主，不仅效率低下，还易造成烟尘的排放。随着科技的发展，人们对高品质能源的需求，生物质高效利用，实现其清洁燃烧的生物质能转化技术成为各国研究的重点课题之一。生物质能源转换技术包括生物转换、化学转换和直接燃烧三种[3~6]。生物质能源转换的方式有生物质气化、生物质固化、生物质液化和生物质发电四种[6~8]。目前全世界各种生物质利用技术处于不同的发展阶段，几种主要的生物质利用技术如：

生物质燃烧和碳化已完全商业化；生物质高温热解已发展到示范阶段；厌氧热解、乙醇发酵在技术上完全成熟；生物质气化虽还不经济，但已得到充分开发，正朝着实现商业化发电方向实现[9]。

(二)生物质能发展对生态环境的研究

生物质的硫含量、氮含量低，作为燃料时，燃烧释放的硫化物和氮化物较少，CO_2 的净排放量也接近于零。所以，从对大气的影响上，生物质能弥补了化石燃料燃烧对环境的压力，促进生态系统的良性循环。但生物质能的发展也有它的局限性。有部分学者认为生物质需水量大，能源作物的光合作用效率低，生物质的生产将局限在降水充足的地区，生物质生产将与粮食生产等其他类型的土地利用相竞争。生物质能发展还表现在影响生物的多样性。通常认为多年生的本地作物替代一年生农作物能够保护生物多样性；相反如果用生产生物质能的作物替代自然覆盖，比如森林和湿地，那么生态系统的功能将削弱，生物多样性将降低；此外，生物质能的利用对水土流失、土壤肥力变化和水污染等生态环境问题都有重要影响[10~12]。

(三)生物质能发展可行性及发展前景的研究

生物质由于能量密度低，分散分布，利用过程需增加预处理，或需附加的转换设备，从而利用的成本较高，其所占比例会逐渐下降，在经济发达地区已基本为化石燃料所代替。而通过生物质能转化技术获得的优质能源生产成本普遍过高，和化石能源产品竞争处于不利地位，因而也很难为消费者接受。从直观的经济效益出发，生物质项目是否可行，决定于该项目的经济效益是否大于零[13]，即生物质产品收入应大于其系统及运行的总投资成本。但从宏观、全面的角度上看，政策障碍、机构体制、信息传播、投资障碍、技术产业化条件才是造成生物质能商业化利用进程受阻的深层原因。总的来说，生物质能开发必须克服两个关键障碍：一是降低生物质能的成本，只有生物质能产品的价格低于市场同类型的化石能源价格，它才会被消费者接受；其次，利用生物质能，特别是在发展能源作物，不能对生态环境产生不利影响，不能对粮食安全构成威胁。

生物质能源是清洁的可再生能源、是重要的农村能源，化石能源在逐渐稀缺过程中，机会成本将越来越高，而生物质能依靠科技进步开发成本则会不断降低[12]，生物质能源不仅解决环境压力而且将促进经济的发展，随着世界能源结构多元化的发展趋势，生物质能源的开发利用将不断增加，在世界能源供应体系中将占有重要地位(见表1)。

表1　未来全球生物质能消费增长预测　　单位：10^{18} J/a

预测资料来源	年份		
	2025	2050	2100
Shell(1996)	85	200～220	—
政府间气候变化专门委员会(1996)	72	280	320
Greenpeace(1993)	114	181	—
Johansson，et al(1993)	145	206	—
Dessus，et al(1992)	135	—	—
Lashof and Tirpak(1991)	130	215	—
Fisher and Schrattenholzer(2001)	—	340～450	—

资料来源：姚向君、王革华、田宜水．国外生物质能的政策与实践．2006.

三、生物质能发展现状

(一)我国生物质能发展实践概况

近年来我国各有关部门和地方各级政府制定和实施了一系列法规政策，大大促进了生物质能的发展。发改委提出“生物燃料产业发展三步走计划”：“十一五”实现技术产业化；“十二五”实现产业规模化；2015年以后大发展；期望在2010年替代石油200万t，2020年替代1000万t，占全国交通燃料的15%。2006年1月正式实施的《可再生能源法》中，明确规定了政府和社会在可再生能源开发利用方面的责任与义务，确立了一系列制度和措施，包括中长期总量目标与发展规划，鼓励可再生能源产业发展和技术开发，支持可再生能源并网，优惠上网电价和全社会分摊费用，设立可再生能源财政专项资金等[14]。《可再生能源中长期发展规划》对今后15年我国生物质能发展确定的主要发展目标是：到2010年，生物质发电达到550万kW，生物液体燃料达到200万t，沼气年利用量达到190亿m^3，生物固体成型燃料达到100万t，生物质能年利用量占到一次能源消费量的1%；到2020年，生物质发电装机达到3000万kW，生物液体燃料达到1000万t，沼气年利用量达到400亿m^3，生物固体成型燃料达到5000万t，生物质能年利用量占到一次能源消费量的4%[15]。在国家中长期科技发展规划(2006~2020)中，生物质能低成本开发、农林生物质综合开发利用分别被定为能源和农业重点领域中的优先主题。国务院2007年发布的《中国应对气候变化国家方案》也明确将生物质能的开发和利用作为温室气体减排的重点发展领域。我国生物质能的开发利用已得到很大的发展：

1. 沼　气

我国是世界上沼气利用开展得最好的国家之一，生物质沼气技术已发展相当成熟，已进入商业化应用阶段。污水处理的大型沼气工程技术也已基本成熟，进入商业示范和初步推广阶段。但由于沼气技术主要是环境效益，一次投资大、产出小，所以经济效益不高[16]。到2005年底，我国已经建成沼气1700万口，年产沼气量65万m^3，建成大型沼气工程1500座，年产沼气约15亿m^3，沼气产业服务体系也日趋完善。另外，以生物质能利用技术为核心的综合利用技术模式也得到快速发展，成为我国生物质能利用的特色，如“四位一体”模式，能源环境工程、南方的“猪—沼—果”等[17]。

2. 生物质热转换与热利用

我国生物质热转换技术是近年才发展起来的，其中的生物质制油等液化技术研究刚刚开始，仍处于试验室和小试阶段，而生物质气化已开始进入应用阶段。到2000年底，全国已建成秸秆气化集中供气站388处，有79443个农户用生物质燃气作生活燃料，有的还用作干燥热源和发电。2005年底我国生物质气化集中供气系 的秸秆气化站保有量为539处年产生物质燃气1.5亿m^3，年发电量160kW时，稻壳气化发电系统已进入产业化阶段[18]。

3. 能源植物

我国自1981年起，就有计划地建设薪炭林，到1995年，年增产薪材量2300万t，对缓解农村能源短缺起了一定作用[19]。经济林面积有2140多万hm^2，其中木本油料树种总面积为804.2hm^2，油料树种的果实年产量224.5万t，但是目前加工利用的还不足1/4[20]。

4. 生物质压缩成型技术

我国已研制出螺旋挤压式、活塞冲压式和环模滚亚式等几种生物质压缩成型设备，其中螺旋挤压式压缩成型机推广应用较多。生物质经压缩后可直接用作燃料，也可经炭化炉炭化，用于烧烤和冶金工业，还可生产块状饲料[19]。

5. 燃料乙醇

我国2000年启动陈粮转化燃料乙醇项目，目前已年产百万t燃料乙醇，在吉林、河南等省普遍推广乙醇—汽油混合燃料。《变性燃料乙醇》和《车用乙醇汽油》两项国家标准已于2001年4月2日公布。2002年6月在河南郑州、洛阳、南阳，黑龙江哈尔滨、肇东5个城市开展试用汽油醇获得成功。2004年2月10日国家发展和改革委员继续扩大试点，黑龙江、吉林、河南、安徽四省除在全省范围内扩大试点，还调出燃料酒精销售到辽宁、河北、山东、江苏[21]。

近年来，我国燃料乙醇有突飞猛进的发展。吉林燃料乙醇有限公司是国家开发可再生能源燃料乙醇项目的第一个试点示范工程，也是全国最大的燃料乙醇生产基地，生产规模达50万t。广西新天德能源拥有中国南方最大的乙醇厂，每年生产由木薯制造的乙醇达10万t。2006年，中国石化和中国海油相继与四川攀枝花市政府达成合作协议，都计划在当地建设年产10万t的生物柴油炼油基地。2007年3月底，中国海油又宣布将在海南省东方市兴建一座首期规模为年产6万t生物柴油的炼油装置，并在海南种植面积达数十万亩的麻风树，以便为炼油装置提供原料。在国家政策的鼓励扶持之下，自2003年以来，中国的燃料乙醇产量突飞猛进，吉林燃料乙醇有限责任公司、河南天冠集团、安徽丰原生物化学股份有限公司和黑龙江华润酒精有限公司四个企业定点生产产量从2003年的7万t到2004年20万t、2005年的102万t，再到2006年的130万t，其增速迅猛[22]。

6. 生物柴油

我国在1981年已有用菜籽油、棉籽油等植物油生产生物柴油的试验研究。近年来一些科研单位和大专院校先后进行了生物柴油的研究工作，并研制成利用菜籽油、大豆油、废煎炸油等为原料生产生物柴油的工艺[23]。目前我国生产生物柴油的企业有：海南正和生物能源公司、古杉集团、福建龙岩卓越新能源发展有限公司。他们都已开发出拥有自主知识产权的技术，并相继建成万t级的生产线，标志着我国生物柴油生产已实现了产业化。

7. 生物质发电

有专家认为，生物质发电将是中国最大的环保项目，运营2.5万kW生物质发电机组与同类型火电机组相比，每年可减少CO_2排放量约10万t，燃烧产生的灰分每年可达8000t左右，作为高品质的钾肥经简单加工后可以直接还田，环保效益突出。作为农民的生活用能，秸秆燃烧效率只有约15%，而生物质直燃发电锅炉可以将热效率提高到90%以上[24]。2002年，我国可再生能源发电装机容量3234.6万kW，生物质能发电装机容量80万kW，在众多新能源、可再生能源发电中仅次于小水电（3100万kW），居第二位[25]。截至2008年，我国已核准140多家生物质发电厂，有26家生物发电厂建成投产、并网发电，总装机容量达650万kW[18]。

政策上，国家也出台了许多明确的补贴措施。如《可再生能源法》规定，电网企业应当与可再生能源发电企业签订并网协议，全额收购其电网覆盖范围内可再生能源并网发电项目的上网电量，并为可再生能源发电提供上网服务。《可再生能源发电价格和费用分摊管理试行办法》规定，我国可再生能源发电价格实行政府定价和政府指导价两种形式，其中生物质发电项目上网电价实行政府定价，电价标准由各省(自治区、直辖市)，2005年脱硫燃煤机组标杆上网电价加上0.25元/(kW·h)补贴组成。

（二）国外生物质能实践发展概况

国外的生物质能利用则主要集中在：把生物质转化为电力和把生物质转化为燃料。从20世纪70年代末期开始到现在，许多国家都制定了相应的开发研究计划，如日本的阳光计划、印度的绿色能源工程、美国的能源农场和巴西的酒精能源计划。

1. 巴　西

巴西是目前世界上唯一不供应纯汽油的国家，也是世界上发展替代能源、采用乙醇为汽车燃料最为成功的国家。1976年就实施了世界上最大乙醇利用计划——普洛阿尔库尔（Proalcool）计划，经过30年的努力，全国燃料乙醇年产量已经从最初几万吨，发展到1400万t（2004年统计数据）[26]。2007～2008年度巴西甘蔗燃料乙醇产量1749万t，产值112亿美元替代了其国内50%的汽油，减排温室气体2580万t。甘蔗生物燃料生产已成为带动巴西农业、电力、机械制造、化工、汽车等13种行业发展的国家支柱产业，为巴西提供了156万个绿色就业岗位[18]。同时蔗渣发电率也得到提高，发电若自给有余，则出售给国家电网[27]。巴西的经验是把乙醇生产当系统工程来抓，从甘蔗育种、栽培、收获、运输到生产厂用的菌种改造、工艺优化、下脚料、废热余能的利用等环环相扣，技术领先于世界。对在甘蔗发酵生产乙醇过程中产生的大量工业废水采取资源化处理，这样既保护了环境，又降低了乙醇的生产成本[26]。

2. 美　国

美国是世界上第二大乙醇燃料使用国，它的酒精燃料工业是利用玉米中提取乙醇。目前燃料乙醇生产总量估计年产63亿L或更多，占燃料油总销售量的10%，约有1亿辆机动车使用含有乙醇的汽油[27]。目前在美国销售的汽油有三成以上是与乙醇混合的。美国计划在2020年生物质能耗达到总能耗的25%，到2050年达总能耗的50%。

3. 欧洲国家

在欧洲特别是欧盟，生物质能利用较多。2001年欧盟15国生物质能的消费量为 56.567 × 10^6 吨石油当量，占可再生能源消费量的 61.59%，占欧盟能源消费总量的 4%。其中生物质能消费量最高的国家依次为法国(12.019 × 10^6 吨石油当量)、瑞典(8.109 × 10^6 吨石油当量)和德国(7.092 × 10^6 吨石油当量)。荷兰可再生能源绝大部分为生物质能，占可再生能源产量的 94.35%，比利时为 94.12%，卢森堡为 92%。生物质能源能源消费占国内能源消费总量最高的国家依次为芬兰(19.44%)、瑞典(15.75%)、奥地利(9.98%)和丹麦(9.14%)[28]。

政策上，欧盟在 2003 年发布“促进运输油品使用生物质燃料或其他再生能源燃料”指令。2006 年 3 月欧盟又公布了加速生物质燃料市场发展的策略，希望生物质燃料占运输燃料比率由 2005 年的 1.4%，达到 2010 年的 5.75%，2020 年的 20%[29]。

德国是生物质柴油的最大生产国，德国对生物柴油的生产企业全额免除税收，自 2004 年起，无需标明即可在石化柴油中最多加入 5% 的生物柴油，2004 年生物柴油生产能力达到 109.7 万 t，占整个欧盟 15 国总生产能力 50% 以上。2009 年 4 月，德国出台了《德国国家生物质能行动计划》，提出了开发利用生物质能的总体战略设，即通过扩大生物质在发电、供热和燃油生产三个重点领域的能源利用，实现德国到 2020 年生物质能占全部能源生产比重翻一番的目标[30]。

法国生物柴油生产在 2001 年前一直处于世界领先地位，它的生物能源计划是：在 2007 年以前，建设 4 个新一代生物能源的工厂，平均年生产能力要达到 20 万 t；到 2015 年，从柴油净出口国变为主要的生物柴油生产商[23]，使其从欧洲生物质燃料第二大国跃升为第一大国

丹麦则主要利用秸秆、木屑等进行区域供热和热电联产[28]，目前已建立了 130 家秸秆发电厂，使生物质能成为了丹麦重要的能源。2002 年，生物质能在可再生能源中的比例为 81%。瑞典利用无工艺价值的木材采用热电联合装置进行产热和供电，现有 15000 ~ 20000hm^2 能源林作为部分热电生产原料，该国能源林生产和繁殖技

术及有关设备出口国外，尤其是联合汽化(BIG - CC) 工艺处于世界领先地位[27]。奥地利推行了建立燃木材剩余物的区域供电站计划，生物质能在总能耗中的比例由原来的3%增到目前的25%，拥有装机容量为1～2MW的区域供热站90座[31]。

4. 印　度

印度也是沼气使用历史悠久的国家，1975年启动国家沼气开发计划(NPBO)，到2003年已建沼气池200万个，为农村无电区的20万家庭提供了炊事和照明。自2006年3月起也已经强制性地在全国推行车用汽油中添加5%乙醇的计划。近期生物质压缩成型、气化技术等进展显著。气化发电主要用于水泵、磨谷机和其他小型电气设备，气化产出燃气则主要用于烟草、茶叶、食品等加工生产[32]。

参考文献

[1]孙振钧. 中国生物质产业及发展取向[J]. 农业工程学报，2004，20(5)：1～5.

[2]Chang J，Dennis YC Leung，Wu CZ，eta1. A review on the energy production，consumption，and prospect of renewable energy in China [J]. Renewable and Sustainable Energy Reviews，2003，7：453～468.

[3]吴创之，马隆龙. 生物质能现代化利用技术[M]. 北京：化学工业出版社. 2003：32～40.

[4]张无敌. 刘士清，何彩云. 生物质潜力及其能源转换. 自然资源[J]. 1996，(4)：22～25.

[5]姚向君，田宜水. 生物质能资源清洁转化利用技术[M]. 北京：化学工业出版社. 2006：11～14.

[6]袁振宏，吴创之，马隆龙. 生物质能利用原理与技术[M]. 北京：化学工业出版社，2005：3～4.

[7]肖波，周英彪，李建芬. 生物质能循环经济技术[M]. 北京：化学工业出版社，2006. 208～209.

[8]张无敌，朿洪川，孙世中等. 生物质能源转换技术与前景[J]. 新能源2000，22(1)：16～20.

[9]世界能源理事会. 新的可再生能源——未来能源发展指南[M]. 北京：海洋出版社，1998. 320～332.
[10]Cook J，Beyea J. Bioenergy in the United States：progress and possibilities [J]. Biomass and Bioenergy，2000，18(6)：441～455.
[11]Lal R. World crop residues production and implications of its use as a biofuels [J]. Environmental International，2005，31(4)：575～584.
[12]周中仁，吴文良. 生物质能研究现状及展望[J]. 农业工程学报，2005，21(12)：12～15
[13]吴创之，马隆龙. 生物质能现代化利用技术[M]. 北京：化学工业出版社，2003. 32～40.
[14]秦京午. 可再生能源法：带来新机遇[EB/OL]. [2005－3－4]. http：//env. people. com. cn.
[15]陈德铭. 全面贯彻落实科学发展观，加快生物质能的开发利用[EB/OL]. [2006－8－25]. http：//www. ndrc. gov. cn.
[16]吴创之，马隆龙. 生物质能现代化利用技术[M]. 北京：化学工业出版社，2003：32～40.
[17]王革华. 我国生物质能利用技术展望[J]. 农业工程学报，1999，15(4)：19.
[18]钱能志，师君. 关于我国林业生物质能源发展的政策思考[J]. 生物产业技术，2009，5(9)：61～67.
[19]袁振宏，吴创之，马隆龙. 生物质能利用原理与技术[M]. 北京：化学工业出版社，2005：5～6.
[20]中国林木生物能源发展潜力研究课题组. 中国林木生物质能源发展潜力研究(1)[J]. 中国能源，2005，27(11)：24～25.
[21]生物乙醇及其应用概括[EB/OL]. http：//www. istis. sh. cn .
[22]陈逊，李镜池. 我国燃料乙醇业发展概况[EB/OL]. 2007－11－07 . http：//www. china5e. com.
[23]房俊民. 生物柴油在世界各国的发展情况[EB/OL]. [2006－11－27]. http：//www. oilnews. com. cn.
[24]生物质发电[EB/OL]. [2007－07－05]. http：//www. china5e. com.
[25]林琳. 从低碳经济角度审视中国生物质能产业的发展[J]. 开放导报，2009，146(5)：20～25.

[26]戴向荣，蒋立科，罗曼．发展农村生物质能的设想与建议[J]．世界农业．2006，7：52～55.
[27]P. F. RANDERSON，董宏林等．世界若干国家生物质能源利用及有关问题研究[J]．宁夏农林科技，1999(5)：7.
[28]姚向君，王革华，田宜水．国外生物质能的政策与实践[M]．北京：化学工业出版社，2006.
[29]焦点报道．新能源产业，各国积极布局[EB/OL]．[2006－7－23]．http：//www. teema. org. tw/publish/.
[30] 国家发展改革委外事司．德国出台《国家生物质能行动计划》．中国经贸导刊．2009，(18)：102.
[31]王革华，艾德生．新能源概论[M]．北京：化学工业出版社，2006：46～47.
[32]倪健民．国家能源安全报告[M]．北京：人民出版社，2005：87～90.

资料来源：官巧燕．福建省非粮生物地税发展战略研究[D]．福州：福建师范大学地理科学学院．2008.

资料链接 2

热解炭化技术让秸秆“山鸡变凤凰”
1 吨农作物秸秆产生效益 3200 多元

千百年来，种粮就是为了收获粮食。然而，河南商丘的一项新技术不仅收获粮食，还使农作物秸秆“山鸡变凤凰”，产出的效益比麦子还要高出一倍。

河南商丘三利新能源有限公司利用“热解炭化综合利用技术”，让收购价 300 元 1t 的秸秆转化成 300kg 生物质炭、850m^3 生物质燃气、30kg 生物质焦油、250kg 木醋酸原液，综合效益达到 1400 多元。并且，他们利用这些产品，深加工出了工业炭、炭基复合肥、液体肥料、沥青、柴油、电、生物质杀虫剂和杀菌剂、污水处理剂等，综合效益又提高到 3200 多元。

该技术是三利公司经过 5 年科研实验，先后攻克一系列关键和核心技术，实现了秸秆综合利用的工艺、技术和应用创新。河南省科技厅组织的成果鉴定认为，该技术“为秸秆的高效开发利用，开辟了一条新的技术路线，具有很大的推广应用价值”，填补了综合开发利用秸秆能源的空白。以吴养洁院士为组长的河南省政府专家组也认为，该项目已具备了“低成本、大规模利用秸秆资源生产再生洁净能源，推动节能减排，提高农民收入”的推广条件。我国国土资源首席科学家方克定等中外科学家，前不久考察该项目后评价道：“这项技术的作用，还不仅仅是节能减排，它很可能带来我国农业生产方式和农村生活方式的变革。”

与现有的秸秆气化、秸秆发电、秸秆乙醇等秸秆利用方式相比，三利公司的秸秆热解技术，在建设投资、热能利用率、清洁环保、技术实用性、成本效益等方面，具有明显优势。目前，该项目申报专利14项，已获权5项，并在商丘、焦作、南阳等地建成7个示范厂。

资料来源：科技日报 2010－07－14 第1版 乔地

第九章

发展城市低碳经济

1　发展城市低碳经济的时代背景

1.1　全球气候问题的发展变化

1.1.1　全球气候的变化趋势

全球气候变化主要是指当前全球气候变暖的趋势。近100多年来，全球平均气温经历了冷—暖—冷—暖两次波动，全球平均温度上升了0.74℃，总的来看是温室气体排放导致全球气候变暖趋势(图9-1)。进入20世纪80年代后，全球气温明显上升，据世界气象组织的调查显示，1998年至2007年是有记载以来最暖和的10年。

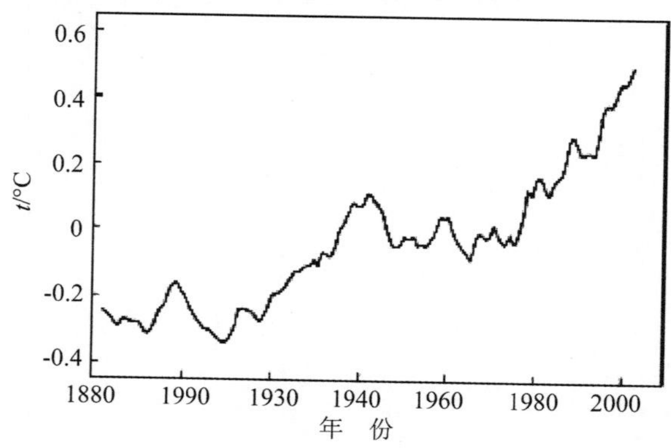

图9-1　近百年来全球气温变化示意图

(资料来源：江泽民《中国能源问题研究》)

1.1.2　全球气候变化的事实

全球气候的变化给人类及生态系统带来了严重的负面影响，如极端天气、冰川消融、永久冻土层融化、海平面上升、生态系统改变、旱涝灾害增加等等。全球气候变化的最直接结果是冰川融化和海平面上升。根据联合国环境规划署(UNEP)在2008年的一份报告显示:由于全球气候变化,冰川正在以最快的速度融化,并且许多冰川可能在数十年内消失。一些科学家通过实地调查发现:世界各地近30条冰川,1980~1999年期间平均每年退缩0.3m;到2000年,冰川后退速度升至每年平均0.37m;到2006年,平均每年退缩了1.5m 。在1961~2003年期间,海平面每年的上升速度为1.5mm,也就是说,在这42年间海平面大约上升了6.35cm。[1]全球变暖的最直接受害者是位于南太平洋的岛国图瓦卢。从1993年迄今的16年间,图瓦卢的海平面总共上升了9.12厘米,按照这个数字推算,50年之后,海平面将上升37.6cm,这意味着图瓦卢至少将有60%的国土彻底沉入海中。同样面临着被海水淹没危险的还有世界著名的度假天堂——马尔代夫。[2]位于印度洋的马尔代夫被誉为“人间最后的乐园”,然而全球变暖正让这个天堂岛国面临着“失乐园”的危机。马尔代夫新总统穆罕默德-纳希德表示,他的政府将开始从每年10多亿美元的旅游收入中拨出一部分,纳入一笔“主权财富基金”,用来购买新国土,以避免变成“气候难民”。

1.1.3 全球气候变化不仅是科学问题,还是政治、经济和社会问题

气候变化是目前全球面临的重大环境问题,不仅直接涉及各国的能源安全,而且影响各国经济增长的合法空间。为了应对全球气候变化所带来的影响,世界各国都在积极寻求应对全球气候变化的有效措施,围绕碳排放问题分别举行了几次具有重要影响的气候变化会议[2]。

第一次关于全球气候变化的重要会议是1992年6月4日在巴西里约热内卢举行的联合国环境发展大会,会议最重要的结果是达成《联合国气候变化框架公约》(United Nations Framework Convention on Climate Change, UNFCCC),这是世界上第一个为全面控制CO_2等温室气体排放,以应对全球气候变暖给人类经济和社会带来不利影响的国际公约,也是国际社会在对付全球气候变化问题上进行国际合作的一个基本框架。公约对发达国家和发展中国家规定的义务以及履行义务的程序有所区别。公约要求发达国家作为温室气体的排放大户,采取具体措施限制温室气体的排放,并向发展中国家提供资金以支付他们履行公约义务所

需的费用。而发展中国家只承担提供温室气体源与温室气体汇的国家清单的义务，制订并执行含有关于温室气体源与汇方面措施的方案，不承担有法律约束力的限控义务。公约建立了一个向发展中国家提供资金和技术，使其能够履行公约义务的资金机制。

第二次关于全球气候变化的重要会议是1997年在日本京都召开的联合国气候变化框架公约第3次缔约方大会。这次会议共有149个国家和地区的代表参加，并通过了《京都议定书》，它规定从2008到2012年期间，主要工业发达国家的温室气体排放量要在1990年的基础上平均减少5.2%，其中欧盟将6种温室气体的排放削减8%，美国削减7%，日本削减6%。这次会议首次对温室气体的减排作出量化的规定，迈出了具有实质性的一步，对抑制全球气候变化具有积极而重要的意义。

第三次关于全球气候变化的重要会议是2007年在印度尼西亚巴厘岛举行的联合国气候变化框架公约第13次缔约方大会。这次会议着重讨论“后京都”问题并通过了“巴厘岛路线图”，启动了加强《公约》和《京都议定书》全面实施的谈判进程，致力于在2009年年底前完成《京都议定书》第一承诺期2012年到期后全球应对气候变化新安排的谈判并签署有关协议。

第四次关于全球气候变化的重要会议是2009年在丹麦哥本哈根举行的联合国气候变化框架公约第15次缔约方会议。共有192个国家的领导人、环境部长和其他官员参加了这次会议，共同商讨《京都议定书》一期承诺到期后的后续方案，并就未来应对气候变化的全球行动签署新的协议。

1.2 全球气候变化的根源分析

1.2.1 传统经济增长方式导致高碳排放

传统的经济增长方式实质上是一种粗放型的经济增长方式，是指在生产要素质量、结构、使用效率和技术水平不变的情况下，依靠生产要素的大量投入和扩张实现的经济增长。这种经济增长方式是以数量的增长速度为核心，忽略了质量的增长，这种经济增长方式的最直接结果是对自然资源的过度掠夺。在这种经济增长方式之下，为了追求经济增长速度，不惜过度消耗资源能源，排放更多的温室气体，生态环境受到严重的损害。

传统的经济增长方式使我国面临着发展的困境：资源的缺乏、生态和环境严重破坏的沉重代价已经难以承受。无论是从生产的角度或是从生活的角度来说，环境的恶化必然导致生活条件的恶化以及生产条件的恶化，而资源的不足又必然会加剧生产与生活的困难，使得我们的经济社会发展陷入一个从资源消耗导致高碳排放，再到更多的资源消耗导致更多的碳排放的恶性循环当中。

1.2.2　人口的过度增长

全球人口的过度增长是造成全球气候问题的一个重要因素，正如联合国人口基金在 2009 年 11 月份发表的《世界人口状况报告》中指出，通过人口增长对全球 CO_2 排放量增长影响的计算，已经得出了非常一致的结论，即人口过快增长是导致总排放量增长 40% ~60% 的主要原因。

从自然资源消耗的角度来分析，过度增长的人口使得资源得不到集约有效利用。人口过度增长和传统经济增长方式都有一个相同的结果，那就是对自然资源的过度掠夺和过度使用。一是人口的过度增长加速了自然资源尤其是化石能源的使用，使得全球 CO_2 排放量增多。人类的衣食住行都跟资源密切相关，人口的增长必然导致与人类活动相关资源需求的增长。如人们在日常生产和生活中需要各种形式的能源(煤、石油、天然气等)，能源的使用推动了社会生产力的发展，但能源的使用也增加了温室气体的排放，如多消耗 1L 汽油就会增加 2.3kgCO_2 的排放，多消耗 1L 柴油就会增加 2.63kgCO_2 的排放。二是人口过度增长使森林资源日益减少。我国在历史上曾是一个森林资源丰富的国家，但随着人口快速增长和耕地需求的增加，大量的森林被砍伐破坏。目前我国人均森林面积为 0.145hm^2，不足世界人均占有量的 1/4；我国森林覆盖率只有全球平均水平的 2/3，排在世界第 139 位。森林的急剧减少将会使我国的碳吸附能力大大降低，有研究表明，每公顷森林每天可吸收 1000kgCO_2，并释放 735kg O_2。因此，过度的人口增长导致了森林资源的减少，这也是导致全球气候问题的一个重要原因。

1.2.3　能源结构的不合理

目前，化石能源在我国的能源结构中所占比重过高，这是导致碳排放过高的一个主要原因。所谓化石能源就是煤炭、石油、天然气及转换衍生的燃料。据统计，目前在中国的化石能源在整个能源消耗结构中占到93.5%的比重，也就是说水能、核能、太阳能、风能、生物质能等可再生能源只占能源消耗的6.5%。根据联合国政府间气候变化专门委员会(IPCC)估计，世界上每年排放的CO_2当量约为550亿t，其中能源行业占了最大的份额，约为26%，可见能源是全球CO_2排放的主要来源。

1.2.4 高碳的生活方式

在生活方面，高碳的生活方式也是造成全球气候问题的另一个因素。“高碳生活”可以理解为在生活的过程中造成资源能源的浪费，从而增加CO_2的排放；与高碳生活相对应的低碳生活，是指生活过程中耗用能量要减少，从而减少CO_2的排放。低碳生活对于我们来说更多的是一种态度，我们应该积极提倡并去实现低碳生活，在日常生活中注意节电、节油、节气。有研究表明，每浪费一度电会增加0.625kg的CO_2排放，每浪费一度水会增加0.194kg的CO_2排放；每浪费一度天然气会增加2.1kg的CO_2排放；使用节能灯泡每小时排放约0.011 kg的CO_2，而使用普通钨丝灯泡每小时排放约0.041kg的CO_2，这就意味着如果替换成节能灯，每小时可以减少排放$CO_2$0.03kg；开私家车出行每公里约排放0.22kgCO_2，搭乘公交车出行每公里约排放0.08kgCO_2，如果我们出行都能尽量搭乘公交车，那么每公里至少可以减少0.14kg的CO_2排放。

1.3 发展城市低碳经济的机遇与挑战

1.3.1 我国发展低碳经济的机遇

(1)应对全球气候变化首先是一个重要机遇。应以应对全球气候变化为契机发展低碳经济，转变发展方式，加快生态文明建设，落实科学发展观。

考虑到全球气候变化可能带来的各种负面影响，我国已经积极采取措施来应对气候变化，如通过转变经济发展方式、产业结构的升级与优化、转变消费模式以减少CO_2的排放，进行生态环境的保护与综合整治以改善生态环境条件，通过植树造林以增强CO_2的吸收能力等等，这些措施都对我国生态文明建设产生积极的促进作用。同时，在全球气候变化背景下，制定和实施中国应对气候变化的低碳发展战略和行动计划，也可以推动我国生态文明建设在转变经济发展方式、构建生态文明消费模式、节约能源和优化能源结构、发展生态化技术体系、培育碳汇市场等方面取得新突破。

(2)应对全球气候变化是发展先进节能技术、新能源技术、环保技术的重要机遇，促进了生态化技术体系的建立。

迫于减排的压力，发达国家的主要能源从化石能源的石油逐渐向较为清洁的能源天然气过渡，此外，发达国家也在努力发展各种可再生能源，这为我国以煤炭为主的高碳排放能源结构的转型提供了机遇；同时减排的压力也会促使发达国家在节能技术、新能源技术以及环保技术上有所创新，这也为我国节能减排技术的发展提供借鉴参考，可以促进我国生态化技术体系的建立。从我国的角度来看，全球气候问题也同样有利于我国能源结构实现从以煤炭为主的高排放、高污染的能源结构转向以油气为主的能源结构转变；而且全球气候问题也会成为我国优先发展可再生能源、清洁能源、节能技术和环保技术的主要推动力。

1.3.2　我国发展低碳经济的制约性因素

(1)我国低碳经济的发展受能源资源结构、技术和资金的制约。

气候变化问题既是环境问题，同时也是政治问题，更是能源和经济社会的发展问题。应对全球气候变化，发展低碳经济，会对经济增长方式、科学技术的发展以及资源结构产生重大影响；从另一个角度来看，现有的经济增长方式、现有的科学技术以及现有的资源结构可能会产生一定的“惯性”，在某种程度上也会制约着低碳经济的发展。从原有的经济增长方式来看，长期的粗放式的经济增长方式形成了与之相适应的生产方式、产业结构、资源能源结构以及科学技术手段，在短时间内难以全面转变，通过转变经济发展方式来减少 CO_2 排放是一个长期的过程；从我国的能源结构来看，化石能源是我国的主要能源资源，其中又以煤炭最为重要，新中国成立以来，煤炭在全国一次能源生产和消费中的比例长期占 70% 以上。在这种能源结构的影响下，我国能源消费和 CO_2 排放将会随着经济发展和人口增长而继续增加，我国通过调整能源结构来减少 CO_2 排放量具有一定的难度。

(2)全球气候变化对我国现有的消费模式提出了挑战。

传统的消费模式是一种资源耗竭型、不可持续的消费模式，这种消费模式已经成为我国应对全球气候变化，发展低碳经济的绊脚石。世界各国的发展历史和趋势表明，人均商品能源消费和经济发达水平有明显相关关系[3]。一般来说，人均能源消费水平会随着一个国家工业化的不断发展而提高，社会经济越是发达，对能源的需求就越是巨大。目前占世界1/4的工业化国家，消耗世界能源的3/4。其中，占世界人口5%的美国，能源消耗却占世界的25%。发展中国家能源消耗普遍较低。占世界人口15%的印度，却只消耗世界能源的1.5%；中国的人均能源消耗不到世界人均能耗的1/3，达到工业化国家的发展水平意味着人均能源消费必然达到较高的水平。以上数据表明，目前世界上还没有出现较高的人均GDP与较低的人均能源消耗水平和较低的碳排放水平同时存在的先例，因此，我国要应对全球气候变化，发展低碳经济，必须实现以较低的能源消耗达到较高的经济发展水平，这就要求我们创新现有的消费模式，这对我国现存的消费模式是一个挑战。

2 发展城市低碳经济是世界经济发展的大趋势

发展城市低碳经济，必须以生态文明经济理论作为指导，根据各个城市的具体情况，因地制宜地协同发展创新经济、体验经济、生态经济、绿色经济、循环经济等具有碳减排特征的经济形态，从而实现生态效益、经济效益和社会效益三大效益的相统一与最优化。

在传统的经济发展过程中，生态效益与经济效益似乎永远都处于矛盾的对立面，很难达到两者的共赢，要么牺牲生态效益来换取经济效益，要么牺牲经济效益来获得生态效益。发展城市低碳经济，可以打破这种生态效益与经济效益相对立的局面，实现生态效益、经济效益与社会效益三大效益相统一与最优化。发展城市低碳经济可以获取生态效益，以CO_2为主的碳排放已经给城市的可持续发展造成一定影响，发展城市低碳经济，减少碳排放，对城市的生态环境起到保护与恢复的作用；同时，发展城市低碳经济可以获取经济效益，低碳经济是一个“低碳”且“经济”的经济形态，发展低碳经济并不是要求我们投入更多的金钱或者牺牲一定的经济效益换取碳排放的减少，而是一个双赢的局面，既能减少碳排放，又能获取比以往更多的经济效益，现实中也存在着许多的成功案例，如发展低碳技术及设备，不仅可以延长产业链，促进经济发展，还可以通过技术和设备的出口，占领国际市场，具有非常明显的经济效益；发展城市低碳经济可以获取社会效益，通过发展城市低碳经济，可以增加就业、提高城市居民生活质量、促进城市生活方式由高碳向低碳的转变，在全社会树立起低碳的观念。

正是因为发展城市低碳经济可以实现生态效益、经济效益与社会效益三大效益相统一与最优化，为此世界各国纷纷根据自身的实际情况，大力发展城市低碳经济。

2.1　各国发展低碳经济的做法

在应对全球气候变化的具体做法方面，世界各国纷纷根据自身实际情况制定一系列措施，努力减少 CO_2 的排放。综观西方发达国家应对全球气候变化，实现低碳化发展的种种措施和机制，虽然不同的国家在具体做法上有所差异，但均具有一些共同之处，可以归结为以下几个主要方面：

(1)在制度方面，通过制定一系列碳减排的制度和战略，实现碳减排的法律化、制度化，使碳减排行动真正具有约束力。这些措施又可分为约束性、强制性措施和经济激励措施。在约束性、强制性措施方面，英国、美国、欧盟和日本等一系列发达国家均制定了一些碳减排的法律法规[4~6]。

英国既是低碳经济的倡导者，也是最积极推动低碳经济发展的国家，同时也是世界上第一个立法约束碳排放的国家。2007 年，英国推出全球第一部《气候变化法案》，并于 2008 年开始实施，从而成为世界上第一个拥有气候变化法的国家；2009 年英国政府又正式发布了《英国低碳转换计划》，英国的能源、商业和交通等部门还分别公布了一系列配套方案，包括《英国可再生能源战略》、《英国低碳工业战略》和《低碳交通战略》等。

美国虽然没有签署《京都议定书》，但近年来美国也十分重视减少 CO_2 排放，如 2005 年通过的《能源政策法》、2007 年 7 月美国参议院提出了《低碳经济法案》以及2009年6月美国众议院通过的《美国清洁能源安全法案》。

日本近年来不断出台重大政策，将重点放在低碳经济上。2004年，日本发起的“面向2050年的日本低碳社会情景”研究计划，其目标是为2050年实现低碳社会目标而提出的具体对策。2008年5月，日本政府资助的研究小组发布了《面向低碳社会的十二大行动》。2009年4月，日本又公布了名为《绿色经济与社会变革》的改革政策草案，目的是通过实行减少温室气体等排放措施，强化日本的低碳经济。

(2)在经济激励措施方面，西方各发达国家也纷纷出台了诸如税收、补贴、价格和贷款等一些经济激励措施。这些措施的目的就是减少碳排放以应对全球气候变化，事实证明这些措施的出台取得了一定的成效。交通一直都是全球碳排放的一个重要来源，因此西方发达国家首先针对交通制定了各方面的激励措施，如一些欧盟国家根据不同的燃油效率和环保性能制定不同的车辆消费税费，消费者如果购买新型、清洁和高能效的汽车将会得到一定的税收减免；美国对购买柴油轿车和混合动力汽车的消费者给予最高3400美元的税收返还。此外，欧盟各国、日本和美国普遍征收燃油税，碳排放较低的柴油税明显低于碳排放较高的汽油税。[7]

(3)在能源减排方面，西方发达国家也是不留余力积极发展可再生能源和清洁能源。

英国利用风力资源丰富的优势积极发展风力发电，从2000年12月开始建设第一个海上风力发电站，经过10多年的发展，英国已成为全球拥有海上风力发电站最多、总装机容量最大的国家。目前英国陆、海风力发电站的电量足够供应150万家庭使用。按计划，2009～2012年间，英国将投资90亿英镑用于发展海上风力发电，向280万家庭供应电力。英国政府从政策和资金方面向可再生能源倾斜，确保英国在可再生能源发展方面处于世界领先地位。[4]

美国对开发可再生能源的企业给予总额不超过50亿美元的补助；欧洲大部分国家对太阳能热水器的用户提供20%～60%的补贴；法国自2005年1月开始，对使用可再生能源或热泵的能源设备的税收减免从40%提高到50%；德国对风力发电进行投资补贴，对风电项目和光伏发电项目实施低利率贷款等。[7]

(4)在发展低碳技术方面，西方发达国家均十分重视与碳减排有关的低碳技术的发展，纷纷成立国家级的相关研究机构，并且国家为这些从事低碳技术相关的机构和企业提供技术指导和资金支持，有力地推动了低碳技术的发展。

美国十分重视能源技术创新，是世界上低碳经济研发投入最多的国家。据2009年联邦政府向国会提交的年度预算显示，美国仅对清洁燃煤技术的研究就提供了150亿美元的拨款；目前美国正在加速下一代发电技术的研究、开发及示范，计划在2012年建成世界上第一个零排放发电厂。

日本每年也投入巨资大力发展低碳技术。根据日本政府2008年发布的相关数据表明，日本在环境能源技术方面的开发费用就达近100亿日元，其中创新型太阳能发电技术的预算为35亿日元。在日本政府的支持下，目前日本有许多能源和环境技术走在世界前列，如综合利用太阳能和隔热材料、大大削减住宅耗能的环保住宅技术、利用发电时产生的废热、为暖气和热水系统提供热能的热电联产系统技术以及废水处理技术和塑料循环利用技术等[4]。这些低碳技术的发展都为日本应对全球气候变化，发展低碳经济奠定了基础。

(5)在生活碳减排方面，西方发达国家也针对生活中的碳排放制定出相应的措施，主要集中在节能建筑、绿色交通和提倡节能的生活方式等方面。

如美国就在节能建筑方面作出了详细的规定[7]。为鼓励消费者使用节能设备和购买节能建筑，美国对新建节能建筑实施减税政策，凡在IECC标准基础上再节能30%以上和50%以上的新建建筑，每套房可以分别减免税1000美元和2000美元。对在住宅中使用节能玻璃和节能电器的居民减免税收，甚至居民在住宅中更新室内温度调控设备、换节能窗户、通过维修制止室内制冷制热设施的泄漏等也可获得全部开支10%的减免税收优惠。

法国则通过一系列的措施，对建筑和交通的节能减排作出了详细的规划[8]。在2008年法国政府公布一系列新的环保法律草案，其中就有建筑业和交通相关的内容。一是针对能源消耗“大户”的建筑业，提出了对旧房进行节能化改造，争取到2020年将能耗降低至少38%的标准；二是针对交通的节能减排计划，计划在2020年前新建2000km的高速铁路，连接各主要省会城市，到时将交通工具的CO_2排放量减少20%。此外，法国还向人们提出了诸多具体的低碳生活方式，如开车时减速行驶，既可降低耗油量，还可降低CO_2的排放量；或者尽量以步代车或骑自行车，以降低CO_2的排放量。

2.2 我国应对全球气候变化，发展低碳经济的主动承诺及主要做法

2.2.1 我国在应对全球气候变化，发展低碳经济的问题上坚持“共同但有区别的责任”的原则

我国作为世界第二大能源生产国和消费国，第二大CO_2排放国，高度重视全球气候变化问题。中国先后于1998年签署、2002年批准了《联合国气候变化框架公约》和《京都议定书》。2007年6月中国发布实施《中国应对气候变化国家方案》，成立了由国务院总理担任组长的国家应对气候变化领导小组，并提出在“十一五”规划(2006～2010年)期间单位GDP能耗降低20%。在当前国际金融危机的形势下，中国也没有放松对气候变化的重视，在新增加的4万亿元刺激经济投资计划中，国家安排了5800亿元用于节能减排、生态工程等与应对气候变化相关的项目。这些都说明了我国在应对对全球气候变化问题上是一个负责任的大国，但是我国在应对全球气候变化问题上应该坚持“共同但有区别的责任”的原则，这个原则是国际合作应对气候变化的核心和基石。

“共同但有区别的责任”原则中的“共同”二字，是指每个国家都要承担起应对气候变化的义务；作为地球大家庭中的一员，每个国家在全球气候变化问题面前都应该承担其应尽的义务；虽然“共同”的责任非常重要，但也不能忽略“区别”责任。发达国家要对其历史排放和当前的高人均排放负责，一方面发达国家拥有应对气候变化的资金和技术，另一方面，发展中国家仍然面临着经济社会发展和消除贫困的艰巨任务。近代工业革命200年来，发达国家排放的CO_2占全球排放总量的80%以上；如今发达国家已经过上富裕生活，但仍维持着远高于发展中国家的人均排放，且大多属于消费型排放；可以说，发达国家的CO_2排放是造成全球气候变化的主要原因，应该承担主要责任。要求发展中

国家承担超出其应尽义务和能力的减排责任是毫无道理的，这是因为发展中国家近几十年才开始工业化，人均排放量也低于发达国家，而且发展中国家还肩负着发展的重要任务。因此，世界各国在应对全球气候变化问题上应当坚持“共同但有区别的责任”原则。发达国家率先减排，并给发展中国家提供资金和技术支持；发展中国家在得到发达国家技术和资金支持下，采取措施减缓或适应气候变化。

2.2.2 我国发展低碳经济的主要做法

中国作为发展中国家，站在我国自身发展的角度来说，我国有发展的艰巨任务，站在世界的角度来说，我国也有减排的责任。我国在发展的进程中高度重视气候变化问题，为应对气候变化做出了不懈努力和积极贡献，主要有以下一些具体措施：[9]

一是通过制定与应对全球气候变化相关的法律法规，减少温室气体的排放。我国是最早制定实施《应对气候变化国家方案》的发展中国家。先后制定和修订了《节约能源法》、《可再生能源法》、《循环经济促进法》、《清洁生产促进法》、《森林法》、《草原法》和《民用建筑节能条例》等一系列法律法规，把法律法规作为应对气候变化的重要手段。

二是通过不断完善税收制度，推进资源性产品价格改革，在工业、交通、建筑等重点领域开展节减排能行动；并积极发展循环经济、低碳经济，淘汰高耗能、高污染的落后产能。我国是近年来节能减排力度最大的国家，在 2006 ~ 2008 年期间共淘汰低能效的炼铁产能 6059 万 t、炼钢产能 4347 万 t、水泥产能 1.4 亿 t、焦炭产能 6445 万 t。截至 2009 年上半年，中国单位国内生产总值能耗比 2005 年降低 13%，相当于少排放 8 亿 tCO_2。

三是积极发展新能源和可再生能源以应对全球气候变化。中国是新能源和可再生能源增长速度最快的国家。2005 年至 2008 年，可再生能源增长 51%，年均增长 14.7%。2008 年可再生能源利用量达到 2.5 亿 t 标准煤。农村有 3050 万户用上沼气，相当于少排放 $CO_2$4900 多万 t。水电装机容量、核电在建规模、太阳能热水器集热面积和光伏发电容量均居世界第一位。

四是积极进行植树造林，以增加碳汇。碳汇问题一直是被人们忽略的一个重要问题，从国外的一些做法可以看出，目前减少碳排放的措施

主要集中在减少 CO_2 的排放方面，对吸收 CO_2 的问题则得不到重视。而我国在增加碳汇这一方面则是世界领先的，我国是世界人工造林面积最大的国家。我们持续大规模开展退耕还林和植树造林，大力增加森林碳汇。2003～2008 年，森林面积净增 2054 万 hm^2，森林蓄积量净增 11.23 亿 m^3。目前人工造林面积达 5400 万 hm^2，居世界第一。

3 海西应以发展低碳经济，建设低碳城市作为生态文明建设的一个战略目标

3.1 建设低碳城市是海西贯彻落实中央决策，应对全球气候变化的有效途径

纵观国内外应对全球气候变化的种种措施，无论是减少 CO_2 的排放还是增加 CO_2 的吸收能力，都与城市发展与建设有着密切的联系。因此本文认为低碳城市建设是海西应对全球气候变化的有效途径，原因如下：首先从 CO_2 的来源来看，目前人们比较认同的观点是人为来源的温室气体排放是当前观测到的全球变暖现象最主要的驱动因素，[10] 温室气体减排是目前最重要的气候变化减缓举措，也是国际社会最广泛认同的气候变化减缓行动。因此要实现 CO_2 的减排，就必须从人类活动这个角度作为切入点来解决问题，也就是说城市作为人类活动的重要载体，在实现碳减排的过程中具有特定的地位。其次，城市已经成为人类活动的集中区域，是全球碳排放的最主要来源。城市是人口、建筑、交通、工业、物流的集中地，也是高耗能、高碳排放的集中地。据统计，全球大城市消耗的能源占全球总能源消耗的 75%，温室气体排放量占世界总排放的 80%。目前，人为 CO_2 排放主要来自火力发电、交通运输、煅烧水泥、冶炼金属、取暖做饭等方面，这无一例外地都跟城市发展有着密切的联系。三是城市是人类活动与自然生态环境相互交叉的区域，城市的扩张过程也就是森林的不断减少过程，而且城市的扩张会带来 CO_2 排放的增加，森林的减少也间接地导致了全球 CO_2 含量的增加。

从以上论述可以得出，低碳城市建设与应对全球气候变化、积极转变增长方式、发展低碳经济都有一个相同的结合点，那就是减少以 CO_2

为主的温室气体排放。为此，海西应对全球气候变化可以以建设低碳城市作为载体，发展低碳经济、转变增长方式、建设生态文明。

以低碳城市作为应对全球气候变化的重要手段，在理论研究及实践方面都有一定的基础。在理论研究方面，顾朝林等人提出低碳城市是碳减排的关键所在，我国可以通过发展低碳城市实施碳减排目标；[11]庄贵阳等人认为，在以“低排放、高能效、高效率”为特征的“低碳城市”中，通过产业结构的调整和发展模式的转变，合理促进低碳经济，不仅不会制约城市发展，而且可能促进新的增长点，增加城市发展的持久动力，并最终改善城市生活。在实践方面，目前我国已经有上海、保定、杭州、广州等多个城市提出建设低碳城市的目标，有的城市已经付诸实践。

3.2 海西发展低碳经济的具体实践：厦门及广州碳排放估算

据统计，中国地级以上的城市(287 座)CO_2 排放总量为 38.2 亿 t，占全国 CO_2 派总量的 73.5%，其中 CO_2 的排放密度约为 5810t。中国经济规模最大的前 100 座城市 $CO_2$29.4 亿 t，占全国 CO_2 排放总量的 56.5%。[12]为此，本文对厦门市与广州市进行碳排放估算，以期找到城市高碳排放的主要原因，以便对低碳城市建设提出有针对性的对策建议。

3.2.1 能源消耗是城市碳排放的主要来源

碳排放的主要来源可以大概归结为以下三个方面：[13]在能源生产与利用方面，主要有能源生产，如煤炭、石油、天然气的开采过程本身就会产生 CO_2 的排放；能源加工与转换，如发电、炼油、炼焦、煤制气等也会有不同程度的 CO_2 排放；能源消费，如农业、工业、交通、建筑、商业等方面的能源消耗更是会产生大量的 CO_2 排放；在工业生产方面，能源、汽车、钢铁、化工、交通、建材等主要产业的发展也是 CO_2 排放的主要来源；在土地利用方面，森林和其他木质生物质贮量的变化也会间接的造成 CO_2 排放。

根据以上碳排放来源的分析，再结合城市发展的具体情况，不难看出碳排放的主要来源有很多方面都与城市建设有着相当密切的联系。从能源方面来看，虽然能源的开采不一定在城市内进行，但是能源的加工与转换、能源消费在很大程度上是为城市服务的，城市的工业、交通、建筑、商业和人民生活都需要消耗能源。从工业生产方面来看，目前很多工业都集中在城市之中，而工业的发展也离不开能源的支持，能源、汽车、钢铁、化工、交通、建材等六大产业的发展，使城市成为高碳排放的区域。从土地利用方面来看，城市发展必然过程也是土里利用变化的过程，其中会涉及森林存量的变化，而森林本身具有碳吸附能力，森林存量的变化在一定程度上也会影响着城市的碳排放。

3.2.2 城市碳排放的估算方法

目前测算碳排放的方法较多，但归结起来主要有以下几个比较有代表性的方法：实测法、生命周期法、排放系数法、物料衡算法等[13]。

实测法主要通过监测手段或国家有关部门认定的连续计量设施，测量排放气体的流速、流量和浓度，用环保部门认可的测量数据来计算 CO_2 排放总量的统计计算方法。用这种方法测算 CO_2 排放尽管较为准确，但是也存在难以获得具有代表性数据的缺陷。

生命周期法主要是根据每个活动过程都会产生 CO_2 气体这一事实，详细研究其生命周期内的能源需求、原材料利用和活动造成的向环境排放废弃物等各个环节，对整个生命全周期内每个环节的 CO_2 排放进行全面综合的定量和定性分析。

排放系数法是指在正常技术经济和管理条件下，生产单位产品所排放的 CO_2 数量的统计平均值，排放系数也称为排放因子。由于在不同技术水平、生产状况、能源使用情况、工艺过程等因素的影响下的排碳系数存在很大差异。因此，这种方法存在着较大的不确定性。

物料衡算是对生产过程中使用的物料情况进行定量分析的一种方法。该方法基于质量守恒定律，把工业排放源的排放量、生产工艺和管理、资源(原材料、水源、能源)的综合利用及环境治理结合起来，系统地、全面地研究生产过程中排放物的产生、排放的一种科学有效的计算方法。目前大部分的碳源排碳量的估算工作和基础数据的获得都是以此方法为基础的。具体应用中，主要有表观能源消费量估算法和详细的燃料分类为基础的排放量估算法。

本文主要应用能源消费量估算法来估算城市碳排放，主要是因为能源消费量估算法需要数据不多，相比于详细燃料分类为基础的排放量估算法，数据采集较为容易，虽然不是分部门、分设备的精确计算，但是采用的是能源消费的宏观数据，具有一定的参考价值，而且该估算方法由联合国政府间气候变化专门委员会(IPCC)推荐作为 CO_2 排放估算的方法之一。具体的计算公式为：某燃料 CO_2 排放量 =（某燃料表观消费量 × 某燃料潜在碳排放系数 - 某燃料固碳量）× 某燃料碳氧化率；为了便于对城市 CO_2 排放估算，本文将城市消耗的各种能源统一按特定系数转换成标准煤，然后再按标准煤的排放系数折算成 CO_2 的排放量。

3.2.3　城市各类能源的转换系数及碳排放系数

城市运行过程中消耗的各种能源都可以按照特定的系数(表 9-1)转换为一定量的标准煤；标准煤的碳排放系数不同的国家有不同的数值，本文标准煤的碳排放系数参考我国发改委能源研究所公布的数值(表 9-2)，即每消耗每单位标准煤会产生 2.4567 个单位的 CO_2 排放。

表 9-1　各类能源折成标准煤转换系数

能源名称	折标准煤系数
原煤	0.7143 kgce/kg
原油	1.4286 kgce/kg
燃料油	1.4286 kgce/kg
汽油	1.4714 kgce/kg
煤油	1.4714 kgce/kg
柴油	1.4571 kgce/kg
液化石油气	1.7143 kgce/kg
电力	0.1229 kgce/(kW·h)

数据来源：厦门节能公共服务网(http://xmecc.xmsme.gov.cn)

表 9-2　CO_2 排放系数

<table>
<tr><td rowspan="6">CO_2 排放系数</td><td rowspan="3">推荐值</td><td>国家发改委能源研究所</td></tr>
<tr><td>0.67(tC/tce)</td></tr>
<tr><td>2.4567(tCO_2/tce)</td></tr>
<tr><td rowspan="3">参考值</td><td>日本能源经济研究所</td></tr>
<tr><td>0.66(tC/tce)</td></tr>
<tr><td>2.42(tCO_2/tce)</td></tr>
</table>

3.2.4 城市碳排放的估算

厦门市是海西重要的中心城市，也是一个国际性港口风景旅游城市，拥有“国际花园城市”、“国家卫生城市”、“国家园林城市”、“国家环保模范城市”、“中国优秀旅游城市”和“全国十佳人居城市”、“联合国人居奖”、“全国文明城市”等特殊荣誉。在2010年年初，《厦门市低碳城市总体规划纲要》已编制完成，厦门重点将从占碳排放总量90%以上的三大领域——交通、建筑、生产，探索低碳发展模式。为此，对厦门能源消耗的碳排放做一个估算，可以为厦门低碳城市建设提供参考。

由于城市碳排放的测算涉及整个城市运行的方方面面，难以面面俱到，本文仅从城市运转过程中能源消耗所产生的 CO_2 排放做一个估算（表9-3，表9-4），从一定程度上反映出城市的碳排放情况。

表9-3 厦门化石能源消耗碳排放

化石能源	消耗量(t)	CO_2 排放(t)
工业用煤	4388800	7701557.571
生活用煤	52400	91952.610
燃料油	137900	483979.579
液化石油气	82000	345344.706

表9-4 厦门化电能消耗碳排放

名称		CO_2 排放(t)
电能	工业用电	2156372.847
	餐饮用电	218898.112
	居民用电	746669.007
电能	一产	33999.557
	二产	2243970.739
	三产	751767.975
总电能消耗		3777728.5

根据上文提到的计算方法以及转换系数，从厦门统计年鉴提取

2008 年厦门市能源消耗数据，可以获得厦门市能源消耗的 CO_2 排放量。厦门全年能源消耗所产生的 CO_2 排放量为 1205.52 万 t；其中电能消耗产生的 CO_2 排放 377.7728 万 t，煤炭能源消耗所产生的 CO_2 排放为 779.3510 万 t，燃料油消耗所产生的 CO_2 排放为 48.3979 万 t，液化石油气消耗所产生的 CO_2 排放为 34.5344 万 t。万元 GDP 耗电量转换为 CO_2 排放量为 0.242t；低于全国万元 GDP 电耗的 CO_2 排放量 0.415t。

为了使厦门城市碳排放有一个参照，选取同为沿海城市的广州市作相应的碳排放估算（表 9-5，表 9-6）。广州位于广东省中南部，珠江三角洲北缘。是中国五大中心城市之一，华南地区第一大城市，广东省省会，华南地区政治、经济、科技、教育和文化中心；中国最重要的交通枢纽之一。享有全国卫生城市、国家环境保护模范城市、国家森林城市、全国创建文明城市工作先进城市、国际花园城市等美誉。在 2010 年初，广州提出大力建设“低碳型城市”的口号；积极开展低碳技术的研究开发和技术储备，积极发展低碳经济，倡导低碳生活和绿色消费，加快建设以低碳排放为特征的产业体系和消费模式，并提出了一些具体的目标，如对全市市区 10 万多盏路灯进行节能改造、积极申报国家节能与新能源汽车示范推广试点城市、大力推广使用新能源汽车等。

表 9-5　广州化石能源消耗碳排放

化石能源	消耗量（t）	CO_2 排放量（t）
煤	28406125	49847659.281
燃料油	2902845	10187945.628
液化石油气	1574610	6631502.783

表 9-6　广州电能消耗碳排放

电能消耗	消耗量（万 kW·h）	CO_2 排放量（t）
全市用电	4849868	14643130.31
工业用电	2642217	7977604.305
建筑业用电	65678	198300.5543
交通运输用电	118560	357966.3466
城乡居民用电	899244	2715073.291

电能消耗	消耗量(万 kW·h)	CO_2 排放量(t)
信息传输等	53241	160749.7154
商业、住宿、餐饮	277097	836634.6217
金融房地产等	479662	1448235.946
公共事业	274986	830260.9125

从以上计算可以获得广州市能源消耗的 CO_2 排放量。广州全年能源消耗所产生的 CO_2 排放量为 8131.02 万 t；其中电能消耗产生的 CO_2 排放 1464.31 万 t，煤炭能源消耗所产生的 CO_2 排放为 4984.77 万 t，燃油的消耗所产生的 CO_2 排放为 1018.79 万 t，液化石油气消耗所产生的 CO_2 排放为 663.15 万 t。万元 GDP 耗电量转换为 CO_2 排放量为 0.215t，低于全国万元 GDP 电耗的 CO_2 排放量 0.415t。

3.2.5 城市碳排放估算结果分析

从厦门市能源排放的结果来看，主要的碳排放集中在工业能源的消耗方面。在化石能源利用方面；工业用煤的 CO_2 排放占全市能源消耗产生的 CO_2 排放总量的 63.89%，在电力能源方面，工业用电的 CO_2 排放占全市电力能源消耗 CO_2 总排放的 57.08%。在生活能源消耗方面，从电力能源的消耗分析，日常生活消耗的电力能源产生的 CO_2 排放占电力能源消耗总排放的 25.56%；说明城市居民的日常生活对能源的需求也是厦门市 CO_2 排放的一个重要来源，仅次于工业能源消耗的碳排放。

从广州市能源排放的估算结果来看，城市的碳排放来源也同样是集中在工业能源的消耗方面。从广州市电力能源的消耗来分析，工业用电所产生的碳排放占电力能源消耗总排放的 54.48%；与城市生活相关的电力消耗所产生的碳排放占电力能源消耗总排放的 44.71%，说明广州市的碳排放也是集中在工业能源的利用方面，而生活能源利用所产生的排放仅次于工业，也同样说明生活碳排放是城市碳排放的一个重要来源。

4 发展低碳经济，建设低碳城市的对策建议

低碳城市建设主要有两个着力点，简单来说就是一减一增。一减就

是采取各种方法和措施努力减少 CO_2 的排放，一增就是增加森林碳汇，吸收更多的 CO_2，减少大气中 CO_2 的含量。在减少 CO_2 排放方面，可以通过发展城市低碳经济、优化能源结构、发展清洁能源、发展节能型材料及绿色建筑、发展节能减排技术、建立城市高效的交通系统等措施来减少城市 CO_2 的排放；在增加碳汇方面，主要是通过建设城市森林来增加 CO_2 的吸收能力。

4.1 发展城市低碳经济

建设低碳城市，最重要的是要实现既"低碳"又"经济"的发展目标，所以必须发展城市低碳经济。应该从生产、流通、消费和回收再利用的四个环节来进行具体谋划，以实现生态效益、经济效益和社会效益三大效益的相统一与最优化。

4.1.1 从生产环节来看，发展城市低碳经济要实现产业结构的低碳化升级

近几十年来，我国城市特别注重发展工业，使产业结构重工业比例过大，第三产业的比重过小，这是城市碳排放较高的一个重要原因。因此，建设低碳城市，发展城市低碳经济，首先要以低碳化为目标，对原有工业进行低碳化改造，积极发展现代服务业和体验经济等具有低碳排放、高附加值特征的新兴产业，实现城市产业结构的升级与优化。一是积极发展战略性新兴低碳产业，尤其是以信息产业为主导的高新产业，促进城市工业的低碳化升级与城市经济结构的优化。针对城市工业低碳型企业少、低碳化程度不高、自主创新能力不强等问题，实施项目引资双带动战略，以实现"三大效益"的相统一与最优化为目标，加快高新技术产业向产业链的高端延伸，重点发展通信、数字视听、软件、新型储能材料等电子信息产业；加快发展精细化工、生物医药、化合物半导体等战略创新产业；发展高端服务业、新型服务业。二是对原有工业的低碳化改造升级。进一步提高产业投资项目的碳排放、节能、环保等准入门槛，坚决淘汰高碳排放、高污染、高消耗的低端产业；新上项目必须进行资源能源消耗审核和环境影响评价，不符合碳排放、节能和环保标准的，坚决不批。依托以信息技术为代表的生态化科学技术体系，为生产、生活中资源的综合利用、降低资源消耗、减少城市碳排放提供强

有力的技术支撑，走资源消耗低、碳排放少、环境污染少、科技含量高、经济效益好的工业低碳化改造道路。三是积极发展生态化技术，抢占国际制高点。为了能够占领世界领先地位，低碳经济的发展应该以生态化技术体系为支撑，重点在以下几个战略性产业领域取得技术突破。在新能源领域，发展一批包括燃料电池汽车、混合动力汽车等具有低碳特征的汽车产业，发展太阳能发电、风能发电、潮汐能发电、生物质能源等新能源产业；在环保领域，发展资源回收再利用与废弃物处理、环保设备制造等环保产业；在信息领域，重点发展数字通讯、数字家电、半导体制造、软件制造等电子信息产业；在生物技术领域，发展生物制药、新型药物等先进医疗产业；在新材料领域，重点发展纳米技术、纳米材料产业，为其他重点产业领域提供广泛的实际应用。四是增加低碳产品的国际国内市场份额，达到既“低碳”又“经济”，实现“三大效益”的相统一与最优化。通过调整结构，推进低碳产业和产品向利润曲线两端延伸。向前端延伸形成低碳技术的自主知识产权，向后端延伸，形成低碳品牌与销售网络，提高核心竞争力，增加国内和国际低碳产品的市场份额。可以从技术投入、市场保障、价格引导等三个方面，降低企业生产低碳产品的成本和风险，从而加快低碳产品的产业化发展进程。参照国家对相关产业发展给予的优惠政策，发挥企业主观能动性，建立政府管理与公众参与、社会制衡相结合的低碳产品发展机制。结合市场力量和社会参与，为低碳产业的发展营造良好的外部环境，并鼓励企业加大对低碳技术研发的投入，培养相关低碳技术人才，推动低碳产业的发展。

4.1.2 从流通环节来看，城市低碳经济的发展应该积极发展电子商务和低碳化的交通运输方式

一是积极发展城市电子商务，提倡虚拟化的货币交易，减少流通环节的物质消耗和碳排放，如银行电子缴费系统，采用电子账单等，减少纸张的使用，就是间接减少了碳排放。同时，发展电子商务将会使城市经济运行具有以下一些优势：电子商务流程以电子化、数字化为特征，以信息流代替了实物流，不仅可以大量减少人力、物力的消耗，降低成本，还可以突破时间、空间的限制，使得交易活动可以在任何时间、任何地点进行，减少了中间环节，使得生产者和消费者的直接交易成为可

能，突破了传统社会经济运行的方式，从而大大提高经济运行的效率，这也间接减少了因为经济运行不顺畅而导致的额外资源能源消耗，减少了碳排放。二是积极发展低碳化的城市交通运输系统。在城市内根据功能定位划分出不同的功能区，如商业区、住宅区、工业区等，在不同的功能区采用不同的交通模式，如商业区，主要以城市轻轨、小型公交、自行车、步行等交通方式为主，住宅区主要以私家车、自行车、小型公交等交通方式为主，工业区主要以各类运输车辆、大型公交车为主，各功能区之间的交通主要以大型公交、地铁为主，以实现整个城市交通效率的最优化，减少因交通堵塞、不顺畅而产生的额外碳排放。

4.1.3　从生产和消费环节看，城市低碳经济建设应该加快发展高端服务业

高端服务业，是在工业化比较发达阶段产生的、主要依托信息技术和现代管理理念发展起来的，以提供技术性、知识性和公共性服务为主的，处于服务业高端部分的服务业。[14]高端服务业处于服务业的高端领域，是现代服务业的核心和最具代表性的行业。它既存在于消费服务业也存在于生产服务业，主要包括了技术设计、信息服务、生产配套服务、金融、民航、传媒、旅游酒店、咨询、会展、法律、服务外包等生产性服务和生活性服务领域。这些产业都是典型的“低碳”产业，具有科技含量高、人力资本投入高、附加值高、高产业带动力、低资源消耗、低环境污染和低碳排放的特点。发展高端服务业，不仅是发展低碳经济的内在要求，而且是实现“三大效益”的相统一与最优化的重要保证。发展高端服务业，一是要积极探索发展城市高端服务业的有效途径，利用生态化技术体系改造和提升传统服务业，使其向高端化发展；积极借鉴国外高端服务业的管理理念、技术、方式，培育一批与城市原有产业有效融合的高端服务业。二是进一步优化城市环境，包括生态环境的优化与经济发展环境的优化，促进城市高端服务业的发展。通过优化城市生态环境，建设宜居城市，吸引各类高端人才前来定居；通过完善交通、通讯、网络等城市基础设施，提升城市化发展水平，建设宜商城市，促进资金流、信息流、物流向城市的集聚，从宜商宜居两个方面促进城市高端服务业的发展。

4.1.4 从回收利用环节来看，发展城市低碳经济要加快城市静脉产业的发展

“静脉产业”最初起源于日本，又可称为“再生资源产业”，主要是指对社会生产过程和生活消费中产生的各种废弃物进行回收和再加工利用的产业。[15]城市废弃资源回收利用是一个值得我们关注的问题。回收利用本身可以创造经济价值，而且可以减少污染，增加就业，促进资源循环回收利用技术的发展。发展静脉产业对有效提高废弃资源处理水平，实现废弃资源的无害化、减量化、资源化，解决好资源、环境与经济发展之间的矛盾，实现生态效益、经济效益和社会效益三大效益的相统一与最优化均有着重要而积极的意义。一是尽快完善静脉产业的法律法规体系。在认真贯彻落实国家相关法律法规如《清洁生产促进法》、《可再生能源法》、《固体废弃物污染环境防治法》的基础上，结合城市发展的实际情况，尽快出台有利于低碳经济发展的地方性法规，为静脉产业的发展提供法律保障。二是积极发展静脉产业相关的技术体系，挖掘潜在的社会财富。“垃圾”是放错地方的“资源”，加快静脉产业相关技术的发展，就可以变废为宝，既获取经济效益，又使环境得到保护。可以依托城市相关大专院校和科研机构，建立起产、学、研相结合的静脉产业技术研究、开发、应用体系；积极开发和推广应用先进的废弃资源的综合利用技术；借鉴国外发达国家静脉产业发展的经验，引进国外废弃物处理的先进技术和设备等，为静脉产业发展提供技术保障。三是加快完善静脉产业的信息与服务体系。发达高效的信息系统是静脉产业发展的重要支撑，同时也可以对静脉产业的发展起到监督管理的作用。发达的信息和服务体系可以使企业之间在能源综合利用技术的升级与优化、产业链接与资源整合、再生资源的相互转移开发等方面实现信息共享。可以建立一个以政府为主导，覆盖整个城市的信息服务平台，实时向社会发布相关技术、资源需求、管理和政策等方面的信息，为静脉产业的发展提供信息服务。

4.2 优化城市能源结构，积极发展可再生能源和清洁能源

根据上文分析，城市对能源的使用会造成大量的 CO_2 排放，因此要建设低碳城市，减少碳排放，就必须优化能源结构，大力推广天然

气、水电、风电、核电和太阳能等可再生能源和清洁能源。

一是努力提高煤炭能源的综合开发利用水平，加快煤炭能源结构的升级与优化。大力推广洁净煤技术，限制高灰分和高硫分煤炭的生产，发展煤化工和煤气化技术，减少煤炭能源消耗所产生的 CO_2 排放。二是优化火电结构。加快淘汰落后的、碳排放高的小火电机组，对现有机组进行节能技术改造，实现火电厂碳排放的减量化；大力发展高效、洁净发电技术，适当发展以天然气、煤层气为燃料的小型分散电源。三是加快天然气等具有低碳排特征的能源开发和利用力度。努力提高天然气在城市能源消耗中的比例，力争在天然气发电、天然气化工、天然气工业燃料利用方面取得积极进展。四是积极推进核电建设。把核能作为缓解城市高碳排放的重点，逐步提高核电在城市能源供应总量中的比重。五是积极推进生物质能源的发展。以生物质发电、沼气、生物燃料为重点，大力推进生物质能源的开发和利用。六是积极扶持风能、太阳能等的开发和利用。采取宏观调控和市场引导相结合的方式，扩大城市内太阳能热水器的推广使用范围；制定相关的制度，规定城市新建建筑设计要优先考虑安装太阳能热水器；制定相关优惠政策支持企业开发适合于建筑、采暖、制冷以及其他工业应用要求的太阳能新技术和新产品；城市路灯、电话亭、广告牌等公共设施采用太阳能光电照明。

4.3　推行节能型材料，发展绿色建筑

大力发展以绿色建筑为代表的具有节能、低碳排放等特征的建筑。加快推进建筑节能，大力发展绿色建筑，做好建筑节能专项示范工程以及实现可再生能源利用技术与建筑的有机融合；大力发展与绿色建筑相关的设计技术、节能技术与设备、施工技术等一批具有低碳排放特征的重点技术。

加快发展节能、环保、低碳的建筑材料。进一步推广节材型建筑，积极推进新型建筑体系，积极配合国家相关的政策，大力发展新型墙体材料；推广应用高性能、低材耗、可再生循环利用的建筑材料；大力推广应用高强钢和高性能混凝土；积极开展建筑垃圾与废品的回收和利用等。

4.4 建设高效节能的交通系统

加快汽车产品的低碳化升级。加快淘汰高耗能的老旧汽车，从源头控制高耗油汽车的发展；大力发展节能环保汽车和新能源汽车，以经济型小排量汽车、纯电动汽车、混合动力汽车和燃料电池汽车等产品为重点方向，优化汽车产品结构；鼓励使用节能环保型车辆，推广液化天然气、生物质燃料等清洁燃料。

引导交通能源消费，加快交通系统的智能化管理与规划。配合国家出台的相关政策，制定有利于低碳城市建设的相关政策措施，鼓励小排量节能环保型汽车和新能源汽车消费以及加快淘汰高油耗车辆；配合低碳城市规划加强以道路交通为主体的城市公共交通系统建设，积极发展轨道交通；优先发展城市公共交通，促进交通运输系统的节能化、环保化、低碳化改造；加快城市交通的信息化建设，建立智能化的交通管理与引导系统，保证城市交通的通畅运行。

4.5 倡导政府、事业单位以及商业节能

推动政府机关节能。积极利用政府采购的导向作用，政府机构优先采购具有节能、环保、低碳排放等特征的产品；严格机关公务用车管理，减少不必要的公务用车，尽量减少车辆的使用次数；推广高效节能的办公电器，降低待机能耗；大力推广应用节能型灯具，政府机关应率先更换节能灯。

引导民用和商业节能。在大型商业场所推广使用节能设施，推行节能标签制度；制定城市节能制度，合理控制室内空调温度，公共建筑夏季室内空调温度设置不得低于26℃；推广高效节能电冰箱、空调器、电视机、洗衣机、电脑等家用及办公电器，降低待机能耗，实施能效标准和标识。

4.6 倡导低碳生活方式

倡导低碳的生活方式，也就是倡导市民从自己的生活习惯做起，控制个人的 CO_2 排放量。低碳的生活方式包括了低碳的消费方式、低碳的出行方式等。在与生活相关的能源消费方面，倡导市民在日常生活中

节约资源，做到节水、节电、节气。如尽量用喷头淋浴、少用浴缸洗澡；推广安装节水器具；不过度使用空调，在夏天尽量使空调的温度设置在26℃以上；推广节能灯的使用；不使用一次性筷子；多使用电子邮件以减少纸张的使用等。在出行方面，倡导尽量选择低碳的出行方式。如减少驾车或者打车出行；尽量乘坐公共交通工具；在一些距离较短的出行目的地，选择自行车或者步行。

4.7　建设城市森林，增加碳汇

加强现有城市森林的管理，加快城市森林的建设。加强城市绿化隔离带、绿色通道、水源涵养林、农田林网和海岸、河流防护林等城市防护林的管理与建设，要进一步加强城市辖区和城市周边地区的天然林及原生植被的保护，封山育林，禁伐限伐，加强保育使天然林的生态功能得到充分发挥。严格执行我国《森林法》、《土地法》等有关法律法规，切实保护现有的城市森林；从城市安全的角度出发，以点、线、面相结合的方式全面规划城市林业，尽可能扩大城市绿地和林地，增加城市碳吸附能力；制定和完善各级政府造林绿化目标管理责任制和部门绿化责任制，继续推进全面义务植树、城市绿化和绿色通道建设；通过相关产业政策的调整，推动植树造林工作，加快森林资源培育，扩大城市森林面积，增加城市森林数量和城市森林覆盖率；尽量选取固碳能力强的树种进行培育，增强城市森林生态系统的固碳能力。

4.8　注重碳回收再利用

低碳经济的目的是减少 CO_2 的排放，如果能对经济运行过程中产生的 CO_2 进行回收再利用，不仅可以减少 CO_2 的排放，还能形成一定的经济效益，实现生态效益与经济效益的相统一与最优化。CO_2 可以用来做碳酸饮料、保鲜剂、防火剂、纯碱、化肥等。目前在国内市场上食品级 CO_2 约为1000 元/t，工业级 CO_2 为600 元/t[16]。随着我国经济社会的迅速发展，生产、生活中对 CO_2 的需求也将越来越大，CO_2 必将作为一种有价值的商品，而不是需要消耗大量资金去处理的废弃物。

4.9 城市低碳经济的发展要严格控制新污染源的产生

低碳经济不仅要“低碳”且“经济”，还要“环保”。在城市低碳经济发展的过程中要严格控制新污染源的产生。在各种低碳项目建设过程中，环保部门要严格执行环境影响评价和“三同时”制度，避免在追求低碳的过程中产生新的污染，得不偿失，真正实现“三大效益”的相统一与最优化。

参考文献

[1] 顾朝林，谭纵波，刘宛等. 气候变化、碳排放与低碳城市规划研究进展[J]. 城市规划学刊，2009(3)：38～45.

[2]网易哥本哈根全球气候大会专题. http：//discovery. 163. com/cop15/.

[3]徐华清，郭元，郑爽. 全球气候变化——中国面临的挑战、机遇及对策[J]. 经济研究参考，2004(84)：21～26.

[4]徐冬青. 发达国家发展低碳经济的做法与经验借鉴[J]. 世界经济与政治论坛，2009(6)：112～116.

[5] 张安宁，唐在富. 发达国家发展低碳经济的实践与启示[J]. 中国财政，2009(8)：68～70.

[6] 黄海. 发达国家发展低碳经济政策的导向及启示[J]. 环境经济，2009(11)：19～22.

[7]任奔，凌芳. 国际低碳经济发展经验与启示[J]. 上海节能，2009(4)：10～14.

[8] 王文军. 低碳经济：国外的经验启示与中国的发展[J]. 西北农林科技大学学报：社会科学版，2009，9(6)：73～77.

[9] 温家宝总理在哥本哈根气候变化会议领导人会议上的讲话. http：//news. xinhuanet. com/world/2009－12/19/content_ 12668033. htm.

[10] IPCC. Climate Change 2007：The Physical Science Basis. Summary for Policymakers[EB/OL].

[11]顾朝林，潭纵波，刘宛等. 低碳城市规划：寻求低碳化发展[J]. 建设科技，2009(15)：40～41.

[12] 实录：2009CPN“城市能源、环境与交通主题论坛”. http：//house. china. com. cn/home/view/51498－3. htm.

[13] 张德英，张丽霞. 碳源排碳量估算办法研究进展[J]. 内蒙古林业科技，2005

(1)：20～23.

[14] 杜人淮. 发展高端服务业的必要性及举措[J]. 现代经济探讨，2007(11)：17～21.

[15] 吴解生. 对"再生资源"集中定义的简略评价[J]. 有色金属再生与利用，2003，(1)：23～24.

[16] CO_2 回收利用"钱"景广阔 . http：//www. 2c－china. com/html/news/guonei/082849. html.

资料链接

中国低碳城市案例

低碳城市 Low－carbon City，指以低碳经济为发展模式及方向、市民以低碳生活为理念和行为特征、政府公务管理层以低碳社会为建设标本和蓝图的城市。按照 WWF(世界自然基金会)的定义，"低碳城市"是指城市在经济高速发展的前提下，保持能源消耗和 CO_2 排放处于较低的水平。

2008 年 1 月 28 日，国家建设部与 WWF 以上海市和河北省保定市为试点，推出"低碳城市"示范项目，低碳城市建设在我国正式起步。从试点到现在，"低碳城市"迅速受到各地热捧。珠海、厦门、杭州、贵阳、吉林、南昌、广元、赣州、苏州、无锡等多个城市提出建设"低碳城市"的构想。目前"低碳"已经成为很多地方经济结构调整的一张牌，各地的低碳城市实现路径在 2010 年将面临一个选择。

保定市：2008 年 1 月，WWF 正式启动"中国低碳城市发展项目"，保定与上海共同入选首批试点城市。据悉，近年来保定市已形成光电、风电、节电、储电、输变电与电力自动化六大产业体系，新能源企业达 160 余家，"中国电谷"和"太阳能之城"享誉海内外。

2008 年 12 月 24 日，保定市政府正式发布了《关于建设低碳城市的意见》，"低碳保定"的建设正式启动。与此配套的《保定市低碳城市发展规划纲要(2008～2020 年)》(草稿)也由清华大学公共管理学院与保定市发改委联合制定完毕。这是首个以政府文件形式提出的促进低碳城市发展的文本，它标志着保定城市发展步入了以能源节约、新能源推广应用和碳排放降低为主要标志的低碳模式。

2009 年，保定市印制了《低碳城市家庭行为手册》，告诉市民生活中应注意什么，怎样减少碳排放。比如，鼓励乘坐公共交通工具出行或以步代车；引导采用节能的家庭照明方式、科学合理使用家用电器等。

深圳市：2010 年 1 月 16 日，住房和城乡建设部与深圳市签订了“低碳城市”规划合作协议。国家发改委已委托相关研究机构，在地方政府“十二五”发展规划编制当中，研究如何发展低碳经济和低碳城市。

深圳的模式属于部市携手共建低碳生态示范市，深圳市将在住房和城乡建设部的指导下，进一步转变发展模式、推动产业结构转型升级。在规划建设低碳产业、公共交通、绿色建筑、资源利用等方面积极探索，先行先试。

深圳的低碳生态示范城市建设以“绿色建筑”为突破口。2010 年深圳将制定两个新条例以形成低碳建筑体系：一是《可再生能源建筑应用管理办法》，确定 712 万 m^2 示范项目安装可再生能源应用装置；二是《绿色建筑管理办法》，建立绿色建筑全寿命周期管理制度。此外，也加快了低碳服务业的建设。

杭州市：2009 年 12 月 28 日，杭州召开建设低碳城市动员大会，29 日，杭州市委全委会又审议通过了《关于建设低碳城市的决定》。杭州如何建设低碳经济、低碳建筑、低碳交通、低碳生活、低碳环境、低碳社会“六位一体”的低碳城市，在《决定》中描摹得脉络清晰。

沈阳市：2009 年 6 月 12 日，联合国环境规划署(UN－EP)正式确定沈阳经济技术开发区和沈阳高新园区为“生态城”示范项目，此项目于 6 月起正式启动，沈阳市成为我国唯一的“生态示范城”。

“生态示范城”项目的着眼点就是低碳技术，包括可再生能源的使用、煤的清洁高效利用、油气资源和煤层气的勘探开发、CO_2 捕获与埋存等领域开发，有效控制温室气体排放的新技术等。在“沈阳生态示范城”项目中，联合国不是直接投入资金，而是对这一项目实施给予重要的技术支持和宣传支持。这一项目的实施将对国家、辽宁省及沈阳当地的环保政策制定、环保投入起到重要的引导作用。

在国家及辽宁省的支持下，为期3年的“沈阳生态示范城”项目将从企业、工业园区和区域城市3个层面开展。示范企业将全面推进低碳技术的实际应用；工业园区将科学组织企业间排放物的循环利用；区域城市将进一步细化各种生活垃圾的分类处理，提高资源回收再利用水平。

广元市：四川省广元市在灾后重建城市中率先提出了低碳重建的口号，并把推动低碳重建，建设低碳城市作为恢复发展的路径。由中国社科院城市发展与环境研究中心组成的研究团队将为广元市量身打造一套低碳经济发展衡量指标体系，引导广元市低碳经济的发展。

广元市创建低碳经济示范区的规划有两个切入点：一是产业结构的低碳化，大力发展旅游业、农副产品、电子机械板块和清洁能源板块；另一个是将低碳理念作为所有建设和生产行动的指导思想，推动产业结构和产业运营低碳化。其中，低碳经济——瞄准新能源产业；低碳建筑——节能精品建筑的目标是打造“百年建筑”；低碳交通——从公交车、出租车到免费单车、水上巴士、地铁，打造“五位一体”的绿色环保的出行方式；低碳生活——让生活摆脱碳依赖；低碳环境——严格控制新建项目；低碳社会——包括“绿色学校”节能计划、打造“低碳社区”、推行“绿色办公”等。

资料来源：中国城市网，http：//cityofchina. org/news. php? id＝564.

第十章

企业发展生态文明经济(上)

生态文明建设的首要任务是发展生态文明经济，而发展企业生态文明经济则是关系到我国现代工业化顺利实现的关键。面对工业文明造成的日益尖锐的经济社会发展与人口资源环境的矛盾，如何发展生态文明经济，实现国家生态文明工业化，实现生态效益、经济效益与社会效益三大效益的相统一与最优化，这是严峻挑战，也是难得的机遇。党的十六大提出走“新型工业化道路”，十六届三中全会提出了科学发展观，党的十七大提出生态文明建设的奋斗目标。表明我党已将生态文明建设从学术和实践层面上升到党的执政理念层面，内含着发展企业生态文明经济的思路。

1 中国企业发展生态文明经济的特殊性

生态文明是针对工业文明所带来的威胁全人类生存与发展的生态危机，人类选择的一种新的生存与发展道路。历史上人类文明的每一次跃升都是在人类生存陷入困境和人类以其特有的能动性力求摆脱困境的矛盾斗争中实现的。如果说从采集文明到农业文明以至到工业文明的跃升是为了解决人类“生存资源短缺”的矛盾，那么从工业文明到生态文明的转型则是为了解决生态危机这一威胁全人类生存与发展的“新生存危机”。生态环境问题无国界，在生存危机的压力下，需要全人类的智慧和理性。生态文明建设是全人类共同的历史使命。

生态文明建设不仅具有世界性，也具有民族性即特殊性，同理，企业生态文明经济建设也具有其特殊性。西方发达国家走的是“先污染，后治理”的传统工业化道路，是在完成工业化后才开始着手解决严重的生态环境问题；我国在工业化还未完成甚至刚开始就面临着严重的生态环境问题，因此，我国企业生态文明经济建设是伴随着工业化的进程而逐步展开的。西方式工业化是一种只能满足和容纳少数国家的工业化。而我国的工业化是占世界人口20%的人口大国的工业化，是几乎两倍于西方发达国家的工业化。中国工业化面临的最大挑战，就是中国能否创造一种属于大多数人口共享的工业化模式[1]。在工业化进程中建设生态文明体现了我国发展企业生态文明经济的一个特殊性。另外，区别于西方发达国家，我国发展企业生态文明经济的另一个特殊性是通过企业生态文明经济建设来实现西方发达国家已经实现的现代化，其实质是对传统工业的生态化改造与升级优化。由于我国与西方发达国家处于不同的发展阶段，所存在的主要矛盾、资源禀赋与环境容量、经济实力和科技水平等方面也不尽相同，因此发展企业生态文明经济有其独特的特点。

1.1 中国企业发展生态文明经济面临的问题和挑战

1.1.1 我国正处于经济发展与人口资源环境矛盾最尖锐的阶段

在不同历史阶段，经济发展与资源环境矛盾的尖锐程度和矛盾关系的结构不同。在工业经济发展的早期阶段，经济规模小，环境容量大；在经济发展的后期阶段，经济实力强，治理力度大。这两种情况下，经济发展与资源环境的矛盾相对容易解决。而在这两个阶段之间的中间阶段，资源环境压力大，而经济实力又没有达到足够强，资源环境与经济的矛盾最为突出。我国正处在上述早期阶段向中间阶段的过渡时期，是经济社会发展与资源环境矛盾最尖锐的时期，也是解决这一矛盾最艰难的时期。西方发达国家已走过了第一和第二阶段，进入第三阶段。从工业发展的历程来看，西方发达国家一般在人均国民生产总值2000～3000美元时才出现了比较严重的环境污染。他们在经济实力比较雄厚时开始治理，如："美国开始大规模治理环境问题时，人均国民生产总值达11000美元，日本虽较低，也超过了4000美元。"[2]而我国则完全不同，由于我们是后发工业化国家，实行的是赶超型的现代化战略。新中国成立后，一开始实行的就是"重工业优先发展"的战略，在人均国民生产总值数百美元时，就出现了较为严重的环境污染。改革开放以来，随着我国经济容量的增大，生态环境问题更为严峻。我们在着手解决生态环境问题时，既没有发达国家当时所具有的资源和环境容量，又面临着比发达国家差得多的经济条件。

1.1.2 我国面临自身资源不足且资源利用率低的制约

“根据人口数量与国土规模以及相应的自然资本关系，我们可以粗略地在世界上识别出四种类型的国家：人少地多的国家，如澳大利亚、加拿大、俄罗斯等；人少地少的国家，如新加坡；人多地多的国家，如美国；人多地少的国家，如中国、德国、日本、印度等。因此，由此决定的发展理论和发展模式应该是不一样的。”[3]我国是能源资源严重短缺的国家。人均土地只有世界人均水平的35.9%，人均水资源只有世界人均水平的25%，石油、天然气人均剩余可采储量仅有世界平均水平的7.7%和7.1%，储量比较丰富的煤炭也只有世界平均水平的58.6%。按目前探明储量和开采能力测算，我国煤炭、石油、天然气的可采年限分别只有80年、15年和30年，而世界平均水平分别是230年、45年和61年。预计在2016年，中国将只有4种重要战略矿藏可以满足自身现代化发展的需要。另一方面我国资源和资源性产品的价格长期偏低，没有充分反映资源稀缺程度、供求关系变化，也没有包括资源开发和利用对环境损害的补偿成本。我国的“低成本”实际上是不完全的成本。这不仅导致资源利用效率低、浪费严重，我国每创造1美元价值所消耗的能源是美国的4.3倍，德国和法国的7.7倍，日本的11.5倍；而且使经济发展同资源环境的矛盾越来越突出。从整体上看，资源环境越来越成为制约我国经济发展的主要因素。这一严峻的形势表明中国特别需要生态文明。

1.1.3 我国面临着全球性资源枯竭和价格高昂的约束

我国是在人类‘生态足迹’已经超出地球生态承载力多达25%的前提下加入工业化行列的。西方七国工业发达国家总人口仅7.2亿，只占世界人口的11.2%，他们已消耗了占世界70%的资源。占世界1/5人口的中国加入世界工业化行列所面对的资源、环境约束可想而知。随着我国经济持续快速增长，资源消耗量越来越大，2008年我国能源消费已达29.1亿t标准煤；石油、铁矿石等资源进口量越来越大，已占国内需求量的50%以上(62%必须成为一条警戒线)。由于世界资源的稀缺性，中国进口资源越来越受到限制与高昂价格的制约。近几年铁矿石的谈判可见一斑。在谈判桌上我国“连续五年痛失‘话语权’，令中国钢铁业损失惨重，过去6年中国钢铁商和铁矿石消费者，因价格谈判下铁矿石定价太高，损失高达7000亿元。”[4]“‘中国需求’尽管是我们一直标榜的谈判砝码，但是在中国铁矿石自给率较低的前提下，‘中国需求’反而成了制约中国在谈判桌上坚持强硬立场的一大软肋。”[5]同时，工业化对于西方发达国家来说是内生的，在逐渐发展的过程中，矛盾逐步暴露逐步解决。同时，他们还可以将矛盾转嫁到发展中国家，掠夺他们的资源，将污染较严重的产业转移出去。中国后入工业化国家的身份，所处的资源和环境约束使得工业化与文明创新不同阶段的任务在同一时空汇合，而显示出矛盾的聚集性和交叉性。

可见，我国处于经济发展方式转变的关键时期。“根据索洛改写的生产函数，参与生产的生产要素主要有四类，这就是土地等自然资源、资本、劳动和广泛意义上的技术进步。”[6]中国作为发展中国家，为了在最短的时间内取得经济的快速增长，在劳动者的素质和科技水平较低的情况下，采取了拼资源和资本，以牺牲生态环境为代价的追求经济增长为目标的粗放型的经济增长方式。至今忽视经济增长质量、忽视生态环境成本，经济增长过度依赖投资、出口，过度依赖工业特别是重化工业发展，过度依赖物质投入的问题还十分突出。如果不改变传统的经济发展方式，继续走高投入、高消耗的发展道路，资源环境的承载力难以为继，全面建设小康社会的宏伟目标就不可能实现。“中科院最近发布的一份报告认为，中国在通往现代化的道路上，将遇到资源环境压力、发展不均衡等挑战，如果按照发达国家现代化的现有‘历史经验’走下去，中国在本世纪末晋级发达国家的概率仅为4%。”[7]经济发展方式的转变已成为当今决定中国现代化命运的重大抉择。

1.2　中国企业发展生态文明经济的优势

发展企业生态文明经济对中国来说，既是挑战，也是机遇。中国在创造一种属于大多数人口共享的以生态文明为导向的现代化的道路上，可以为人类作出独特的贡献。

1.2.1　制度优势

西方发达国家的生态文明建设虽有强大的经济实力和技术能力作为物质基础，但在市场和资本内在扩张的驱动下，必然会掠夺自然而带来生态环境问题，即便使用经济和技术等手段或将生态危机转嫁到发展国家，只能在一定程度上局部解决生态环境问题，而不能从根本上得到解决。在“资本的逻辑”的无限驱动下，国家利益往往高于全球利益。美国至今未在“京都协议书”上签字。如奥康纳在《自然的理由》中说，资本主义不可能解决生态环境问题，只有废除资本主义，走上生态社会主义之路才能彻底解决人与自然的矛盾，实现人与自然的和谐。现代公有制具有尽可能克服“资本的逻辑”带来消极影响的制度优势。中国虽是发展中国家，中国的工业化、现代化的任务远未完成，需要更多合理的排放空间，但在应对威胁全球的生态危机上仍然作出了积极的巨大的努力，这与我们的制度优势是分不开的。

1.2.2 后发优势

发展中国家不仅具有后发劣势，而且具有后发优势。美国社会学家M·列维从现代化的角度将后发优势理论具体化。列维认为后发优势有五点内容：①后发国对现代化的认识要比先发国在自己开始现代化时对现代化认识丰富得多。②后发者可以大量采用和借鉴先发国成熟的计划、技术、设备以及与其相适应的组织结构。③后发国家可以跳越先发国家的一些必经发展阶段，特别是在技术方面。④由于先发国家的发展水平已达到较高阶段，可使后发国家对自己现代化前景有一定的预测。⑤先发国家可以在资本和技术上对后发国提供帮助[8]。虽然后发优势与后发劣势往往相伴而生，但我们可通过创造一系列新条件，尽可能克服后发劣势，使潜在的后发优势变为现实的优势。尤其在发展企业生态文明经济方面，可吸收先行工业化国家的经验教训，充分认识工业化过程中将会出现的问题，选择新型工业化道路，超越西方国家“先污染、后治理”的老路子，处理好经济发展与资源、环境之间的关系。充分运用日趋完善的生态化技术，依托信息技术，以信息化推动工业化，借助科学技术的助动力，跃过早期工业化必须经历的阶段，实现跨越式发展。走出一条适合于占世界人口大多数的后发工业化国家建设生态文明的路子，以实现工业化与生态文明建设的协调发展。

1.2.3 良好的生态文明思想基础

中国的传统文化包含了一种生态维度。生态伦理思想是中国传统文化的主要内涵之一，这使我们有可能率先反思并超越自文艺复兴以来就主导人类的'物化文明'，成为生态文明的率先响应者。至今全球尚有50多亿人口处在工业化初期或中期，生态文明刚刚萌芽。中国是最大的发展中国家，如果我国率先跨入生态文明社会，不但会使全国的经济、社会、生态、环境、人文、民生面貌为之一新，而且必将大大加快全球生态文明建设进程。如英国卫报所说，"19世纪英国教会世界如何生产，20世纪美国教会世界如何消费，21世纪中国教会世界怎样实现可持续发展。中国在转变经济发展方式过程中所取得的理论进展和实践成效，不仅将造福于10多亿中国人民，而且将为世界经济可持续发展和经济学演进做出重要贡献。"[9]

中国所探索的生态文明建设是关系人类文明可持续演化的新探索。在这一探索中，尽管很艰难，已取得一定的成绩。如我国的威海、珠海、厦门、廊坊、三亚等一批城市，改革开放以来，其经济发展速度高于全国平均水平，但生态环境质量也一直良好。以厦门为例：改革开放30年来，厦门坚持发展生态生产力的理念，转变经济发展方式，下大气力治理环境，经济社会发展与生态文明建设都取得优异成绩。厦门人均绿地面积26.13m^2，森林覆盖率达43%，饮用水水源水质达标率100%，生活垃圾无害化处理率100%，城市污水处理率84.71%，多项环保指标在国内领先，接近国际先进水平。先后获得"全国文明城市"、"国际花园城市"、"联合国人居奖"等多项荣誉称号。另一方面，厦门坚持"以工业为主，兼营旅游、商业、房地产的综合性、外向型的经济特区"发展方向，大力发展外向型、技术密集型、非资源型工业，在引进先进项目、培育知名企业和品牌的同时，积极鼓励自主创新，大力建设工业园区，不断提高工业发展的集约化水平。以高新技术发展和工业集中区建设带动产业结构升级，不断提高自主创新能力和经济集约化程度. 从1981~2008年，全市GDP由4.80亿元提高到1565亿元，年均增长17.7%；规模以上工业总产值由10.07亿元提高到3010亿元，年均增长23.4%；财政总收入由1.95亿元提高到410亿元，年均增长22.1%；城镇居民人均可支配收入由482元提高到23868元，农民人均纯收入由264元提高到8477元，年均递增分别达到15.5%和13.7%。高新技术企业总产值约占全市规模以上工业总产值的六成。常住人口人均GDP达7528美元，居全国大中城市前列，万元生产总值综合能耗约

0.616t 标准煤，约为全国平均水平的一半[10]。

2009 年 5 月 4 日国务院颁发了《国务院关于支持福建省加快建设海峡西岸经济区的若干意见》. 提出“到 2012 年，单位生产总值能耗持续下降；生态环境继续改善;”，“到 2020 年，……资源利用效率明显提高，生态环境优美，可持续发展能力增强，生态文明建设位居全国前列，科学发展达到新的水平，”[11]同时强调海西要立足现有制造业基础，加强两岸产业合作，积极对接台湾制造业，大力发展电子信息、装备制造等产业，加快形成科技含量高、经济效益好、资源消耗低、环境污染少、人力资源优势得到充分发挥的。厦门在建设先进制造业基地和两岸产业合作基地与生态文明建设中可以发挥独特的作用。

2 发展企业生态文明经济的关键是实现生产方式的生态化转向

生态环境问题主要是在工业化进程中产生的，而且大部分集中在经济领域。在生态文明理念的指导下，改造传统的工业化生产方式，形成新的产业体系和生态化生产方式，发展知识经济、体验经济、生态经济、绿色经济、循环经济、低碳经济等，使经济活动生态化，这是发展企业生态文明经济的重要基础。

物质生产方式是人类社会存在和发展的基础，也是人类文明发展的基础。与人类文明至今所经历的采集—狩猎文明、农业文明、工业文明相适应的生产方式是采集—狩猎生产方式、农业化生产方式和工业化生产方式，与正在逐步形成的生态文明相适应的应是生态化生产方式。“生产方式有不同种类，比如，人和物的组合，属于组合方式；手工生产还是机械化生产，属于作业方式；个体生产还是集体生产，属于管理方式；分散生产还是集中生产，产权合一还是产权分离，都属于组织方式。”[12]除此之外，还应包括是单方面向自然索取的线性生产方式，还是与自然和谐共生的循环型生产方式，这属于人与自然的物质变换方式。工业文明首先伴随着现代资本主义生产方式而发展。从人与物组合方式的角度界定资本主义的生产方式，即“资本主义条件下劳动者和劳动资料相结合以生产人们所需要的物质资料的方式”，“资本主义条件”

这个限制词表明资本主义生产方式是资本——雇佣劳动的组合方式。这种组合方式不仅体现资本剥削雇佣工人的关系，而且体现资本在追求利润最大化驱动下掠夺自然的关系。从作业方式、管理方式、组织方式、人与自然物质变换方式等方面界定生产方式，体现了资本主义生产方式与工业化生产方式的联系。工业化是人类进行社会化大生产的一种生产方式，是人类依靠科学技术改变人与自然之间物质变换关系的过程。"工业化本质是专业化或生产组织方式的变化。"[13] 从手工生产发展到机械化生产，从个体生产到集体生产，从分散生产到集中生产，科技的广泛运用，流水作业，严密的组织管理大大提高了生产效率，促进了生产力的高速发展。但与此同时，传统工业化生产方式所引起的自然环境破坏也大大超过以往的生产方式。

生态化生产方式与工业化生产方式有联系的一面，它仍然是以科学技术为支撑力的机械化、自动化的社会化大生产。另一方面，二者也有质的区别。一是传统工业化生产方式与自然是对立的。从人与自然物质变换的关系看，工业化生产方式是单方面向自然索取的"资源—产品—废物"线性的生产过程。其处理废弃物的方式是非循环的，"把本应统一的生产过程分割为相对独立的两部分：一部分设备进行产品生产，一部分设备进行废弃物处理；同时，统一的生产过程由两部分人来完成：产品的生产者和环境保护工作者。这是违背生产过程的整体性和辩证法的。它既不经济又不科学；既不能解决问题，又浪费了大量资源。"[14] 生态化生产方式表现为循环型的生产，即把生态学理念引入生产过程和劳动组织中，把经济活动组织成一个"资源—生产—消费—再生资源"的反馈式流程。其特征是自然资源的低投入、高利用和废弃物的低排放，以尽可能少的资源消耗和尽可能小的环境代价，取得最大的经济产出和最少的废物排放，实现经济、生态和社会效益的相统一与最优化，从而逐步消解人与自然之间的尖锐冲突。二是传统的科技创新，考虑的是如何创造出性能良好的产品，注重的是提高经济效益，而很少考虑如何减轻环境负荷与便于回收再利用的问题。利用传统的科技与自然进行物质变换，可将自然资源快速地转化为社会财富，同时也造成了资源的枯竭与环境的严重污染。生态化技术创新是充分利用资源和减少环境污染的创新。它在技术创新过程中尽可能克服技术对资源环境的消极作用，不仅要考虑经济效益，而且要考虑生态效益和社会效益，使技术创新从传统的支持经济增长转向支持经济社会可持续发展。三是传统工业化生产方式是以单个生产过程最优化为目标，注重的是经济效益，而很少考虑生态效益和社会效益，很少考虑资源消耗、环境污染对整个自然界的影响。生态化生产方式的生产目的具有全面性的特征，不仅以获取人及社会所需的物质财富为目的，同时也满足自然生态系统自身的需求，实现三大效益的相统一与最优化。在这方面，人既是目的又是手段。

建设生态文明，不仅要从劳动者与生产资料结合的方式上改变资本主义生产方式，而且要从人与自然物质变换方式上变革传统的工业化生产方式，要吸取其促进生产力发展的一面，克服其对自然的破坏的一面，形成一种既与其相联系又相区别的生态化生产方式。

第一，生态化生产方式的形成有一个由浅入深的过程。“人类文明是循着由浅入深地认识和改造自然物质层次而向前发展的，不同的人类文明归根结底是不同层次的物质生产力和物质生产方式。由自然物质的层次所决定，工业化生产是采掘和利用天然矿物资源的生产，新工业化生产是人工创造和深层循环利用化学物质的生产。”[15]要形成生态化生产方式，首先将工业化的线性生产方式改造为循环型生产方式。传统的工业化生产方式是一种单向流动的“资源—生产—消费—废弃物排放”线性生产过程，依靠的是高强度地开采和消耗矿物资源资源，同时又高强度地破坏着生态环境。生态化生产方式是循环型的。它把经济活动组织成一个“资源—生产—消费—再生资源”的反馈式流程，其特征是自然资源的低投入、高利用和废弃物的低排放，力图以尽可能少的资源消耗和尽可能小的环境代价，取得最大的经济产出和最少的废物排放，实现经济、生态和社会效益相统一。其次，就循环型生产方式来说，有一个从浅层循环到深层循环的过程。浅层次的循环是将“天然化学资源”在生产过程中产生的废弃物资源化、再利用。深层循环是人工创造和深层循环利用“人工化学物质资源”。天然矿物资源是不可再生的，而且在开采和利用过程中对环境的污染较大。人工创造和深层循环利用化学物质资源的生产，可深入到物质元素的层面进行深层制造，形成人工材料及制品，并将其废弃物资源化进行深层循环利用。

第二，生态化生产方式形成的关键是科技创新的生态化。生态化科技体系是生态文明建设的重要支撑力量。自然资源的低投入、高利用和废弃物的低排放、循环利用都需要生态化科技。比如尾矿废矿等资源，没有较高的技术水平是无法利用的。新能源的开发利用也需要较高的科技水平。目前，“信息科技、生物科技、纳米科技、新能源科技、新材料科技、生态科技、太空科技等一系列高新科技形成了一种整体的力量，推动并产生一场物质生产方式的新变革，从而形成一种崭新的物质生产力和生产方式。”[16]在这场科技创新的生态化转向中，一是要吸收现有技术的合理因素，发挥科学技术的生态功能，推进科技创新与突破，形成与自然相融合、符合自然—人—社会的协调、持续、全面发展需要的生态技术；二是应当从根本上遏制反生态科学技术的开发和使用，尽可能消除科学技术的负面效应。

第三，生态化生产方式形成的前提是适度消费的生活方式。适度消费要求建立一种与环境相协调的、低资源和能源消耗、消费质量高的消费体系。大量消费的消费方式已经给人类造成了各种困境和危机，它能够通过扩大内需推动经济规模的扩大，但却无法从质上优化经济结构，无法解决资源环境问题，无法逾越贫富差距的鸿沟。生产与消费紧密相联。适度消费的生活方式将促进生产方式的生态化转向，生产出持久耐用，可回收、易于处理的消费品；不合理的消费方式导致不合理的生产，生产出大量一次性、不耐用、大量消耗资源和产生大量垃圾的消费品。我国内需不足与片面追求物质需求的现状同时并存，这就要求我们：一是要提高人民的生活水平尤其是贫困群体的生活水平。合理消费是解决贫困问题的题中应有之义。要求政府引导贫困人口满足生存与发展的消费需求，打破环境破坏与贫困人口恶性循环的怪圈。二是要确立适度消费的理念，培养和形成一个成熟、文明的“绿色消费”群体，改变人们不合理的消费方式。广泛开展绿色消费活动，引导绿色消费新时尚。减少一次性消费品的用量，提倡绿色包装、控制白色污染，通过优化大众消费结构和提高消费质量，引导生态农业体系和生态工业体系的建立。三是要树立可持续消费的观念，改变物质欲望无限膨胀的消费主义的生活方式，形成有助于丰富精神世界，促进全面发展的适度消费生活方式。“社会主义不仅要满足人的需要，它更深刻的本质在于：改变人的需要。”社会主义的“根本任务就是要消除物化，使人类从无休止的物质追求中解脱出来，恢复人的需要中的精神性质；使人类社会从注重物质生活向注重精神生活转变；最终建立起一种朴素的生活方式。”[17]人的需求是多方面的，有物质需求，也有精神需求。在人们的基本物质需求得到满足后，只有把人的需求引导到精神需求上，使越来越多的人将自己较多的时间和精力用于精神求索，才可能使发展目标从追求片面的经济增长向追求经济、社会和人的全面发展转变，也才可能形成生态化的生产方式。其实这种因素已经在社会中慢慢生长出来。人们并不因为物质财富的增加，幸福感也随之增加。精神和生态的需要，自我实现的需要逐渐凸现。

3 发展企业生态文明经济需要逐步实现全方位的变革

从工业文明向生态文明迈进的道路艰巨而漫长。人类文明在传承中发展，新的文明形态往往孕育于原有的文明框架内。当文明要素逐渐发展壮大，并最终成为人类文明的主导因素的时候，就标志着文明形态开始发生转变，人类文明也就逐渐地从旧文明形态向新文明形态过渡。但要真正实现文明形态的跃升，需要人们的自觉行动。不仅要转变物质生产方式，而且要进行一场包括经济、政治、制度、文化尤其是价值观等各领域的深刻革命。如果不做各领域变革的准备，仅停留在经济层面就环境论环境，不可能真正解决我们面临的经济社会发展与资源环境的矛盾，也就不可能真正实现生态文明。因此，我们必须积极创造条件，从现在做起，积极推动从工业文明形态向生态文明形态的转变。

3.1 实现价值观的生态化转向

从工业文明过渡到生态文明，自然观、价值观的深刻革命是关键之一。因为不实现价值观的根本转变，人们仍然无限地追求物欲的满足，权力的集中，无序竞争等，必然导致对自然资源的无限掠夺和对环境的破坏。在这个意义上，“生态文明不是项目问题、技术问题、资金问题、政策问题，而是核心价值观问题，是灵魂问题。”[18]因此，要建立完善的生态文明教育机制，就要从学校教育环节抓起，贯穿于国民教育的全过程及全社会教育的全过程，使人们逐渐从工业文明观转变为生态文明观，逐步改变自然资源可以取之不尽、用之不竭和环境可以无限容纳污染的价值观念。承认自然的内在价值，从自然的内在尺度出发认识维持生态系统完整、稳定的重要性，并把道德关怀引入到人与自然的关系中，使人们以道德理念去维系生态平衡，树立人对于自然的道德义务感，从对自然不负责到树立生态责任意识，在道德实践上养成敬畏生命，尊重自然的伦理品质。这样才能为逐步推进文明形态转型打下良好的基础。

3.2 构建满足企业发展生态文明经济的政策、法规、体制、机制

发展企业生态文明经济必须通过体制完善和制度创新，着力克服长期制约生态文明建设的制度性障碍，建立与完善有利于促进企业生态文明经济建设的运行和保障机制。政府必须起到引导和扶持作用。政府必须树立工业化与生态文明建设协调发展的理念，并将其落实到相关政策制定与执行中，完善政策扶持机制。一要发挥政策的整合效应。不仅要以社会经济发展规划的宏观政策来引导、扶持工业化与生态文明建设的协调发展，而且生产、流通、消费等领域的相关政策也要形成引导、扶持合力。二要加强相关政策的融合性与协调性。在制定推进工业化的相关政策时，要体现生态文明理念，处理好工业化与生态文明建设的关系。在国民经济核算体系中也要体现生态文明的理念，实施绿色国民经济核算体系。同时生态文明建设的相关政策，也要融入新型工业化的理念与相关指标的设计，把生态文明建设同促进新型工业化的国家基础性、公益性、战略性的产业相结合。实现工业化与生态文明建设同步规划、同步实施、同步发展、互为依托、互为推动。三是要加强生态法制建设，创造适合生态文明建设的法治环境。进一步健全完善我国关于生态环境保护的法律法规。四是建立良好的监督处罚机制。不能让地方和企业以牺牲环境为代价所获得的经济效益高于因法律制裁所付出的经济成本。五是建立社会监督体系。通过环境保护组织的途径，社会公众有效地组织起来，在环境保护的决策、立法、监督、宣传、教育发挥积极作用。

3.3 培育生态文明新的主体承担者

工业文明的弊端，从深层看有其人性根源。工业化的理论基础是人类中心主义，传统的工业化“是在一个人造特定空间中建构起的受人控制的工业化生产系统。这个生产系统既不为使用自然的资源付费，也不为造成环境污染负责，同时也不受地球四季变化约束。这是一个完全按照人的意志和人对物质无限追求，以直线和单极思维建立起来的人控环境与空间。”[19]在这里人的理性得到了极度张扬和膨胀。生态文明不仅要求重新建构外部自然生态平衡，更重要的是重新建构内部自然生态即人的精神生态、人格生态的平衡，以形成区别于以往时代的人的特有的思想观念和行为方式。这就需要培育社会生态人——生态文明新的主体承担者，以此表征、创造和建设新文明。“社会生态人”是对“自然人”、“经济人”和“社会人”的扬弃。生态文明新的主体承担者包括企业、政府、个人及其他社会组织。相比个人和其他社会组织，企业享有更大的利用和处置社会共有自然资源权利，同时，企业又是资源消耗最大，最容易对环境产生污染的部门，应成为社会生态人塑造的主要对象。

参考文献

[1] 张孝德．中国工业化的困境与文明模式的创新[J]．经济研究参考，2008(72)：2～10.

[2] 经济增长的资源环境代价过大[N]．福建日报，2007-10-20(3).

[3] 储大建．生态文明与绿色发展[M]．上海：上海人民出版社，2008.

[4] 聚焦2010年度铁矿石价格谈判．finance. ifeng. com/news/special/tiekuangshi/.

[5] 杜薇．中国需求是我们在国际铁矿石市场上的软肋．finance. ifeng. com/news/special/tiekuangshi/.

[6] 吴敬琏．转向长期[J]．新华文摘，2010，9.

[7] 任仲平．决定现代化命运的重大抉择——论加快经济发展方式转变[N]．福建日报，2010-3-2(1).

[8] 后发优势理论．baike. baidu. com/view/1380484. htm.

[9] 张玉玲．转变经济发展方式意义重大—访卢中原[N]．光明日报，2007. 10. 24(7).

[10] 厦门市改革开放30年来经济建设成就显著．http：//news. xinhuanet. com/ne-

wscenter/2008 - 12/10/content_ 10484059. htm.

[11]《国务院关于支持福建省加快建设海峡西岸经济区的若干意见》[N]. 福建日报，2009 - 5 - 15.

[12] 陈勇勤. 马克思"生产力 - 生产方式 - 生产关系原理"的疑问和修正[J]. 南京社会科学，2008(1)：1 ~ 8.

[13] 刘世锦. 传统与现代之间——增长模式转型与新型工业化道路的选择[M]. 北京：中国人民大学出版社，2006.

[14] 余谋昌. 生态文明是发展中国特色社会主义的抉择[J]. 南京林业大学学报：人文社会科学版，2007，7(4)：5 ~ 11.

[15] 韩民青. 从工业化向新工业化转变的任务、原则和方式——关于转变增长方式的深层思考[J]. 哲学研究，2006(7)：112 ~ 117.

[16] 韩民青. 新工业化与中国的崛起[J]. 山东社会科学，2007(3)：5 ~ 11.

[17] 房宁. 社会主义是一种和谐. http：//www. chinayjy. org/html/xuezhezhuanlan/yanjiuyuanjiaoliu/200810/26 - 23. html.

[18]王中宇."文明"与"生态"[J]. 新华文摘，2008(3).

[19] 张孝德. 中国工业化的困境与文明模式的创新[J]. 经济研究参考，2008(72)：2 ~ 10.

第十一章

企业发展生态文明经济（下）

党的十七大报告提出："建设生态文明，基本形成节约能源资源和保护生态环境的产业结构、增长方式、消费模式。"使"生态文明观念在全社会牢固树立。""使人民在良好生态环境中生产生活，实现经济社会永续发展。"[1]十七大报告指出了我国生态文明建设的战略目标，其中十分重要的内容是发展生态文明经济，企业作为经济领域的主体，是发展生态文明经济的主力军。

1 企业生态文明建设的核心是发展生态文明经济

生态文明是针对工业文明所带来的经济社会发展与资源环境矛盾，人类选择的一种新的生存与发展模式。生态文明首先体现为人与自然的关系，要求从"人掠夺自然"过渡到"人与自然和谐共生"。通过改造传统的物质生产领域，形成新的产业体系和生产方式，如绿色产业、循环经济、低碳经济等，使经济活动生态化；同时它还体现了人与社会的关系，要求通过政治、制度、文化等方面的创新实现人与社会的和谐。马克思主义认为，人与自然、人与人的关系是相互制约的关系。在这一意义上，生态文明建设是一个复杂的社会系统建构进程。其建构的内容主要有五个子系统：一是通过生态文化建设，使"生态文明观念在全社会牢固树立"；二是发展生态生产力，以现代生态科学为指导，以生态化技术体系为基础，以生态化产业集群为主体，是生产方式的根本转变；三是建立生态文明消费模式，这是生活方式的根本转变；四是生态恢复与建设，环境治理与保护；五是生态文明建设机制的确立。它包括政府的、企业的和公众的，包括法规的、政策的、制度的、伦理规范等[2]。

企业是生态环境问题的主要肇事者，也是生态文明建设的主体。近年来我国大多数企业已逐步意识到生态文明建设的重要性。2005 年 6

月18日，鞍钢、首钢、大唐电力等100多家知名大企业的负责人联合发出倡议，呼吁中国企业要走“生态文明”的发展之路，把环境保护作为企业发展的生命线，要争创“环境友好企业”和“绿色友好工程”。要实行清洁生产，要节能降耗，要履行社会责任，努力实现经济、社会、环境效益共赢[3]。2009年12月8日，中国企业家在丹麦首都哥本哈根举行“中国商界气候变化国际论坛”，并发表环保宣言，向全世界媒体和民众展现中国企业家勇于承担环保责任的精神。企业家的呼吁既表达了他们为生态文明建设做贡献的决心，也表达了企业生态文明建设的内涵。

所谓企业生态文明建设，即在企业生态文化的引领下，以“生态化生产方式”为基础，生态技术体系为支撑力，通过技术、制度、文化等方面创新的生态化导向，实现企业的经济效益、社会效益与生态效益相统一和最优化的过程。可见企业生态文明建设的核心是发展生态文明经济。

2　企业生态文明建设的重要目标是实现生态效益、经济效益与社会效益的相统一和最优化

企业生态文明建设的目标，作为企业的一种发展对策或者发展行为，必须融入到企业的发展目标中，处理好与自然、社会的关系，实现经济效益、生态效益和社会效益的有机统一。“经济效益的本质是追求利润，社会效益的本质是维护人道，生态效益的本质是顺应天道(自然规律)。三者的统一和整合就是把利润的追求纳入护人道、顺天道的更高的价值目标之中。”[4]长期以来，企业的发展目标被确定为“实现利润最大化”。企业在追求利润最大化单一目标的过程中，往往以牺牲社会效益和生态效益为代价。结果导致经济发展中资源消耗过大，环境污染严重，资源环境与经济社会发展矛盾加大等问题，反过来制约了企业的发展。必须改变企业发展目标的单一性。因此，要实现企业生态文明建设的这一目标，在发展企业生态文明经济的过程中必须处理好以下几个关系：

2.1 要处理好企业与自然、社会的关系

企业是人类借以利用自然来满足自身生存和发展需要的经济组织，是资本运行的一种社会形式和实现增殖的一种方式。然而，从更深层的层面看，企业“本质上是一种社会设置，”[5]体现的是一种关系。一方面，它体现着人与自然的物质、能量变换关系。企业的任何生产经营活动都离不开人类所依存的大自然。企业经营活动的所有要素(发展规划、原材料、生产过程及产品)都对自然环境具有直接的影响。企业的发展规划决定了企业与其自然及人文环境的关系；原材料与能源的投入大量地消耗着自然资源；生产过程通过其排放的有害废弃物影响了自然环境；另一方面，企业的经济活动反衬着人与社会的关系。社会与企业之间是一种动态的反馈关系。在企业实现自身经济利益的过程中，社会不仅是企业产品和服务的受体，更是影响着企业生存与发展的外部因素。当社会对企业认可时，企业的经营活动便会得到认可，从而给企业带来市场的畅通及物质利益的回报。企业在与自然和社会的关系中创造物质财富，同时也改变着自然环境和社会环境。企业与自然、社会的关系决定着企业不仅要利用自然创造经济效益，而且要与自然、社会和谐相处，实现生态效益、经济效益与社会效益的相统一和最优化。

2.2 要实现生态效益、经济效益和社会效益的相统一与最优化

企业的生态文明建设，是力图以“更少的生态成本获得更大的经济产出”，这也是衡量生态文明建设水平的标准[6]。从价值目标来说，就是实现经济效益、生态效益和社会效益的有机结合。企业能否将这三种效益结合起来，不仅关系到企业自身发展，而且关系到整个社会经济及企业的走向和价值选择。现代企业“只有尊重生态原理所形成的经济政策才能取得成功。”[7]只有把经济效益、生态效应和社会效益结合起来，才能获得最优化的经济效益。从企业与自然的关系看，企业若注重生态效益，其生态型经营行为能够有效提高原材料、能源的利用效率，增加有效产出，减少浪费，通过生态技术的应用提高生产效率，注重产品的“绿色”效应，满足市场对生态环保、有益健康产品的需求，从而提升企业产品的市场占有率，实现企业的可持续发展；从企业与社会的关系

看，企业注重社会效益可以改善企业所处的社会环境和人们对企业的看法，达成企业与社会和谐互动的关系，并提升企业在人们心目中的形象。而且随着我国可持续发展战略的实施，各种财政税收及贸易政策越来越多地涉及环境、社会行为，对承担环境保护、资源节约、社会责任的企业将实施政策倾斜。这些都有利于企业的长期赢利。企业若能将经济效益、生态效益和社会效益有机结合起来，就意味着用较少的资源和环境容量创造了较高的经济效益，也就意味着企业在生产经营活动中，使自然生态系统和社会生态系统处于最优化和良性运行的状态，这即是企业生态文明建设的目标。

2.3　充分认识企业生态效益、经济效益和社会效益三者的统一在时空范围内的差别和矛盾

主要体现在短期利益、长远利益，局部利益和整体利益的矛盾上。具体说有以下几种情况：一是企业的经济效益可以在短期内直接实现，同时又创造了良好的生态效益和社会效益。比如，2006 年评选出的“最具社会责任企业”之一的太钢，建立的循环型经济模式，不仅减轻了工业污染物的排放量，而且取得了直接的经济效益，该企业的“工业污水膜系统从 2004 年初投入运行后，到 2005 年 10 月底，共生产盐水 785 万 t，成本仅为 2.5 元/t，产生直接经济效益 2355 万元。”[8] 二是企业在承担生态责任和社会责任的同时，间接地创造了经济效益。比如以往的汞废品主要采用填埋的方法，对土地的污染非常严重。厦门通士达有限公司花了 3000 多万元引进汞回收设备，对处理汞污染发挥了重要作用，产生了良好的生态效益和社会效益。同时对厦门通士达公司来说，也是其进入欧盟市场的通行证。从这一视角看，企业重视环保间接地创造经济价值；三是企业的经济效益在短时间内不易实现，甚至还需要大量的资金作为前期投入。这种情况下，需要企业自觉承担生态责任。比如对一些无法再利用的废气、废水，需要花大量的资金进行处理，对企业来说并不能产生经济效益，尽管其产生的生态效益将使整个社会获益，也会使企业获得长远利益，但由于生态环境“公共产品”特性，对治理环境的企业来说，投入了大量的人力物力，无疑增加了企业的成本。在这种情况下，就要求企业从长远利益和整体利益出发，承担应有的社会责

任和生态责任。目前，我国的许多企业已逐渐认识到承担生态责任的重要性并且付诸实践。从2006年中国企业社会责任调查的结果来看，无论是国有、民营、还是外资，越来越多的企业都正以越来越积极的姿态履行着自己所应承担的社会责任。[8]当然，对企业积极承担生态责任，也需要政府积极的扶持。在这方面，政府已在积极努力。2009年1月1日正式实施的《中华人民共和国循环经济促进法》对促进循环经济发展的企业规定了多项扶持措施。主要包括：财政资金扶持，税收优惠，金融支持等三项。

企业生态文明建设这一目标的实现，要通过企业生产方式的生态化转向、科技创新的生态化、制度创新的生态化和企业文化创新的生态化等途径得以实现。

3 企业发展生态文明经济的基础：生态化生产方式

企业发展态文明经济，关键是促进经济活动的生态化。

3.1 企业发展生态文明经济要求形成与其相适应的生态化生产方式

从人类文明发展的历史进程看，文明形态的转型和进步首先从生产方式的转型和进步开始。一切文明形态都是建立在一定的物质生产方式基础上的。马克思说："每一个历史时代主要的经济生产方式与交换方式以及必然由此产生的社会结构，是该时代政治的和精神的历史所赖以确立的基础，并且只有从这一基础出发，这一历史才能得到说明。"[9]物质生产方式是人类社会存在和发展的基础，也是人类文明发展的基础。人类文明的发展是一个自然历史过程，是自然、社会与人相互影响、相互作用的过程，决定文明发展的最终力量是社会实践，特别是生产方式的进步与发展。与人类文明至今所经历的采集—狩猎文明、农业文明、工业文明相适应的生产方式是，采集—狩猎生产方式、农业化生产方式和工业化生产方式，与正在逐步形成的生态文明相适应的是生态化生产方式。工业化的生产方式可以说是非生态的，生态文明要克服工业文明的弊端，关键要从工业化生产方式转为生态化生产方式。

所以从企业自身发展看，企业发展生态文明经济的基础就是要使生产方式朝着生态化的方向发展，而不仅仅是末端治理。企业是经济活动的主体，其与资源环境的关系主要是在生产过程中发生。在我国有70%的能源、80%的原材料是被企业用于生产过程的。企业的生产过程就是资源消耗的过程。传统的企业生产方式在整个生产过程中是非生态的，对能源和材料的利用是粗放式的。在这种粗放型的生产方式中，投入物质生产过程的资源，只有10%转化为产品，90%以上以废弃物的形式排放到生态环境中。由此造成了资源的大量消耗和环境的严重污染。必须改变企业非生态的生产方式，改变企业“末端控制”污染的办法。侧重末端治理的污染控制方式存在极大的问题，一是污染控制没有与生产过程结合起来，浪费的资源不仅不能充分利用，还要消耗其他资源进行处理；二是污染物在末端治理往往只有环境效益而无经济效益，因而给企业带来沉重的经济负担，使企业难以承受。因此，关键是生产方式的转变。企业生态化生产方式，不是在生产的最后环节控制污染，而是对于生产的整个流程进行技术改造。包括：重新组合产品成分、改变生产操作流程、减少产生污染的生产设备、回收有害物质等。从而使整个生产过程朝着生态化的方向发展。

3.2 企业生态化生产方式的内涵

生产方式有宏观和微观之分。抽象的生产关系、生产方式属于宏观层面的，以社会生产关系、社会生产方式为代表。具体的生产关系、生产方式属于微观层面的，以企业生产关系、企业生产方式为代表。微观层面的生产方式，在程序上包括生产过程、工序等，在途径上包括劳动组织等。马克思主要是在宏观层面讨论社会生产力、社会生产方式和社会关系(总合起来的生产关系)。生产方式还可从广义和狭义来理解。狭义的生产方式仅仅指怎样进行生产的方式，不包括产前和产后。广义的生产方式只能作为一种统称，具体的要由产中、产前和产后分别涉及的一些生产方式来表示[10]。研究企业的生产方式不仅要在宏观层面，更需要在微观层面进行探讨，不仅要从狭义上分析，而且要在广义上研究，即把企业作为一个生产的有机体来研究。至于生态化这一概念，目前已成为使用频率最高的一个概念。但至今尚未形成统一的概念或定义。比较有代表性的有：“将生态学原则和原理渗透到人类的全部活动范围内，用人与自然协调发展的理念去思考和认识经济、社会、文化等问题，根据社会和自然的具体情况，最优地处理人与自然的关系。”[11]生态化是借用生态学的基本观点、基本概念和基本方法，移植和延伸到其他领域，研究和解决有关问题[12]。

综合起来，企业生态化生产方式是把生态理论引入到企业生产过程和劳动组织中，把生产上相互关联的企业作为一个开放的生态群落，并将环境因素纳入到群落系统之中，运用生态化技术体系，力图用较少的自然消耗获得较大的经济效益，以实现生态效益、经济效益和社会效益的相统一与最优化。

3.3 企业生态化生产方式的特征

企业生态化生产方式具有生产过程的生态化、技术创新的生态化和生产目标全面性等特征。

一是企业生产过程的生态化。企业生态化生产方式表现为整个生产有机体的生态化。在企业的生产过程中，从投入到产中、产后各个环节都坚持“低投入、高产出、低排放、高效益”的生态原则。在投入环节，企业应降低能耗，节约原材料，从而降低成本；在生产环节，通过采用新技术、新工艺，实行清洁生产，提高产出效率，减少污染物排放，从而节约治理污染和处理废弃物的成本；在产出环节，注重产品的“绿色”效应，满足市场对生态环保、有益健康产品的需求，同时形成与同其生产相互关联的企业或产业实行大循环，从而最大限度地减少对资源的消耗和对环境的污染。

二是企业技术创新的生态化。传统的技术创新很大程度上是具有资源浪费和环境破坏特征的。技术创新生态化是充分利用资源和减少环境污染的创新。它在技术创新过程中全面引入生态学思想，尽可能克服技术对资源环境的消极作用，使技术创新从传统的支持经济增长转向支持生态、经济与社会整体的可持续发展。

三是企业生产目的的全面性。工业文明生产方式是以单个生产过程最优化为目标，注重的是如何利用科技手段最大限度地将自然资源转化为国民财富，而很少考虑生态效益问题，很少考虑资源消耗、环境污染对整个自然界的影响，很少考虑人的健康和全面发展。生态化生产方式的生产目的具有全面性的特征，不仅以获取人及社会所需的物质财富为目的，而且以创造良好的生态环境，实现三大效益的相统一与最优化，实现人的健康、幸福和全面发展为宗旨。

3.4　企业生态化生产方式的部分实践模式

这里着重谈清洁生产、循环生产等。

3.4.1　清洁生产

清洁生产是诸多组织经过长时间的实践和摸索总结出来的、行之有效的生产方式。20 世纪 70 年代末期以来，不少发达国家的政府和各大企业集团(公司)都纷纷研究开发和采用清洁工艺，开辟污染预防的新途径，把推行清洁生产作为经济和环境协调发展的一项战略措施。我国也制定了《中华人民共和国清洁生产促进法》，明确规定，清洁生产是指不断改进设计、使用清洁的能源和原料、采用先进的工艺技术与设备、改善管理、综合利用等措施，从源头削减污染，提高资源利用效率，减少或者避免生产、服务和产品使用过程中污染物的产生和排放，以减少或者消除对人类健康和环境的危害。清洁生产不仅仅是在末端控制污染，而且是一项旨在减少资源使用、对生产、服务全过程进行污染预防和控制的环境战略，其实质是污染预防。它要求企业在创造利润的同时，必须考虑对生态环境的不良影响，以及生态环境的实际承载能力和自然资源的再生能力；另一方面，它要求企业不仅要以提供人及其社会所需的优质物质产品为直接目的，而且还要对生产过程中所产生的各种废物进行无污染的处理，以达到污染物的“零排放”或使排放局限在生态环境能够有效净化的范围内。

3.4.2　循环生产

2006 年 11 月中央工作会议强调要发展循环生产。循环生产是一种“促进人与自然的协调与和谐”的生产方式。从物质流动的方向看，传统工业生产是一种单向流动的线性生产，即“资源—生产—消费—废弃物排放”的线性经济的增长，依靠的是高强度地开采和消耗资源，同时又高强度地破坏着生态环境。循环生产不同于传统的线性经济系统。它集经济、技术和社会于一体，以减量化、再利用、资源化为原则，以环境无害化技术、资源回收技术和清洁生产技术为载体，运用生态学规律把经济活动组织成一个“资源—生产—消费—再生资源”的反馈式流程，其特征是自然资源的低投入、高利用和废弃物的低排放，力图以尽可能少的资源消耗和尽可能小的环境代价，取得最大的经济产出和最少的废物排放，实现经济、生态和社会效益的相统一与最优化，从而逐步消解长期以来环境与发展之间的尖锐冲突。循环生产有三个层面：一是企业的小循环层面，主要进行清洁生产。通过设计各工艺之间的物料循环，使企业在生产领域达到少排放甚至“零排放”的目标；二是区域的中循环层面。通过企业或产业之间的废弃物利用与生态产业园区建设，形成共享资源和互换副产品的产业共生组合，使一个企业或产业产生的废气、废热、废水、废渣在自身循环利用的同时，成为另一企业或产业的能源和原料；三是在社会的大循环层面。通过发展把废弃物资源化的静脉产业，例如废旧物质回收利用、中水回用以及废热回用等，在更大的范围内建立产业间的物质交换(虚拟系统)。企业实行循环经济，不仅在企业层面的小循环，而且参与企业与企业或产业之间的中循环以及社会层面的大循环。

3.4.3 企业推行清洁生产、发展循环生产的实证分析

推行清洁生产、发展循环生产是企业实现生产方式的生态化转向，是发展企业生态文明经济的有效途径，也是促进生态文明建设的重要举措。下面以海峡西岸经济区企业——三明钢铁有限公司为例，说明推行清洁生产、发展循环生产对发展企业生态文明经济的积极效应。

三明钢铁有限公司是福建省第一批循环经济示范企业，是“全国千家企业节能行动”中的一员。

一是积极推行循环经济，实行清洁生产，既实现了节能和减排的目标，获得了生态效益和社会效益，又为企业带来巨大经济效益。2008年，三钢公司共回收焦炉煤气、高炉煤气、转炉煤气共计67.72亿m^3，折合标煤104.41万t。三钢的供热锅炉、烧结机点火、轧钢加热炉、气烧石灰窑全部实现煤气化。目前建成包括锅炉燃烧产生蒸气发电、高炉炉顶压差发电(TRT)在内的发电机组，日发电量超过100万kW·h，年可增经济效益约1.6亿元。

二是积极履行社会责任，充分发挥国有大型企业治污的优势和积极性。采取各种先进技术，对钢铁生产污染防治全过程进行环保深度治

理，环保各项指标均取得显著效果。2008 年与 2000 年对比，公司废水排放量削减 4050 万 t，吨钢新水耗由 51. 79 吨降至 6. 10t，烟(粉)排放量削减 4360t，厂区降尘量由 2000 年的 32. 31t/(km^2 · 月)降到 23. 02t/(km^2 · 月)。三钢自主研发、国内首创的“烧结机选择性脱硫工艺技术”成功投运，攻克了冶金行业一大环保难题，整体提升了环保水平，该技术荣获“福建省 2008 年度科学技术一等奖”和“2008 年国家重点环境保护实用技术示范工程”。2007 年，三钢完成二氧化硫削减量 2627t。2008 年，三钢完成二氧化硫削减量 4010t，均通过国家环保污染减排核查组审核确认。三钢被评为福建省污染减排先进企业。

4　企业发展生态文明经济的支撑力：技术创新的生态化

企业发展生态文明经济，要求实现技术创新的生态化转向。“时下，人们经常在谈论创新、谈论生态，但是很少从两者整合起来的角度讨论问题。其实，无论是 21 世纪的世情还是中国的国情都决定了，中国发展最为需要的应该是绿色创新或生态导向的创新。”[13] 生态与创新的关系按排列组合的方式大致可以分为四种类型，即非生态导向的非创新、生态导向的非创新、非生态导向的创新、生态导向的创新。企业的生态文明建设需要将生态和技术、制度、文化等方面的创新结合起来。其中技术创新的生态化是其关键因素。技术创新生态化就是要使企业的技术创新朝着有利于资源节约和生态环境保护的方向发展，使之成为企业发展生态文明经济的支撑力。

4. 1　技术创新生态化的内涵

2002 年 8 月科技部颁布的《可持续发展科技纲要》表明技术创新的生态化已成为技术创新的方向。技术创新生态化与传统的技术创新是有区别的。传统的技术创新主要追求经济效益，所侧重的是经济学意义，往往忽视其生态效益。在熊彼特创新思想的基础上，国内外学者对技术创新比较有共识的定义是：为了满足社会需要而对现有知识的新的综合，是新技术的第一次商业性应用，也是科学转化为直接生产力的阶段。诚然，技术创新需要转化为生产力，需要实现商业价值，但并不能仅仅局限于此。生态文明建设中企业技术创新生态化，是在技术创新过程中全面引入现代生态学思想，尽可能克服技术对资源环境的消极作用。既要保证技术的创新性和实用性，又要确保环境清洁和生态平衡，在实现经济效益的同时创造生态效益。使技术创新从传统的支持经济增长转向支持生态、经济与社会可持续发展。当然，企业技术创新生态化并不是一味追求生态平衡而放弃真正意义上的发展，而是通过经济与生态的协调发展来实现企业自身的全面发展。

4.2 企业技术创新生态化的成效分析

企业是技术创新的主体。企业实现生产方式生态化转向的有效途径在于技术创新的生态化。通过技术创新淘汰旧的生产工艺，旧的机器设备，促进生产技术升级，提升生产过程中废弃物的循环利用水平，实现产品的更新换代并生产出绿色产品。从而提高企业的整体素质及生态文明建设的水平。比如，在作为2008年奥运会开闭幕式的主会场——“鸟巢”涂料的竞标上，可体现出技术创新生态化的成效。北京富亚涂料有限公司原来并不是一个出名的企业，然而正是这样一个民营企业在“鸟巢”涂料的竞标中，战胜国际顶尖的前三名涂料企业。法宝就是涂料的环保指标(VOC)接近零。这次中标不仅为该企业带来了一个超级大定单，更给该企业的品牌带来了很高的美誉。再如海西企业，三钢集团有限责任公司自主研发、国内首创的烧结机选择性脱硫工艺成功投运，攻克了冶金行业一大环保难题，整体提升了环保水平，荣获福建省2008年度科学技术一等奖。该脱硫治理项目实施后，二氧化硫浓度从平均4000mg/Nm^{3}左右降到400 mg/Nm^{3}以下，粉尘浓度降到50 mg/Nm^{3}以下。技术创新生态化可以降低资源的消耗，不断地发明和发现新的资源，能通过改变能源消费结构来减少污染状况，为清洁生产提供技术保障等。生态科技已成为21世纪大有作为的科技领域“美国环境保护专家预测，全球以生态科技所支撑的生态市场规模在21世纪的最初20年将达到上万亿元，仅次于信息技术产业。”[14]没有科学技术的生态化转向，就不可能真正实现生产方式的生态化转向，也就不可能发展生态文明经济。

4.3　技术应用的生态环境效应分析

企业技术创新要注意技术应用的多重效应。技术的应用具有多重效益，既有经济效应，它是有效开发自然，创造物质财富的重要工具；也有生态环境效应，它是管理、保护生态环境的工具，也是环境污染和破坏生态平衡的重要原因。体现出技术生态环境效应的双重性。

(1)技术是管理、保护生态环境的工具，具有生态功能。“科学技术蕴涵着巨大的环境价值。首先，科技创新成果的应用，丰富了人与自然交往的形式，扩大了人与自然交往的范围和内容，从而提高了自然生态系统的整体承载能力，为人与自然的协调奠定了物质基础。其次，科技创新推进技术进步与工艺的完善，提高了人与自然交往的效率，提供了靠最小消耗进行物质能量交换的可能性，为开发、利用废弃物开辟了广阔前景。第三，当代科技进步为知识经济发展提供了无限的知识资源。一方面，发端于20世纪下半叶的高新技术产业，其迅速崛起主要依赖以科学技术为主的知识资源；另一方面，技术进步初步改变了传统产业的发展对物质资源的极端依赖性。第四，当代生态、环境科学的进步提供评价、预测人类活动对生物圈和整个自然环境的影响的手段，以及防范、控制、消除上述影响的途径，创立专门为恢复生物圈的自然条件服务的生产部门已成为可能。”[15]技术作为人类实践活动的中介，已被证明是行之有效的手段或工具。很难想象离开技术的运用，人类的实践活动会是怎样的状况。目前，生产技术水平低下造成发展中国家资源利用率低，环境污染严重，已经成为发展中国家生态环境问题的重要成因。以我国为例，据统计，我国每万元GDP用水量是世界平均水平的4倍，工业用水重复利用率不足60%，比国外先进水平低15～25个百分点；矿产资源总回收率为30%，比国外先进水平低20个百分点；共伴生矿产资源综合利用率约为35%；一些超大型复杂多金属矿床的尾矿利用率仅为10%，这么多矿物不能利用排放到水体中，不但污染了环境还浪费了资源。

(2)技术是环境污染和破坏生态平衡的重要原因。当代全球性环境问题的产生与科学技术的应用是分不开的。在传统工业化的生产方式中，科技和生态是分离的。企业比较重视技术的经济效应，而有意无意地忽视技术的生态环境效应，或者说重视资源开发技术而忽视自然环境保护技术。如日本学者岩佐茂指出的，技术的“实际的设计者从来只考虑如何制造出性能卓越的产品，如何制造出生产成本低廉的产品，而从来没有考虑过如何减轻环境负荷和便于回收再利用”。[16]随着人类掌握科技能力的日益增强，技术经济效应和生态效应的不对称甚至矛盾，最终导致了技术对生态环境的严重破坏。例如能源技术的广泛运用，同时造成温室效应不断加强；化工技术的蓬勃发展，同时使“工业三废”日趋严重；克隆技术虽有益于挽救濒临灭绝的珍稀野生动物，提高动物育种纯度，但动物遗传的一致性和抗性的单一性不利于生态系统的稳定等。现代技术的确具有破坏生态平衡、不利于可持续发展的负面影响。

技术虽然具有消极因素，但如果我们因噎废食，彻底否定技术在保护生态环境中的作用，也会造成不良的后果。我们应看到，“科技的消极后果并不是科技进步本身所造成的，而是因为科技在广度和深度上发展不够，并在应用上变了形，从而偏离了社会需求的轨道。”[14]

4.4 企业技术创新生态化的途径

（1）树立技术创新生态化观念。传统的企业技术创新观，倡导的是以最小成本获得最大效率。这种效率实际上是“重经济、轻生态”，不但不意味着对自然资源的节省，反而意味着对自然资源的最大量的使用。单向性的创新目标引起了越来越严重的生态问题。因此，企业应当充分认识技术的生态功能，改变单向性的创新观念，在技术改造和技术创新的过程中，“不仅要考虑经济上的可行性、技术上的先进性，还必须考虑环境上的有益性、生态上的可持续性”，[17]从谋求人与自然积极的动态平衡出发进行技术创新；在技术创新活动中不再单纯追求经济效益，同时要追求生态效益、社会效益。这是企业实现技术创新生态导向化导向的认识前提。

(2)开发和广泛应用生态技术。要吸收现有技术的合理因素，推进科技创新与突破，形成与自然相融合、符合人的发展需要的生态技术，充分发挥科学技术的生态功能。不仅要进行环保技术、治理污染技术的开发和应用，而且要对传统工业化生产方式的技术基础进行生态化改造，通过开发和应用包括循环生产技术、清洁生产技术、生态改善技术等生态技术，从生产的源头来解决对生态环境的污染和破坏。同时要从根本上遏制反生态科学技术的开发和使用，尽可能消除科学技术的负面效应。这就需要建立技术应用的准入制度，对技术开发和应用进行有效的评估，即在某一项技术开发和应用之前，对其进行全面的影响评估，特别是对它可能产生的有害影响进行充分评价，以避免有害技术的应用，引导技术向既有利于人及其社会又有利于自然的方向发展。

(3)制定保证和支持技术创新生态化的经济政策和奖惩制度。由于企业进行生态技术创新需要大量的前期投入，在短期利益和长远利益的选择上，企业往往选择短期利益，因此，技术创新生态化的发展需要国家政策和法律的确认、保障和调整。[18]制定保证和支持技术创新生态化的经济政策和奖惩制度，是推进企业自主研发、开展清洁技术的最强有力的"定心丸"。要从财政、税收方面给与优惠的经济政策，提高企业进行生态技术创新的积极性。同时需要加强技术创新生态化的研究与开发的能力建设。我国企业大多处于自身研发能力有限的状况，需要国家有关科研机构共同参与联合攻关，推动企业与高校、科研院所开展多层次、多形式的产学研究联合，加快科技成果转化利用，不断提高经济社会发展的生态技术含量和水平；另一方面需要在科研项目的审批、经费、人员设置上予以倾斜。

5 企业发展生态文明经济的保障机制：制度创新的生态化

企业生态文明建设不仅需要技术层面的支撑，还必须通过体制完善和制度创新，着力克服长期制约生态文明经济发展的制度性障碍，建立与完善有利于促进企业生态文明经济的运行和保障机制。当前，建构有利于企业生态文明经济的制度保障体系，应坚持企业制度创新的生态化导向。

5.1 企业制度创新生态化的含义

现代企业制度创新是为了实现管理目的，将企业的生产方式、经营方式、分配方式、经营观念等规范化设计与安排的创新活动。制度创新是把思维创新、技术创新和组织创新活动制度化、规范化，同时又具有引导思维创新、技术创新和组织创新的功效。它是管理创新的最高层次，是管理创新实现的根本保证[19]。企业制度创新的生态化，就是使企业制度创新朝着生态化的方向发展。构建生态效益、经济效益与社会效益相统一的现代企业制度，应当是企业绿色经营制度、绿色管理制度相互渗透、相互制约、依次递进、相互作用的现代新型企业制度。企业生态化制度主要由外部环境制度和企业内部制度构成。

5.2 企业外部生态化制度体系创新

企业外部生态化制度体系创新包括生态化的法律体系、公众参与社会监督体系、生态保护奖惩机制等方面的创新。

(1)建立健全促进企业生态化转向的法律体系。其一要促进宪法的生态化，要用宪法把生态文明建设和实现可持续发展的内容确认下来。其二是环境保护法的生态化，主要包括环境保护基本法和单行法的生态化。其三是其他部门法的生态化。进一步健全完善我国关于生态环境保护的法律法规[20]。其四是制定环境审计制度。环境审计应当以国家审计为主导，由国家独立审计机构对企业的责任和绩效进行审查和评价，从而能够更加客观地评审企业的环境责任。其五是对诚信市场加大法律保护和对假冒伪劣产品加大法律打击的力度，保护企业发展生态文明经济的积极性。

(2)建立公众参与社会监督体系。要发挥公众参与督促企业进行生态文明建设。一方面，通过环境保护组织的途径，把社会公众有效地组织起来，在环境保护的决策、立法、监督、宣传、教育等方面发挥积极作用；另一方面，通过消费者组织的途径，培养和形成一只成熟、文明的“绿色消费”群体，消费者购买对社会负责的企业产品的选择将成为促使企业承担生态责任的重要推动力量。消费者的意见和选择是促使企业承担生态责任的重要推动力量。在日本就有“绿色消费者”群体，他们只购买对社会负责的企业产品。因此，推动中国企业自觉承担相应的生态责任，培养和形成一个成熟、文明的消费者群体就显得非常重要。

(3)建立生态保护奖惩机制。在生态化制度建设中，我国市场化手段尚未得到充分运用，没有把我国能源的稀缺性和环境遭破坏压力转变为价格的信号。财政税收政策作为政府进行宏观调控的主要手段，在推动经济生态化发展的过程中也应当发挥其应有的效用，进行适当的税收政策调整，建立起一套有效的生态保护奖惩机制。由于绿色产品的成本较高，因而与那些不顾及环保、浪费资源的产品相比，在价格方面处于劣势，从而导致在当前市场上竞争力的缺乏。政府有关部门应当在鼓励企业进行绿色生产、引导消费者绿色消费的同时，充分发挥税收杠杆的作用，对于努力改善生态环境、进行无污染经营的企业，实行减免税收的政策；而对破坏绿色生态、环境污染严重的企业，增加征收环境成本税，不能让企业以牺牲环境为代价所获得的经济效益高于因法律制裁所付出的经济成本。从而使得绿色生产得到有效保护，并且促进了企业间的公平竞争。

5.3　企业内部生态化制度体系创新

在外部环境制度的强制约束下，企业必须推行一系列制度创新包括治理结构创新、内部产权及决策机制的创新、组织架构创新与管理创新等。

(1)企业经营制度的生态化创新。建立生态化的企业经营制度必须具有三大运行机制：一是有效的激励约束机制，二是合理的保持经济持续增长的资源配配置机制，三是有力保障企业经济与生态环境有机统一与协调发展的协调机制。包括绿色生产制度、绿色技术制度、绿色投资制度、绿色分配制度等。这些制度建立与实施，为生态环境系统在企业生产、交换、分配、消费的再生产全过程提供一种有效的制度保证，并让这种机制使企业生存与发展对生态环境产生一种内在的需求，从根本上克服企业经济与生态环境相脱离的“两张皮”问题，形成有效的企业经济与生态环境相统一的运行机和动力机制。

(2)企业管理制度的生态化创新。即把生态环境资源纳入到规范企业经济活动与发展行为和考核企业发展绩效中去，有效地实现企业经济效益和生态效益的有机结合。最终建立起市场化与生态化内在统一的现代企业制度，这是企业制度创新生态化并实现企业经济可持续发展的必然进程。

(3)企业生态责任审计制度创新。企业在其内部设立独立的生态环境审计部门或设定环境审计环节，使得企业可以结合环境会计信息，通过环境审计，对于本企业的环境状况进行客观的自我检查与评价，及时发现并解决企业生产经营过程中所出现的环境问题，有助于企业的投资决策、环境成本和环境效益的评审，从内部监督企业的生产经营活动，从而有利于企业自主调整其经营活动，使其向生态化方向发展。

6 企业发展生态文明经济的指导思想：企业生态文化

企业文化对企业的发展发挥着越来越重要的作用。企业本质上是社会的，它深深地扎根于特定的文化规范和价值观中。企业文化规定着企业的思维方式、价值观念及整个价值取向，从而决定了企业的行为方式。“现代企业的企业文化包括生产性企业文化和生态性企业文化这两个部分。”[21]长期以来，企业比较重视生产性的企业文化。在我们所调研和走访的企业中，包括三钢、厦门金龙有限公司等企业，生产发展都呈现出勃勃生机，并从中提炼出符合企业发展的企业文化。通过文娱活动等多种形式来渗透企业文化，增强企业员工的凝聚力。但对企业文化的理解大都停留在生产性企业文化上。近年来，企业对环保、清洁生产、循环经济、绿化企业环境等也在政府的推动下努力实践，但大多企业还未将其沉淀或提炼为企业生态文化，并使其渗透于企业生产的各个环节，成为企业的自觉行为。因此，需要加强企业生态文化建设。要使企业生态文化成为企业生态文明建设的核心和灵魂，成为企业生态文明建设的思想基础，必须实现企业文化创新的生态化转向。

6.1 企业文化创新生态化的含义

生态文化这一概念，直到20世纪80年代末才在我国相关文献中出现。生态文化是以谋求人与自然和谐共生，以生态价值观为核心，和谐发展为行为导向的文化。企业文化的根基是责任感。企业生态文化是生态化的价值理念、经营目标、企业精神的总和。企业文化创新的生态化就是把生态文化融入企业文化中，使之成为企业文化的重要组成部分。

6.2　企业生态文化建设的关键

加强企业生态文化建设，关键是促使企业将生态文明建设实践经验沉淀或提升为企业生态文化，形成“自然—人—社会”协同的整体价值观及生态、经济和社会效益有机统一的生态文明经济价值观，并将这种生态价值观贯穿于企业的管理理念、制度建设、环境建设和企业的绿色形象塑造等方面。也就是说，企业生态文化建设就是要使“三大效益”的相统一与最优化的实现成为企业共同的价值观和信念，成为企业精神或风范的重要方面，并渗透于企业的实际生产过程中。其中重要的是企业生态责任。

6.3　企业文化创新生态化的途径

(1)企业价值观的生态化导向。生态价值观是企业生态文化的核心，是企业对自己行为的价值选择和价值追求。企业对生态环境破坏的行为，究其深层根源在于价值观使然。工业革命以来的价值观，将人与自然相对立，只承认人有价值，人是自然的主宰者，而自然界没有价值，把自然仅仅看作是人类改造和利用的对象和工具。依据这样的价值观，企业往往把自然当作索取资源的仓库和排放废弃物的垃圾场。“自然—人—社会”协同的整体价值观主要引导企业正确处理好企业与自然及社会的关系，破除那种把经济价值凌驾于社会价值与生态价值之上的工业文明价值观，从“自然—人—社会”整体的角度决定自己的行为。并将这种理念具体体现为生态、经济和社会效益有机统一的生态文明价值观，贯穿于企业生产经营的各个环节。

(2)企业管理理念的生态化导向。一是企业经营管理者观念的转变。进行企业文化创新，企业经营管理者必须转变观念，要对企业文化的内涵有更全面更深层次的理解。不仅注重生产性企业文化而且注重生态性企业文化。将企业生态文化的概念定位在企业经营理念、企业价值观、企业精神和企业形象上。二要确立企业管理者的生态责任意识。企业管理者正确的生态责任意识的确立将有助于企业的生产经营向着绿色化的可持续方向发展。三是要通过舆论和教育，引导员工的情理和意识，形成员工正确的生态责任意识，并使之内化为员工的信念和行为。

近几年来流行的“绿色食品”、“健康电器”、“环保餐器”即是在生态责任意识作用下，企业进行技术创新生态化转向的新产品；四是通过习惯及规章制度等载体表现出来，成为相对稳定的、可以约束企业和员工行为的原则和规范。

(3)企业环境建设的生态化导向。企业同社会密切联系，社会的生态文化氛围会促使企业生态文化的形成。大量事实表明，缺少这样一种文化氛围，往往是企业在生产过程中产生短期行为的一个重要原因。营造生态文化的氛围，美化企业环境，包括员工的生活环境和生产劳动场所。其宗旨在于通过美化企业的生活工作环境，为员工创造一个舒适和谐的劳动空间，通过美化企业的生活工作环境，保障员工的身心健康，使员工受到企业生态文化潜移默化的影响和熏陶，逐步培养起生态意识和生态责任。

(4)绿色企业形象建设。建设企业生态文化，是企业树立公民形象，提升社会认同与支持，获得长远利益的重要选择。一个对环保方面负责任的企业无疑会在社会公众心中留下一个良好的印象，优秀的企业公民将会受到公众的尊重、信任与支持，负责任的企业形象无疑会给企业带来竞争上的巨大优势，并促进其与消费者、政府和社会其他各方面的良好关系，实现企业更大更长远的利益。倡导企业生态文化，意味着企业主动承担起环保的社会责任，向社会表明了企业对待环境的态度，也是企业发展的需求。

参考文献

[1] 胡锦涛．在中国共产党第十七次全国代表大会上的报告[N]. 福建日报，2007-10-25(1).

[2] 廖福霖．关于生态文明及其消费观的几个问题[J]. 福建师范大学学报：哲学社会科学版，2009(1)：11~16，27.

[3]邱红杰．鞍钢、首钢等百家知名企业倡议承担环保责任，http：//wwwsina. com. cn/c/2005-06-18/18036208060

[4] 刘本炬．论实践生态主义[M]. 北京：中国社会科学出版社，2007.

[5] 杜中臣．企业的社会责任及其实现方式[J]. 中国人民大学学报，2005，4.

[6]中国各省区市生态文明大排名：四省区最落后，http：//www. ce. cn/cysc/newmain/yc/jsxw/200908/17/t20090817_ 19588017. shtml

[7][美]莱斯特·R·布朗．生态经济，林自新等译[M]．上海：东方出版社，2002.
[8] 单忠东主编．(2006)中国企业社会责任调查报告[M]．北京：经济科学出版社，2007.
[9] 马克思恩格斯选集：第1卷[M]．北京：人民出版社，1995.
[10] 陈勇勤．马克思“生产力—生产方式—生产关系原理”的疑问和修正[J]．南京社会科学，2008(1)：1~8.
[11] 文传浩．论政治生态化[J]．《思想战线》(云南大学人文社会科学学报)，2000，6.
[12] 陈泉生．论科学发展观与法律的生态化[J]．福建法学，2006(4)：2~10.
[13] 诸大建．中国发展需要绿色创新[N]．文汇报，2008年4月17日(5)
[14] 任运河．企业生态文化研究[M]．大连：东北财经大学出版社，2005.
[15] 陈墀成．科学技术的环境价值探悉[J]．自然辩证法研究，2006，22(2)：1~4.
[16] 冯雷．马克思的环境思想与循环型社会的构建[J]．马克思主义与现实，2005，5：82~88.
[17] 张亚雷．绿色技术与可持续发展[J]．中国人口资源与环境，1997，7(3)：35~38.
[18] 王曦．以生态化统领技术创新和产业发展[J]．中国青年科技，2005(3)：12~14.
[19] 企业制度创新，www. szxy. com. cn/news_ tx. asp? id =985
[20] 李爱年．生态文明建设呼唤环境法的生态化，www. bjelf. com/onews. asp? id =706
[21] 陈湘舸，孙本胜．企业生态文化建设[J]．生态经济，2002(12)：83~85.

资料链接

企业生态文明经济建设

福建圣农集团有限公司位于福建省南平市光泽县境内，创建于1983年，是全国同行业现代化程度最高、南方规模最大的集饲料加工、种鸡饲养、苗鸡孵化、肉鸡饲养、屠宰加工、食品深加工、产品销售为一体的联合型白羽肉鸡生产食品加工企业，肯德基中国南方最大的肉鸡供应商，新兴的食品生产加工企业和农业产业化国家重点龙头企业，并在全国肉鸡行业中率先同时通ISO9001国际质量体系认证和ISO14001环境管理体系认证，以及欧盟食品安全HACCP体系认证。“圣农”牌冻鸡标准综合体系被作为福建省肉鸡饲养加工行业统一示范标准。“圣农”牌商标是福建省著名商标、“圣农”牌冻鸡是福建名牌产品，出口过日本、俄罗斯、南非、中东等国家及中国香港等地，是国内快餐业(肯德基、铭基、德克士等)、大型超市、大中城市农产品市场具有竞争力的品牌。经过20多年的发展，圣农集团已经形成“一主两副”的循环经济产业模式，即以肉鸡饲养、加工、物流为主业链，以鸡下脚料开发利用为主的第一副业链，以鸡粪为原料生产生物有机肥开发第二副业链，实现了资源的综合、高效利用，做到变废为宝，化害为利，真正形成了无污染、零废弃的循环经济生产模式，获得了较高的经济、社会和生态效益。

公司二十年如一日地立农村、干农业、带农民，为解决闽北欠发达地区的“三农”问题做出了突出贡献，“三农为本”成为圣农公司的特点。福建圣农实业有限公司为母公司，下辖福建圣农发展股份有限公司、福建圣农食品有限公司、光泽县富明纸业有限公司、福建圣农餐饮发展有限公司、福建省光泽县兴瑞液化气有限公司五个子公司和福建圣农有机肥厂一个子工厂。目前年肉鸡饲养能力4500万羽，占据全国同行业第二位；年肉鸡加工能力1.2亿羽，为全国第一。

2005~2010年，圣农集团将累计完成扩大饲养加工建设投资12亿元，实现年饲养加工1.2亿羽肉鸡目标，成为中国的养鸡专家和中国的美食专家。在规模上，日宰杀量由目前的13万羽达到2010年的40万羽，年宰杀量1.2亿羽；在品牌上，将“圣农”品牌深入千家万户，力争做到长江以南家喻户晓，并逐步走向全国。

创业二十四年来，圣农始终秉承“共生共荣、共创共享”的经理理念，坚持科学的发展观，走循环经济发展之路，从而实现圣农“三化”，即：农业工业化、农业标准化、农业系统化。三者相辅相成，环环相扣，促使圣农健康和谐发展，不断做好、做强、做大。

2007年3月14日，农业部农村经济研究中心主任柯炳生在《农民日报》发表的《关于发展现代畜牧业的若干问题——福建圣农模式的启示》一文中，对圣农模式给予充分肯定和高度评价，他高屋建瓴地指出，圣农模式的最主要启示在于：质量竞争力是核心目标，畜产品质量对于企业的生存发展起着关键作用。按照这样的模式发展现代畜牧业，最终会实现了社会效益好、企业效益高的理想效果。圣农集团十分注重企业文化的建设，总结出了"诚信、实干、协力、创优"的企业精神，提出了"共生共荣，共创共享"的经营理念和"做中国一流的农业食品联合企业"的企业目标，打出了"圣写千秋信誉，农筑万代根基"和"闽江源头生态鸡，武夷山下圣农人"的响亮口号。圣农正向着"天人合一"的最高文化境界迈进。

资料来源：福建圣农集团，http：//baike. baidu. com/view/1771412. htm

第十二章

以生态文明经济思想指导生态恢复与重建

生态恢复与建设，也要以生态文明经济的思想为指导，特别要遵循生态效益、经济效益、社会效益相统一与最优化的基本规律，如果只片面追求经济效益，不考虑生态效益，这种经济效益是不可持续的，最终也会失去经济效益；相反，如果只重视生态效益而不重视经济效益，这种生态效益也是不可持续的，最终也要失去生态效益。本章以福建长汀县水土恢复与保持为例具体阐述。

1　长汀县概况

1.1　地理位置与自然条件

长汀地处福建西部，武夷山南麓，北纬25°18′40″～26°02′05″，东经116°00′45″～116°39′20″，南与广东近邻，西与江西接壤，是福建、广东、江西三省的边陲要冲。全县辖11个镇、7个乡。土地面积3099km^2，2008年总人口41万人。长汀是国家历史文化名城，客家首府与全国著名的革命老区。

长汀县域的地貌以低山丘陵为主，该区域属于中亚热带季风性湿润气候，根据县气象站的1961～2000年资料，年均气温18.3℃；年均降雨量1730.4mm，降雨年内分配为双峰型，降雨量集中，强度大；风向季节性特征显著，夏季盛行偏南风，冬季盛行西北风。

长汀资源丰富，主要矿产资源包括稀土、钨、铁、锡、金、银等，其中稀土储备量居全省之首；林地面积17.87万hm^2，森林覆盖率74%，林木蓄积量1000多万m^3；全县可开发水资源10万kW，现已开发4.2万kW；境内地下水资源和地热资源丰富，河田温泉温度高达80℃，日流量达4000t以上。

1.2　经济社会发展

近年来，长汀县经济社会持续健康快速发展。2008 年，实现地区生产总值 52.96 亿元，比增 15.1%，其中：第一产业 17.02 亿元，比增 4.1%；第二产业 19.72 亿元，比增 22.9%；第三产业 16.22 亿元，比增 17.2%。全社会固定资产投资 26.3 亿元，比增 44%，完成年度计划的 134.2%。财政总收入 3.36 亿元，比 2007 年净增 1 亿元，比增 42.4%，是近年来增长最快的一年。城镇居民可支配收入 8621 元，比增 12.6%，农民人均纯收入 4910 元，比增 14.6%，增幅连续三年居龙岩市第一。工业主导地位更加凸现，2009 年实现工业总产值 50.25 亿元，比增 31.3%，并形成"2 +2"主导产业，即纺织服装产业、机械电子产业、稀土精深加工产业、农副产品加工产业（长汀县 2009 年政府工作报告，2009）。

近年来，长汀县基础设施日趋完善，区位优势越发明显。龙赣铁路、龙长高速公路、319 国道和省道洋万线在城区交汇，直达江西、湖南、湖北、四川和福建各地，承西启东的交通枢纽作用日益突出。长汀至厦门港 350 km，距连城机场 81km，长汀至广州、深圳当天可达，长汀至京九铁路 140 km，龙赣铁路与京九铁路相接，已开通"铁海联运"，开通了龙岩直达北京的"海西号"，长汀至北京只要 23h。龙长高速公路与福州、厦门、漳州、泉州相通，这使长汀成为闽南、粤北与内陆省份商品流通和经济合作的"黄金走廊"。

2　长汀县生态环境问题

2.1　生态环境问题及其特征

长汀县降雨量丰沛、降雨强度大，土壤抗蚀力差，加上地表植被的人为破坏，土壤侵蚀严重，是我国花岗岩红壤土壤侵蚀最严重的地区之一，以河田镇为中心的侵蚀尤为严重，其水土流失历史之长、面积之大、程度之重，居全省之首。据 1985 年遥感普查，全县水土流失面积达 97460 hm^2，占山地面积的 31.47%。长汀到处裸露着瘠薄的红土壤，被群众无奈地喻为"火焰山"、"和尚山"。"山光、水浊、田瘦、人穷"

更是以河田为中心的因水土流失导致的生态恶化、生活贫困的鲜明写照[1,2]。“长汀哪里苦，河田加策武”、“头顶大日头，脚踩砂孤头，三餐番薯头”的民谣也生动地描绘了长汀的困苦环境[3]。

长汀县水土流失类型在南方花岗岩红壤侵蚀区具有典型的代表性[4]。区域内地貌以丘陵为主，具有矿物晶粒粗大的黑云母花岗岩在长期湿热气候条件下发育成深厚的红色风化壳，当地面植被遭到破坏后，不少地方寸草不长，区域内地表仅生长几株小老头树，植被盖度仅为5% ~10% ,且年生长量极低[5]。红色风化壳直接受到流水的强烈侵蚀，呈现千沟万壑的景象，坡面强烈侵蚀，引起谷底和河流的严重淤积，河道阻塞，水旱灾害频繁。每年大量泥沙淤塞河道，朱溪河、八十里河等河床一般高出田面 1 ~1. 5m，最高甚至达到 2. 7m，成为地上悬河[6]。长汀生态环境问题严重制约着当地社会经济的可持续发展[5,7]。

2. 2 引发长汀生态环境恶化的人文因素

长汀县的生态环境问题有其固有的自然基础与深刻的历史人文因素。从自然基础来看，正如前文所述，一方面由于地表物质主要由风化强烈的花岗岩组成，土壤抗冲抗蚀性能差，为水土流失的发展提供了物质基础；另一方面降水强度大且集中、地质构造运动频繁，加剧了水土流失的程度[8]。

然而，长汀县生态环境恶化更深层与主要的原因还是历史人文因素，这可上溯到清王朝镇压太平天国的战争时期，包括战争不断、宗派斗争、政治运动与政策失误、人口剧增等加大了对土地的压力，对森林资源不合理的利用、几次大规模砍伐又使植被大量破坏，直接引发生态环境的恶化[1,8]，概括起来，主要包含以下几个方面：

第一，是清政府为了筹备镇压太平天国的战争，大肆砍伐植被，给生态环境造成极大的破坏；第二，在水土流失最为严重的河田镇，据史料记载 1912 ~1916 年间曾植遭到一次毁灭性破坏，因当时封建宗派的林权纠纷，相互抢伐林木资源，大片茂密山林逐步演化为灌草迹地；第三，国民党第五次“围剿”中央苏区，进驻河田开公路、筑碉堡，大量砍伐林木，充做军资，同时还经常纵火烧山，大规模地乱砍滥伐，致使残存的山地植被遭到极其严重的破坏，此阶段连年内战，兵荒马乱，百姓无心管林，植被遭到毁灭性的破坏①；第四，1958 年“大跃进”运动，全民炼钢铁，砍伐了大量林木烧炭，使森林植被破坏严重，这场运动同样波及生态环境脆弱的长汀县；第五，“文革”期间，无政府主义思潮大泛滥，群众性的乱砍滥伐严重，对长汀的生态环境更是雪上加霜；第六，20 世纪 80 年代初，在落实山林权政策的过渡阶段，群众对政策产生误解，一部分群众又迫不及待地对残存的一些林木砍光伐尽。以河田镇为代表的水土流失本来就十分严重，生态环境极其脆弱，经过这一次次的浩劫后，到 20 世纪 80 年代初，长汀尤其是河田镇不少地方已经成为光山秃岭、草木不生的红色荒漠了[8]。

3　长汀县生态恢复与重建的历程

长汀县近代发展历史堪称得上是一部与生态环境抗争史。归纳起来，从 20 世纪 40 年代至今，长汀的生态恢复重建经历了四个阶段，各个阶段有着不同的机制，也产生了不同的经济社会与生态环境效益。

3.1　萌芽起步阶段(1940 ~ 1948 年)

这一阶段主要是国民党政府在长汀河田的一些生态恢复与重建的初步尝试。长汀河田是我国南方著名的水土流失区之一，其大规模的水土流失始于 20 世纪初，40 年代时已发展到非常严重的地步，与甘肃天水、陕西长安并列为全国三个重点水土保持试验区。“四周山岭，尽是一片红色，闪耀着可怕的血光。树木很少看到！偶然也杂生着几株马尾松，或木荷，正像红滑的癞秃头上长着几根黑发，萎绝而凌乱……有些地方，竟至半山崩缺，只剩得十余丈的危崖。”[6]从这些对当年的水土流失状况的描述中可以看出当时生态环境恶化的可怕景象。

1940 年 12 月，当时的福建研究院为了承担福建省经济建设计划中有关荒山利用、农田土壤改良和土壤冲刷的防治研究，特在河田设置了一个以研究防止土壤冲刷为主的研究机构，即“河田土壤保肥试验区”，[9]这也是我国最早的水土保持研究机构[6]。河田土壤保肥试验区

---

① 百万亩青山作证 http：//www. ctsb. org. cn/onews. asp? id = 176

直属前研究院，其规格与省研究所同，开展了包括自然因素观测、水土流失探讨、保土植物筛选、治沟工程效益等基础研究工作，同时也通过生物措施、工程措施、荒地利用示范等进行了一些面上治理的探索[9]。

然而，由于当时战乱不断，经济困难，物价高涨，资金得不到保障，生活条件恶化，科技人员纷纷离去，许多项目无能完成，加上治理时间又短，因此收效甚微[3,6,8,10,11]。

3.2 波动起伏阶段(1949～1982年)

1949年新中国成立后到1982年，党和政府总体上比较关注水土保持工作，但是受到政治运动等的影响，长汀的水土流失治理工作几经沉浮，阶段性治理成效得而复失，失而复得，生态恢复与重建处于波动起伏时期[10]。

1951年，伴随着土地改革，林权基本确定，林业生产组织纷纷建立，并制订护林公约，开展了以封山育林和植树造林为主的水土保持工作。河田涌现了以农民廖先贵为首，由九户农户组成的造林禁山组，由此掀起了第一个植树造林、保持水土的高潮，并收到了初步的成效，大片山头出现郁郁葱葱的幼林[9]。1956年6月，长汀开始组织人员入村上山，进行河田水土流失调查。在此基础上，1958年2月，确定以河田为重点，开展全县水土保持工作，制订了《长汀县今后水利水土保持规划》，长汀县的生态恢复与重建取得了阶段性成果。

可惜的是，良好的态势并未持续多久。1958年冬，由于"左"的思想泛滥，"大跃进"运动不仅打乱了原先的步伐，更严重的是为了炼钢，出现乱砍滥伐的现象，几年前积累的营造成果几乎破坏殆尽。随后的1959～1961年进入了三年困难时期，水土保持工作也进入了低潮[9]。

1962年，国务院指示恢复水土保持机构，各级水土保持办公室与水土保护站相继恢复。省水土保持办公室邀请福建农学院、林学院、师范大学的师生到河田蹲点指导，以加强水土流失研究和治理，各村成立了专业队伍，培训水土保持人员，通过修建石谷坊、水平沟、山围塘、防洪堤、排灌圳，开台地、梯田，种植乔灌草与绿肥等短期突击兴建与长期养护相结合的办法，取得了一定的成效[9]。

然而，好景不长，1966年开始的"文化大革命"让全国开始进"十年”动荡时期，各行各业均受到严重的冲击，水保工作同样不能幸免，水保机构被合并，工作重心工作转移到以经营林苗为重点，水保工作处于无政府状态，导致林权混乱，毁林现象盛行，前阶段治理成果又再遭重挫。据不完全统计，“文化大革命”十年间，仅河田新增水土流失面积就达 13000 多 hm^2[9]。

1977 年冬，随着拨乱反正的进行，长汀水土流失治理又进入了一个新的历史阶段，尤其是党的十一届三中全会后，1980 年河田在全省率先恢复了水土保持工作站，1982 长汀年恢复了“文革”期间撤销的水土保持委员会，水土保持工作又迎来了新的契机，在河田先后建立了八十里河、水东坊、罗地等示范点。水土流失治理工作由点到面，从实践上升到理论，有效地增加了植被，水土流失程度又得到了初步控制和缓解[6,12]。

3.3　重点突破阶段(1983～1999 年)

长汀县水土流失治理一直得到国家水利部、省委、省政府及相关部门高度重视与大力支持，长汀的水土保持进入以河田为重点，大规模生态恢复与重建的阶段。

1983 年 4 月，时任福建省委书记项南等领导带领专家到长汀县视察水土保持工作，总结出《水土保持三字经》，为水土保持工作指明了方向，已成为福建省水土保持的指南[13]。同年 5 月，省委、省政府把长汀县列为全省治理水土流失试点，拉开了长汀大规模治理水土流失的序幕。河田被列为全省水土保持试点的重点后，由省水保委、农业厅、林业厅、水电厅、福建林学院、林科所、龙岩地区行署、长汀县人民政府八大家分工承包到村，支援治理，这就是著名的“八大家”长汀河田水土流失治理。次年，福建省上又将长汀县列为全省水土保持重点县之一。“七五”、“八五”期间，国家采取以工代赈形式支持长汀县开展小流域水土流失综合治理 。本阶段的生态恢复与重建工作取得了丰硕的成果，至 1999 年，全县累计治理水土流失面积 3 万 hm^2，有效治理面积 2.57 万 hm^2，大大减轻了洪涝灾害，改善了生态环境[2,14]，不仅使昔日濯濯童山初步披上了绿装，还探索总结出“草、灌、乔结合，草灌先行，以草促树”水土流失治理模式[2,15]。该项成果在治理花岗岩水土流失方面达到了全国先进水平，在福建省和邻省大力推广，并获福建省1990年度科技进步二等奖。

然而，此阶段的水土流失治理也存在着一定不足。八大家科技人员从外地引进许多耐旱耐瘠的树种、草种，并采用“开小灶”方式（客土、施肥、浇水）精心加以培育，起初长势很好，原有的“老头松”吸取到一点养分，也“返老还童”抽出了新梢。从表面上看，河田似乎由“红”变“绿”了。然而由于长汀山地土质非常瘠薄，长期“开小灶”方式难以为继，加上外来树种的生物学特性难以适应本地自然环境，外来树种大量死亡[13]，最后导致树木多年不成林，林下不长草，形成“远看青山在，近看水土流”的状况[16]。另外，20世纪80~90年代全省水土流失的治理，只注重强度以上流失斑的治理，对范围更大的中度与轻度水土流失的治理相对不足，对小流域的综合治理的范围也相当有限[13]。这些因素直接导致长汀县生态恢复与重建的局势并未从根本上扭转。

3.4 全面综合治理阶段（2000年至今）

从20世纪末至今，在福建省为民办实事项目的支撑下，长汀县开展了全面综合治理工作，进入了生态恢复与重建的新阶段。

1999年11月，时任省长的习近平同志视察长汀水土保持工作，在他的积极推动下，2000年起，福建省委、省政府将“开展以长汀为重点的水土流失综合治理”列入为民办实事项目，并决定每年拨款1000万元作为水土流失治理费。2001年10月13日，习近平省长再次视察长汀水土保持工作，又提出“再干八年，解决长汀水土流失问题”的目标，为长汀水土流失治理带来了新的契机。长汀县根据重点突破，整体推进的原则，在全县范围内掀起了一场综合治理水土流失的攻坚战，重点集中于河田、三洲、策武、濯田等乡镇，以及示范小流域、崩岗侵蚀综合治理及水保监测等重点工程，摸索出“反弹琵琶”、“等高草灌带”、“小穴播草”、低效林改造、秋豆春种、草牧沼果、草被快速覆盖等符合当地实际情况治理理念与治理模式[12,17]，取得了令人鼓舞的成绩。至2007年12月，初步治理水土流失面积5.8万hm^2，减少水土流失面积3.5万hm^2，水土流失面积占全县国土总面积的比例由1999年的23.8%减少到2007年底的12.41%，平均年递减1.4%。强度以上流失面积由 18351 hm^2，减少到 6310 hm^2，净减 12041 hm^2，昔日“火焰山”、“和尚山”逐步披上绿装。在取得生态环境效益的此同时，也获得了巨大的经济社会效益，有 9 个乡镇 118 个村 21 万人直接受益[6,18]。

在全面综合治理阶段，长汀县注重生态、社会和经济效益最优化的生态恢复与重建成就受到社会各界的高度推崇与赞誉，被国家水利部水土保持司誉为是中国水土流失治理的品牌，南方治理的一面旗帜；中国水土流失生态安全科考院士专家团誉之为南方水土流失治理的典范。

4　长汀县生态恢复与重建的效益分析

长汀县生态恢复与重建工作取得了良好的效益，尤其是本世纪初以来实施的全面综合治理取得了生态效益、经济社会效益的相统一与最优化。

4.1　生态效益

在生态恢复与重建的过程中，长汀县尤其是重点治理区的生态环境明显改善，水土流失基本得到控制，水土流失面积逐年减少，尤其是强度以上的水土流失面积减少幅度最为明显(表 12-1)。如朱溪河小流域数字化侵蚀景观类型图动态变化分析显示 1999～2007 年期间，中度、强度、极强度和剧烈侵蚀面积均有减少[17]。与此同时，长汀水土流失区景观发生巨大变化，在水土流失治理区，人们现在看到的是漫山郁郁葱葱，生机盎然水保林与经济林，当年“火焰山”的荒凉景象已经不复存在。

从小气候环境来看，水土保持示范区内温度、温度等生态因子均有明显改善；从土壤侵蚀模数来看，由 2001 年的 4836 t／(km・a)下降到 2005 年的 438～605 t／(km・a)，径流系数由 0. 52 下降到 0. 7～0. 35，输沙模数由 226t ／(km・a)下降到 182 t ／(km・a)，河流含沙量由 0. 35kg/m 下降到 0. 21kg ／m，年保水量、保土量分别增加 6526. 4 万 m^3 与 128. 47 万 t；从土壤理化性质来看，由于种植牧草与使用沼渣沼液，土壤的速效 P 与速效 K 含量分别为 9. 50 mg/kg 与 423. 7 mg/kg（原为 0. 01 mg/kg 与 12 . 1 mg/kg ），治理后土壤全 N、全 P、全 K 和有机质

表 12-1　长汀县历年水土流失情况

单位：hm^2、%

年份	水土流失（轻度以上）		微度（侵蚀）		不同强度的水土流失（土壤侵蚀）									
					轻度		中度		强度		极强度		剧烈	
	面积	比例	面积	比例	面积	比例	面积	比例	面积	比例	面积	比例	面积	比例
1958	41415	13.36	—	—	—	—	—	—	—	—	—	—	—	—
1966	47879	15.45	—	—	—	—	—	—	—	—	—	—	—	—
1976	61155	19.73	—	—	—	—	—	—	—	—	—	—	—	—
1985	97460	31.47	—	—	59473	61.01	20713	21.25	11713	12.02	5580	5.72	—	—
1988	72198.09	23.30	236494.6	76.61	38959.38	12.62	14072.31	4.56	10994.94	3.56	7285.41	2.36	886.05	0.29
1995	74733	24.13	—	—	48332	64.67	5821	7.79	9371	12.54	11209	15.00	—	—
1999	70363.98	22.72	—	—	239356.08	77.28	45145.26	14.58	6867.54	2.22	9225.81	2.98	8381.79	2.71
2000	70187.04	22.65	238505.67	77.26	44991.63	14.57	6864.48	2.22	9216.09	2.99	8371.8	2.71	743.04	0.24
2003	58187.36	18.79	—	—	30670.45	52.71	16402.16	28.19	9069.68	15.57	1718.91	2.95	336.08	0.58
2007	43447.86	14.02	265244.9	85.93	24490.26	7.93	12357.27	4	5480.55	1.78	957.24	0.31	162.54	0.05

注：“—”表示数据缺失或没有统计。

资料来源：根据以下参考文献整理：

1. 福建省长汀县水土保持事业局．草—牧—沼—果循环模式与长汀水土保持实践，亚热带水土保持，2007，19(1)：27～30.
2. 福建省水土流失普查报告，1985.
3. 林惠花．典型区域土壤侵蚀的地理学分析——以福建长汀为例，福建师范大学博士学位论文[D]，2009.
4. Cao S. X., Zhong B. L., Yu H. et. al.. (2009) Development and testing of a sustainable environmental restoration policy on eradicating the poverty trap in China's Changting County. Proc Natl Acad Sci USA (early edition): 1～5.

含量分别为 0. 62 g/kg、0. 35 g /kg、30. 2 g/kg 、11. 4 g/kg(治理前分别为 0 . 19 g/ kg、0 . 3 g/ kg、22. 6 g/kg 和 3. 8 g /kg，显示了土壤肥力的改善；从植被覆盖率与生物多样性来看，据 2005 年监测，治理区植被覆盖率，生物多样性大大提高。植被覆盖率由 2001 年的 15% ~35% 提高到 65% ~91% ，植物种类由 7 科属 8 种增加到 17 ~20 科 22 ~26 属 22 ~30 种，群落扭转逆向演替态势，正向演替加速[17]。

然而必须指出的是，虽然水土流失的总面积呈现逐年下降的趋势，但 1985 ~2000 年重点突破阶段，强度以上水土流失面积却从 17293 hm^2 增加到 24475. 14hm^2，说明此阶段的生态效益并非表面的那样大，却隐藏着较大的隐患。当然，在全面综合治理阶段，这个问题得到了较好的解决。不仅水土流失的总面积逐年下降，强度以上水土流失面积也相应地下降。为何会出现这种情形？下文的不同利益主体分析能提供一个有益的视角。

表 12-2　长汀县强度以上水土流失情况(1985 ~2007 年)

年份	面积(hm^2)	比例(%)
1985	17293	17. 74
1999	24475. 14	7. 91
2007	6600. 33	2. 14

注：强度以上包括强度、极强烈与剧烈。

4. 2　经济社会效益

在取得巨大生态效益的同时，长汀县水土流失治理同样取得了可观的经济社会效益，实现了生态环境保护与经济社会发展“双赢”的目标。2005 ~2006 年，连续两次荣获福建省“县域经济发展十佳县”第一名。2008 年全县实现地区生产总值 52. 96 亿元，完成财政总收入 3. 36 亿元，农民人均现金收入 4910 元，比 2000 年均有大幅度的增长(长汀县统计年鉴，2009)。长汀的发展成就受到了省市充分肯定与高度推崇，被誉为“长汀现象、长汀模式、长汀经验，长汀精神”[18,20]。

表 12 –3　长汀县经济社会主要指标

年份	总人口（万人）	非农人口比例（%）	GDP（万元）	财政收入（万元）	农民人均收入（元）	固定资产投资（万元）	第三产业比重（%）	全社会消费水平（万元）
1958	22.67	–	1768	206	–	853	11.5	1491
1966	24.78	–	1883	300	–	126	15.1	1495
1976	33.63	–	3565	479	98	413	10.8	2837
1985	38.87	11.6	16208	857	304	2613	18.0	10600
1988	40.46	–	27024	1580	511	2537	17.6	14848
1995	46.37	17.9	119680	6813	1331	18541	22.6	39025
1999	48.03	13.9	182064	8866	2431	21462	31.7	47272
2000	48.54	14.5	183626	8866	2486	21548	32.6	52455
2003	40.55	28.5	228463	10439	2747	40396	37.1	71299
2007	41.00	32.7	431904	23616	4287	182922	31.4	157864
2008	41.08	33.2	529601	33623	4910	262965	30.6	191633

资料来源：长汀县统计年鉴(2009 年)。

长汀县生态恢复与重建的成效具体体现在以下方面：

首先是当地的土地利用方式与产业结构得到了优化。在生态恢复与重建过程中，生态农业模式、畜牧业以及由此推动的加工业与各种涉农服务业均得到迅速发展。例如，远山生态农业科技园、河田世纪生态园、河田小流域治理示范区和三洲杨梅种植基地、南坑银杏基地、策武“猪沼果”万亩果场不仅培育了经济林果产业，还成为远近闻名的农家乐旅游景观，促进了旅游产业的迅猛发展。

其次，缓解了农村剩余劳动力的压力。近期来，生态恢复与重建项目实施共投入 270.34 万个工日，创劳动力价值 4065 万元，为相当一部分农村剩余劳动力找到了出路[17]。

第三，农民人均收入得到长足的提高。从 2000 年开始至 2009 年来累计投入 1.8 亿元资金进行水土治理，通过投工投劳，发展生态农业等，有 9 个乡镇 118 个村 21 万人直接受益，农民人均收入从 2000 年的 2486 元增长到 2008 年的 4910 元[6,18]。

第四，培养了当地居民的环保意识。当地居民通过参与生态恢复与重建活动，不仅解决畜牧业点源污染、净化了农村生活环境(沼气池的应用)，尝到了环境产业的甜头(收入增加)，同时还受到环境意识的教育，自觉地树立起环境保护意识，改变了传统的砍柴割草的生活方式，并积极投放到环保产业中，产生了积极的社会效应，为日后的生态恢复与重建继续推进奠定了坚实的基础。

5　不同利益主体在生态恢复与重建中的作用机制

上述分析表明，长汀县在生态恢复与重建过程的前三个阶段，要么没能实现持久的生态效益，要么没能同时实现经济社会效益与生态效益最优化和相统一。而在全面综合治理阶段中取得了举世瞩目的成就，达到了生态效益与经济社会效益的协同与最优化。探讨其内在机制不仅有利于深入理解长汀县生态恢复与重建的理论问题，还有利于进一步验证生态效益、经济效益与社会效益相统一和最优化的生态文明经济发展规律。

不同利益主体理论则为深入探讨长汀县生态恢复与重建的内在机制提供了有益的视角。不同利益主体或利益相关者是“受一件事的原因或者结果影响的任何人、集团或者组织”[21]。在生态恢复与重建的过程中，不同利益主体包括政府、民众、企业、NGO(非政府组织)与国际组织。这些利益主体在生态恢复与重建过程中分演着不同的角色。显然，生态恢复与重建是一项科学性强、任务艰巨、涉及面广的系统工程，关系到政府、民众、企业、NGO、国际组织(尤其是前三者)切身利益，需要不同利益主体共同努力，才能实现不同利益主体间的协调与平衡，生态利益、经济社会利益的相统一和最优化。

下文就详细分析在生态文明经济思想指导下，不同利益主体在长汀县生态恢复与重建全面综合治理阶段中的作用机制。

5.1　政府在生态恢复与重建中的作用

政府在长汀县的生态恢复与重建过程中扮演着包括领导者、管理者、倡导者、服务者、研究者、监督者等多重角色，发挥了极其重要的作用，尤其是在以生态文明经济思想指导生态恢复与重建的过程中发挥着主导的作用。

5.1.1 领导者

政府在生态恢复与重建过程中首先表现为领导者的角色，具体体现在上级领导的重视与支持以及本级政府的正确决策与不懈努力。

5.1.1.1 上级领导重视与支持

长汀县生态恢复与重建工作取得的成就与上级领导的重视与支持是分不开的。1983 年 4 月 2 日，时任福建省委书记项南第一次来到河田就提出要坚决夺取全省治理水土流失冠军的指示，并归纳了日后广为流传的《水土保持三字经》。在他的倡导与支持下，1983 年 5 月，省委、省政府把长汀县列为全省治理水土流失试点，拉开了长汀大规模治理水土流失的序幕。同年，在项南同志的倡议下，省政府组织省水保办、省林业厅、龙岩地区行署、长汀县人民政府、省农业厅、省水电厅、福建林学院、省林科所等“八大家”在长汀河田开展水土流失治理[16]。1991 年 4 月 14 日，时任中顾委委员、中国扶贫基金会会长的项南，带着江苏、上海的一批专家、学者，到河田考察水土保持工作。1994 年 9 月，76 岁高龄的项南再次来到河田，提出了要搞综合开发，建立河田水保农业综合开发区新的水土保持工作要求。

1999 年 11 月 27 日，时任福建省省长习近平专程来长汀视察水土保持工作。2000 年元月 8 日，在习近平省长的亲自倡导与推动下，福建省分别召开省政府专题会议、省长办公会议、省委常委扩大会议，将长汀县水土流失综合治理确定为全省为民办实事项目之一，每年由省级有关部门扶持 1000 万元资金。在这个项目的带动下，长汀县的生态恢复与重建取得了举世瞩目成就。

事实上，福建省历任领导对长汀的水土保持工作都相当重视，王兆国(1988 年)、贾庆林(1996)、贺国强(1996)、卢展工(2003 年)、黄小晶(2006 年)等领导同志都先后视察过长汀，并对水土保持工作作出了重要指示。同时，国家水利部、省水利厅等对长汀的水土流失治理也给予了热切的关心与支持。

5.1.1.2 本级政府的正确决策与不懈努力

长汀本届县政府的正确决策与不懈努力也是长汀生态恢复与重建工作取得巨大成就的重要原因。长汀历届县委、县政府都将水土保持工作当作必须长期坚持的一项基本国策，将其提升到山区建设生命线的战略高度，并作为脱贫致富奔小康、实现经济可持续发展的最重要的前提条件之一。历届县委、县政府都把水土保持工作列入全县国民经济和社会发展计划之中，把水土保持工作摆上重要议事日程，县委书记、县长亲自领导，分管领导具体负责，并定期召开专题会议，听取相关汇报，审议规划计划，解决实际问题。同时，还制订水土保持工作年度目标，并建立乡镇领导水土保持目标管理责任制[15]。

5.1.2　管理者

管理是政府的重要职能，在生态恢复与重建过程中不可或缺，具体体现在设立专门机构、制定政策与规章制度、编制相关规划与严格项目管理等方面。

5.1.2.1　设立专门机构

设立专门机构负责水土流失治理工作是长汀县生态恢复与重建工作的重要组织保障。1980 年，长汀县水恢复了水土保持机构[3]，并在全省率先设立了水土保持事业局[22]。这即使在全国也不多见。2000 年，经县机构编制委员会办公室批准成立了长汀县水保监测站，与县水土保持站合署办公，具体负责监测全县各水土流失类型区的水土流失及其防治情况，及时掌握全县水土流失变化趋势，科学评价水土流失治理成效，为水土保持生态环境建设提供科学依据。另外，长汀县还在七个严重水土流失乡(镇)设立水保工作站[4]。

除了常设机构外，长汀县还成立了一些专门负责水土流失治理的非常设机构。如县、乡镇成立水土流失综合治理领导小组及办公室，分别由县委书记、乡镇党委书记任组长，成员分别由县发改委、财政、农业、林业、水利等以及乡镇的水保、林业站相关部门抽调人员组成，负责水土流失治理相关工作，包括编制规划、组织协调、项目管理、监督检查、资金调度以及群众的宣传发动等工作[7,12,23]。

5.1.2.2　制定政策与规章制度

长汀县政府为了调动全社会参与水土流失治理的积极性，制定了一系列扶持与鼓励政策，产生了良好的效益。如《关于水土流失开发性治理的若干政策规定》，内容涉及山林经营权流转、资金扶持、管理房用地、基础设施配套建设、税费减免等优惠政策，具体包括以下四个方面：首先，是导入市场经济机制，逐步建立山林权流转制度，采取拍卖、租赁、以户承包、联产承包等水土流失治理机制，明确实行谁种谁有、谁治理谁受益的政策，确保山林经营权 30 年不变，并将每亩租赁金控制在 28 元以下[12]。其次，推行资金扶持政策，规定在项目区种果的每亩给予种苗、肥料补助 300 元，水池每个扶持 150 元，管理房、生活用房免交各种费用。第三，实施基础设施配套政策，路网由政府统一组织施工，无偿提供业主使用。第四，实施激励政策，鼓励干部职工投身治理水土流失事业中，对开发果园 3.33hm^2 以上的干部，可由县产业担保中心担保向银行贷款以解决资金投入不足问题[14]。

除了积极的政策导向外，长汀县还制定了一系列规章制度，如《长汀县人民政府关于预防水土流失的若干规定》、《关于封山育林禁烧柴草的命令》、《关于护林失职追究制度》、《关于禁止利用阔叶林进行香菇生产的通告》、《水土流失综合治理领导小组工作制度》等，使水土流失工作有章可循，并促进相关管理工作步入规范化管理轨道[22,23]。

5.1.2.3 编制相关规划

编制水土流失规划也是政府相关部门的主要职责之一。20 世纪 90 年代中期，长汀县就编制了《水土保持总体规划(1996～2005 年)》，坚持“预防为主”的水保工作方针，以生态效益为基础，实施开发型综合治理[15]。1999 年长汀县又组织编制的《长汀县水土保持生态建设规划(2002～2009)》。根据规划，还组织了年度实施报告[14]。最近的如《长汀县2009 年度水土流失综合治理方案设计报告》因建设目标明确，措施布局适当，经费概算合理，编制规范、图表齐全，符合实际情况等特点，已通过审查，对长汀县水土流失治理项目的实施、管理起到良好的引导作用[2]。

5.1.2.4 严格项目管理

2000 年以来，省委、省政府把长汀水土流失综合治理列入为民办实事项目，严格的项目管理也成为政府相关部门的重要职能之一。在项目的组织管理、制度管理、实施管理、验收管理、资金管理等方面进行了全面的规范，包括以下四个方面：首先是建立相应的规章制度，使项目管理有章可循。其次，建立项目管理信息库，通过图表等形式，涵盖了项目地点、数量、责任人(施工、项目、技术)、质量、业主等全面的信息。第三，强化项目建设的质量监督，确保项目质量。第四，加强对资金管理使用情况的审计监督，在专项基金的使用审理上，采取分管副县长、水保局长、审计局长、监察局长、财政局长“五长会审”制度，确保专款专用[4,7,12,23]。长汀县在水土流失项目管理方面已摸索出一套之有效的科学的管理办法，保证了省委、省政府为民办实事项目的顺利实施，取得了水土流失治理的巨大成效。

5.1.3　倡导者

长汀县生态恢复与重建取得的成就与政府作为积极的倡导者的角色是分不开的，其中包括两个方面的内容：首先是区分不同的对象（政府部门、民众、企业、中小学生）进行宣传教育；其次是进行典型宣传教育。

5.1.3.1　区分不同对象进行针对性的宣传教育

长汀县非常重视水土保持事业的宣传工作，各级领导和广大群众具有强烈的危机感、紧迫感与责任心[12]，仅水保法的宣传活动的覆盖面就在80%上[15,22]。在具体实践中，一个非常重要的特点是区分不同的对象进行针对性的宣传教育，收到了良好的成效：

首先是对各级领导与干部的宣传教育，让他们了解水土保持工作的重要性与严峻性，增强政治责任感和加快治理的使命感、紧迫感，从而获取党政领导的重视和支持以及干部的广泛参与[7]。

其次是对普通群众的宣传教育，使依法防治水土流失成为具有广泛群众基础的社会性活动，将水土保持当作长期的群众性的事业[7]。尤其是充分利用各种宣传手段，包括群众喜闻乐见的电影、街头宣传外，还在各村设立封山育林宣传牌与宣传墙，张贴宣传标语（每村有5～10条固定标语）与《封山育林村规民约》、发放封山育林宣传年画等，全方位地宣传水土保持的重要性与紧迫性，提高广大群众“守土有责”、“水保有益”的意识[24]。

第三是对企业的宣传，利用各种招商引资的机会，宣传各种优惠政策，鼓励企业家投资参与水土治理开发工作，科学开发水土资源，促进水土资源的可持续利用。

第四也是最重要的一方面是针对中小学生的宣传教育①。如在水土流失较为严重河田、策武、三洲等乡镇中小学校开展“水土保持进教室”活动，印发了“水土保持教材”(如《三字经》)、水保笔记本、水保宣传传单，设立了“水土保持”阅报栏，成立了“水土保持红领巾中队”，举办水土保持成果展、水保知识讲座等，结合实际适当安排实验课和有关水土资源保护的课外活动。长汀县水保局和教育局自 1998 年在重点水土流失区中小学开展“水土保持从小学生抓起”系列活动，结合“六一”儿童节和水保宣传月，在河田、三洲、南山、策武等乡镇中心校开展“一年一主题、一年一活动”的水保宣传系列活动，开展包括专题晚会、征文比赛、书法赛、实践活动、科技游园、成果图片展、知识专题讲座、主题班队会、“水土保持小卫士”等多种形式、多种内容活动。同时，还通过“小手拉大手”带动家庭成员水保意识的提升与水土保持行为的达成，提高全民水保意识，保证水土保持可持续发展思路的有效实施。[25]。通过这些活动，向学生普及水土保持知识，培养水土保持兴趣，从小养成爱护水土资源和环境的社会公德，为长汀县水土保持可持续发展奠定的良好的基础。

5.1.3.2 进行典型宣传

长汀县政府在倡导中非常重视典型示范的作用，在实践中不断地发现典型、培养典型、宣传典型，充分发挥典型的示范带头作用[7]。如县直机关干部在黄馆建立万亩干部示范果场；团县委在省市团委支持下，在朱溪河流域建立“青年生态林”和“青年世纪林”；全国劳模、全国治理“四荒示范户”赖木生在河田、策武租赁果园近千亩。远嫁长汀的山东青岛女子马雪梅筹资数万元承包了由濯田镇干部人股的赤岭崇 28.67hm^2板栗，还动员中专毕业的弟弟马日赞从青岛来长汀，租赁 20hm^2水土流失的山地种植板栗。长汀县的生态恢复与重建过程中，涌

---

① 长汀县坚持十一年,面向“娃娃”宣传水保 http://www.ctsb.org.cn/sbnews.asp? id = 132

县建立“水土保持红领巾中队”http://www.ctsb.org.cn/sbnews.asp? id = 82

长汀县开展庆“六一”,宣水保活动 http://www.ctsb.org.cn/sbnews.asp? id = 130

现了像赖木生、黄金养、马雪梅、俞步庆、李木红、沈炎哩、卢盯火等一大批治理大户[26]。对这些先进典型，政府及时通过全县工作会议给予表彰奖励[14]。

更值得一提的是，为了广泛地发动社会各界力量参与水土流失治理事业，在河田露湖村兴建"河田世纪生态园"，并将水土流失地划分为公仆林、巾帼林、园丁林、思乡林、长寿林等18个园区，通过领导种植纪念树以达到示范带头作用。目前世纪生态园已初具规模，成为水土流失治理园林绿化的精品，生物治理的典范，国土教育的"户外教室"，水土保持的大观园[26]。

另外，2009年长汀县还在河田露湖长汀水保科教园广场左侧建设了占地200m²长汀水土保持展示厅，展出了历届省领导对长汀水土保持的关怀的历史资料与项南同志撰写的水土保持"三字经"、水土流失的历史、危害及科学的治理措施和治理成效的图片，以及20世纪30年代水保杂志和40年代福建省河田土壤保肥试验区(县水保站前身)使用过的试验仪器及水保工程设计图。通过图片及实物展示，再现了水土流失所造成的危害及科学治理之路，普及水土保持科学知识、传播水土保持环境保护的科学思想①。

5.1.4　服务者

除了水土流失的日常事务外，政府服务职能更多地体现在平台的构建与提供资金，如构建生态产业的发展平台、科学研究与合作的平台。

5.1.4.1　构建科学研究与合作平台

长汀县于2000年成立了水土保持监测站，在开展水文、气象、径流小区等常规监测的基础上，还引进澳大利亚多因子气象观测仪、美国LI-8100土壤呼吸机、美国叶面积指数仪等先进仪器，提高了监测工作水平[7]。

长汀县建设了占地5000 hm²的"水保科技园区"，园区内包括"科教楼展示厅、多媒体演示厅、径流试验区、根箱展示区、人工降雨小区、枯叶落叶收集区、崩岗警示区及自然坡面径流池"等一系列试验项目，是功能齐全的专业科研基地，有助于提升水土流失治理科技水平。

---

①　长汀水保展示厅正式对外开放 http://www.ctsb.org.cn/onews.asp? id=178

这些科研平台为专家学者研究提供了优越的基础条件。长汀县与福建农林大学、福建师范大学、福建省农科院、福建省林科院、福建省水保试验站、龙岩市林科所等合作开展水保科研工作，并成立了水土保持博士工作站[7]。还作为南方红壤区以崩岗为主的水土流失状况、防治经验和存在的问题的典型样点，迎接了水利部、中国科学院、中国工程院共同组织的“中国水土流失与生态安全综合科学考察”活动①。同时，还邀请台湾国立大学、台湾科技大学的水土保持专业有关专家进行学术交流，推进海峡水土保持技术协作②。

5.1.4.2 搭建生态产业发展平台

长汀县为生态产业开发构建平台，形成“政府搭台，经济唱戏”的良性发展局面。如长汀县水保局与长汀县三洲乡人民政府等单位在三洲农家乐杨梅山庄举办首届三洲杨梅文化旅游节，吸引了厦门、漳州、龙岩和县内游客，采杨梅，赏杨梅，品杨梅酒，体验杨梅观光、休闲旅游的快乐，促进“三洲杨梅”发展成为生态建设、生态旅游和“休闲、度假”三位一体旅游品牌的一个新亮点③。

5.1.4.3 筹集生态恢复与重建资金

在长汀县生态恢复与重建的过程中，长汀县政府还大力筹集公益投资资金。这些公益投资主要用于与水土流失治理相关的配套补助与项目建设。长汀是福建省经济欠发达县，在维持自身正常运转尚有困难的背景下，仍然从有限的财力中挤出相当的资金用于水土流失治理事业。如在《长汀县水土保持生态建设规划(2002～2009)》中2000万元的项目总投资构成里，除了省政府1000万元，市政府配套240万元外，县、乡还要自筹(含群众自筹)760万元(长汀县水土保持事业局，2009)[2]。可见在生态恢复与重建实践中，各级政府投资还是占了相当高的比例。

5.1.5 研究者

除了事务性的日常工作外，长汀县相关部门还充当着研究者的角

① http://www.ctsb.org.cn/sbnews.asp? id=92

② http://www.changting.gov.cn/ArticleContent.asp? ID=1026

③ 福建省长汀举办首届“三洲杨梅文化旅游节”http://www.ctsb.org.cn/sbnews.asp? id=167

色，并取取得丰富的研究成果，这也是其突出的表现之一。

20 世纪 90 年代，长汀县就开展了“河田极强度水土流失区第一期工程草灌乔综合治理”项目，并科学地归纳总结出“草先行，种草促树”、“草灌乔结合”等 6 种治理模式，还获省科技进步二等奖，科研成果在省内及邻省大力推广。同时，在水东坊水保试验场，应用“三化”技术栽培板栗，其中培育的“九家种” 和“YS”板栗品种产量达 4.5 ~ 5.2 5 t /hm^2，该研究成果获得了龙岩地区科技进步二等奖，已进行推广种植[15]。

21 世纪初以来，长汀县积极探讨不同的治理模式，根据植被从“常绿阔叶混交—针阔混交—马尾松和灌丛—草被—裸地”的逆向演替规律，提炼“反弹琵琶”的治理理念，得到了中国工程院冯宗炜院士的高度评价。同时，还总结探索适合当地实际的“草 - 牧 - 沼 - 果”、“老头松”改造、封山育林、种茶种果改良等治理模式，取得了很好的效果[27]。

值得一提的是，长汀县水保站作为合作单位，与由水利部生态工程技术中心、福建农林大学、中科院南京土壤研究所所共同承担的“十一五”国家科技支撑项目(2009BADC6B00)第六子课题“闽西中高丘陵区红壤侵蚀快速治理技术集成研究”项目，以长汀为典型示范区域进行研究，探讨经济开发性崩岗治理技术集成与模式示范、生态恢复型崩岗治理技术集成与模式示范、马尾松林下立体植被快速回复技术集成与模式示范等内容①。与此同时，长汀县水保局与中科院南京土壤研究所、福建农林大学、福建师范大学、厦门大学、省林科院、省水保试验站等科研院所合作，向省水利厅申报了以长汀治理实践中的创新点及关键支撑技术为核心“南方红壤区水土治理功能提升技术集成与示范”课题，共同开展该项课题研究。课题包括了丰富的内容：治理格局研究；重建“复合型”森林研究；芒萁入侵与“封禁指数”研究；草牧沼果循环种养模式研究；浅沟治理研究；“老头松”改造研究；崩岗特征与治理研究；秋大豆春种果园覆盖研究；水土保持营养肥的研究；水土治理与生态政策研究。经过数年的试验观测及外业调查，已积累了丰富的基础数据和

---

① http://www.ctsb.org.cn/sbnews.asp? id = 168

图文资料[2]。

5.1.6 监督者

在水土流失治理中，政府的监督作用不可忽视。长汀县在这方面有成功的尝试。首先是建立健全“横向多部门，纵向县、乡、村”的水土保持监督执法网络，强化监督执法，防治水土流失。其次，由县人大每年组织一次视察，督促检查水土流失项目的落实情况；第三，把治理开发任务完成情况列入部门、乡(镇)各级干部目标管理考核中，层层签订责任状，并把目标任务与干部工资、奖金挂钩，并加大督查力度，对水土流失综合治理的阶段、年度任务进行专项督查、全过程跟踪；第四，强化行政执法，对个别在生产建设中肆意破坏水土资源，造成新的水土流失的单位和个人，依法进行查处，用法律手段保证水土保持工作顺利开展[7,12,22,24]。

5.2 民众在生态恢复与重建中的作用

生态恢复与重建是一项庞大的社会系统工程，离不开全社会的共同参与，尤其是广大民众的积极参与更是生态恢复与重建能否取得成功的关键所在。

5.2.1 参与者

在流失区，由于水土流失的严重性，治理成果得而复失，资金短缺等原因，长汀县群众曾一度对水土流失治理失去信心，采取的是弃之不顾的态度。然而经过政府多年的努力，水土流失区的生态环境逐步好转，耕作条件提高，生活环境也大大改善，群众开始尝到水土流失治理带来的好处，找到了发展的途径，于是积极地参与到生态恢复与重建事业中[16]。

事实上，早在1983年，在政府的支持下，当地群众就曾采取村户、联户和专业承包队承包的方式在荒山荒地上种植糠稷、马塘崔稗、金色马尾革等优质牧草4万多亩，以及黑荆、黄拄、赤桉、刺槐、马尾橙、胡枝子、四川桤术等混交林4.4万亩，封山40万亩。同时，采取建煤灶、省柴灶、沼气池等解决燃料问题，并通过挖坑坊、开排洪沟与水平梯田台地等进行防护。通过近十年的强度治理，水土流失已一定程度上得到控制[1]。

1992 年在县水保局组织下，河田镇露湖村 23 户村民利用有偿扶持资金，连片开发种植板栗，套种花生、黄豆和豆科绿肥，平均每户收花生 150kg，产值 450 元，村民从中尝到了甜头，开始大力推广。到 1995 年，短短三年时间全村连片开发种植果树 $133hm^2$。1994 年长汀县 59 户农户在“四荒”地使用权拍卖中中标，获得 $150.4\ hm^2$“四荒”地用于种果树，营造水保林。陈和金等几户农户通过套种西瓜、花生、黄豆，当年增收几百元至上千元。拍卖荒山试点的成功推动了全县“四荒”地使用权拍卖工作，到 1996 年全县已有 5 个乡（镇）8 个村共拍卖未治理荒山 $296.9\ hm^2$，造林种果 $106.1\ hm^2$，为加速水土流失区的开发治理开辟了一条新路子[15]。

值得一提的是，除了当地农民积极投工投劳外，长汀县还鼓励干部职工投入水土治理治理事业中。如县直机关干部在黄馆建立万亩干部示范果场[7]。仅 1994～1995 年县委、县府发动 18 个部门共投入资金 362 万元支持水土流失区开发治理，种果 0.12 万 hm^2[22]。

5.2.2　投资者

纯粹依靠国家拨款治理或国家扶持的治理仍难以调动群众的积极性，因此坚持“谁治理谁受益”的原则，广泛地筹集民间资本加入水土流失治理事业就显得尤为紧迫。长汀实行大干多补助、小干少补助、不干不补助做法，充分发挥补助资金的调节作用，调动民众参与的积极性[7]。这种竞争激励机制激发了民众投资的积极性。如远嫁长汀的山东青岛女子马雪梅筹资数万元承包了由濯田镇干部入股的赤岭崇 $28.67hm^2$ 板栗，还动员中专毕业的弟弟马日赞从青岛来长汀，租赁 $20hm^2$ 水土流失的山地种植板栗[14]。同时，外乡群众也纷纷前来水土流失区投资造林种果。

5.2.3　监督者

民众还在水土流失治理工作中扮演着自我约束与监督的角色。首先，乡镇、村均制定了乡规民约、村规民约，明确了封山育林育草的目标、任务、范围、措施、责任、考评办法，以及对违约行为的处罚措施，大大提高了当地民众的水保意识和水保法制观念[15]。其次，各村配备专职的护林员，与县、乡两级护林机构共同构成健全护林网络，并由过去巡山改为巡山与进村入户查灶头结合起来[5]。第三，在全封山区域内禁止打枝、割草、放牧、采伐、采脂和外用火，禁止毁林开垦和毁林采石、采土建设，猎捕野生动物以及未经批准的一切林事活动，对违反《村规民约》的用杀猪、罚放电影等措施进行惩戒与[24]。

5.3 企业在生态恢复与重建中的作用

由于生态环境恶劣，经济基础薄弱，很多企业曾经一度不看好长汀投资前景，对与生态环境相关的事业更是比较冷漠。直到近年来，这种状况有所改变，一些企业变成了踊跃的参与者与投资者。

5.3.1 参与者

在长汀比较深入与广泛地参与生态恢复与重建工作的企业当属远山公司。该公司采取“公司 + 基地 + 农户”的运作模式。目前，远山公司已获得国家权威机构认证的绿标 10 个、无公害农产品标志使用权 12 个和绿色食品基地 4 个，现已形成了“远山”品牌。远山公司被列为国家重点扶贫龙头企业和省级农牧业产业化龙头企业。2008 年，远山公司实现产值 1.26 亿元，销售收入 9800 万元，带动加盟农户 9510 户，增加农民收入 112 万元，户均增收 1186 元[18]。2009 年，引进香港米兰春天亚洲投资有限公司整体嫁接远山公司，实现远山公司完全市场化运作。

5.3.2 投资者

1995 年厦门中环经济技术发展联合公司投资 38 万元，在策武乡南坑村建立“凌志”千亩果场和发展养猪事业，种植油奈 33.3 hm^2，带动了策武乡水土流失的综合开发。厦门树王银杏制品有限公司投入 400 万元开发了 2300 亩高标准银杏基地。一台商在河田投资进行茶叶种植加工[14,15,22]。

5.4 NGO 在生态恢复与重建中的作用

非政府组织(NGO)主要指的是科研部门，他们在长汀县生态恢复与重建过程中的作用越来越显著。长汀作为南方红壤典型侵蚀区，成功的治理模式，良好科研条件与坚实的科研平台吸引了众多科研院所专家学者的兴趣。中科院南京土壤研究所、福建农林大学、福建师范大学、厦门大学、省林科院、省水保试验站等科研院校先后与长汀县相关部门合作，开展生态恢复与治理的系列研究。同时，还建立了水土保持博士生工作站作为研究的平台。相关研究机构以长汀为典型研究对象获得了丰硕的成果，不仅丰富了相关理论，也为长汀县的生态恢复与重建实践提供了有益的借鉴。

5.5　国际组织在生态恢复与重建中的作用

长汀县生态恢复与重建过程中，目前也出现了一些国际组织的身影，并扮演着投资者的角色。如长汀县水土保持与乡村发展亚行贷款项目工作就是国际组织主导的。长汀县为了积极引进外资，更好地发展水土保持事业和乡村经济，推进社会主义新农村建设，发挥亚行贷款项目最佳效益，还专门成立了领导小组①。可以预见，随着我国对外开发的纵深发展与国际化进程的推进，国际组织在生态恢复与重建过程中的作用会更加明显。

6　不同主体在生态恢复与重建中的利益博弈

综上所述，不同的利益主体在生态恢复与重建过程中发挥的作用各不相同。究其原因，主要是不同利益主体在不同的生态恢复与重建阶段的利益诉求不一样，相互之间存在着利益的博弈过程，尤其是对生态效益与经济社会效益之间的博弈过程，直接导致生态恢复与重建的不同成效。

6.1　不同主体利益诉求的演变

首先来分析一下生态恢复与重建过程中，不同的利益主体在不同历史阶段的利益诉求的演变(表12-4)。

---

① http://www.changting.gov.cn/ArticleContent.asp?ID=683

表 12-4 不同生态恢复与重建阶段利益诉求的演变

主体	萌芽起步阶段	波动起伏阶段	重点突破阶段	全面综合治理阶段
政府	重视经济效益，忽视生态效益与社会效益	更重视社会（政治）效益，对生态效益与经济效益关注不够	更关注生态利益，对经济社会效益的重视程度不足	注重生态效益与经济社会效益的协同与最优化
民众	重视经济效益，无暇也无力顾及生态效益	重视经济效益，没有意识到生态效益与社会效益的重要性	更关注经济效益，对生态效益重要性认识不足	同时关注经济效益与生态效益
企业	—	—	—	开始关注经济效益益与生态效益
NGO	重视经济效益、无力顾及生态效益	无力顾及生态效益与经济社会效益	更关注生态利益，忽略经济社会利益	重视社会利益、经济利益与生态利益
国际组织	—	—	—	主要关注生态效益与社会效益

注：由于经济社会发展阶段的限制，在萌芽起步阶段、波动起伏阶段与重点突破阶段，企业与国际组织基本上没有参与。

6.1.1 萌芽起步阶段

在此阶段，当时的国民党政府虽然也注意到生态效益的问题，也成立了“河田土壤保肥试验区”，进行防止土壤冲刷为主的研究。然而由于当时连年内战，政府经费捉襟见肘，根本无力提供生态恢复与重建的经费。对当时的政府而言，经济效益要远高于生态效益，生态效益充其量只是象征性的奢侈品。身处战争年代，民不聊生，民众更关注关乎生存与温饱的经济效益问题，自然无暇也无力顾及生态效益问题。科研组织同样受到战争与经费短缺的困扰，也无心进行科研工作。因此当时科技人员纷纷离去，导致许多项目被迫中断，治理的收效甚微。

6.1.2 波动起伏阶段

此阶段，新中国政府开始重视生态恢复与重建问题，但相对经济效益，当时似乎更重视社会(政治)效益社会，通过土地改革确定林权来体现社会主义的优越性，确实产生一定的生态效益。然而，当时生态效益更多是只是附属的产物而已，生态恢复与重建的成效并不稳固。因此，一旦有了政治运动(如“大跃进”与“文化大革命”)，原先好不容易积累起来的生态恢复与重建的成果又成了牺牲品。

对于普通大众而言，尽管翻身做了主人，但由于整体产生力水平较低，他们终日劳苦更多的是为改善经济条件，没有觉悟也没有能力却争取生态效益。尽管不可否认的是，土地改革中林权确立后的植树造林活动也在一定程度上寻求生态效益。同样地，受到繁的政治运动的干扰与影响，民众的社会地位虽然提高，但经济能力并未得长足的提升，很多人仍然挣扎在贫困线上，自然无法全力投入到生态恢复与重建中。

至于一些科研机构，尽管也投入了满腔热忱进行研究，希望能同时获得生态效益与经济效益的双重目标。然而文革动荡时期，包括水保研究机构在内的几乎所有行业均受到严重的冲击，水保工作者的工作根本无法正常开展，更不要谈经济效益或生态效益的问题。

可见，由于经济条件与科学技术条件的限制，加上频繁的政治运动的干扰与影响，无论是政府、民众还是科研工作者对生态效益都无法重视。

6.1.3　重点突破阶段

此阶段，政府更加重视生态效益，各级政府通过不同形式支持以河田为重点的长汀大规模治理水土流失，相对而言，对经济社会效益的关注程度不够。民众还未充分意识到生态效益的重要性，更多的只是阶段性、被动的参与，持续参与的积极性不高。“八大家”中的科研机构的代表的 NGO 长汀开始了土地流失治理的研究与实践工作，同样他们更关注生态效益，对经济社会效益与生态效益的协同研究与实践明显不足。

总之，由于理论研究的滞后，资金与技术手段的限制，以及治理范围局限(只注重强度以上流失斑的治理，对范围更大的中度与轻度水土流失的治理相对不足，忽视小流域的综合治理等)，长汀县生态恢复与重建仍存在着一定的隐患(如强度以上的水土流失面积仍在增加)，其原因就在于生态效益与经济社会效益未能实现相统一与最优化。

6.1.4　全面综合治理阶段

此阶段，政府开始意识到单纯治理水土流失并不能收到预期的效果，开始重视生态效益与经济社会效益的协同与最优化，并依托省为民办实事项目，动员全社会参与，进行全面综合治理。民众也已经尝到了生态治理的甜头，意识保护生态环境与发展经济的密切相关性，在实践中积极投入到水土流失治理实践中，同时开始改变自己的生活习惯与生产方式，发展绿色产业，以达到经济与生态效益的“双赢”。科研机构改变了传统的做法，兼顾研究项目的生态效益与经济效益，探索出适应当地经济社会发展与生态环境保护的生态恢复与重建的模式。而企业开始介入生态恢复与重建实践中，出于理性经济人的角度，他们当然看重经济效益，然而一些企业同样肩负着社会责任，注重发展环境友好型的产业与绿色产业，在获得经济利润的同时，也保护了生态环境。值得关注的是，在生态恢复与重建过程中也出现国际组织的身影，他们更关注生态效益与社会效益。总之，此阶段在不同利益主体的共同努力下，长汀县的生态恢复与重建经济社会与生态环境效益实现了相统一与最优化，取得了举世瞩目的成就。

6.2 不同主体利益博弈过程

由以上分析可以看到，在生态恢复与重建的过程中，不同利益主体对三大效益的诉求各不相同，对经济、生态、社会效益的博弈直接决定了生态恢复与重建的成效(图 12-1，图 12-2)。

第一阶段，政府、民众与研究机构的经济、生态与社会效益是背离甚至冲突，加上战争的干扰，根本无法取得持久的生态效益与经济社会效益。

第二阶段，民众与研究机构的生态效益与经济社会效益的出发点虽然是一致的，但在实践中是无关联甚至背离的，加上政治运动、资金与技术水平的限制，仅取得了阶段性的、局部性的生态效益。同时由于经济社会效益的成果不明显，也难以取得真正的生态效益。

第三阶段，政府、民众与研究机构的生态效益与经济社会效益在本质是一致的，但在实践中对经济效益的重视程度不够。政府虽然努力实践，但民众参与程度不高，加上资金与技术的限制，尽管取得了很大的生态效益，但并未收获足够的经济效益，同时生态效益还存在隐患(强度以上水土流失面积增加)，并且难以巩固。

第四阶段，不同利益主体开始全方位参与，在生态恢复与重建实践

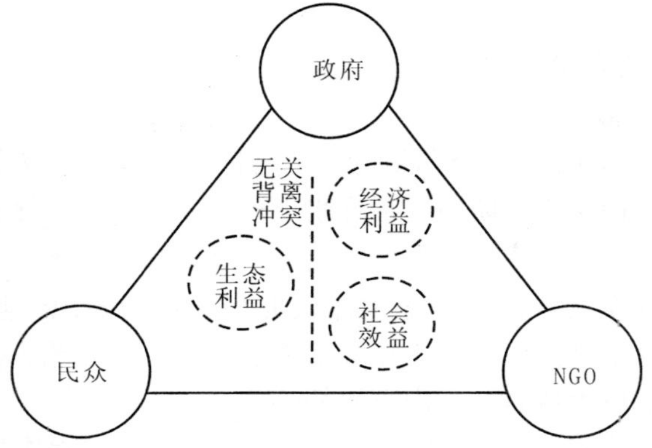

图 12-1　生态恢复与重建前三阶段不同利益主体的利益博弈图

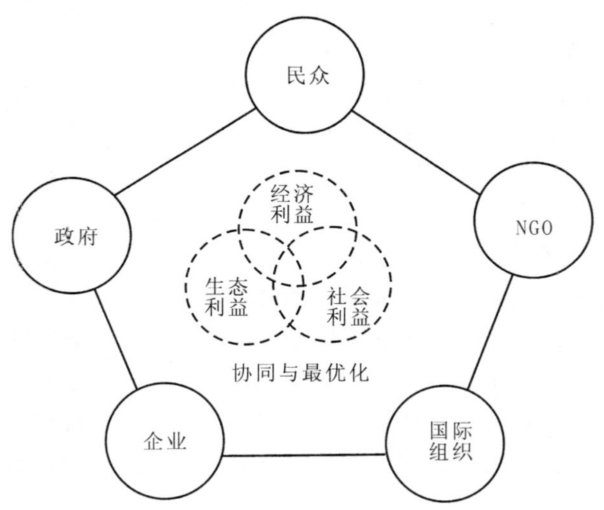

图 12-2　生态恢复与重建第四阶段不同利益主体的利益博弈图

中大力推行生态、经济和社会“三大效益”的协同发展，终于实现了生态、经济、社会三大效益相统一与最优化，生态效益才得以沿着良好的态势发展。

7 结论、讨论与启示

(1)长汀县的生态恢复与重建可分为四个阶段，不同阶段中取得了不同的效果：萌芽起步阶段，治理水土流失的成效不明显；波动起伏阶段，水土流失治理的成效不显著；重点治理阶段，水土流失治理的成效显著，但也存在着强度以上土地流失面积增加的隐患，且成果难以巩固；全面综合治理阶段，水土流失治理取得了生态效益、经济与社会效益协同发展的巨大成就，走向良性循环。

(2)不同利益主体在生态恢复重建中的投入参与程度直接决定了水土流失治理的成效大小。尤其是在全面综合治理阶段，政府扮演着领导者、管理者、倡导者、服务者、研究者与监督者的角色；民众则发挥参与者、投资者与监督者的作用；企业也充当着参与者与投资者的角色；NGO 与国际组织则分别担当研究者与投资者的角色。只有不同利益主体的作用得到充分发挥，生态恢复与重建才有可能获得成功。

(3)传统的单纯以生态效益为目标，忽视经济社会效益的水土流失治理很难取得持久、全面的生态恢复与重建的成功，只有在实践中重视生态效益与经济社会效益的全面综合的治理，实现生态效益与经济社会效益的协同发展与最优化，才能获的成功。

(4)传统的生态环境条件恶劣的地区并非缺少经济发展的基础，相反，只要能够在本地资源禀赋的基础上，通过生态恢复与重建工作，并选择适当的绿色产业，就能够将生态劣势扭转为生态优势，再将生态优势转化为经济社会发展优势，取得生态效益与经济社会效益的双赢。

参考文献

[1]方志伟，钟益鑫．长汀水土保持林建设出现的问题及其对策[J]．林业经济问题，1997，(6)：67～69.

[2]长汀县水土保持事业局．长汀 2009 年度综合治理设计报告[R]，2009.

[3]邱永源．从战略高度抓好水土保持工作[J]．福建水土保持，1990，(3)：1，14.

[4]岳辉，钟炳林．长汀县水土保持监测实践与探讨[J]．亚热带水土保持，2006，

18(3)：63～64.

[5]岳辉，曾河水．等高草灌带在长汀水土流失治理中的应用与成效．亚热带水土保持，2007，19(1)：31～33.

[6]邓淑珍，张金慧，兰伟龙．福建长汀：十年攻坚 重建生态[J]．中国水利，2009，(7)：62～64.

[7]长汀县水土保持事业局．治理水土流失，建设生态长汀[J]．中国水土保持，2007，(3)：12～14.

[8]陈志清．福建省长汀县河田镇的水蚀荒漠化及其治理[J]．地理科学进展，1998，17(4)：65～71.

[9]李时檠．河田水土保持工作的回顾[J]．福建水土保持，1990，(3)：50～53.

[10]曾金华，钟炳林．长汀县水土流失演变及今后治理对策[J]．福建水土保持，2002，14(4)：37～39.

[11]林惠花，武国胜．基于 GIS 的长汀土壤侵蚀与自然因子的空间相关性[J]．福建水土保持，2004，16(4)：25～30.

[12]曾金华，钟炳林．推进治理模式升级与拓展之思考[J]．亚热带水土保持，2005，17(1)：6～8.

[13]赵昭昞．长汀水土流失四年治理评析．福建水土保持，2004，16(1)：1～5.

[14]长汀县人民政府．奋力拼搏治理水土流失，铁心攻坚建设秀美长汀[J]．福建水土保持，2004，16(4)：1～7.

[15]傅锡成，童大廉．长汀县走上生态经济型治理的新路子[J]．中国水土保持，1998，(3)：42～43.

[16]卢晓香．长汀县水土流失综合治理实施"大封育，小治理"模式探讨[J]．福建水土保持，2002，12(3)：29～31.

[17]邹爱平，陈志彪，陈丽慧．红壤丘陵区典型小流域侵蚀景观时空变化分析——福建长汀县朱溪河小流域为例[J]．中国水土保持科学，2009，7(2)：93～99.

[18]黄启元．长汀：西部名城展新姿[J]．红土地，2009，(7)：15～16.

[19]福建省长汀县水土保持事业局．草—牧—沼—果循环模式与长汀水土保持实践[J]．亚热带水土保持，2007，19(1)：27～30。

[20]罗力勇，吴永桂．长汀县域经济发展模式与金融支持对策[J]．福建金融，2007，(4)：30～33.

[21]Bryson，J. M. and Crosby，B. C. Leadership for the Common Good. Tack－ling Public Problems in a Shared－Power World [M]. San Francisco：Jossey－Bass，1992.

[22]长汀县人民政府．水保十年建绿洲，再创业绩奔小康[J]．福建水土保持，

1997，(1)：16～18.

[23]曾河水．长汀县水土流失综合治理项目管理的做法[J]．亚热带水土保持，2005，17(1)：15～16.

[24]刘洪生．生态修复在长汀水土流失治理的几种应用模式分析[J]．亚热带水土保持，2005，17(1)：31～33.

[25]曾金华，钟炳林．重科技，闯新路，提高治理水平，加快治理步伐[J]．亚热带水土保持，2007，19(1)：34～35.

[26]钟炳林，曾金华．青山作证——长汀县实施省委、省政府为民办实事项目纪实[J]．福建水土保持，2004，16(4)：14～16.

[27]曾河水，彭绍云，陈志彪等．长汀县运用"反弹琵琶"理论指导水土保持的实践[J]．中国水土保持，2007，(4)：53～55.

资料链接

重科技 闯新路 提高治理水平 加快治理步伐

长汀县是全国丘陵红壤区水土流失最为严重的县份之一，全省水土流失的"冠军县"，水土流失历史长，治理的历史也长。六十多年来治理工作几起几落，阶段性治理成效得而复失，究其原因，无非是政策、科技、管理三大因素。2000年起省委省政府把长汀水土流失综合治理列入为民办实事项目，省委的正确决策给我县提供了千载难逢的机遇，如何抓住机遇，乘势而上，开展大规模的水土流失综合治理，我们认为，科技是第一生产力，推广科技成果是提升治理水平的有效手段，所以我们把科技兴水保当作治理的支撑和保证，从树立新理念、建立新载体、探索新模式、拓展新空间四个方面提升科技实力，加快了治理的步伐，取得了良好效益。被国家水利部水保司和中国水土流失科学考察团认为是南方治理的一面旗帜，中国水土流失治理的品牌。

一、树立新理念

即用"反弹琵琶"的理念指导治理。根据植被从常绿阔叶混交→

针阔混交等→马尾松和灌丛→草被→裸地的逆向演替规律，按水土流失程度综合治理，全面封禁保护植被，种树种草增加植被，“老头松”改造改善植被，发展“草牧沼果”改良植被。特别是着力建立亚热带常绿阔叶林的过程中，混交树种选择乡土浅根与深根、常绿与落叶、喜阳与喜阴、针叶与阔叶合理搭配，优化配置。中国工程院冯宗炜院士认为：“反弹琵琶”治理法是顺应自然规律开展治理，走生态演替的路子，这是一种理念上的创新，是生态学上的一个由逆向演替向顺向演替的转换。

二、建立新载体

在加强与高等院校和科研单位的联系，邀请福建农林大学、福师大、省农科院、省林科院、省水保试验站、市林科所到我县开展科研的基础上，成立了水土保持博士生工作站，系统、全面、深度开展丘陵红壤区水土流失治理关键技术研究。通过借助高等院校和科技单位的技术力量，提高治理的科技含量，提升科技实力，加速技术创新，促进成果转化，努力提高水土保持三大效益的科技贡献率。

三、探索新模式

一是生物治理模式。以草灌先行，草灌乔结合，着眼于建立常绿针阔叶混交林生态系统，树种、草种选择遵循地带性规律，以乡土树种、草种为主，外引品种遵循“拿来主义”，引进经多年驯化的品种；推广“等高草灌带”种植法、“小穴播草”种植法、“老头松”抚育改造治理法、崩岗治理等。

二是开发性治理模式。在保证生态效益的前提下，建立“草牧沼果”循环农业治理模式，把治山与治穷、发展绿色产业、调整产业结构相结合，“票子”与“被子”一起要，金山银山与绿水青山相统一。大力推广种植优质牧草“Ⅱ系狼尾草”，以草为基础，沼气为纽带，果业、养殖业为主体。既治理了水土流失，又发展了农村经济，提高了农民收入。通过推广“草牧沼果”的模式，寻找到了生态效益和经济效益的结合点。

三是果园覆盖模式。幼龄果园覆盖园面秋大豆春种作绿肥压埋改土，通过研究分析，秋大豆春种对幼龄果园的快速覆盖，改良土机质，提高保水保肥能力，减少侵蚀量以及降低地表湿度，稳定地温，为果树生长创造良好环境等多方面的效应是显著的，投资少、见效快、效益明显，对于南方水土流失区幼龄果园覆盖具有普遍的适应性(因为南方大部分地区适应种植春大豆)，具有推广价值

四、开拓新空间

(1)宣传上开拓空间。水土保持需要全社会的积极参与，形成合力。我们特别注重对下一代的宣传教育，在河田、策武、三洲等中小学校开展“水土保持进教室”活动，编印了“水土保持教材”、水保笔记本、水保宣传传单、建立了“水土保持”阅报栏、“水土保持红领巾中队”，举办水土保持成果展、水保知识讲座等。向学生普及水土保持知识，灌输水土保持意识，培养水土保持兴趣，从而“小手拉大手”带动家庭成员水保意识的提升与水土保持行为的达成，进而提高全民水保意识，保证水土保持可持续发展思路的有效实施。

(2)内容上开拓空间。主要是草牧沼果和节水渠道、测土增肥等。

资料来源：http：//www. ctsb. org. cn/sbnews. asp？id＝108；作者：曾金华，钟炳林

第十三章

在环境治理与保护中实现“三大效益”的相统一和最优化

第十二章运用生态文明经济理论对生态恢复与建设进行了实证分析，本章将运用生态文明经济理论来探讨环境治理与保护问题，并进一步阐明在环境治理与保护中如何实现生态效益、经济效益和社会效益的相统一与最优化。

1　环境相关利益主体的确定

相对西方国家，我国的环境保护与治理工作更为艰巨。西方发达国家在工业化初期也面临一定的资源环境压力，它们可以利用全球资源来发展本国工业，同时又可以把本国污染行业逐步转嫁到发展中国家，并且西方国家的环境污染问题是在长达数百年的工业化过程中逐步出现的，可以运用先进的技术条件边发展边治理。与西方国家相比，西方发达国家几百年时间里发生的环境污染问题，我国却在短短几十年时间爆发出来。环境治理与保护是生态文明建设的重要环节。为了揭示我国环境问题产生的内在机理，有必要用生态文明经济理论进行系统的分析。由于环境问题的复杂性，环境相关利益主体非常多。为了研究的简便，根据我国现实国情与经验事实，本章把对环境问题影响最直接最重要的主体确定为地方政府、企业与居民。之所以把地方政府作为环境相关主体之一，首先在于随着中央权力下放后，地方政府主体性地位增强，有了一定的自主决策权，其决策与行为对当地的环境问题起着非常重要的作用。其次，企业是环境问题的主要责任者之一，因为企业作为经济人，它代表了资本，而资本的逐利本性使得它们在从事经济活动过程中倾向于不断通过环境污染行为把内部成本转化为外部成本。第三，关于环境相关者——居民，这个概念在许多研究中称为公众或社区，本文采用经济学术语，称之为居民，它也是环境公共物品的消费者，包括个体消费者和环境非政府组织①。

2　环境保护与治理的利益动机与约束条件分析

从生态文明经济的角度，任何经济主体的行为选择或决策都不可能是随心所欲的，必然都是在一定的约束条件下在一定动机或利益驱动下进行的。环境(质量)作为公共产品的一种，它有着非排他性的特点。正因如此，它牵涉到诸多相关利益主体，而且每个主体围绕着环境问题都有着各自不同的利益目标，同时也面临着不同的约束条件。下面就居民、企业与地方政府三者参与环境治理的动机与约束条件逐一进行分析，以便更好地把握它们在环境问题中相互作用的内在机制，进而更好地解释它们在环境治理中的行为活动以及造成的环境影响。

2.1　居民参与治理的约束条件

从生态文明经济角度来看，环境实质上是一种公共产品，环境的恶化牵涉到环境公共资源日益短缺的问题。在今后相当长的一段时期内，环境公共品的供给与需求将处于非均衡状态，如果不尽快采取有力的政策或措施来改善环境，未来将会更严重。居民作为环境公共产品的消费群体，他们效用的满足程度在很大程度上与生态环境的好坏状况密切相关。环境治理所涉及的最重要的利益是居民(公众)的环境利益(公共利益)，因此居民(公众)拥有参与环境治理的较强动机，而且居民参与有着其他经济主体所不能比拟的独特优势，即无法进行权力寻租。然而，我国居民参与环境治理的工作为何没有西方发达国家那样成功呢？我们认为在我国现行的政治与经济体制以及现阶段经济发展水平之下，居民参与环境治理面临着以下几个重要的约束条件：

---

①　注：由于环境非政府组织在我国发展尚处于起步阶段，还不是很成熟，并且在环境治理与保护中所起的作用还不是很突出，其独立性尚不明显，因此本文也把其归入居民.

2.1.1　短期利益的制约

马克思主义认为，人类常常过分关注于最近、最直接的短期利益，进而导致了生态退化与环境破坏，最终必然遭到自然的报复。在环境问题中，环境利益就是长远利益，而注重短期利益则是人类生产经营活动中的短期行为。居民在参与环境治理时，面对的不仅仅是环境利益，同时还受到眼前短期利益的制约。特别是对于经济较为落后并且又对环境资源较为依赖的地区而言，居民很容易陷入长远利益与短期利益的两难境地(长远利益即当地居民世代的生存与发展，而短期利益主要指当地居民日常的衣食住行等眼前必要的生存需求)。就拿就业来说吧，在经济转型时期，我们经常会遇到环境保护与就业之间的某些矛盾。比如说，在某些城市与农村，有一些工厂的环境污染防治工作很差，它们不断排放污水、有害气体、废渣，使周围的环境受到破坏。当地的居民向政府提出申诉，要求关闭这些工厂，但因为这些企业都是当地的纳税大户，是当地政府财政的重要来源，因此所得到的答复往往是：由于工厂吸引了很多当地人就业，把这些工厂关闭了，包括当地居民在内的工人失业了，那就会造成社会问题，还不如维持这些工厂的存在，慢慢治理环境，减少污染，以免工人失业。在工厂就业的当地居民，尽管自身也受到损害，但因害怕失去工作而不敢提出异议，这其实也是短期利益影响的结果。例如 20 世纪 80 年代在美国西北太平洋沿岸地区，为了拯救最后几片原始森林，就曾经在林业工人与目标单一的环保主义者之间爆发了一场激烈的斗争。在依靠林业生活的地区，“保护论者”被谴责为“人民的敌人”，而环保主义者则把伐木工人和其他林业工人称为“自然的敌人”[2]。

2.1.2　信息约束

虽然西方经济学的生产要素中没有提到信息要素，但在现代市场经济中，尤其是生态文明经济中，信息的重要性日益突出。在新古典经济学领域内似乎惟有价格信息比较受到重视，价格以外的许多信息却被忽略掉，这与当今越来越发达的现代市场经济活动显然是不相适应的。事实上，在当前越来越激烈的市场竞争中，有关经济决策的信息渐渐变得越来越稀缺，而且获取信息需要花费一定的代价和成本，甚至有些信息花费很大代价也不一定能获得，这就产生了信息不对称问题。环境信息的不完全性和不对称性是导致环境问题的重要根源。在传统的经济学中，假定信息是完全的，而且是无成本的，每个经济主体都拥有他所需要的信息。既然信息是完全的，不同经济主体之间的信息也必然是对称的。如果某个经济主体不了解这些信息，也可以免费从市场上获得。但这只是假设，现实市场上信息是不完全的，而且是不对称的，在环境保护领域表现得尤其明显。环境信息的不完全性导致有限理性和信息成本，而环境信息的不对称性导致逆向选择和道德风险[3]。在环境问题中，信息主要指"包括环境、生物多样性的状况和对环境发生或可能发生影响的因子(包括行政措施、环境协议、规划项目及用于环境决策的成本——效益和其他基于经济学的分析及假设)在内的一切信息。"[4]政府作为环境公共产品的主要提供者，在环境治理中起着主导作用，然而仅仅依靠政府的力量是远远不够的，还需要广大居民的参与。因此，环境保护事业本质上是一种公众(居民)事业，而公众(居民)真正拥有环境事物参与权和监督权的前提是能够拥有充分的环境信息。

目前，信息的有限性是我国居民参与环境治理的一个重要约束条件。居民虽然具有较强的参与环境治理的动机，但是对环境污染的原因、程度以及污染主体等信息了解得不充分，缺乏有力的证据，很难真正身体力行地参与环境治理，维护自身的环境权益。

2.1.3 权益缺失

环境污染问题的不断恶化极大地损害了居民的切身利益，全国各地因环境问题而引起的纠纷在近年来呈不断上升的势头。因此，居民作为环境问题的最大受害者，参与环境治理与保护的愿望是很强烈的。但是诸多事实表明：居民参与环境维权的道路一直不那么顺畅，甚至可以说很艰难。其中的一个重要原因在于居民诸多环境权益的缺失。那么居民有哪些环境权益呢?

(1)居民参与环境治理的最基本前提是居民的环境权。环境权理论最初是西方国家20世纪70年代前后在环境问题对公民生存权益的不断侵害的背景下产生的。其中以1969年美国密歇根大学萨克斯教授以"公共财产论"和"公共信托理论"为依据提出的"公民环境权论"最具代表性，并获得了学术界广泛的认可。环境权理论于20世纪80年代引入中国。事实上，1979年颁布的《环境保护法(试行)》第8条曾规定："公民对污染和破坏环境的单位和个人，有权监督、检举和控告”。由此可见我国很早就曾立法确立公众的环境权利，但只限于监督权、检举权和控告权，并没有对公众如何行使、保障这些权利作出相关规定。我国首次通过立法的形式确立了中国公民“环境权益”的法律是在2003年9月1日起实行的《环境影响评价法》。该法第11条规定：“专项规划的编制机关对可能造成不良环境影响并直接涉及公众环境权益的规划，应当在该规划草案报送审批前，举行论证会、听证会，或者采取其他形式，征求有关单位、专家和公众对环境影响报告书草案的意见。”

(2)居民参与环境治理的第二个重要权利是知情权。环境知情权是指公民和社会组织收集、知晓和了解与环境问题和环境政策有关信息的权利。环境知情权是行使上述环境监督权的基础，如果公众不能获得所需的环境信息，就无法作出正确的判断，也就无法行使监督权利和其他权利[5]。由于受教育水平与科技文化素质的局限，居民获取环境信息存在一定的难度，加上地方政府与企业出于自身利益的考虑，存在隐瞒或选择性公开环境信息的可能性。在环境信息不对称的情况下，居民所能获得的环境信息就非常有限。特别是对环境有影响的政府决策和工程建设，公众还不能从公开渠道顺畅的获得相关信息。尽管已经实行环境状况公报、空气质量周报等公共信息发布制度，但这些信息还相当粗略，缺乏和企业直接相关的具体监测数据。另外根据现行政策，许多信息不能向社会公布。即便是相关的当事人，污染受害者委托环监部门完成的检测结果也要报环保部门审查后才能交委托人。政府垄断环境信息，既当“裁判员”，又当“运动员”的现象甚为普遍。由于和环境侵权者存在着某种特殊的利益关系，某些部门进行环境监测往往不能从根本上保证执法的独立性，也会使环境纠纷处理的公正性受到损害[6]。总的来说，当前我国居民缺乏对环境相关利益事务的知情权益，使得居民对涉及环境利益的事务和基本情况知之甚少，在维护自己基本权益方面形成了盲区。

(3)居民缺乏对重大项目设计和可行性研究的参与权益，以及对重大项目实施过程的监督权益。如前所述，《环境保护法(试行)》已明确指出公民对污染和破坏环境的单位和个人拥有监督、检举和控告的权利。后来修订的《环境保护法》也规定：“一切单位和个人都有保护环境的义务，并有权对污染和破坏环境的单位和个人进行检举和控告。”从中都可以看作是公众环境监督权的一个原则规定。可见，法律已赋予社会组织和公民个人对损害环境的行为进行监督的权利。每个环境问题背后都隐藏着复杂的利益关系，牵涉到诸多相关主体的利益，导致在实践中个人或某个社会组织对环境问题的监督很难起到有效的约束。可喜的是，广大的媒体舆论在环境监督方面开始发挥了越来越重要的作用。例如，2005 年发生的“圆明园湖底反渗事件”就是由兰州学者张正春通过《人民日报》率先报道引发的，随后许多网络媒体纷纷转载，《南方周末》、《中国青年报》等也纷纷跟进，继而在全社会引起了重大反响，最终引起有关部门的介入，使得该工程停工。

(4)居民环境利益表达的渠道尚不够畅通。由于居民处于松散的无组织状态，加上现实中地方政府为了确促本地区的经济增长与财政收入，经常会与企业发生利益的纠结，形成利益的联盟，使得居民在环境问题上缺乏话语权，或者说居民缺乏对重大事件的求诉权益，他们不能够及时将自己的求诉要求和建议反馈到相关的政府部门和机构。他们向环保相关部门反映的环境事件常常得不到及时有效的处理，这样就有可能造成信息不畅通和公众的非理性行为。居民的环境利益也因此无法得到保证，这应该是当前居民环境权益所遭受的最大的困境。

此外，居民作为环境污染问题的最直接受害者，参与环境治理的愿望非常强烈。但是根据曼瑟尔·奥尔森的观点，即“除非一个集团中人数很少，或者除非存在强制或其他某些特殊手段以使个人按照他们的共同利益行事，有理性的、寻求自我利益的个人不会采取行动以实现他们共同的或集团的利益。”[7] 面临人类共同的环境问题，居民有着共同的利益，居民人数众多，规模庞大，而环境问题较为复杂，治理起来非常困难，在居民这样一个人数众多的大集团中，个体成员如果要单独行动，其付出的成本可能要远小于其获得的收益，因此，个体成员或单个的居民参与环境治理还会为“集体行动的困境”所制约。

2.2 企业参与治理的动机与约束条件

企业在经济活动中扮演着生产者的重要角色，是经济活动中最重要的行为主体，同时，企业也是造成环境污染的主体，当今世界大多数环境问题都同企业活动有关[8]。根据邹东涛教授主编的《中国企业公民报告(2009)》蓝皮书，目前我国工业企业仍是环境污染主要源头，约占总污染比重的70%。针对日益恶化的环境问题，企业理应承担最大份额的社会责任，也最应积极主动参与到环境治理活动中去。然而恰恰相反，在利益主体中，企业却正是最缺乏治理动机的。那么企业在生产经营活动中，有哪些因素会激励其积极主动地参与治理活动呢？又有哪些因素会妨碍其这样做呢？接下来我们就企业的治理动机与约束条件进行逐一分析。

2.2.1　企业参与环境治理的动机

2.2.1.1　市场份额驱动

如前所述，企业的终极目标是实现经济利益最大化。而实现经济利益最大化的过程需要通过各种经济行为与活动来进行，比如赢得消费者，占领市场份额等方式。随着居民环境意识的增强，居民的生态需要被激发出来，人们开始对所消费的产品提出了更高的要求，对产品的消费偏好已不仅仅局限于产品本身的实际用途，还希望产品更安全，更可靠、更舒适。在西方发达国家，消费者在选择同类产品的时候，越来越倾向于选择环保业绩比较好的企业的产品。在这种情形下，由消费者选择所带来的价格弹性又会进一步影响企业的经济效益[9]。可见，居民在消费的时候已不仅仅对产品本身质量进行选择，而且同时还会把自己对产品生产商的社会形象也纳入了消费者偏好之中。据一份欧美国家的调查结果表明，70%的消费者认为“企业对社会的承诺是他们购买产品或服务时考虑的一个重要因素”，超过50%的消费者表示他们会对没有社会责任的企业采取负面行动，20%的消费者表示他们过去已经采取行动来“惩罚”这类企业[10]。从目前国内市场来看，居民对于绿色产品、环境友好型产品的需求上升已是不争的事实，特别是近年来在食品方面，由于食品安全问题频频发生，更是催生了居民对绿色产品的需求。消费者通过对环保或绿色产品的选择可以很好地激励企业控制污染，如果企业不重视产品的环保作用，则将遭受消费者抵制和排斥，很多的研究证实消费者比较愿意选择那些他们认为对环境有所帮助的产品[11]。当然了也有一些企业缺乏诚信，采取欺骗的行为，这早晚会遭到“惩罚”。在国际市场方面，西方国家对产品质量的要求更高。许多国家为了保护本国的生态环境(当然也不排除一些“绿色贸易壁垒”的目的),阻止非环保产品进入,它们常常以环保公约、法律、法规、标准或标志等形式,对外来商品进行准入限制,甚至要求与保护生态环境、自然资源、人类健康有关的产品、从初级原料准备、生产制造、包装、运输、销售到消费品使用及废弃物处理的全过程,都必须达到当地的环保标准。在这样高标准的条件之下,我国许多中小企业因为产品无法达到目标市场的环境标准而被拒之门外。在这样的情况下,企业就不得不采取创新技术或者通过其他的方式发展生态文明经济,生产环境友好型的产品。

2.2.1.2 产品竞争驱动

对于处于激烈的市场竞争中的一个企业来说,其核心的竞争力主要还是体现在产品的竞争力上。随着环境保护运动的广泛开展以及居民生态环境保护意识的不断增强,今天的产品质量的概念已增加了“绿色”、“环保”等新的内涵,变得更为丰富了,居民的需求偏好也逐渐从单纯满足基本使用需要的产品转向对环境友好型产品或绿色产品。这就迫使企业不得不提高产品的质量层次以满足居民更高标准的要求。甚至有些负责任的企业,如沃尔玛于 2008 年 10 月在北京召开全球供应商大会时,宣布要建立一个对环境和社会发展负责的“绿色供应链”,通过与供应商签订新的协议,要求所有厂家必须承诺遵守所在地法规,包括减少水和能源的消耗、减少包装以及开发更加环保的产品,以达到严格的社会责任和环保标准[12]。为了遏制“产品大量出口、污染留在国内的”的现象,国家环境保护部更是采取了限制性措施,制定了新的“双高”目录(即“高污染、高环境风险”名录),对列入“双高”名录的产品建议取消其出口退税并禁止加工贸易。此举已被财政部、税务总局采纳。2007 年 6 月,列入“双高”目录的 50 多种产品被取消了出口退税,使得这些产品出口量下降了 40%。而 2008 年初环保部发布的包括 140 多种“双高”产品则涉及 20 多亿美元的出口额。通过这种措施,大大增加了“双高”产品的成本,从而削弱了该产品的市场竞争力。这样,企业为了提高产品的市场竞争力也不得不发展生态文明经济,削减污染,作出有利于生态环境可持续发展的生产行为。

2.2.1.3　市场投融资驱动

市场对企业环境治理行为的另一个较为重要的激励因素就是企业的投融资问题。企业污染强度高或者环境表现差会给投资者一种生产效率不高的信息，投资者也会权衡由于污染处罚和污染责任赔偿而带来的潜在损失，这种权衡的重要性随着新的股票市场和国际金融手段的发展而愈加明显[13]。一般来说，公司制企业的市场价值与其股票价格的变动密切相关，而股票价格则随着公众对生态环境保护的需求日益高涨，逐渐开始受到企业环境治理行为的影响。那些能够顺应时势，紧跟时代发展潮流，愿意自觉参与环境治理、节约自然资源、为人类健康方面付出更多努力的公司及其产品，更容易获得市场的青睐并得到股民的支持，进而使得公司股价的不断上涨。与此同时，我国环保部还不断完善上市公司的环保核查制度，并于2007 年印发了《关于进步规范重污染行为生产经营公司申请上市或再融资环境保护核查工作的通知》，成功阻止了10 家存在严重环境污染劣迹的企业上市。2008 年环保部制定了《上市公司环保核查行业分类管理名录》，明确规定包括造纸、煤炭、钢铁、火电、采矿、化工、电解铝等十四类涵盖100 多个企业类型在内的重大污染行业必须通过环保核查，方能上市。这项旨在通过限制污染行业企业上市融资来推动企业积极参与生态环境治理的措施还得到了证监会的大力支持，例如上海证交所专门发布了《上市公司环境信息披露指引》。再次，为了切断环境污染企业的信贷资金来源，有效遏制污染产业的发展，促进污染产业向环境友好型产业发展，2007 年国家环保部门与中国人民银行、中国银监会共同制订了《关于落实环境保护政策法规防范信贷风险的意见》，并还与中国人民银行一起印发《关于共享企业环保信息有关问题的通知》，将1.8 万家企业的环境违法信息纳入了银行征信系统。中国银监会则向银行机构公开了环保总局区域流域限批的名单要求停止向污染严重的违法企业贷款。据不完全统计，五家大型银行共收回不符合国家节能减排政策的企业贷款39.34 亿元[14]。众所周知，资本是企业从事生产经营活动最重要的要素之一，国家环保部门从企业的投融资方面来限制污染行业企业的发展，可以说是把住了其命脉，促进企业积极发展生态文明经济。

2.2.1.4 社会效应驱动

马克思说过，资本如果有百分之五十的利润，它就会铤而走险，如果有百分之百的利润，它就敢践踏人间一切法律，如果有百分之三百的利润，它就敢犯下任何罪行，甚至冒着被绞死的危险。如果说工业化初期，企业(资本)为了赚取经济利润，可以不择手段，丝毫不顾他人或社会的利益的话，那么今天，企业(资本)这种行为可以说已经得到很大的改善了。虽然企业(资本)的根本目标仍然是为了追求经济利润，但它们同时也不得不考虑企业相关利益者的利益了。在激烈的市场竞争中，企业之间的竞争也不仅仅限于价格之间的竞争，还包括非价格竞争，如包装、交货条件、售后服务、企业社会形象等等。如果说经济利润是企业所不懈追求的物质利益，那么企业社会形象就是企业的非物质利益。事实上，随着社会不断进步，企业也不再是简单的营利性的经济组织，它还承担着许多社会责任和义务。企业的角色、身份与定位在社会发展过程中也都发生了变化，西方管理学界对于现代企业角色定位反思的基础上，甚至提出了“企业公民(Corporate Citizenship)”的概念，认为企业应该像公民一样，在社会中享受着一定权利，同时也承担着一些义务和责任，并且通过履行自己的职责和义务获得自身的发展[15]。此外，它还被用来解释为企业为了表达对人类、社区以及环境的尊重，所作出符合道德及法律规范的发展策略，并且“企业公民”这一理念已经广泛地渗透在西方企业经营管理中，在成熟企业的企业策略中体现为“公益策略”。公益事业虽然并不直接带来利润，但它对企业的潜在促进作用却是非同一般。根据美国的《策略管理报》对469家来自不同行业的公司调查的结论是：资产回报率和公司的社会公益成绩有非常显著的正相关；销售回报率和公司的社会公益成绩也有显著的正相关。可见参与公益事业对企业绩效也具有非常积极的影响。而环境治理与保护作为公众事业，它也是一项利国利民的公益事业，它关系着每一个公民，包括企业公民的切身利益，以及子孙后代的利益。企业参与这项公益事业重要的意义主要体现在两个方面：首先，在当前激烈的市场竞争中，企业要想获得持续的获利能力，必须自觉承担社会责任，塑造良好的企业形象，赢得居民的接纳与认可，从而可以大大拓展企业的持续发展空间，提升企业品牌的美誉度和知名度；其次，企业参与环境治理的公益活动，不仅能彰显企业的社会价值取向，并且将企业关注生态环境的价值取向传播给社会大众，向社会展示自身高度的社会责任感，而且同时还可以增强企业内部员工的凝聚力和归属感以及荣誉感。

2.2.2　厂商参与治理的约束条件

2.2.2.1　生产成本约束

企业作为经济活动中最重要的微观主体，它最关注的是直接的经济利益。在传统经济学理论里，企业在生产经营过程所造成的环境污染是一种外部成本，这项成本之所以冠之以“外部”，意味着其不是在企业内部发生的成本，企业也没有为此付出代价，但它对于社会来说却是一种负效应，要治理或者去除这种负效应带来的影响，需要全社会为之付出代价。因此，相对企业而言，这是外部承担的成本，即外部成本（费用）或环境成本（费用）。而企业内部发生的成本叫私人成本（费用）。当然，这里“私人”的意思是指经济学意义上的个人，也就是能够独立作出经济决策的主体，它可以是一个生产者、企业、消费者以及家庭等。而另外一个概念社会成本（费用）则是私人费用与外部费用之和。简而言之，社会成本是企业从事某个生产活动所带来的社会真正承担的全部费用[16]。举一个简单的例子说明这三者之间的关系。假设某造纸厂每年生产100万t纸，生产要素为300万元，由于该造纸厂要排放出大量的污水，使得下游每年渔业损失和庄稼收成损失共计500万元，则该造纸厂生产100万t纸的私人费用是300万元，外部费用为500万元，而社会费用为800万元。一般来说，从经济学角度考察，至少在短期内，污染削减成本会加大企业的成本负担，挤占有限的资源，减少生产性投资，从而影响企业的竞争力[17]。因此大多数企业参与环境治理会受到生产成本的约束，而这与企业经济利益最大化的目标是相违背的，因此它们常常缺乏治理激励。

2.2.2.2　环境规制约束

本章中所说的环境相关主体参与治理的约束条件，有两层含义：其一是与环境问题相关的各利益主体参与治理过程中所面临的阻力因素或者困难；其二是环境相关主体参与治理的压力或者推力。接下来要论述的便是各利益主体参与环境治理的制度压力。正是由于环境保护相关政策与制度的存在，才使得企业的环境污染行为有所顾忌或收敛。如果企业所在国家或地区的环境规制的压力超过企业的承受能力的话，企业也可能会作出"用脚投票"即逃离的决策或选择。许多研究表明，由于发达国家的环境标准日益严格，从事污染密集型产品生产的企业要承担高昂的治污成本，特别是石油加工、造纸、金属冶炼等行业，污染控制费用已经占到企业总成本的1/4或1/3。因此，许多跨国公司都将这些高污染行业转移到发展中国家[18]。据统计，日本已将60%以上的高污染产业转移到东南亚和拉美国家，美国也转移了39%以上[19]。显然，西方国家严厉的环境规制与高标准的环保标准已经成为这些国家污染产业转移的一个重要的原因，而发展中国家比较偏重经济增长，其环境管理标准较低，往往成了发达国家污染产业转移的"污染天堂"。这充分表明了环境保护管理政策对于控制环境污染，保护环境的重要性。

随着工业经济在全球范围内的普遍发展，环境容量即使在落后的发展中国家也逐渐成了一种稀缺的公共资源。当市场机制的自发作用不能诱导出企业的污染控制行为时(即在市场失灵的情况下)，政府作为公共利益的维护者，便理所当然地成为环境公共产品的供给者，必须将环境保护问题纳入政府的管理议程，通过行政、法律手段或环境经济政策手段，强制或鼓励企业参与环境治理，以促进环境容量资源的可持续利用。这对于政府来说，这不仅是政府的地位和角色所决定的，而且也是政府利益所在。

改革开放前，我国经济处于典型的粗放型增长状态，农轻重比例严重失调，其中重工业所占比例严重偏高，环境污染问题非常严重。十一届三中全会以后，我国实行了改革开放，在吸引外资的过程中，西方国家许多污染企业也不断地涌入国门，给我国生态与环境造成了很大的影响。欣喜的是，我国政府很早就意识到保护环境的重要性，并于1973年成立了国务院环保领导小组及其办公室。自那以来，我国政府通过学习借鉴国外先进环境管理手段与经验的基础上，结合本国的国情开始制定了一系列环境保护的相关政策，到现在已建立了以"八大制度"为核心的相对完善的环境监管体系。

2.3 地方政府参与治理的利益动机与约束条件

中国环境保护法规定："地方各级政府，应当对本辖区的环境质量负责，采取措施改善环境质量。”这就决定了环境保护的主体是地方政府。地方政府的利益主要是局部地区的公共利益，即狭隘的地方利益，同时还包括地方政府官员自身的利益。此外地方政府还是个集政治利益、经济利益、社会利益等多重利益的结合体，它既有提供环境公共品的意愿或动机，也有发展经济，保障社会就业的良好愿望。作为政府机构，一方面，它与中央政府有着共同的利益，另一方面，它的地方利益也会与中央政府宏观利益发生冲突。最终，不同利益之间矛盾与冲突体现在环境治理方面上，便成了地方政府参与环境治理的动力与阻力因素。

2.3.1　地方政府参与治理的利益动机

2.2.3.1　公共利益的驱动

如前所述，政府是公共利益坚定的捍卫者和维护者。从理论上讲，它除了公共利益外，没有其他的利益。而地方政府则主要负责所在辖区的公共利益。公共利益的内容涵盖很广，根据现代经济学理论来看，公共利益具体体现在公共物品（public　goods）上，即社会公众可以共同享用的产品。它主要包括国防、治安、法律制度、公共基础设施、基础义务教育、公共卫生保健、社会保障、公共福利和生态环境等。近年来随着工业污染的加剧，环境保护越来越为政府与社会所关注，环境质量的恶化极大影响到周边居民的生命与财产的安全。因此，作为公共利益的维护者，地方政府责无旁贷地要担当起环境治理与保护的重任。当然，环境治理工作是个复杂的系统工程，它涉及众多相关者的利益，地方政府也不是唯一的责任者，根据“谁污染，谁付费”的原则，作为实施环境污染行为最重要的主体——企业也难逃此责。但是谁最有可能承担得起治理环境的职责呢？调查资料表明，在有关谁应该在治理环境方面承当主要责任，发挥主要作用的问题方面，75%的被调查者首选地方政府，环境治理工程是服务造福一方百姓的有益之举，与地方政府的政绩紧密联系，所以地方政府要发挥主要作用。14%的被调查者则认为中央政府也要承担相应的作用，主要是制定一些指导性的政策，给地方政府保驾护航。对企业和民间环保组织被调查者并不乐观，特别是对外资企业能否在环境治理方面起主要作用被调查者并不看好，回答人数只有0.2%[20]。由此可见，作为污染所在地的权威机构，地方政府应该是最主要的环境治理工作的协调者，企业则不被公众所看好，这主要是因为企业缺乏治理的动机。

近些年来，随着经济的发展与文化教育事业的大力发展，居民已不满足于衣食住行等基本的需求了，他们对生态环境质量的需求也日趋强烈，参与环境治理与保护的积极性也不断增强。舆论媒体，特别是互联网网络的发展，为居民监督政府的环境治理与保护工作提供了条件，迫使政府不得不加大环境保护力度。

2.2.3.2 政府绩效的驱动

任何个人及组织的行为都是在一定的制度激励与约束下，根据自我利益最大化原则来选择和进行的。在改革开放之初，国家为了提高地方发展经济的积极性，更好地促进地方的发展，实行财政改革，把原先中央政府的统一财政改革为分级财政，强调各级财政分灶吃饭，实行包干制，其实质是将一个大公有经济分解为若干个小公有经济，等价于在地方政府及地方社区之间界定产权，使得每个社区变成一个综合“企业”，地方政府变成该社区公有经济的“中央代理人”和剩余索取者。这种公有经济的分割自然会改进委托人的监督效率和代理人的努力水平，推动经济增长[21]。同时，这项政策也由此使中央政府与地方政府的利益关系发生分离，某种程度上成为两个不同的利益主体。在这种行政分权体制下，中央政府(上级政府)对地方政府的财政控制力也随之减弱，但是地方政府的人事任免权力还是牢牢控制在中央政府(上级政府)手中。目前要求各级地方政府改善环境质量最现实有效的环境管理制度是从1990年开始推行的“环境保护目标责任制”。自1989年在部分省市开始试点实施，取得了显著的效果。目前这项制度已在全国各地普遍实行[22]。然而，在落实科学发展观之前，各地对政府官员的考核仍然采用GDP主导的模式。这也是“环境保护目标责任制”实施以来没有取得预期的效果而遭受到了各方面的批评的原因。但是该项制度的确立，至少把环境治理成效也纳入了政府官员的政绩评价体系，或多或少也推动了各级地方政府对环境保护工作的重视。

2.3.2 地方政府参与治理的约束条件

在传统的西方经济学里，经济增长与自然资源的关系问题一直为诸多的经济学家们所关注。自20世纪30年代以来，环境问题开始慢慢进入各国政府与学者们的视野，有关经济增长与环境保护的协调问题逐渐为各国关注的焦点。学术界关于经济增长与环境保护的关系大体存在三种主要的看法：其一认为应该先保持经济增长后实行环境保护，只要经济搞好了，人们自动会实行环境保护措施，到时环境就会自然变好。其中 1992 年由美国经济学家 GROSSMAN 和 GREUGER 受库兹涅茨曲线的启示提出了环境库兹涅茨曲线（EKC 曲线）的概念，按照环境库兹涅茨曲线的解释，在经济发展过程中，环境总会有一个先恶化后改善的变化。即一个国家或地区的整体环境质量在经济发展初期，随着国民经济收入的增加而恶化或加剧，当经济发展到一定水平时，环境质量的变化会出现一个拐点，其后，环境质量随着国民经济收入的继续增加而逐渐好转。具体如图 13-1。第二种观点认为经济增长与环境保护不是非此即彼的对立关系，二者可以发展生态产业、循环经济等方式统一起来。这种观点代表了目前大多数学者的看法；第三种是为了保护环境，经济增长应保持相对稳态的观点。

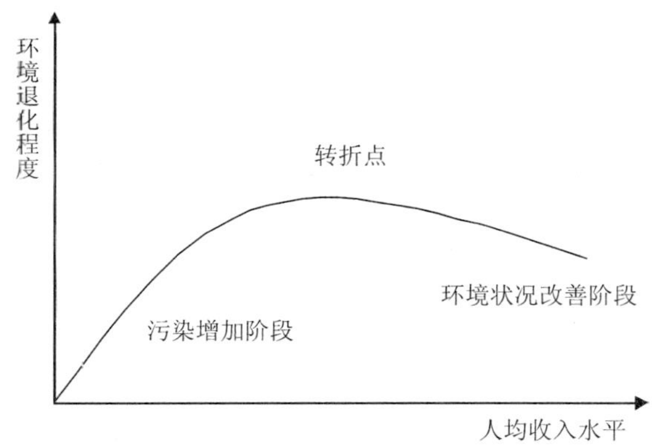

图 13-1　环境库兹涅茨曲线（EKC 曲线）

我国政府主要也是秉持经济增长与环境保护同步发展的观点，反对走西方国家“先污染后治理”的老路，EKC 曲线固然有一定道理，但是也有许多弊端，如有的学者就认为“先污染后治理”的前提是环境污染必须是可逆的，才可能符合 EKC 曲线，而现实中，有些生态环境破坏了以后，要恢复到原来状态已是不可能的了。因此我们不能坐等到经济发展到一定程度才来治理环境，而必须边治理边发展，在发展中兼顾生态环境的保护问题。尽管中央政府一直提出要避免走西方国家“先污染后治理”的老路，但真正要让各级地方政府既要承担发展地方经济的责任，又要兼顾保护环境的重任还是具有很大的难度。在当前我国现行以GDP为核心的政治经济体制和环境考核制度下，地方政府基于理性的选择仍然还是在沿袭片面重视经济增长而忽视环境保护的老路。之所以会这样，本章认为主要存在以下几个方面的因素：

2.3.2.1 地方财政收入的约束

自1978年中央政府实行分级财政包干制，即中央把应用于国有企业的承包责任制用来处理中央与地方的财政分配关系以来，各级地方政府就成为一个相对独立的利益主体，由此使中央政府与地方政府的利益分离，某种程度上成为不同的利益主体，地方政府为了实现自身的快速发展，努力谋求自身利益的扩大，从而导致中央财政收入逐年减少。[23] 1994年中央政府开始实行分税制，虽然使得中央财政收入占总财政收入比例和占GDP比重的下降趋势得到抑制，但却发生了两个明显的变化，其一是中央财政收入占GDP比重不断呈上升趋势，其二是地方财政收入则每况愈下，困难重重。据杨之刚所作的统计数据表明，从1994至2003年历年的数据看，全国财政收入占GDP的比重在实施财税改革的第一年——1994年仅为11.2%，到了2003年则提高到18.52%，是1994年以来的最高值；从整个发展趋势来看，全国财政收入占GDP的比重是呈逐年上升势头[24]。

2.3.2.2 地方就业的约束

有关环境保护与就业的关系问题，在我国著名经济学家厉以宁和其学生章铮合著的《环境经济学》(1995)中有许多详细的论述，厉以宁和章铮认为环境保护未必造成就业人数减少，并提出对于环境保护与就业的关系问题应该从近期与长期来看，从近期来看，环境保护过程中，政府对一些污染企业或可能造成污染的企业采取关、停等强制性措施，的确不利于就业人数的增加，甚至会加剧失业现象；但从长期来看，重视环境保护，反而有利于就业人数在长期内稳定、持续的增长，特别是环境保护产业的发展对于就业的促进作用更是显著。这里提出的地方就业与环境治理的关系问题则是着眼于短期考察的，因为我们知道地方官员有限的任期制度某种程度上决定了地方政府的短期决策行为。也就是说，充分就业是地方政府其中的一个重要目标，在环境治理过程中必然要关、停、整顿等一些污染企业，这样势必会造成当地失业人数的增加，而失业的增加不但可能给当地社会造成不稳定的因素，而且意味着当地居民收入的减少，进而影响到消费需求的下降，经济受到影响。这种结果是当地政府官员所不愿看到的。特别在当前我国人口众多，就业形势非常严峻，各地都普遍存在着大量的剩余劳动力，失业问题严重，在这种情况之下，如果不能创造一些就业岗位来缓解一些就业压力的话，不但会影响居民的增收问题，而且还可能影响当地的社会稳定。

2.3.2.3 GDP考核机制的约束

GDP的重要性非同一般，它作为一个衡量经济发展的一个核心指标，为各国所广泛采用。美国著名经济学家萨缪尔森将GDP比作描述天气的卫星云图，能够提供经济状况的完整图像，没有像GDP这样的总量指标，政策制定者就会陷入杂乱无章的数字海洋而不知所措[25]。在我国，GDP也是国民经济核算体系中最重要的总量指标。目前，在对各级政府的行政管理绩效考核体系中就是以GDP为核心指标的，考核指标主要包括GDP总量、人均GDP、吸引的外商直接投资总额、上缴税收等等，这种考核办法在衡量各个地区的经济发展水平与发展程度方面提供了横向比较的可能，同时也对促进各地之间的经济竞争或经济竞赛，推动各地经济发展方面发挥了较为积极的作用，但是久而久之，却使各级地方政府出现了过于追捧GDP，甚至唯GDP至上，把GDP神化的现象，在人们的眼中，GDP考核制度变成了衡量当地政府官员能力大小以及官员加官晋爵的法宝，本来GDP是为地方服务的一套考核体系，现在却发生了异化，反倒成了官员俯首膜拜的神龛了，使得各级地方政府的大多数决策行为都唯GDP马首是瞻，而相对忽视了GDP以外的其他事务。例如，为了提高本行政区域的经济总量，增加政府的财政收入，对一些企业的环境污染行为睁一只眼、闭一只眼。事实上，GDP并没有那么十全十美，它本身存在着许多缺陷，并且一直以来都在遭受着诸多经济学家的批评。比如，从经济学角度来看，GDP的衡量只限于经济活动中的那些市场化、货币化的部门中进行，而对于非市场活动却没有给予应有的考量，如一个家庭为孩子雇佣了一个大学生家教或花钱请一个保姆照顾老人等，这些并没有纳入 GDP 中。最为典型的是现行的 GDP 并没有把企业生产活动中所造成的生态破坏与环境污染损失包含在内，换句话说，它只反映私人成本，并没有反映出社会成本。据中科院的一项报告表明：我国环境污染的规模居世界前列。

表 13-1　中国部分环境污染造成的经济损失估算(1995)

损失项目	损失货币价值(亿元)	占全部损失价值的比重
大气污染	301	16.05%
1. TSP 对人体健康	171	
2. 酸雨对农作物	45	
3. 酸雨对森林	50	
4. 酸雨对建筑材料	35	
水污染	1428.9	76.21%
1. 南方水网	51	
2. 北方农村	30.5	
3. 工业缺水	750	
4. 渔业损失	340.6	
5. 农业损失	206.6	
6. 旅游业损失	50.2	
其他	145.2	7.74%
1. 固体废弃物	68	
2. 乡镇企业	75	
3. 环境公害事故	2.2	
总　计	1875	

注：计算以 1995 年份为准，所得数据仅是部分可计算的环境损失。

资料来源：中科院环境与发展中心的《90 年代中期中国环境污染经济损失估算》。

（以上资料转引自：贾恭惠，何小民等．环境友好型政府[M]．北京：中国环境科学出版社，2006：173～174.）

针对我国现行的以 GDP 为核心的政府绩效考核体系的缺陷与不足，中央政府于 1990 年开始推行“环境保护目标责任制”，但并没有取得预期的效果，原因在于现行环境目标责任制中的环境政绩考核是在省级地方政府以下的各级政府中来实行的，作为外部监督力量存在并具有更强的环境偏好，能够自觉追求经济与环境协调发展的中央政府，并不介入任何一级地方政府的环境政绩考核[34]。由于省级以下各级地方政府隶属于同一个省级行政辖区，且各级地方政府在发展经济过程中有着共同的追求经济利益的强烈愿望或者有着共同的利害关系，因此上下级地方政府之间签订的所谓的环境保护责任状，很容易沦为一种形式上的摆设，从而使上下级地方政府之间的环境指标考核实际上演变成了同一主体之间的内部考核或自我考核。其结果，中央政府监督或制约地方政府的环境行为的政绩考核制度最终变成了一句空话或一种形式，因此，中央政府制定的环境目标责任制度对地方政府没有起到多大的制约作用。此外，环境污染问题的显现也有一个相对缓慢的过程，并且即使地方政府采取各种措施实行环境治理与保护，其效果也不太容易衡量，而经济增长则可能有一个比较明确具体的量化数据，这就使得地方政府在追求政绩时，更侧重经济增长而忽视环境保护。

3　不同经济体制下环境相关主体利益博弈分析

环境问题作为人类经济活动在追求经济利益过程中出现的恶果，其在不同的经济体制下有着不同的表现形式。

3.1　计划经济体制下的利益格局及其环境影响

相对市场经济而言，计划经济最大的特点是高度集权化，即价格人为控制、资源计划调配、企业由政府管理。在这种高度集权的指令性计划之下，最终使得政府、企业与居民的利益趋向一致，企业与居民的经济利益都服从于国家利益。因此一定程度上，在计划经济经济体制下，真正意义的主体是政府，企业与居民只是有限主体。国家拥有真正的决策权，而企业则在信息不对称与权力不对称的条件下与政府形成了一种服从与被服从的关系。在这种利益格局下，学术界还存在着一种普遍的观点，即认为计划经济体制要比市场经济体制更容易造成严重的环境问题。如彭子美通过对苏联和中国二十多年实行计划经济体制的实践分析，提出计划经济制度中没有任何有效的机制可以约束计划者和计划执行者任意破坏环境的行为，也没有任何有效的机制来自动地纠正计划所导致的环境破坏问题[26]。

计划经济体制下的利益格局对环境有复杂的影响。首先，政府主管部门对下属企业的生产能力等方面不可能非常了解，因此，尽管政府掌握的权力要远大于企业，但企业掌握的信息多于政府主管部门，在政府下达生产计划或企业上报生产计划编制时，企业的主体性仅表现在可能的瞒报或漏报的行为方面。其次，作为企业员工或居民，其自主权则仅限于工作的主动性与积极性方面。在这样高度集权，高度整合的以国家利益为主导的总体利益格局之下，从理论上来讲，采取自上而下的行政指令对环境问题的治理应该来说是可以起到一定的积极作用的。然而，由于当时国家的主要利益是“内忧外患”(即国家安全与稳定)，相比之下企业与居民的物质或经济利益显得较为次要，而在居民生存尚不能完全保障的情况下，环境利益更是不用提了。因此，基于对环境治理认识不足，加上技术经济条件的限制，政府并未将环境治理作为重点工作来抓，相反，由于政府过于重视国家经济利益，反而造成了影响生态环境的重大决策错误，如“大跃进”运动中提出15年内“赶英超美”。在全民大炼钢铁的形势下，全国包括“小高炉、小铜炉、小土炉”等等大小设备一起上，工厂、公社、部队、学校和机关都建起了土高炉，办起炼铁厂。统计数据表明，1958年7月底建成3万多座，到9月份已建成60多万座[27]。土法炼钢不但给钢铁工业造成了重大的经济损失，还因森林大量砍伐造成了严重的生态环境问题。此外，计划经济时期的企业明显缺乏参与环境治理的激励，因为这个时期的企业由于没有自主决策权，不用自负盈亏，其唯一的成绩或政绩(企业管理人员相当于政府官员)主要体现在对上级政府主管部门所下达的计划的执行完成程度，至于对企业的生产行为是否造成环境问题是不负责的，即便部分企业存在着环境治理的良好意愿，但无权作此决策。对于企业员工来说，由于他们的工资待遇比较低，而且有着一个比较固定、统一的标准，因此他们就连生产都没有什么积极性，更不用说要让他们参与环境治理与保护了。

3.2 转轨时期的利益格局及其环境影响

在有计划、有步骤地建立市场经济体制的过程中，一些原来尚不明确的利益主体变得明朗化，同时伴随着经济与社会结构的变化，特别是多种经济形式的发展变化，也产生了一些新的利益群体，如个体经营者、私营企业主以及民营经济、“三资企业”中的管理人员、技术人员等。根据上文的分析，其中对于环境问题具有最直接影响的主体包括居民、企业与地方政府。三者之间的利益合作与博弈是造成当前环境问题的一个极为重要的根源。

3.2.1　地方政府与企业的博弈及其环境影响

自党的十一届三中全会以来，我国政府逐步开始了政治与经济体制的改革，有计划、有步骤地引入了市场经济的竞争机制。从目前看，我国和大多数国家一样实行的是混合经济体制（只不过计划经济与市场经济所占比例不同而已），现行的经济体制中既包含计划经济，也包含市场经济，换句话来说，目前实行的是双轨制。在这样的经济体制背景下，我国政府与企业之间的关系也具有明显的特点，有的学者把这种关系称之为双轨博弈，也就是说在计划经济朝向市场经济的转轨阶段，“政府一方面通过市场调节方式如税收政策来引导企业，另一方面政府与职能部门又利用行政手段来直接干预企业的活动，因而企业在双轨上与政府进行博弈。”[28]

围绕着环境问题所展开的地方政府与企业之间的关系却与一般意义上的政府与企业的关系又存在着一些区别。一般意义的政府既包括中央政府，也包括地方政府。并且当前已从计划经济向市场经济转轨，地方政府与企业就环境问题所展开的利益关系包含着博弈与合作。

首先，地方政府与企业是一种利益博弈的关系。一方面，作为一方公共利益的维护者——地方政府有义务也有责任捍卫当地居民的公共利益，当然也包括本区域居民的环境利益。而企业则是环境问题的主要制造者。因此在这个意义上来说，地方政府与企业存在着某种对立的关系。地方政府对于企业行为的调控或引导主要是通过制定公共政策来进行的，也就是说，政府是公共政策的制定者，企业则是公共政策的实施对象。地方政府作为一方的管理者，它在实现本区域社会福利最大化目标的过程中，必定会与企业的环境污染行为产生冲突。在双方利益博弈中，我们假定只有一个地方政府与一家污染企业，在由地方政府与污染企业构成的博弈模型中地方政府有两种可选择的策略：惩罚和不惩罚；污染企业也有两种策略：贿赂并继续污染和不贿赂但自行治理污染。假设该博弈模型的支付矩阵如图 13-2。

		地方政府	
		惩罚	不惩罚
污染企业	污染	(-8，2)	(7，0)
	不污染	(6，3)	(4，0)

图 13-2　支付矩阵

在以上支付矩阵中，第一个数字代表污染企业的收益，第二个数字代表地方政府的收益，实际上就是社会收益。如 -8 代表地方政府进行惩罚时，污染企业实施环境污染行为的收益为 -8，而社会收益为 2，在这里需要注明的是，社会收益和污染企业的支出并不是一致的，因为我们知道地方政府实施惩罚也是要付出成本的，所以社会收益中需要扣除实施惩罚所付出的成本部分，同样，其他数字也可以作类似的解释。

很明显，我们从以上的支付矩阵中可以看出，当地方政府对污染企业不惩罚或纵容企业的环境污染行为时，企业选择污染行为，因为污染的收益为 7，不污染的收益为 4，实施污染行为的企业比污染所得的收益多出 3 个单位；当地方政府对污染企业实施惩罚时，污染企业选择不污染，因为企业实施环境污染行为的损失为 8，而不污染的收益为 6，相比之下，企业选择不污染要比污染多得到 14 个单位的收益，显然，企业会选择不污染。污染单位的最终选择将取决于它对环保部门惩罚力度的预期，也就是他对风险程度的判别。如果污染企业对地方政府严惩的概率为 10%，则污染企业：

不污染的收益 $=4\times0.9+6\times0.1=4.2$

污染的收益 $=7\times0.9-8\times0.1=5.5$

从以上企业污染与不污染的收益情况的比较来看，企业污染的收益要比不污染的收益要多出 1.1 个单位，因此企业作为理性的经济人，它有着选择污染行为的激励，从而会选择污染。因此为了使企业改变对污染行为的选择，就必须通过加大污染企业对地方政府严惩的预期的方式来增大企业选择污染行为的成本。如地方政府对污染企业惩罚的概率为 90%，则污染企业：

不污染的收益 $=4\times0.1+6\times0.9=5.8$

污染的收益 $=7\times0.1-8\times0.9=-6.5$

当政府加大对企业的环境污染行为的严查力度后，即把地方政府对企业的惩罚概率设定为90%后，企业污染与不污染的收益比较就发生了很大的变化，企业如果选择污染行为的话，它不但得不到任何收益，而且还要为之支付成本6.5，相反，如果企业选择不污染的话，那么它将得到5.8个单位的收益。所以要使减少或杜绝企业的环境污染行为的话，就必须加大污染单位对地方政府惩罚的预期，增大企业污染的成本。

其次，地方政府除了要保护好当地的生态环境外，它还有着另外一个更为重要的责任，就是发展当地经济，解决当地居民的就业问题，提高本行政区域的整体经济福利水平，帮助居民实现增收问题。而企业在这方面则承担着主要的作用，这就使得地方政府与企业除了因为环境污染问题而形成的对抗或冲突的关系外，它们之间还因为对经济利益共同的追求而存在着某种变相共谋的关系。事实上，地方政府在处理与环境问题的相关事件时，常常会因为其与企业的这层共同的利益关系而发生决策行为上的偏差。地方政府作为中央政府在基层的代理人，它不但与中央政府存在委托—代理的关系，需要执行中央政府所下达的指令性计划的安排，同时作为地方上的管理者，它又与当地的许多利益集团或利益群体有着千丝万缕的联系。因此，当地方政府作为中央政府的代理人，在执行中央以宏观利益或整体利益为目标的政策时，难免会与其自身所代表的地方利益或局部利益发生冲突，使得地方政府在执行中央政策时会出现行为上的偏差，甚至表面执行，暗里却怀着与中央政府的意志背道而驰的敷衍态度。例如某地有一家大型的造纸厂，经济效益非常可观，并可以帮当地政府解决5000人左右的就业问题，每年还上缴税收1.5亿元，除此外，由于这家造纸厂规模比较大，还带动了第三产业的发展。但是它在生产过程中每天要排出几十吨气味难闻的黑色污水，既严重影响了当地的环境质量，同时又给下游地区的鱼类生存，庄稼的成活，甚至居民的生活用水造成了严重威胁。从这个例子中可以看出，显然这家造纸厂的经济效益非常诱人，对当地经济发展的功不可没。但是中央政府却觉得这家造纸厂尽管创造了良好的经济效益，却给下游周边地区带来了重大污染，因此责令当地政府关闭这家造纸厂。那么关闭还是不关闭呢？这就体现了地方利益与中央宏观利益的矛盾与冲突，各自的角度不同，地方政府注重本区域狭隘的利益，而中央政府关心的则是整体利益，利益博弈的结果是这家造纸厂可能会在风声紧时关闭整顿，等风声过后，又会重新开张。

总之，由于地方政府基于地方经济增长目标的考虑，企业需要不断追求利润，二者经济利益实现上的相互依存和行为目标上的趋同，为地方政府与污染企业在环境问题上形成变相共谋奠定了共同的利益基础。

3.2.2 地方政府与居民的博弈及其环境影响

自党的十一届三中全会以来，地方政府与居民的利益主体意识越来越突显出来，各自的利益目标也逐渐发生了分化。地方政府作为公共利益的权力维护机构，其主要目标是公共利益，但公共利益的内容涵盖比较广，环境利益只是其中之一，除此以外，地方政府还承担着发展经济的重任。正是由于地方政府利益目标的多元化，使得不同的公共利益目标之间也会存在着谁先谁后，孰轻孰重的问题，再加上地方政府官员出于对自身私利的追求以及环境问题上的权力寻租关系的发生，这就使得地方政府在环境治理与保护问题上的决策行为存在偏差。事实上，全国各地在环境问题上有关地方政府偏袒污染企业的行为屡见不鲜，已成为居民环境维权过程中的常态了。本来地方政府与居民之间是服务与被服务的关系，却因为环境问题而演变成为一种对抗与冲突的关系。从这么漫长的诉讼官司来看，也反应出了居民在环境权益维护问题中的弱势地位。因此要加强居民与地方政府在环境维权中的议价能力，不但要提高居民的知识和能力，而且还得推进环境非政府组织的建设。此外，还可以借助舆论媒体的力量来实现对地方政府部门的监督。

3.2.3 企业与居民的博弈及其环境影响

自从中央实行经济体制改革后，逐渐从计划经济向市场经济过渡和转变，企业与居民的利益也随之发生了分化，各自的主体意识也逐渐被唤醒，而不同的利益主体由于有着不同的利益目标，因此，各主体之间发生利益冲突在所难免。特别近些年来，随着经济的迅猛发展，企业的环境污染行为也在不断加剧，大大小小的环境污染问题处处可见，严重地影响到居民的生活与生存环境。企业与居民之间因环境污染问题而引发的纠纷呈逐年上升的趋势。企业与居民的利益博弈也由此展开。居民作为环境公共产品的消费者，可以分为单个的居民和集体形式存在的居民。因此，居民与企业的利益博弈关系也可以分为以下两种：

(1)居民(个体)与企业的利益博弈分析。根据“谁污染谁付费”的原则，企业在生产过程中所造成的环境污染应该由企业来承担的。如果企业没有承担的话，那么就变成了社会成本，即由整个社会共同承担。在实际生活中，环境问题最直接最明显的受害者是污染所在地的周边居民。这个群体是比较松散的一个利益群体或者说一个潜在的利益集团。一般情况下，如果由单个的污染受害者或居民来单独承担环境问题的社会成本的话，那么他所承担的成本必定要大于因环境问题而带来的损失，就是说单个居民参与治理的成本要高于其受污成本，因此他单独参与环境治理对他来说显然不是个理性的选择。这个道理可以很好地解释生活中为什么单个居民很少能够单独参与环境的维权活动。根据经验事实，我们假设单个居民参与环境维权的成本为20，维权成功的收益为15，不维权(受污染)的个体损失为10，企业治理成本为100。由此得到以下“维权—治污”矩阵博弈模型[29]，如图13-3。

		污染企业	
	获益情况	治污	不治污
单个居民	维权	(－20，－100)	(－15，－15)
	不维权	(0，－100)	(－10，0)

图13-3　“维权—治污”矩阵博弈模型

显然，从以上的博弈矩阵来看，均衡点应该是(－10，0)，即应采取的均衡策略是(不维权，不治污)，因为对于单个居民来说，选择不维权的损失10是最合意的结果，而对污染企业来说，选择不治污则不需付出任何成本，当然是个很好的选择。因此，污染企业采用“不治污”策略，而单个居民采取“不维权”策略是双方的理性选择，是博弈的一般结果，因而博弈双方均没有单个改变自己策略的经济激励。

(2)居民(群体)与企业的利益博弈分析。在这个“维权—博弈”模型中假定居民的数量为100人。得到“维权—博弈”模型，如图13-4。

		污染企业	
	获益情况	治污	不治污
所有居民	维权	(－20，－100)	(480，－1500)
	不维权	(0，－100)	(－1000，0)

图 13-4 “维权—博弈”模型

以上博弈虽然是用矩阵博弈的形式表示的，但实际上这是一个三阶段的动态博弈，首先由污染者选择是否污染，然后由受害者选择是否索赔，最后由污染者进行赔付。用动态的博弈理论可以得出这个博弈的均衡解是(治理污染，不治理污染就索赔)，也就是说“索赔—治污”整体博弈的一般结果是污染者治理其污染，而受害者可以用“不治理污染就索赔”策略保障其权益。这显然是一个理想的结果，但问题的关键是如何协调众多受害者的行动，尤其是当受害者无法确认或受害者无法沟通时，集体行动的困境将使受害者面对的是不利的“个体索赔—治污”博弈而不是有利的“集体索赔—治污”博弈[30]。

4 通过大力发展生态文明经济，达到既发展经济又保护环境的目的

4.1 强化环境维权的能力，为生态文明经济发展奠定群众基础

根据前面对环境问题中居民的地位与角色分析可知，环境利益事关每个居民的切身利益，因此可以说每个居民都有关心与保护环境的强烈动机和愿望，但是因为自身内在的原因以及外在客观条件的制约，居民关心和保护环境的动机和愿望并没有很好地在行动中得以体现，尤其是居民在维护自身环境利益时与企业在利益博弈中明显处于劣势。因此，要通过发展生态文明经济来改善环境质量，改变居民在环境治理中的弱势地位，提高居民发展生态文明经济的积极性。

4.1.1 加强环境教育，普及生态文明经济基础知识宣传

首先，环境宣传教育可以使居民获得有关环境问题的相关知识，提高居民对于生态破坏、环境污染等问题的认识，改善居民与企业信息不

对称的状况，增强居民参与环境治理的意识；其次，通过环境法律法规与相关政策的普及教育，让居民可以充分了解到自身的环境权益以及如何来维护自身的权益，增强居民参与环境治理、维护环境权益的能力；第三，通过生态文明基础知识的宣传教育，促使居民形成可持续消费的心理和习惯，改变居民一些不利于生态环境保护的消费偏好，使居民养成良好的消费行为和消费方式，避免铺张浪费和过度消费。而居民作为最大的消费群体，其良好的消费方式又将引导企业作出有利于环境保护的生产方式，从而起到了一种间接保护环境的作用。

4.1.2　提升非政府组织在生态文明经济发展中的作用

发达国家的环境治理经验事实表明：凡是生态文明经济比较发达，生态环境得到很大改善的国家，都是一些环境组织和环境运动比较活跃的国家。我国政府也一向鼓励和支持环境非政府组织积极参与环境治理的与生态文明经济发展。应该给环境非政府组织建设创造更为宽松的空间，简化申请审批程序等，充分发挥环境组织的社会整合功能，动员更多的居民参与到环境治理的中来，为孤立地面对环境问题的分散的居民提供一个更好的表达意见，维护权益的平台。

4.2　实施环境公共政策创新，为生态文明经济展提供政策支撑

企业是环境污染的主体，如何约束其行为应该是环境治理过程中的一个最为重要的环节。企业作为追求经济利益最大化的理性人，本身又不可能自行收敛其行为，对此，有必要通过相应的制度安排促进企业发展生态文明经济，达到生态效益、经济效益和社会效益的相统一与最优化。

4.2.1　制定生态文明经济发展融资政策

在保证企业正常运转所必不可少的四个基本要素(资本、劳动、土地、企业家才能)中，其中资本被誉为“企业的血液”，它关系到企业的生存与可持续发展，是企业生存与发展最关键的要素，即便其他另外三个要素也需要用资本来购买。在企业的生产经营活动过程中，由于监督成本与信息不对称的原因，政府对于企业的生产行为一般来说是很难控制的，但是政府可以从企业的投融资行为进行调控，因为一个企业如果需要不断发展壮大，就需要源源不断地从外界输入资本。因此，发展生

态文明经济，控制企业环境污染行为可以由政府通过相应的制度安排从资本方面着手来调控企业的投融资行为。

4.2.2 健全生态文明经济发展的信息公开制度

相对欧美发达国家而言，信息披露制度在我国还处于起步阶段，远远不能满足人们对生态文明经济发展的尤其是环境信息需求。我国的环境信息披露制度存在许多不完善的地方，如整个制度尚很不健全，企业信息披露不到位，隐瞒信息的情况较为严重等，虽然环保部新近颁布的环境信息披露制度对于上市公司或打算上市融资的公司的环境污染行为起到了颇为积极有效的作用，但是对于占我国多数的中小企业的制约效果则仍然见效甚微。因此，应当借鉴西方发达国家的先进经验，努力完善和健全生态文明经济发展的披露制度，促使企业公布真实有效的环境信息。通过环境信息的披露，一方面可以更好地体现企业对社会负责任的形象，提高公司的社会声誉和公众形象；另一方面也通过公众的压力规范企业的环境行为，促进生态文明经济迅速发展。

4.2.3 制定环境税收政策

从世界各国的经验来看，征收环境税有利于产业结构优化升级，转变传统的经济增长模式，把经济增长的立足点转移到以内涵扩大再生产的轨道上来，使结构调整同环境保护紧密地结合起来，并且能够优化环境与经济间的结构和比例关系。通过产业结构的优化升级，加强产业政策的引导，从而加快生态文明经济发展。

4.2.4 健全生态补偿制度

生态补偿制度(Payments for Environmental Services，简称 PES)是指为改善、维护和恢复生态系统服务功能，调整相关利益者因保护或破坏生态环境活动产生的环境利益及其经济利益分配关系，以内化相关活动产生的外部成本为原则的一种具有经济激励特征的制度[31]。要建立补偿制度对企业自觉的治污行为进行补偿，完善中央财政转移支付制度，健全生态补偿财政制度，将环境财政纳入现行的公共财政体系中，在各级政府设立生态环境专项资金，加强生态补偿的力度，强化各级政府的环境财政职能，引导企业通过实施资源节约型与环境友好型的生产行为来发展生态文明经济。

4.3　改革政绩评价与财政制度，为生态文明经济发展提供制度保障

4.3.1　改革传统的政绩评价体制

改革传统意义上的惟 GDP 论的政府绩效考核体制，从生态文明经济发展角度，建立包含经济效益、社会效益与环境效益在内的综合评价指标体系，对地方政府官员的考核不仅局限于上下级政府内部进行，更重要的是应该引入社会评价，充分发挥公众评价的作用，特别是要充分利用网络，新闻媒体的舆论来实现对政府官员的有效监督。

4.3.2　完善现行的财政制度

要使地方政府在生态文明经济发展方面做到真正公平，公正，真正地维护居民的利益，就需要增强地方政府财政的相对独立性，减轻地方政府对企业的经济依赖性。在财政分配方面改变中国目前分税制度与中央以及各级政府事权不尽衔接的状况，立足现行管理服务重心下移的基本趋势，财政分配结构应当逐步形成两头大、中间小的分配格局，巩固和维护中央财政收入的比重，扩大和提高县乡（镇）财政收入比重，调控和压缩省、地市的财政收入比重[32]

参考文献

[1]厉以宁，章铮．环境经济学[M]．北京：中国计划出版社，1995：65.

[2]约翰·贝拉米·福斯特，生态危机与资本主义[M]．耿建新，宋兴无，译．上海：上海译文出版社，2006：98.

[3]李新，年福华等．城市化过程中的生态风险与环境管理[M]．北京：化学工业出版社，2007：160.

[4]备注：欧洲经济委员会环境政策委员会于 1998 年 6 月 25 日在欧洲环境第四次部长级会议上通过的《奥朗斯公约》对“环境信息”的概念的界定范围最为完整和宽泛．

[5]夏光．环境政策创新：环境政策的经济分析[M]．北京：中国环境科学出版社，2002：178.

[6]丁卫国，谢钰敏．中小企业生态管理研究[M]．北京：科学出版社，2007：99.

[7]［美］曼瑟尔·奥尔森．集体行动的逻辑[M]．陈郁，郭宇峰，李崇新，译．上海：上海三联出版社/上海人民出版社，2007：2.

[8]廖福霖．生态文明建设理论与实践[M]．北京：中国林业出版社，2003：307.

[9]鲁明中，张象枢．中国绿色经济研究[M]．郑州：河南人民出版社，2005：88.
[10]周国银．张少标．SA8000：社会责任国际标准实施指南[M]．深圳：海天出版社，2002：8～14.
[11]张炳，毕军等．企业环境行为：环境政策研究的微观视角[M]．中国人口、资源与环境，2007(3)：40～44.
[12]自然之友/杨东平．中国环境发展报告(2009)[M]．北京：中国社会科学出版社，2009：287.
[13]张炳，毕军等．企业环境行为：环境政策研究的微观视角[M]．中国人口、资源与环境，2007(3)：40～44.
[14]自然之友/杨东平主编．中国环境发展报告(2009)[M]．北京：中国社会科学出版社，2009：254～257.
[15]曹凤月．企业伦理学[M]．北京：中国劳动出版社，2007：61.
[16]王金南．环境经济学——理论、方法、政策[M]．北京：清华大学出版社，1994：49～50.
[17]简新华，钟水映．人口、资源与环境经济学[M]．北京：科学出版社，2005：298.
[18]中国21世纪议程管理中心可持续发展战略研究组著．发展的外部影响：全球化的中国经济与资源环境[M]．北京：社会科学文献出版社，2009：287.
[19]曾凡银，郭宇诞．绿色壁垒与污染产业转移成因及对策研究[J]．财经研究，2004(4)：3～4.
[20]郭兴旺，卢中原．中国城市环境服务业发展研究报告[M]．北京：中国言实出版社，2007：336.
[21]盛洪．现代制度经济学(下卷)[M]．北京：北京大学出版社，2003：114
[22]彭近新，李赶顺，张玉柯．减轻环境负荷与政策法规调控：中国环境保护理论与实践[M]．北京：中国环境科学出版社，2003：257.
[23]于进川，邓玲．政府竞争困境对生态文明区域实现的制约与破解[J]．求索，2009(8)：1～4.
[24]杨之刚等．财政分权理论与基层公共财政改革[M]．北京：经济科学出版社，2006：281～282.
[25]贾恭惠，何小民等．环境友好型政府[M]．北京：中国环境科学出版社，2006：173～174.
[26]彭子美．干预经济学：政府干预经济的理论与实践[M]．长沙：湖南科学技术出版社，2000：284～289.
[27]余扬斌．回顾钢铁的“大跃进”运动[J]．冶金经济与管理，2009(5)：47～48.

[28]彭正银，宋蕾．企业与政府的双轨博弈分析[M]．中国软科学，2003(12)：77～80.
[29]文中的模型参考：尚宇红．治理环境污染问题的经济博弈分析[J]．理论探索，2005(6)：93～95.
[30]尚宇红．治理环境污染问题的经济博弈分析[J]．理论探索，2005(6)：93～95.
[31]国家环境保护总局环境与经济政策研究中心．“中国建立生态补偿机制的战略与政策框架”研究报告[R]，北京：中国环境科学出版社，2006：300～303.
[32]周天勇，谷成．中央与地方：财权再分配[J]．南风窗，2009(15)：20～22.

资料链接

1992年3月，南方某省的A县引进了亚洲最大的某化工厂，并于1994年1月28日开始全线生产，每年上缴利税1500万元，还解决了当地500人的就业问题，原来A县财政每年只有2000万元的收入，现在达到一亿多元(化工厂就占三分之一)。但是同时，随着化工厂的开工生产，环境污染问题也随之而来，化工厂周围的空气质量越来越糟，周围的毛竹、果树、花卉枯死，下游鱼虾逐渐绝迹，造成的经济损失达超过1000万元。病人也越来越多，周边的居民们经常头痛、恶心、胸闷，皮肤瘙痒，因患癌症去世的居民也呈逐年上升的趋势。为此，居民张某某等人代表1721名当地的居民打官司索赔维权，但是由于地方政府以及相关部门的层层阻挠，经过十几年的艰辛努力和上诉才拿到化工厂的684178.2元赔偿款。对此，该诉讼案的法律援助者——中国政法大学污染受害者法律帮助中心的主任王灿发认为该诉讼案之所以如此旷日持久，其实关键就在于地方政府的不作为甚至阻挠。王灿发还根据其所在中心接手的诸多环境维权案的经验，指出污染企业多半是地方利税大户。一些地方政府为了抓经济建设，会“有意无意”地偏袒企业一方，无形中加大了老百姓维权的成本。而且地方环保部门大多根据政府意志行事，也使得环境问题的解决异常困难。 (引自《中国改革》2008年第7期。)

第十四章

建设生态文化，推进生态文明经济发展

本书在前言中阐述了文化作为软实力，对于提高经济竞争力和国家综合竞争力的重要作用，指出世界竞争已经从20世纪初叶的军事竞争到中叶的经济竞争到末叶的科技竞争，再到现在的文化竞争；概括了发展生态文化对于发展生态文明经济的五个方面的促进作用。下面着重讨论生态文化的一些基本概念，以及发展生态文化产业的几个问题，以期对于发展生态文明经济，建设生态文明有所帮助。

1　生态文化概要

1.1　生态文化的渊源

生态文化就其一般意义，可以表述为人类生存方式和生态智慧。二三百万年前，人类在地球上诞生后，便存在人与生态环境相适应的问题，以及人类为适应环境所呈现的生态智慧。在原始采集文明时期(自然文化)，人类的食物依赖自然生态系统，生态文化表述为木器、石器的制作、林火的利用和木巢的构筑，即先民们的智慧在物质层面上的凝固。远古的文化虽然简单粗陋，却初现人类文明的曙光。进入农耕文明时期(人文文化)，人类由游牧转入定居，生产工具由木、石器转为铜器、铁器，生产力有了很大的提高，并逐步学会驯养动物，栽培经济林和建立半人工的农田生态系统。但随着大片森林被采伐，导致水土流失、洪水泛滥，大禹治水的传说，则可窥见农耕社会人类面对的生态问题和表达的生态智慧。显然，生态及生态文化不单是工业社会的话语，而是古已有之的课题，只不过在不同的社会历史阶段，表现的形式和程度不同罢了。

有的学者认为，古代社会的生态主要表现为社会与水环境的矛盾(治水)，近代社会的生态主要表现为社会与动植物的矛盾(农牧业)，现代社会的生态主要表现为社会与整个自然的矛盾（工业社会生态问题空前凸现），是有一定道理的。只要有人的存在，就会有生态问题和生态文化。马克思说："历史可以从两方面来考察，可以把它划分自然史和人类史。但这两方面是密切关联的。只要有人存在，自然史和人类史就彼此相互制约。"[1] 人类在发展自身，书写人类史，也在书写自然史和生态文化。

1.2　生态文化的概念

"文化"是中国古已有之的概念。《周易·象传》说："观乎天文，以察时变，观乎人文，以化成天下。"这里的文，指文学、文章、文采；这里的化，指改变、化生、造化的意思。文化的实质即要对人施以文治教化，达到教育人，培养文明人之目的。

随着社会进步，"文化"一词词义不断扩大。不同学者从不同层次、不同视觉给出的定义各不相同，众说纷坛。据美国人类学家克鲁伯和克鲁克洪《文化的概念》一书统计，仅1871～1951年这80年间出现的关于文化的定义，总计就达164种；而据法国学者摩尔统计，文化的定义，则多达250多种[2]。其含义包含：①加工。例如工具制作。②种植。学会农作物种植及经济林栽培，这是农耕文明区别于原始采集文化的标志。③文化程度。一个人受教育的程度，是衡量文化高低的指标之一。④道德修养。对社会普遍确认的社会规范、行为、准则的遵守。⑤科技创新。知识创新、技术创新、管理创新、知识产权等。⑥社会秩序。美国史学家威尔·杜兰说："文化是增进文化制造的社会秩序，它包含有四大因素：经济的供应、政治组织、伦理的传统以及知识与艺术的追求。"⑦社会的整体。美国历史学家汤因比说："文明乃是整体，……在这个整体里经济的、政治的和文化的因素保持着一种非常美好的平衡……"⑧生活方式。美国学者塞缪尔．亨廷顿说："文明和文化都涉及一个民族全面的生活方式，文明是放大了的文化。"[3]

文化是人类对自然（包括人类自身）的改变[4]。或者说文化是对世界的非自然化。在人类文化发展史中，人类以文化的方式生存，主要是通过劳动，以变"自然"为"文化"的方式生存[5]。文化是为反抗自然而被创造出来。当人类进入工业社会，"反自然"文化对自然的损害达到其“临界点”，出现不可持续的严重态势——生态文化出现了。

生态文化是从人统治自然的文化过渡到人与自然和谐的文化，是一种新的文化。从狭义上理解，生态文化是以生态价值为指导的意识形态、人类精神和社会制度；从广义上理解，生态文化是以生态价值为指导的人类新的生存方式，即人与自然和谐发展的生产方式和生活方式[6]。

从某种意义上，生态文化是对工业文化的反思，是对工业社会所倡导的快餐文化、消费文化、包装文化、娱乐至死文化的批判和颠覆，是建立在地球生物圈安全基础上的一种合理和平等的文化，一种万物生命共有共享的绿色和健康的文化，一种遵行生态规律的稳定、有序和持续的文化，一种超越人类中心主义又符合人类全面自然发展的更高品位、情趣和境界的文化。

1.3 生态文化的定位

生态文化的基本定位为：生态文化是中华传统文化的一部分，是社会主义先进文化的一部分，是世界生态文化的一部分。

1.3.1 生态文化是中华传统文化的一部分

中华传统文化源远流长，博大精深。首先，中国文字——汉字是在绘画基础上简约的方块字，尽管世界上其他所有文字都已拼音化，唯独汉字还保留着原生状态。其二，中国的宗教虽以儒、釋、道为主，但在中国人的骨子里，是对天地、祖先的敬仰和崇拜，天地和祖先在国民的心理结构中占有崇高位置。其三，“天人合一”的整体性世界观。用整体的观点看待现实世界，不但影响哲学社会科学，还影响自然科学包括医学。其四，道家倡导的“无为”思想产生的影响。美国著名学者李约瑟把“无为”定义为“禁止反自然的作为”。这便是生态智慧。当代著名人文主义物理学家 F · 卡普拉曾经说过：“在诸多传统中，据我看，道家提供了最深刻并且最完善的生态智慧，它强调在自然的循环过程中，个人和社会的一切现象和潜在两者的基本一致。”[7]其五，文学作品中的自然主义倾向，田园牧歌，寄情山水。其六，一整套有效的有机农业耕作制度，包括轮作、套种、秸秆返田、施用农家肥等，保证农业持续稳产。其七，以家为单位的、超稳定的中国社会结构等。中国传统文化中蕴含着十分丰富和宝贵的生态学思想和智慧，是当代生态学重要的思想资源，应当加以发掘和整理。

1.3.2　生态文化是社会主义先进文化的一部分

一方面，从纵向上要看到在人类社会的不同历史时期，有不同的生态问题和生态文化；另一方面，当下生态文化的提出，显然是针对我国工业化、城镇化进程中日趋严重的生态环境问题而引发的。在一个人口众多，资源有限的社会主义国家，在实现现代化和小康社会目标中，出现生态环境问题是不可避免的，问题在于如何正视和正确解决它。人类选择“生态文明”，是基于对传统工业化的反思，是对人类社会发展规律认识的新的突破，反映了人类文明的发展方向。中国作为后发国家，在实现工业化的过程中，生态环境、自然资源和经济发展的矛盾日益突出，建设“生态文明”已是刻不容缓。20 世纪 80 年代以来，我国把环境保护作为基本国策。在“三个代表”重要思想中，把先进生产力与先进文化并列提出，显示了决策层的新视野、新理念。中共十六大报告把建设生态良好的文明社会列为全面建设小康社会的四大目标之一，提出要“促进人和自然的和谐，推动整个社会走上生产发展、生活富裕和生态良好的文明发展道路”。中共十六届三中全会，明确提出“以人为本”的科学发展观。中共十七大首次把“生态文明”写进党的文件，指出：“建设生态文明是贯彻落实科学发展观、构建和谐社会的必然要求，它与物质文明、政治文明、精神文明、社会文明相互促进，构成了中国特色社会主义现代文明的统一整体。”在国家决策层面上，生态文明建设已同经济建设、文化建设、政治建设、社会建设并列，这为生态文化的繁荣和发展提供了方向性和制度上的保障，开辟一条宽广的发展道路。当然，在以人为主体和主导的社会，传统文化或社会文化在相当长的时间内，依然是文化的主流和主旋律，但生态文化以其独特视域，所提供的原生态的、本土的、原汁原味的文化，在社会文化市场中不断拓展，占有一席之地则是不容置疑的。

1.3.3　生态文化是世界生态文化的一部分

文化衰落的一个严重教训，在于人类糟蹋或破坏了帮助人类发展文明的环境，工业文明尤为凸现。1962 年，美国生物学家蕾切尔·卡逊出版了《寂静的春天》。当时社会的主流意识是“征服大自然”和“向自然宣战”等豪言壮语。卡逊首次对人类这一意识的绝对正确性提出质疑。《寂静的春天》唤起人们的环保意识和生存意识。20 世纪 60 年代，生态环境运动在西方世界迅速崛起，并与和平运动、反种族运动、妇女解放运动等反主流文化结合一起，被融入新文化之中，并成为其中最具活力的社会运动[8]。

1972 年6 月5 日，联合国在斯德哥尔摩召开113 个国家参加的联合国人类环境大会，通过《人类环境宣言》。1973 年联合国成立“环境规划署”，1983 年联合国大会批准成立世界环境发展委员会。1992 年在巴西里约热内卢举行联合国环境与发展会议，会议通过《地球宪章》、《21 世纪议程》、《气候变化公约》和《保护生物多样性》等四个重要文件。与联合国行动相呼应。各种民间环保组织如绿色和平组织、海洋保护协会、动物基金会、动物解放阵线、“地球优先”等组织相继形成和壮大。针对当下日益凸现的全球气候变暖的京都议定书和哥本哈根协议，生态环境问题已超越不同国家，不同政治、经济的局限而成为全球性的关切。低碳、节能、环保等理念和目标已为国际社会普遍认同。非主流的生态文化正在转变为主流文化。尽管我国的生态文化起步较晚，存在不少问题，但终究要汇入世界生态文化的潮流之中，这是毫无疑义的。走可持续发展道路，实现生态文明已经成为全球的共识。可持续发展战略是中国国情与现代化的唯一选择，也是全球人类共同持续发展的必然选择。我国的可持续发展必须把生态文明作为核心目标。作为人类文化发展的新阶段和总趋势，生态文化的形成是必然的。作为文化模式，从人类的长远发展来说，它被各个国家、地区和民族所选择也是必然的。只有选择生态文化模式，文化发展才能真正实现主体选择与历史客观规律的统一，人类才能真正摆脱生态危机，走出困境，走向光明。

1.4 森林文化、绿色文化、生态文化比较分析

森林文化是一种古老的文化形态。在原始采集文化阶段，人类的生活和生产资料几乎全都依赖森林，例如林果、木巢、林火、木器等。“人类溯源森林始”。由于森林提供的物质材料具有直接性，或只需简单加工即能为人类利用，所以，当人类出现时，森林与人类便构成相互依存的关系。

在农耕文化之前，人类曾经历一个十分漫长和艰辛的原始采集文化阶段。从人类的生活和生产资料依赖自然生态系统这一视角，这一文化可称为自然文化。而在史前，中国森林覆盖率高达50%，神州大地几乎为森林覆盖。因而，人类史前的生活和生产资料主要依赖森林生态系统，从这一视角，原始采集文化也可称为森林文化。

森林文化是以森林生态系统为背景或载体的一种文化。森林有叶片，能通过光合作用把太阳能转化为生物能，供万物享用，不需要外界能源，故最节能。森林系统在运行过程中，植物(生产者)、动物(消费者)、微生物(分解者)之间形成良性循环，不排放废弃物和熵，故最环保。“由森林文化而延伸出来的竹文化、花文化以及林业哲学、森林美学、园林文化、森林旅游文化等若干分支，构成森林文化完整的架构体系。因此，森林文化有着丰富的人文内涵，它伴随着人类社会发展走过漫长的历程，影响并推动经济发展与社会文明进步。”[9]

绿色文化从一般意义上属植物文化，以植物的外在表征给予命名和赋予的内在意义。森林的外在特征为绿色，又是陆地生态最强大的系统，故森林文化亦称绿色文化。但绿色文化的外延比森林文化大，例如农业文化、草原文化、湿地文化均可称为绿色文化。绿色既是外在表征，又包含有低碳、节能、环保、循环、共生等内在涵义，故绿色文化被外延至经济社会生活的方方面面。例如绿色经济、绿色 GDP、绿色贸易、绿色产品、绿色消费、绿色规划、绿色家园、绿色住宅、绿色包装以及绿色思想、绿色文学、绿色教育、绿党、绿色政治等。

不管是森林文化，或绿色文化，从本质上说，都属于生态文化，都要遵循生态规律。需要指出的是，生态不仅仅指陆地生态，例如森林、草原、农田生态等，还包含海洋生态、人类生态等。因而，用生态文化来表述后工业社会的文化形态，一种区别于传统的“反自然”的文化形态，无疑更为正确和适宜，也能为更多人所理解和接受。

2　生态文明在不同层面的选择

工业社会之后，人类将建立一个怎样的新社会呢？不同学者从不同的视角对未来社会作了设想。例如，美国丹尼尔·贝尔的后工业社会

(1959年)，日本梅棹忠夫的信息社会(1963年)，美国阿尔温·托夫勒的第三次浪潮社会(1980年)，日本堺屋太一的知识价值社会(1985年)，中国童天湘的智能社会(1986年)等。但从生态视角，未来社会应是生态文明社会。环境问题导致人类生存危机，这种环境压力迫使我们作出新的文化选择：是继续走西方国家先污染后治理的工业化老路；或是在工业范式和社会规范不发生根本性变化的情况下，对社会进行适当调整和改革，以推进社会进步；还是抛弃传统的工业范式，对社会范式进行根本性的改革。但在全球气候变暖的严峻形势下，人类只能作一次新的文化选择——生态文化的选择。

人类生存斗争主要在三个领域进行，这便是人类的精神生活、社会生活和物质生活。人类文化迄今已取得了伟大的成就，建设了灿烂的物质文明、制度文明和精神文明，但是也带来严重的文化危机，它同样也表现在三个领域，包括生态危机、社会危机和精神危机。正是这些危机迫使人类进行新的文化选择，这种选择表现在文化的三个层次，物质文明是基础层次，制度文明是中间层次，精神层面是最高层次[10]。

2.1 精神层面

2.1.1 生态哲学：一种整体的世界观

生态哲学或生态世界观，指用生态学的思维和智慧去观察和解释现实世界、认识和解决现实问题。“作为一种新的世界观，它的主要特点是，从‘反自然’的哲学走向尊重自然的哲学，或从人统治自然的哲学过渡到人与自然和谐发展的哲学。”[11]

生态哲学家余谋昌一针见血指出现代哲学的缺陷：“现代哲学强调人与自然对立，主张在人与自然对立的基础上，通过人对自然的改造确立人对自然的统治地位，因而被称为人统治自然的哲学。它以人类中心主义为主要原则，这是现代哲学占主导地位的思想。”[12]

如果把现代哲学与生态哲学作一比较，不难看出现代哲学与生态哲学的差异。现代哲学的主要原则或出发点是以人类为中心，以人类的尺度作为价值评判的标准，而生态哲学倡导的是生态整体主义；现代哲学从人类中心主义立场出发，强调的整体是人类社会的整体；而生态哲学中的人类社会仅是自然界大系统中的一个小系统，自然界才是真正意义上的整体。现代哲学从人类中心主义立场出发，强调的平等与共享，指的是人类内部的平等与共享；而生态哲学倡导的平等与共享，既包括人类自身，还包括人类以外的万物生命都有平等共享地球资源的权利。

在人类中心主义原则下，现代思维模式主要以人为主（主体），以自然为客（客体），即“主体—客体二分”的思维模式，或称主体性哲学。这种哲学既是文明社会进步的动力和源泉，也使人类社会陷入与自然对立的困境。所以必须转换哲学范式，用一种整体论的世界观，看待和认知世界。

卡普拉在阐述生态哲学时指出，整体论世界观是生态哲学主题之一。卡普拉认为，在生态世界观中，始终贯穿着两个主题：一个主题是，一切现象之间有一种基本的相互联系和联互依赖的关系。它要求把部分和整体关系颠倒过来。在以笛卡尔为代表的传统哲学中，部分是首要的，整体的动力学由部分性质决定。在新的世界观中，整体的动力学是首要的，它决定部分的性质。第二个主题是，现实世界在根本上是运动的，它要求把结构和过程的关系颠倒过来，结构不再被看成是基本的，而是一种基本过程的表现形式，两者是互补的[13]。

在“主体—客体二分”的思维模式中，自然界仅仅是人类认识、利用和改造的对象。而从整体论的世界观出发，从天人合一或万物一体立场出发，整个生物圈乃至宇宙被看作一个生态系统。自然界不具有对象性，而是宇宙本体和生命之根。自然生态系统中的一切事物都是相互联系、相互作用的，人类只是这一系统中的一部分，人既不在自然之上，也不在自然之外，而在自然之中。人类的生存与其他部分的存在状况紧密相连。生态系统的完整性决定着人类的生活质量。因此，人类无权破坏自然生态系统的完整性。自然界会预留一定的阈值，以供人类主观能动性的发挥，但并非全部。传统观念强调人对自然的改造，可以无限制对自然进行开发和利用，这是一个误区。“当人类这样安排时，自然未必这样想。”[14]整体论的世界观作为一种新的意识形态，执行的是限制功能。它使人认识到利用和改造自然有一个限度，超过这一限制，必然导致自然生态系统生产力的破坏。况且，人工生态系统（优化开发空间）、半人工生态系统（重点开发空间）、自然生态系统（严禁、限制开发空间）作为生物圈的有机组成，执行各自职能，绝非一个排斥另一个。

生态哲学另一主题强调过程性。“生态意识在反映人与自然关系时，关注人类活动的长期性的生态意义，不仅注意人类引起自然变化和人与自然关系变化的最近的结果，而且注意这种变化的长远结果；它不仅关注对人有利的变化，而且关注并防止不利的变化。它更着重未来，要求兼顾当代人、后代以及其他生命形式的共同利益。”[15]

人们在从事经济社会活动时，往往只看到眼前的利益和显现的结果，而忽视长远利益和潜在后果。保罗·埃利希说：“但是重要的是不要忘记了，自然将打出最后的一棒。”人类对自然的每次胜利，自然总是报复了人类。这就是说，生态注重过程的参与，而不是结果。把征服、拥有和主宰作为结果，必遭自然报复。把人类自由置于万物普通一员的位置，参与生态过程，真切感受自然给予的一切欢乐，这便是生态哲学。

2.1.2 生态伦理：胸怀万物的道德规范

生态伦理提出的一种新的道德伦理规范，生态伦理是生态与文化结合点上的产物。生态伦理与旧伦理的区别是：“旧伦理学仅强调一个物种的福利；新伦理学必须关注构成地球进化着几百万物种的福利。”国际环境伦理学会主席罗尔斯顿提出：“过去，人类是唯一得到道德待遇的物种。他只依照自己的利益行为，并以自身的利益对待其他物种。新伦理学增加了对生命的尊重。”他还认为，如果一个物种仅仅认为自己是至高无上的，对待其他任何事物都依照自己的用途而对待之，那么在这种框架中生活是一种“道德的天真”。[16]

生态伦理学的理论要求是，确立自然界的价值和自然界权利的理论，它的实践要求是，保护地球上的生命和自然界。

伦理道德是文化的重要组成部分。但是，道德对象范围又会随社会进步而不断扩大。原始部落的道德待遇只限于本部落的成员；奴隶社会的道德对象和范围限于奴隶主和平民；中世纪道德扩大到所有基督徒；近代初期西方道德对象只限于白种人，并不包括黑人。《奴隶解放宣言》通过之后，种族歧视才得到解除。环境恶化造成的严重后果使人们意识到，仅仅关心人类的福利，而不关心人以外其他生命和自然的福利是不够的，生态伦理的出现是其必然的结果。生态伦理的提出和实践，表明人类道德的进步和完善。

当人类的道德关怀对象从人类扩展到人以外的其他生命时，动物便成了道德待遇的首批受惠者。《动物解放》一书作者辛格把动物解放与妇女解放、黑人解放并列，反对虐待动物。辛格提出要将动物从人类的物种歧视主义观念下解放出来。辛格说："我们所倡导的是，我们在态度和实践方面的精神转变应朝向一个更大的存在物群体，一个其成员比我们人类更多的物种，即我们所蔑视的动物。"[17]这就要求人类用人道、平等的原则，善待动物，而不是虐待它们。

动物解放和权利论者把道德待遇由人扩展到人以外的动物，但这还不够，还应当扩大道德范围，使之能包括所有生命，这也是生态整体义的重要内容，或敬畏生命的伦理学。法国人道主义者阿尔贝特·施韦策提出："实际上，伦理与人对所以存在与他的范围之内的生命行为有关，只有当人认为所有生命，包括人的生命和一切生物的生命都是神圣的时候，他才是道德的。"[18]

1933 年，美国学者利奥波德创立"大地伦理学"，提出"大地共同体"概念，把伦理学的道德范围延伸至生态系统，例如山体、水域……。大地伦理学的基本观点是：①伦理学正当行为的概念必须扩大到包括对自然本身的关心，尊重所有生命和自然界，"当一种事情趋向于保护生物群落的完整、稳定和美丽时，它是正确的；否则，它便是错误的"。②道德权利的概念应当扩大到自然界的实体和过程，"确认它们在一种自然状态中持续存在的权利"。[19]

每一个人都是人类家庭的一员，具有同样平等的权利，每一个人的权利都应受到尊重。人类以外的所有生命形式是人类的伙伴和朋友，它们的价值也具有同样平等的权利，一样要受到尊重。如果人类想稳定和持续生存下去，这是必要和必然的。

2.1.3　生态文学：对自然的倾诉和讴歌

传统文学以讴歌人为对象，以人类的生存和发展、爱情与死亡为永恒主题，用诗词、散文、游记、小说、报告文学等不同文学形式，塑造不同历史阶段的艺术形象，是人类文化的瑰宝。故传统文学也被称为人学。

生态文学是一种新的文学形式，生态文学是以生态环保为主题的文学作品。日本、英国等国的作家把它称为“公害文学”，主要以纪实的文学形式，揭露环境污染的危害，抗议破坏环境的行为，表达大众对环保的愿望和要求。美国作家把它称为“文学生态学”，一方面研究文学作品中的生态学主题，另一方面研究文学对形成人与自然关系的影响，从而为人类行为提供新的模式，使人类能够继续生存在这个地球上。因而它所表达的是人类生存战略和价值系统[20]。

我国生态文学起步较晚，但也涌现一批好的生态文学作品。1991年中国环境文学研究会成立，1992年以“生命呼唤绿色，人类喜爱绿叶”为宗旨的环境文学刊物《绿叶》正式发行。1988年，作家徐刚的报告文学《伐木者，醒来!》发表，产生广泛的社会影响，此外，还有黄宗英的《小木屋》、《望长城》，徐刚的《倾向大地》、《根的传记》、《长江传》，陈桂棣的《淮河的警告》、陈建功的《放生》、李青松的《林区与林区人》、张箐箐的《沙漠风云》、话剧《秋天的牵挂》、《大地之根》、电影《索南达杰》、大型电视纪录片《21世纪不是梦》、《森林之歌》等[21]。

生态文学与传统文学相比，其区别是：第一，生态文学打破将文学视为一种题材的狭隘观念，其思维结构的核心是全人类意识和“地球村”意识；第二，生态文学的问题不限于人与人之间的关系，而是由社会人际关系转向人与自然关系的关注，这是当代文学的一场历史性转折；第三，由人征服自然转向保护自然，在重新调整人与自然关系的过程中，显然需要一种新的环境道德思维和人文关切。

值得注意的是，从我国早期的诗经、楚辞、汉赋、汉乐府、六朝散文到唐诗、宋词、元曲、明清小说以及近代文学作品中，都留下很深的生态足迹，具有明显的自然主义倾向。中国文学的宗教色彩淡薄，与西方文学长期受宗教支配不同，西方名著如但丁的《神曲》、弥尔顿的《失乐园》、班扬的《天路历程》、歌德的《浮士德》等，都与宗教关系密切，它们或通过天堂、地狱、亚当、夏娃，或通过鬼神、上帝、圣母、基督去追求理想的世界。相反，中国的文学作品中，除了政治、社会、人生相关联的“文以载道”作品外，相当一部分是以自然主义为题材的山水诗赋和田园歌吟，超凡脱俗，寄情山水，自然主义倾向十分明显。其二、物我合一的精神追求。在西方文学中，通过悲剧表现英雄的死亡，正义的毁灭，以英雄为主角、以毁灭为结局，在死亡与毁灭中显现人性的崇高。在中国文学中，虽有大禹治水和愚公移山的英雄和场景，但更多表现的是“乐天知命”精神。陶渊明的“纵浪大化中，不喜亦不惧”，表现正是这一心境。文人士大夫多采取超越世俗的态度，追寻自然，回归自然，在自然的陶冶中寻找一种物我合一的精神境界。其三、中和圆通的人生态度。中国文学，尤其戏剧，往往以团圆作为结局。或清官的为民除害，或主人公后代高中状元、报仇雪恨，或剧中主角在仙境或梦境中团圆。鲁迅、胡适对此提出严厉批评，认为这是“说谎的文学”，是一种自欺欺人的“精神胜利”病[22]，但在一个法治的社会中，通过协调，达到和谐，不失为一种好办法。在人与自然关系上，尤须倡导。

2.1.4　生态艺术：展现万类霜天竞自由的自然图景

生态艺术是工业社会背景下产生的以生态为主题的艺术样式，是鞭挞“反自然”现象和宣传环保的犀利武器。令人欣喜的是，当代一批摄影工作者与生态学家配合，深入荒漠大川，为人们展现原生态的自然图景和各种动物的生存状态。西藏可可西里的藏羚羊、陕西洋县的朱鹮、云南滇金丝猴、江苏盐城的丹顶鹤……正是通过现代艺术样式传递给亿万观众，拉近了人与自然之间的距离。中国传统艺术虽然蕴含深厚的生态意味，但随着时代的改变，当代的生态艺术在材料的选用、样式的创新、题材的选择上，都有新的突破。例如在材料选用上，不但保留纸媒质、竹木质、土质，还大胆采用钢铁、塑胶、玻璃、高分子材料和废弃物。在艺术样式上，既有书法、绘画、雕塑等传统样式，还开拓漫画、动漫、摄影、广告、影视等不同艺术门类；在题材选择上，已不局限高山流水、梅兰竹菊、花卉瓜果的诗情画意；在田园消隐、生态恶化背景下，艺术家的目光投向深山丛林、沼泽荒野和无人区，从不同视觉、不同层次呈现原始天然林、荒漠、深海、两极冰帽、大江源头……的自然风貌，以及生存其间的万千动物的觅食、性爱、交往、迁移、竞争的生活画面和生命情趣，给人以空前的震撼。在艺术表现手法上，当代的生态艺术不断创新，取得良好的艺术效果。中国传统绘画，始终以自然为主题，自然山水、树木花卉、鱼虫鸟兽，总占据画面的大部，且色彩鲜明，气韵生动；相反，人物简约、线条收敛；而生态艺术在展示万物生命中，不忽视人，或表现人对自然的亲和，或揭露人对万物的杀戮，在张扬人的意志和力量上，毫不含糊。中国古典园林也是如此，依山就势、叠山理水、花草凄迷、路径曲折、亭台矮小、一派敬畏和顺应自然的心态。而当下的森林公园，已摆脱古典园林的书卷气、现代公园过多的人工痕迹和用几何线条对自然物的理性包装，而几乎是原封不动地保留原始森林植被和山水风貌，显现自然的本真、粗犷和大气，令人耳目一新。中国传统艺术情景交融，重视生命之情的表达，艺术作品莫不充满和洋溢着生命之情。在艺术家看来，缺乏表现生命之情的艺术品，绝不是好作品。线条、色彩不仅是描绘事物的手段，更为重要的是艺术家情感的表征。艺术家不关心事物实体的精微，不追求外貌的形似与逼真。艺术家专注的是自身情感的投入、主观意念的表达，只要有气韵的表述，有生命之情的流动，便是一件好的艺术品。当下工业社会，由于生态环境恶化和工作压力的双重困惑和无奈，其艺术作品已失去农耕文明时期的诗情画意和散淡飘逸，而是直指人类杀戮万物生命的血淋淋事实和毁坏自然的一桩桩丑事，一针见血，毫不掩饰，甚至花样翻新、竭尽夸张、放大、怪异、荒诞之能事。其目的是运用现代视觉形象，唤醒国民的生态意识和对自然以及人类自身生命的整体性关怀，当然，也从不同侧面折射当代人的忧虑、焦躁和扭曲的心理心态。

2.1.5 生态神学：神学立场的转变

文化的一个重要因素是宗教，宗教也是人类文化的起源之一。谈及中国宗教，一般要提到儒、释、道三教。但从严格意义上，儒教的提法并不准确。儒、释、道三教之前，更早的是对祖先的崇拜和天神宗教。中国人在危难或绝望中需要帮助时，呼天唤地，总是叫“老天爷”，而不是神。中国文化中非宗教性十分明显。相反，对天地和祖先的崇拜和信仰，在国民的文化、心理、生活中占有至高无上的地位。

原始宗教信仰首先是以拜物教的形式出现的。如对动物、植物、太阳、星辰、江河乃至对恐怖的自然现象的崇拜，产生对山神、树神、太阳神、河神、雷神等自然崇拜和信仰。宗教对自然力的信仰有利对自然的保护。佛教的四大名山，道教的五岳，梵净山、鼎湖山、庐山等一批神山及神兽(大象、梅花鹿等)，正是在宗教的名义下，得到有效保护。

1979 年 7 月，世界教会理事会召开“信仰、科学与未来”为题的国际会议，讨论人与自然直接的关系问题。他们认为，科学和宗教两者都滋长了一种鼓励对地球及人类以外的生命形式进行危险掠夺的态度。为了改变这一态度，需要进行一场新的宗教改革，以建立一种“生态神学”。

所谓“生态神学”，是针对生态问题进行神学探讨，研究宗教对自然生态和自然保护的态度。神学家杰里米·里夫金认为，这是“第二次基督教改革”，其任务，一是在价值观念上修改圣经关于人统治世界万物的训谕；二是在实践上参与生态环保活动。修改圣经训谕，意味着放弃它原有的立场，以便发挥宗教在持续发展社会的过渡中所应起的作用。[23]面对当代，首先要求重新定义“统治”二字。按照新的定义，人不再是自然界的统治者，而是“地球大家庭的管家、看守人和监护人”。其二，修改基督对生命和自然界的伦理观。按照新的伦理观，“上帝的所有创造物的一律平等”，因而人对生命和自然界不再有统治特权。第三，建立人与上帝新的契约关系，按照新的契约关系，人是上帝创造物的管理人。他的责任是“看管和保护”，而不是“占有和剥夺”。第四，这种新的契约关系使人和上帝建立了特殊的关系，一方面，人作为上帝和其他创造物的看管人，担负保护和照管自然的责任，另一方面人和生物和自然界是平等的，要履行契约，不能破坏契约，背叛上帝[24]。

中国宗教教义同自然保护有诸多相同和相通之处。例如道教的“崇尚自然”，开启了自然主义的先河。周易八卦图的“—”、“— · —”阴阳两个基本符号，是男女生殖器的抽象和简约。“—”为阳，为乾卦。“— · —”为阴，为坤卦。“天地絪缊。万物化醇，男女构精，万物化生”。由此推导出人生奥秘和宇宙图式。道教的教规有“五戒”、“十善”之说。“五戒”指不杀生，不嗜酒，不口是心非，不偷盗，不淫色；“十善”指孝顺父母，忠事君师，慈心万物，忍性容非，谏诤蠲恶，损已救穷，放生养物，种植果林，道边舍井，种树立桥，兴利除害，教化未悟等，与生态伦理倡导的相一致。道教作为我国土生土长的传统宗教，与佛教主张“无生”、企图死后超脱生死轮回，进入涅槃境界不同，道教主张“重生”、“贵生”，以当下生命为真实，通过“内修”、“外养”，养生延年，肉体成仙。道教还倡导“守柔”、“不争”、“虚静”，“无为”，“不敢为天下先”等思想，给生态学以深刻的影响。

佛教的“不杀生”、“拯救众生”、“普度众生”的理想，阐发了尊重生命的理论。佛学有“依正不二”的原理，“依正”指“依报”(环境)与

“正报”(生命主题)两部分，两者不二指生命主体及所依赖的环境是一个不可分割的整体。佛学的“十界论”：把生命分为十种状态，这十种状态既包括人、菩萨、佛，也包括畜生等所有生物。所有生命都是宝贵的，都是值得尊重的。佛学的“三世间”概念，表示人、社会和自然的关系，人对自己的关系中产生的多样性是“五阴世间”。人对他人和社会关系中产生的多样性是“众生世间”，人对自然关系中产生的多样性是“国土世间”。三个世间相互联系。要做到三世间关系的协调正常，就要实施佛学的“依正不二”原理，保护生命与环境的整体性。佛教还从儒家思想中吸取营养，倡导“善有善报，恶有恶报”和“顿悟成佛”，既有脱离现实的神秘成分，也包含对彼岸世界的一种精神向往。

在新的历史时期，中国宗教既要继承传统，发挥教义中利于保护自然的一面，还有与时俱进，不断创新，把仁爱和慈善扩大至自然界，为人与自然的和谐与共生，作出自己的贡献。

2.2 物质层面

2.2.1 工业化生产的自身批判

工业社会的一个优势在于借助科技力量，推动生产力，产生巨大的物质财富。正是在这一意义上，我们把工业文化称之为科学文化。然而，工业化生产和现代人消费这些产品时，产生大量废弃物，是人类始料不及的。有的学者指出：“社会生产从自然界取得的物质中，被利用的仅占3%～4%，而其余的96%则以有毒物质和废物形式被重新抛回自然界。工业发达国家每人每年要消耗大约30t物质，其中1%～1.5%变为消费品，而剩下的则成为对整个自然界极其有害的废物。”[25]这是指最终消费环节。原国家环境保护总局局长解振华曾经指出：“据估计，我国总能量利用率只有33%左右，矿产和资源的利用率仅为40%～50%，社会最终产品仅占原材料投入量的20%～30%。”这是生产过程环节，而社会人买到社会最终产品并把它消费掉，仅占社会最终产品的1%～1.5%就不足为奇了，因为，社会人把社会最终产品(消费品)消费掉，只是消费品功能的丧失，而物质本身还在。

传统工业生产是建立在自然资源和生态环境容量无限性的基础上。因为自然资源是无限的，人类可以不断索取；因为生态环境容量是无限的，人类可以任意把废弃物排放。当人类自身的种群数量较小，生产规模不大的情况下，地球有能力支持这种生产的发展。问题在于，全世界的人口已由工业初期的不足20亿，到现在已超过60亿；工业化初期只有英国、德国、美国等国家进行工业革命，而当下全世界几乎所有国家都谋求通过工业化，以获得发展。人类对自然开发的深度和广度已达到极限，超过自然资源总量承受的能力，超过生态环境容量承受的能力，便出现自然资源（能源）短缺和生态环境净化能力丧失而产生的生态问题，它不但损害人类自身生存的家园，也严重损害工业生产本身。资源能源的短缺和生态环境污染成为经济社会发展的瓶颈制约。以牺牲生态环境代价的经济是短命经济，不可能是持续的。

产生工业生产弊端的原因在于：①颠倒自然与人类之间的主客关系。按物质的原性和整体性而言，自然是主（主体），人类是客（客体）。自然界是自然物质财富的创造者，但长期以来，反客为主，错误地认为社会物质财富是人通过劳动创造的，自然界仅仅是人类认识和利用的客体或客观对象。自然界，或者说地球生物圈已经历30多亿年时间。地球生物圈作为一个庞大而复杂的生态系统，在接纳太阳能中，在水圈、气圈、土壤岩石圈的共同作用下，不断催生和演化生命，不断进行自然物质的生产和积累。那种认为只有人类才是物质唯一创造者的看法，是偏见和武断的。人类不是物质的创造者，不是主体。自然界的物质创造者是自然界本身。自然界才是物质创造的主体和最初的生产者，人类至多只是按自然的样式，进行采掘、移动、分类、加工而已。人类的智慧接过最后一棒，成为自然物质的最后收获者和享用人。②人类的错误还在于，工业化生产是经济主义的。这就是说，工业化生产是按市场法则和经济规律组织生产，以利润的最大化来确定要做什么或不做什么。在传统工业生产中，资源和环境是没有经济价值的，可以无偿使用，因而在生产中未计入成本，形成了以资源浪费和排放大量废弃物污染环境为特征的生产。在这一意义上，有人认为，传统生产是，“一种愚蠢的破坏力量，……它仿佛是一个盲目的主宰者，因为从发展到使用它都未顾及社会的目标。”[26] ③工业生产目标的单一化，“它是机械论的，不仅从分工和专门化的方式发展，而且过于简化，具有可分割的性质。”康芒纳在分析技术在工业化生产中的作用时指出：“如果现代技术在生态上的失败是因为它在完成它的既定目标上的成功的话，那么它的错误就在于其既定的目标上。”[27]现代技术在生态上的失败显然由于它未能满足生态方面的要求。④传统工业的物质生产以单个过程的最优化为目标，因而它的组织原则是线性和非循环的，而不是自然界物质生产的非线性和循环的。在自然界，生命物质的生产是一个无废过程。例如植物光合作用排放的氧气是动物呼吸所需的，动物呼吸排放的 CO_2 又是植物光合作用所需的，植物和动物等肥料又是微生物的分解对象，然后返回环境，如此等等，这样一个循环为传统工业生产过程所缺乏。

2.2.2 生态产业：从有废到无废的过程转变

从传统工业的有废生产到使用生态技术和生态工艺，达到无废生产或零排放，是一个复杂的过程。由于各国的国情和工业程度的差别，应采取不同的步骤和措施，不能强求一律，但必须要从节能减排做起；必须调整产业结构，坚决淘汰高物耗、高能耗、高污染的落后产能，发展新产业；必须利用和发展生态技术，创新各具特点的生态产业，走一条资源节约环境友好的新型工业化道路，这是生态文化在物质层面的必然选择。

2.2.2.1 生态工业

生态工业指采用生态工艺，运用生态技术，形成的工业生产体系。生态工业是工业与生态学的结合，从而引发传统工业范式的根本性变化。

生态工业与传统工业范式不同，传统工业的目标是致力于末端污染物的处理和治理已造成的污染。生态工业则是把整体工业生产流程看作一个相对封闭的循环体系，建立一种新的工业程序，一个新的“工业生态系统”。生态工业在初始即把废弃物列为对象，它要求把能源和物质的投入，以及废物和污染物的生产减少到最低程度，使工业制造过程中的这些副产品能被重新利用和二次利用。

美国产业界认为，确立绿色产业政策，建立“工业生态系统”，将成为美国国家的最终目标，并成为21世纪占主导地位的制造方式[28]。美国世界观察研究所把生态工业称为“环境保护引发的一次工业革命，”并预言它将涉及工业生产的所有领域。杜邦公司把它称为三R制造，即Recycle(回收)、Rccse(再利用)、Rechcc Waste[减少垃圾]。美国产业界有人称为“持久发展的工业”，瑞典和加拿大等国的产业界称之为“绿色工厂”，日本通产省称之为“生态工厂”。其主要特点，是最大限度把环境安全列为公司的发展战略，最大限度把废弃物转化为资源，重新利用。因此，现代工业体系必须引进循环理念和循环体系——这就是生态工业园。生态工业园是我国继经济技术开发区、高新技术园区之后的第三代园区。

生态工业园区是模拟自然生态系统中“生产者→消费者→分解者”的营养结构关系，在特定的地域范围内、企业之间、企业与社区之间通过共享的基础设施、建立物质、能量、信息相互交换和循环利用机制，从而形成各个企业组成的产业共生网络体系，在这个产业共生网络体系中，不存在废弃物概念，因为一个企业的废弃物，同时也是另一企业的原材料[29]。

我国从1999年开始规划，目前，全国已有20多个国家生态工业园区。广西壮族自治区贵港国家生态工业园区是我国创建的第一生态工业园区，以制糖业为核心，由蔗田、制糖、酒精、造纸、热电联产和环境综合处理六大子系统，形成一个集工业与种植业为一体，各子系统相互协调的互利共生的复合系统。一个理想的工业体系，至少必须包括资源开采者、加工制造者、产业消费者、废物处理者四个部分，并且彼此形成一个有限输入、循环再生、无废物排放的互利共生体系。

我国工业尚处在幼稚阶段，还很年轻。但我们要看到工业自身的弊病。或者改造重构，与自然融合共生；或者在传统道路上继续走下去，被自然淘汰才摒弃；在工业文明向生态文明的过渡中，人们必须作出选择。

2.2.2.2 生态农业

生态农业指农业与生态学的结合，即通过农业生态设计把生态技术应用于农业生产。

生态农业是应用生态学原理，诸如系统整体性、生物物种共生、物质循环、转化再生以及生物与环境相适应的平衡规律，进行农业生态系统结构的设计，以便最合理利用太阳能与水、土、气象等农业资源，形成完整的农业产业链，生产尽可能多的植物产品、动物产品和微生物产品。

生态农业从一定意义上是追求不对环境造成破坏的稳定和持续发展的农业，其主要目标包括两方面：在农业经济方面，力求产量、质量和效益的统一，为社会提供多样和丰富的农产品；另一方面，要保护农业依赖持续发展的生态环境，保护耕地面积、保护耕地地力、防止水土流失、保护水力资源、生物多样性、保护土地的生产潜力，等等，实现农业与环境保护的有机结合，建设可持续发展的农业。

“生态农业”概念是美国土壤学家威廉·阿尔伯特在1972年提出的，指不用农药少用化肥，通过增加腐殖质改良土壤条件的农业。生态农业也称为有机农业、绿色农业。中华文明能经历五千年，经久不衰，其中一个重要原因是推行一整套行之有效的有机农业耕作制度。不使用化肥，而是施用人畜粪便、秸秆返田、套种绿肥，以保持地力不衰退。不施用农药，而是人工捕虫，或采用冬翻晒土、或多种作物轮作、混作、利用天敌消除虫害，保证农业稳产高产，应当传承和借鉴。

中国有13亿多人口，吃饭是一件头等大事。农业问题关乎国计民生和社会稳定。发展现代农业，引种良种，实现农业生产的产业化、标准化和集约化，千方百计提高单位面积产量，满足全社会对农产品的需要，这是一个基本的方向和目标。另一方面，又不能忽视生态规律，忽视生态农业。还要看到在推进农业现代化进程中，滥施化肥、农药残留，品种的单一化以及大面积推广大棚农业带来的负面影响，应当引起人们的关注。而解决这一问题的有效办法是，因地制宜，发展生态农业。在发展现代农业中，切忌一刀切。特别对山区、半山区、沿海、水乡等不同地区，要推行不同的生态农业模式。例如粮—棉、粮—油菜、粮—蔬菜的农作物间作、套作和轮作模式。旱作粮棉—绿肥、水稻—红萍(或绿萍)粮肥间作模式，葡萄(瓜、果)—蔬菜(花卉)—食用菌的庭院立体种植模式，以及稻—萍—鱼，稻—鸭—鱼，林—鸭—鱼，林—畜—蚯蚓，苇—禽—鱼等立体种养模式，畜—粪便(沼气)—农作物(返回农田)等利用食物链结构技术，多次利用，形成良性循环[30]。

目前，全国由生态农业试点村农场1000多个，生态乡500多个，生态县100多个。北京大兴县民留营生态村等6个生态农业试点单位被评为“全球500佳”，受到联合国环境规划署的表彰，被认为是发展现代农业之路。

2.2.2.3　生态林业

生态林业指运用生态学原理，在系统水平上把森林作为一个系统加以调整和经营的林业。生态林业的出现，摆脱长期以木材生产为主的林业发展道路，为现代林业的发展提供正确的方向。

生态林业有狭义和广义之分。狭义的生态林业主要指林木混交或立体种植。例如泡桐—旱粮、水杉—水稻、果树—旱粮等林粮间作立体种植模式，果—菜、林—胶—茶等林果间作立体种植模式；林药间作立体种植模式，林菌(食用菌)间作立体种植模式等，以及人工用材林内部的杉木—马尾杉、杉木—木荷、杉木—油桐等混交模式，其目的在于打破单一树木种植的弊端，充分利用林地，以求经济效益与生态效益的尽可能统一。

生态林业与生态农业不同，森林作为陆地生态立体，生态林业还担负国土安全之职责。因此，单从狭义上理解生态林业是不够的。广义上的生态林业，还包括非商业性经营的林业，即以国土安全保护为目的的林种，例如水保林，防风固沙林，水源涵养林，农田防护林等，这对于一个少林和生态脆弱的国家是极其重要的。国家实施“六大林业生态工程”，正是围绕这一目标。当然，根据《中国可持续发展林业战略研究》，林业的最高目标是与“建设山川秀美的生态文明社会”相连接的。这就是说，生态林业的最高层次是采用非人工的手段，以保护天然林、生物多样性和自然保护区。天然林是真正的森林。人工纯林被认为是不合格的森林[31]。非人工手段即排除人为的干扰，让自然按自然既定的规则和方向运行，宁静而不躁动，这是生态的最高追求。

2.2.3　能源选择：走向新的太阳能时代

人类活动离不开能源，能源是人和社会活动的动力，没有能源，社会生活就要陷于停顿。人类社会的能源形式是决定文明进程的重要因素，是文明的标尺。乔治·麦克卡迪说：“任何时代、民族和人群的文明程度，都是由人类进展和需要而利用能量的能量来衡量的。”著名物理学家奥斯特瓦尔德说：“文明史成为人类日益控制能量的历史。”[32]

美国文化人类学家怀特还提出“文化进化的能量说”。他认为，人控制的能量以其利用效率的增长是文化发展的最重要标志。“文化进化的基本规律，其他因素不变，文化随每年人均利用能量的增长而演进，或随能量付诸运用的技术手段效率的增长而发展。”[33]文化与能量的关系可谓密切。

工业社会之前，人类社会以自身的体力、畜力、薪材和木炭为主要能源，这些能源源于太阳能，从能源形成的角度，被称为太阳能时代。工业社会以煤炭、石油和天然气为主要能源，为工业生产提供前所未有的动力，使人类在短短的200多年的时间取得超过农耕文明乃至整个文明的成果，工业社会的能源被称为矿物燃料时代。当下的能源危机，实际上指矿物燃料危机，其原因在于矿物燃料本身的性质：①矿物燃料埋藏地下，是不可再生的能源，不可能持续提供；②矿物燃料在利用过程中排放的污染物质，给环境带来的负面影响，而消除这些影响的代价太过昂贵。

为摆脱能源危机，一方面要开发节能技术，提高能源利用率，减轻环境污染；另一方面，要开发其他能源形式，例如核能、太阳能、生物能、水力发电、风能、潮汐能等清洁能源，提高其他能源在能源结构中的比重，既综合利用能源，又利于环境保护。

现在太阳能的利用方式有两种：一是利用抛物面镜聚集太阳光发电；二是利用光电池直接把太阳能转换为电能。20世纪70年代中期以后，能源危机促进太阳能电池的研究与开发，如美国研制的晶体硅有15%左右的光电转换率，波音公司、西门子太阳能工业公司等在开发高性能太阳能电池方面取得一定的进展。目前，国外不少企业把目光瞄准薄膜晶体太阳能电池的开发与生产上，新一代薄膜晶体太阳能电池其转换效率高达18.3%。

太阳能利用潜力巨大，例如太阳能电池开发、太阳能电站系统技术以及在大沙漠建设大型太阳能发电站，建设海上太阳能基地，建设太空太阳能电站等。在太空或月球上建造大规模的太阳能收集器和发电站，用微波把电力送到地面。日本科学家已开展太空太阳能发电系统的研究，目标是在2030年前向太空发射一颗对地静止卫星，这颗卫星将为地球上的家庭提供电能，并开始新型电力传输系统的地上实验，这个系统可以以微波形式将能源从太空传送地球。

我国太阳能产业已进入运作阶段。国内的集热器(含太阳能热水器)已成为太阳能产业化最迅速产业之一，其产量居世界榜首。中国科学院宣布在两年内投入 2.5 亿元，建立若干个太阳能发电、太阳能供热、太阳能空调等示范工程。河北保定国家高新技术开发区的多晶硅太阳能电池生产基地，是目前我国规模最大、集太阳能电池、组件及应用系统等为一体的生产企业。一个以太阳能利用为主的清洁能源时代，正向人们展示其光辉前景。

2.2.4 绿色消费：一种健康的消费方式

消费文化是工业社会的产物。工业社会生产的五花八门商品必须通过市场消费掉，这样，不断增长的工业生产才能得以维持，工业社会的价值观念才得以呈现。日本学者堺屋太一指出："工业社会的价值观念是'消费更多的物资是好事'的美学意识和'最大限度地满足人的物质欲望'的理论观念的总和。"[34]这种社会价值观认为，"充分享受丰富的物质即为美"，"增加或消费更多物质财富就是幸福。"在这种社会价值的指导下，形成发达国家的高消费和消费文化。

工业社会的消费文化产生的后果，一方面是过度消费。在发达国家的富裕阶层，奉行物质主义的生活方式。在那里，无限制地追求物质享受和消遣成为时尚，以占有大量高档商品和高级奢侈品为荣耀。在那里，消费水平被看作社会地位的象征。消费不是一种自身的需要，他们是"为地位而消费"，"为面子而消费"，既造成价值与价格地背离、人格的扭曲，给环境带来过多地废弃物，还造成社会的不公平。美国人口只占世界的 6%；却消费掉世界 1/3 的资源。一个美国人一生消耗地球物资是印度人的 60 倍。另一方面，这种消费又造成广大发展国家的消费不足。世界上穷困和最穷困国家人口占世界人口近 60%，其中有 12 亿人口处于绝对贫困线上。贫困和债务逼使他们把自己的环境资源作为基本经济资产，用过度开发环境和资源作为谋生手段，加剧对自然索取，导致生态系统破坏，形成贫困与环境的恶性循环。

绿色消费，一种新的健康的消费方式在这一背景下出现。绿色消费就是生产和使用对环境和人体健康无害、符合环保要求的产品。例如绿色食品、生态时装、绿色汽车、绿色冰箱、绿色空调等绿色电子产品。这种绿色消费将引导一个新的市场——绿色市场，以及采用生态技术，减少废弃物排放的绿色生产业的形成。

绿色消费倡导过一种简朴的生活。简朴生活同过度消费相比较是一种适度的消费。它的口号是“足够就可以了，不必最大、最多、最好”，以获得基本需要的满足为标准。物质消耗的多少并非等同于生活质量的高低。中国古训说“知足常乐”，不是过高的物质欲望，会大大减少心理上的焦躁和不安，从而以一平和和快乐的心态迎接生活。

绿色消费倡导一种与自然亲近的生活。自然开阔的空间会扩张人地心胸，自然万物的生命情趣会让人贻然自在，乐在其中。人们为何要为物欲的满足，加班加点、疲于奔命、过一种精神过度紧张的生活呢？一张一弛，文武之道。既要积极工作，尽力尽职；又要亲近自然，放松身心，找回自我。

绿色消费倡导一种有品位的生活。美国学者加尔布雷斯把生活质量界定为“人的生活舒适，便利的程度，精神上所得到的享受和乐趣。”显然，生活质量并不是单一追求时尚和高档消费，还包括旅游、休闲、娱乐、艺术欣赏，以及通过学习文化科学知识，参加一些科学、艺术和宗教活动，以改变单调紧张的状况，满足生理和心理上的健康需求，提升生活的品位。

绿色消费还倡导学会共享的生活[35]，人与其他生命的本质区别在于，人有利他精神。一个人在从社会获得的同时，应懂得理性地回报社会。一个明智的企业家，其本身生活一定简单简朴，但一个聪明的企业家在成功后一定要实现从企业家到事业家的转型。洛克菲勒在遗嘱中写道：“死而富有是一种耻辱。”人类创造的社会财富属于全人类，不但应与全人类共享，还应与自然万物共享。我们不能单方面向自然索取，这是“反自然”的生活方式。我们要给自然补偿和回报，以建立一种接近自然的绿色生活方式，一种人与自然共生共享的生活方式。

2.2.5 科学技术的生态化

如果说原始采集文明为自然文明，农耕文明称为人文文明，那么，把工业文明称为科学文明，是十分恰当的。因为工业社会快速发展的生产力是依靠科学技术的力量推动的。科学技术是工业社会的第一生产力，是经济社会发展的第一因素。工业文明从严格意义上说，是以科学技术为核心的文明，即科学文明。

科技的力量是巨大和惊人的。钢铁巨臂延伸人类的手，小小芯片扩容人类的大脑。工业革命在短短的300年间迅速地改变了这个世界，生产出巨量的物质财富，极大地稳固了人类社会进步的物质基础。

科学技术是一柄双刃剑。科学技术的运用改变了人与自然关系的性质。科学技术创造了技术圈，使人类生活更快捷、方便和安全；但科学技术运用过程产生的负面影响，又把人推向与自然对立的深渊。1750年卢梭提交的《科学和艺术究竟能给人类带来进步与幸福?》的征文，就代表了当时对科学技术的批判思潮。他用古埃及的传说，说是一个十恶不赦的魔鬼发明了科学，并“随着我们科学和艺术近于完善，我们的灵魂败坏了”。[36]

科学技术的实质是一个对自然物的分解和合成的过程，而在分解自然物和合成新的物质中，必然要逸散出各种对自然生态系统有害的物质。例如原子弹、生物技术、光电技术、基因工程，都可能给人类带来危害。因此，这种对科学技术的批判思潮，必然导致把科学看作“邪恶的意识形态”，把技术看作是“一种邪恶的力量”，把科学技术视为“魔鬼”。

在对当前环境问题进行探讨时，有人就认为其根源在科学技术的进步。1982 年，卡普拉说，全球生态系统与生命未来进化处于危险之中，“有一点可以肯定，这就是科学技术严重打乱了，甚至可以说正在毁灭我们赖以生存的生态系统。”[37] 1988 年，拉兹洛指出：“过去二三百年我们大力采用的那些技术，有相当一部分就不是给人类造福，而是给人类造祸。它消耗的能量和物质太多，造成的环境损害太严重。”1990年，联合国教科文组织发表的《关于 21 世纪生存的温哥华宣言》指出：“造成我们今天这些困难的根本原因在于某些科学上的进步。……它们以一种传统机械论的方式归纳展示宇宙，并赋予人类一种驾驭大自然的能力。”[38]

科学技术的负面作用，与其说是科学技术本身，不如说是科学技术的发展还不够完善，即科学技术的发展还处在初级阶段。其表现在于：①把自然界作为利用对象的狭隘的人统治自然的价值观，造成人与自然的对立；②片面、机械、单一的科技目标，而忽视实现这一目标可能产生的问题和负面效应；③科学技术的成果，不是服从自然规律或生态规律，而是服从价值规律，追求利润最大化，这不可避免地把资源和环境问题推给社会。

为克服科学技术的负面效应，第一，实现科学技术价值观念的转变，从人统治自然的价值观，逐步过渡到人与自然和谐的价值观；第二，科学观的转变，从机械论的科学观过渡到整体论的科学观，使科学技术从分化、单一的目标走向综合的，兼顾包括环境在内的多个目标；第三，努力开发节能清洁技术、循环技术、替代技术和整体性技术等低碳、节能、环保的生态工艺和生态技术，逐步使传统工业和范式脱胎换骨，向生态工业和范式转换，在生态优先原则下，实现生态、经济、社会目标和效益的统一。要完善科学技术成果应用机制，避免对科技成果的滥用，及其对生态环境的破坏。

2.2.6 生态城市：让生活更美好

生态在物质层面的选择，除了生态工业、生态农业、生态林业外，还可拓展到生态畜牧业、生态渔业、庭院生态经济以及生态乡村(生态县)、生态城市等。在当下的工业化、城镇化的进程中，生态城市尤其引人关注。

20 世纪初，英国生物学家 P・盖迪斯在 1904 年写的《城市开发》和《进化中的城市》中，把生态学的原理和方法应用于城市研究。1971 年联合国教科文组织在第 16 届会议上，提出“关于人类聚居地的生态综合研究”，生态城市的概念运用而生，生态城市被认为是 21 世纪城市建设的模式[39]。而“城市森林”的概念是 20 世纪 60 年代由美国和加拿大提出的。由于森林强大的生态功能，世界城市森林发展势头强劲。

我国是世界上城市最多的国家之一，现在有城市 680 多座，建制镇 17000 多个。城镇化推动经济繁荣和社会进步，但也带来严重的环境问题，例如热岛效应、大气污染、水体污染、噪声、垃圾和生态失调等。而当下，解决这一问题的有效办法是建设森林城市或生态化城市，“让森林走进城市，让城市拥抱森林”。其一，应坚持生态功能优先的原则，对城市绿地整体空间进行合理生态配置，发挥城市森林调节城市水文系统的功能，提高绿地对水分的吸收、贮存和渗透功能；通过乔、灌、草复合群落结构，提高群落光合效率，最大限度地吸收 CO_2、吸尘、减噪和充分发挥绿色植物放出氧气、调节小气候的功能，促进城市的生态平衡。其二，师法自然。城市森林的主体应当是自然和近自然的森林绿地，除了尽可能保护城市原有地貌、古树和森林之外，对于新增的森林绿地在主要树种选择和模式配置上提倡近自然的配置模式，给人们提供一个相对宁静、富有生命力的自然或近自然的环境。其三，林网化与水网化结合。根据城市特点，全面整合林地、林网、散生木等多种模式，有效增加城市林木数量；恢复城市水体，改善水质，使森林与各种级别的河流、沟渠、塘坝、水库等连为一体；建立以核心林地为森林生态基地，以贯通性主干森林廊道为生态连接，以各种林带林网为生态脉络，实现在整体上改善城市环境、提高城市活力的林水一体化城市森林生态系统，最终实现"林荫气爽，鸟语花香，清水长流，鱼跃草茂"的美好人居环境。其四，城市森林建设应与城市园林、城市水体、城市基础设施建设结合起来，相互协调，融为一体，林园相映，林水相依，林路相连，注重林木植被与建筑物在空间上的多层次垂直立体配置，形成"城在林中、路在绿中、房在园中、人在景中"的总体格局。

生态城市首先应当是一座绿色的森林城市。城市森林覆盖高，市区内遍布公园，街心公园。古典园林得到保护。人们在林荫大道上行走，市区内能见到片林、古树、湿地与森林公园。显山露水的绿化格局，使人们有机会接近自然。

生态城市是一座环境质量良好的城市，能呼吸到新鲜空气，而不必受粉尘和汽车尾气困扰。城市各功能区划分清晰，公共设施配备齐全，有发达的公共交通系统，人们乐于以步代车，而不钟情和依赖轿车。人人自觉参与垃圾分拣，整个城市洁净有序，又充满活力。

生态城市还应是一座低碳城市，人与自然形成良性循环，在2010年上海世博会形态各异的建筑和设施背后，传递也正是这样一个生态理念：低碳、节能、循环。在世博园中，有国内面积最大的太阳能光伏电池示范区，收集太阳能，而不采用化石燃料，以减少 CO_2 排放。园区内公共交通系统采用电动车、超级电容汽车和氢能源汽车，园内交通实现零排放。园区内80%以上夜景照明采用LED光源，既节能又干净。上海企业馆是一座独显特色的生态智能建筑，采用太阳能热水发电和可循环利用的再生塑料，场地范围内的雨水可收回利用。万科企业馆以天然麦秸为建筑材料，不产生建筑垃圾。日本馆的"紫蚕岛"，是一个会呼吸的生命体，建筑将不再生硬冰冷。意大利馆采用透明混凝土等创新材料，可感知外界的温度湿度。世博园的外滩公园，通过多级湿地循环处理，不但公园呈现一年四季不同的农家景象，还使公园内的劣五类水达到三类水标准。这一切都表明，只有遵循生态规律，按生态规律办事，实现人与自然和谐和人类文明的持续发展，是可能实现的。

2.3 制度层面

2.3.1 “公有地悲剧”与社会结构的完善

制度文化在文化结构中属中间层次，是物质文化和精神文化的中介，物质文化和精神文化需要通过制度文化来实现。这就是说，为了使人类社会活动有序进行，需要建立一定的社会制度(例如经济制度、政治制度和法律制度等)、或文化惯例，以有效组织和指导人类生活的模式和行为规范[40]。这些均属于制度文化。

传统社会生活，是在国家、政党、社会集团和有关法律法令的组织和指导下进行的。国家的目标和职能，在经济上，是发展生产力，满足社会的物质需要；在政治上，是处理和协调人与人(社会)之间的关系，以维护政治统治和社会稳定。这就是说，在工业文化之前，社会只有经济和政治目标，而缺乏环境目标。传统社会没有自觉保护环境的机制，却有自发破坏环境的机制。工业社会凸现的生态环境问题，打破了传统社会的运行机制，要求建立一套有效保护生态环境的体制和机制。

1968 年，美国经济学家 G·哈丁提出“公有地悲剧”，即“公有权悲剧”概念，地球资源被看作是公共财产。哈丁把这种公共财产比作公共草地，谁都可以在草地上放牧，每一位牧民为了从放牧中取得更多的好处，按照费用最少、效益最大的原则，总是力图增加畜群的数量。但是谁也不进行草地建设投资。这样，随着畜群增加，草原的质量急剧下降，最后草场完全退化。这就是草地公用权的悲剧。

每个经营者追求自己最大的个人利益，其最后结果是导致整体和公共利益的毁坏。在传统社会生活中，地球资源都经历了这样的命运。公共财产的公用性，公共资源“谁采谁用”，好像是公平的。但实质上是不公平的。因为“公用权”的实质：第一，“谁先来谁占有”、“谁有力量谁占有”，它支持的是强者，这是强者的哲学[41]。第二，缺乏对公共财产的有效补偿机制，对自然资源这一公共财产的索取，需要补偿，没有补偿的占有对自然是不公平的。

当今的国际关系就是在这样基础上建立起来的。工业化国家，作为“先来者”和“拥有力量者”，首先利用了地球的自然资源，积累了财富和权势，从而使自己成为强者，成为国际事务的权势人和国际关系政策的制定者。他们不仅掠夺他国资源，还在国际市场上实行工业制成品高价、对能源、矿产和农产品低价的政策，资本和技术高价对劳动力低价的政策。地球生态资源的“公用权悲剧”表现在两个方面：其一、在国际关系方面，导致两个世界贫富差距扩大，矛盾加剧，形成严重的社会危机；其二，在生态关系方面，导致滥用资源，造成生态破坏和环境污染，形成严重的生态危机。

“公用权悲剧”的性质表明，必须建立新的社会关系，完善社会结构，建立一个公正和平等的社会秩序。

2.3.2　生态运动：西方国家形形色色的生态思潮

生态运动发生在20世纪的60年代末。西方发达国家发生“八大公害事件”，环境污染直接威胁公众健康，引发人们对环境问题的认识。千百万群众走向街头、游行、示威、抗议，声讨只顾赚钱以牺牲环境为代价的企业和对环境不负责的政府。人民以反对公害的斗争形式，要求政府采取环保措施，限制排放，讨回公道。

这场生态运动使环境问题成为一个社会中心问题，开启人类环境保护事业，并涉及现有社会的政治、经济、法律、科技和文化等一系列体制的质疑和改进，有力捍卫了自然的权利。

(1)绿色和平运动。绿色和平运动是20世纪60~80年代西方一系列社会运动的总称。它以绿色为旗帜，号召民众参与环保，反对核武器和核战争，维护世界和平事业。在这一运动推动下，1970年由加拿大工程师麦克塔格特发起，1979年正式成立“绿色和平组织”和“绿色和平基金会”，总部设在伦敦，为国际性的民间环保组织。

(2)生态女权运动。生态女权运动是以“生态女权主义”为指导的新兴妇女运动。1974年，奥波尼提出“生态女权主义”概念。生态女权主义认为，男人统治妇女和人统治自然之间有着非常重要的历史的和形象化的联系，这种联系在认识上植根于统治逻辑为特征的家长制。或者换句说，男人对妇女的统治漫延至人对自然的统治。生态女权主义既批判大男子主义，反对男人对女人的压迫，也反对一切“反自然”的行为、反对人对自然的压迫和统治。

(3)绿党。绿党作为一支新兴的统治力量，对西方社会有重要影响。第一个绿党20世纪60年末在新西兰创建。欧美社会大多数国家先后成立绿党。德国绿党1983年以第四大党身份进入德国联邦议院。各国绿党虽有不同政治主张和思想理论，但多数以绿色为旗帜，以保护环境，维护生态平衡和反对核武器为纲领，提出“生态社会主义”，寻求能够摆脱贫困的“既非资本主义又非社本主义”的第三条道路，建立“具有人道的和生态学的生活方式和生产方式”的“介于东西方之间的”经济制度。但在资本主义制度下，他们的思想和目标是难以实现的。

(4)生态社会主义。强调保护生态环境，维护世界和平，试图以“生态经济”模式取代资本主义现行的“市场经济”模式，实现社会公正，改变人际之间的不平等关系，公平分配财富，缩小差别，反对无节制地追求物质享受，反对暴力和战争，等等，被称为既非“资”，又非“社”的第三条道路。

(5)生态学马克思主义。这是西方马克思主义者分析资本主义危机的一种新理论，这种理论认为，资本主义危机不仅表现在资本主义生产过程中，而且表现在社会生产与整个生态系统的关系中。当代资本主义生产与整个生态系统之间的矛盾已引起资本主义社会的新危机。生态学马克思主义通过对资本主义危机性质的重新思考，寻求新的社会变革动力和打破资本主义生产过剩和过度消费的途径。生态学马克思主义设想未来的社会主义社会应是有小规模的、民主地控制的生产者协会所组成的、由工人自我民主管理的、一个非独裁的、地方分权的和非官僚化的社会主义社会[42]。

2.3.3 政府参与：环境保护制度化、法律化

在生态运动的强大压力下，环境问题成为社会的中心问题，促使社会治理从只处理人与人之间的社会关系，发展到把处理人与自然的生态关系摆上重要议事日程，环境问题进入政治结构，政治与环保逐渐联姻。发达国家的总统或议员竞选时，大多要挥舞“绿旗”，提出环境保护的许诺，把环境保护目标同广泛的政治目标结合起来。

在生态运动中，美国于1969年成立对总统负责的环境质量委员会，1970年成立国家环保局，行使保护环境的国家职能。工业化国家也先

后成立国家环保机构。我国于1974年成立国务院环境保护领导小组，1985年成立国家环保局，2003年升格为国家环保总局，2008年又升格为中华人民共和国环境保护部，成为国务院政府成员，执行国家环保职能。例如拟定环境保护法律、法令、条例、规定，并负责监督检查实施情况；制定环境保护方针政策，协调与环境相关的经济、技术、装备等政策；制定国家环境保护计划、规划以及国家发展的中、长期规划；颁布国家环境质量、污染物排放等各项环境标准，并监督实施；组织区域环境评价，负责全国环境统计和环境监测，负责环境保护的国际合作与交流等。

国家行政机关中环保职能的建立和完善，是生态运动深入的一项重要成果，是国家制度完善的重要标志，这表示：

第一，环境保护已纳入法制轨道。根据“环境权”，从20世纪70年代初开始，世界各国先后进行环境保护的宣传。1979年，我国颁布综合性环境保护法《中华人民共和国环境保护法》，并陆续制定和颁布有关保护大气、海洋、土地、矿藏、森林、草原、河流、湖泊、野生动植物、自然保护区、风景游览区、名胜古迹和国家公园等各项法规法令，形成比较完善的法律体系。这样，法律和道德成为保护环境的双重机制。法律以“诛恶者”出现，惩治破坏环境的行为，对人类保护环境形成“外在强制”。道德以“劝善者”出现，宣扬环保美德，使环保成为人的一种“内在品格需求”。环境法律与环境道德一样，作为生态文化的组成部分，不断使环境保护制度化。

第二，把环境保护纳入国家发展战略。1983年，我国政府把环境保护定为基本国策，并制定“经济建设、城乡建设、环境建设同步规划、同步实施、同步发展、实现经济效益、社会效益、环境效益统一”的指导方针。1994年发表的《中国21世纪议程》、《中国21世纪人口，环境与发展白皮书》，阐明中国可持续发展的战略和对策。优先考虑发展中的环境因素，成为国家制定国民经济和社会发展中、长期规划的指导思想，并把环保目标列入国家“九五”、“十五”、“十一五”的规划之中。

第三，保护环境作为社会行为，涉及企业和社会个人，涉及不同行业和部门，是一个非常复杂的系统工程，是任何社会组织和个人无法单独完成的，这需要政府的强制性力量。例如城乡建设，能源和交通，这些部门对环境质量影响最大，但过去在制定城乡建设、能源和交通规划时，往往忽视环境因素的考虑，从而形成环境与城乡建设、能源、交通等之间的矛盾。又如调整产业结构，执行节能减排的约束性指标，转变发展方式，淘汰落后产能等，都需要在国家决策层面，作出部署，采取强有力的措施。正如温家宝总理最近指出那样，要采取铁腕手段，坚决淘汰落后产能，以实现发展方式的历史性转变。

2.3.4 在人类共同利益问题上进行国际合作

工业化的一个重要成果是当代世界进程的全球化趋势。在自然经济条件下，社会是以自给自足、相对独立的村社为基础的，其间的交往和相互影响十分有限。而工业化的大生产，现代化的交通和通信网络，完全改变了人类的生产方式和生活方式，以及社会关系和价值观念，从而使世界进入“人类全球王国时代”（罗马俱乐部）。

在全球政治中，超级大国使用的实力政治或强权政治已经不灵了。世界各国期望通过外交途径，以谋求平等合作和发展。在全球性经济中，全球性的经济竞争和经济合作不断扩展，生产的专业化和协作已突破国家的界限，不仅商品贸易国际化，金融、货币和资本国际化，而且科学技术发展也趋于国际化和商品化。在全球文化中，双边和多边的交流、合作日趋频繁，向全球化融合方向发展。

在全球化的观念冲击下，一方面，人类的观念产生两个方面的变化：一是提出“地球村”概念。随着交通和信息的全覆盖，以及人类对自然界认识的深入，改变了传统对地球无限的认知，自然资源的总量和生态环境的容量是有限的，地球只有一个。二是提出“人类生命共同体”的概念。一方面从“地球之大”（地球自然资源的无限性），到“地球之小”（地球村概念的提出）。另一方面，人类深刻认识到生命不能仅仅局限人类自身，人类生命同人以外万物及生态环境紧密相连。这就是说，随着地球概念越来越小，而人类生命共同体的概念愈来愈向外扩张，变得越来越大。一个地区或国家的生态环境问题，首先使该地区或国家深受其害，但随着污染物的集聚和大气环流的流动，最终是全球性的灾难，一个人类整体性的关切。

在全球生态运动的推动下，1972 年联合国召开第一次世界人类环境会议，发表《人类环境宣言》，宣告“保护和改善人类环境已经成为人类一个紧迫的目标”。把保护环境作为人类的目标提出，这是人类价值观的一个根本性转变。

1992 年 6 月，第二次世界人类环境会议召开，183 个国家和联合国 70 个国际组织代表与会，讨论共同关心的环境与发展问题，并取得一致的认识，签署了《里约环境与发展宣言》，提出了“建立一种新的、公平的全球伙伴关系”，建立新的社会共同体。这种新体制要具有自觉地保护环境的机制，有利于地球生态的持续性，它包括组织创新和制度创新。这是人类新文化建设最重要和最困难的任务。

我国作为负责任的大国，制定了《中国 21 世纪议程》，积极参与国际与生态环境相关的国际公约，主要有《联合国气候变化框架公约》及其《京都议定书》，以及《联合国防治荒漠公约》、《湿地公约》、《生物多样性公约》、《濒危野生动植物种国际贸易公约》、《国际植物新品种保护公约》等，还加强了与世界各国进行环境保护方面的交流和协作。

1997 年 12 月，在日本京都召开《联合国气候变化框架公约》的缔约方第三次会议，并通过《京都议定书》。中国政府于 1998 年 5 月签署该议定书。为应对全球气候变暖，实现在 2050 年全球升温不超过 2 摄氏度的目标，2009 年 11 月 26 日，中国政府宣布控制温室气体排放的行为目标，到 2020 年单位国内生产总值 CO_2 排放比 2005 年下降40% ~ 45%，受到国际社会的广泛好评。2009 年 12 月，温家宝总理出席哥本哈根气候变化会议，为最终达成《哥本哈根协议》作出自己的贡献。

3 努力发展生态文化产业

3.1 生态文化产业的基本定位

文化产业作为一种特殊的文化形态和特殊的经济形态，影响了人民对文化产业的本质把握，不同国家从不同角度看文化产业有不同的理解。

联合国教科文组织关于文化产业的定义如下：文化产业就是按照工业标准，生产、再生产、储存以及分配文化产品和服务的一系列活动。从文化产品的工业标准化生产、流通、分配、消费的角度进行界定。

事实上，世界各国对文化产业并没有一个统一的说法。美国没有文化产业的提法，他们一般只说版权产业，主要是从文化产品具有知识产权的角度进行界定的。日本政府则认为，凡是与文化相关联的产业都属于文化产业。除传统的演出、展览、新闻出版外，还包括休闲娱乐、广播影视、体育、旅游等，他们称之为内容产业，更强调内容的精神属性。

2003 年 9 月，中国文化部制定下发的《关于支持和促进文化产业发展的若干意见》，将文化产业界定为："从事文化产品生产和提供文化服务的经营性行业。文化产业是与文化事业相对应的概念，两者都是社会主义文化建设的重要组成部分。文化产业是社会生产力发展的必然产物，是随着我国社会主义市场经济的逐步完善和现代生产方式的不断进步而发展起来的新兴产业。"

2004 年，国家统计局对"文化及相关产业"的界定是：为社会公众提供文化娱乐产品和服务的活动，以及与这些活动有关联的活动的集合。所以，我国对文化产业的界定是文化娱乐的集合，区别与国家具有意识形态性的文化事业。

尽管世界各国对文化产业从不同角度进行了不同的定义，但文化产品的精神性、娱乐性等基本特征不变，因此，文化产业是具有精神性娱乐性的文化产品的生产、流通、消费活动[43]。

生态文化产业是从事生态文化产品生产和提供生态文化服务的经营性行业。它是工业社会后期的一个新兴产业，是实现生态文明的重要载体，是经济社会持续健康发展的根本保证，是建设资源节约、环境友好型社会的必然选择，是未来经济健康有序发展的重要引擎，其发展前景无可限量。

从严格意义上说，在长达几千年的农耕社会中，有文化和文化产品，但没有文化产业。在生产力水平低下、基本是手工作业的条件下，社会没有足够的剩余产品和空闲时间，虽然我们肯定能工巧匠和民间艺人为农耕文化付出辛劳和代价，但真正享用文化的只有封建社会上层的达官贵人和文人墨客，文化成为少数特权阶层的专利。

工业社会的一个重大的贡献在于，它给文化以工业装备，进行工业化生产，例如现代传媒业、现代电影业、现代网络业以及现代旅游业等等。这样，在工业生产流水线上产生的文化产品进入寻常百姓人家，文化及文化产品普适化、平民化、通俗化了。文化及文化产品不再是少数人的专权和专利，而成为日常用品和消费品，使普通百姓也能感受到文化给他们带来的闲适和愉悦。

在工业社会中，文化产业是国民经济的一个部分，发展生态文化产业，从某种意义上是借用现有的文化产业并使之主题和内容的生态转向。现有的文化产业，其主题或内容是人，是人类自身，描述人与人(社会)之间的亲情、爱情和友情，以求实现人与人(社会)之间的和谐。文化产业主题和内容的生态转向，要求文化所描述的对象，从仅仅关心人扩展到关心人以外的万物生命及自然生态系统，倾诉人对自然及万物生命的情感，拉近人与自然之间的距离，实现人与自然之间的和谐。文化主题和内容的生态化，不仅不会影响文化产业的发展，相反，扩展了文化的视野，丰富了文化的内容，深化了文化的内涵，给文化产业注入生机和活力。当下，取得票房不俗成绩的美国大片《阿凡达》，就是以生态为主题的。实践证明，生态对文化产业的注入，产生的以生态为主题的摄影、美术、传媒、广告、影视以及文艺作品，是深受广大民众欢迎和认可的。

生态文化还给蓬勃发展的文化创意产业带来全新的理念，从而推动文化创意产业的发展。任何一种文化创意活动，都要在一定的文化背景下进行。现有的文化创意产业，以人为主体，以物为中心，目标是追求利益的最大化。而生态文化的敬畏和崇尚自然的理念，师法自然的理念，以及低碳、节能、循环、共生、和谐等理念，不但能改造文化产业创意本身，还给现代传媒、动漫游戏、设计创意、工艺美术、休闲旅游、文化会展、广告创意等文化创意产业注入新的内容。在当下，文化创意如果缺失生态的内容，很难想象这种文化创意是时尚和时代的。生态文化创意产业在带动相关产业的发展、推动区域经济发展的同时，还可以辐射到社会的各个方面，全面提升人民群众的生态意识与环保意识。

生态文化本身就是一个产业。这就是说，生态不仅仅是一个形而上的概念，而是一个实实在在的、人们瞬息都不能离开的东西，例如干净的水、清新的空气、良好的生态环境以及绿色食品等生态产品。当下社会，物质性的产品在市场上并不缺乏，而生态性的产品反而短缺。生态文化产业应当自觉承当社会责任，要通过媒体、广告和文化会展等形式，普及广大民众的生态环境知识，自觉保护生态环境，维护自身的生态权益。要大力发展绿色食品产业、生态休闲产业和森林旅游产业，为民众提供更多的生态产品和服务。生态文化产业应当使生态文明的宏大叙事，转为民众可见的生态产品和服务，从而为民众所接纳。

3.2 生态文化对发展生态文化产业的作用

3.2.1 理论的引领作用

理论来源于实践，而理论一旦形成独立的形态，又会反过来给实践以巨大的影响。人们在认识和利用自然的过程中，不断总结经验教训，提升为理论，这属于自然科学理论。人文科学理论则是人把自然视为崇拜和审美对象的理论形态，包括有关自然的信仰、宗教、审美、伦理、历史等观念，这属于人文科学范畴，或狭义上的生态文化。

人类是自然的产物，生态是人类文化固有的基因。但由于片面对物质的追求，人类长期以来忽略生态环境的极端重要性，生态观念被忽略和忽视。而工业革命带来的生态危机打破了这一状况。当下，生态已成为时代的关切，并引领人们的生活。例如，在美学方面，由于对自然美的肯定，人的审美观念发生变化，原始、粗犷和野性美，成为审美时尚，森林旅游和生态旅游悄然兴起。在食品方面，一度被冷落的农家土特产品，在冠以绿色有机食品的美名之后，其价值被重新认可。在能源方面，风能、太阳能等清洁能源，正逐步替代矿物能源，成为主角。在技术方面，生态工艺和技术备受推崇，大有替代传统工业技术之势。因为生态工艺和生态技术是循环、可逆和清洁的，既节约资源，又与环境友好，是建设资源节约、环境友好型社会的必然选择。

与此同时，从文学到艺术，从伦理到科学，从经济到政治，都在向生态转向，并导致生态文学、生态艺术、生态哲学、生态伦理、生态经济、生态政治等一系列生态思潮的出现，直接影响和推动经济发展方式的转变以及人们生活方式和消费方式的转变。绿色、低碳、环保正在成为时代的风向标。所有这一切，不能不归结于生态文化作为一种意识形态引领的结果。

3.2.2　智力的支撑作用

生态文化作为一个产业，一般包括硬件(物质)和软件(精神)两部分。我们不能没有硬件设施，不能没有物质这一客观存在，不能没有自然生态这一载体。但同时又需要软件，需要文化和智力，来支撑产业的发展。

传统工业重视资源等物的“硬性”要素的投入，而忽视科技、文化等“软性”要素的投入，例如技术研发、产品设计、文化创意、投资决策、营销理念、企业文化等软性要素。这些看似无形的东西，实则是企业的血脉、核心和灵魂，在掌控、调节和推动企业的运行。

人们重视物质文化和精神文化两种形态，这是正确的。但不能忽视介于其中的制度文化。员工能动性的调动，企业的正常运行和营销目标的实现，要靠一整套科学而有效的制度和机制的成功运作。没有制度和制度文化，企业犹如一盘散沙，难以形成有机整体。

企业的成功还在很大程度上依赖员工的培训和员工整体素质的提高。制度既制约人，又激励人，但如果制度再好，员工素质低下，制度所组织起来的合力，依然难以奏效。对于生态文化企业，如果没有一批能工巧匠，没有一流的工艺大师，能创造出一流的生态文化产品吗？艺术创作是一项个体化、精神性的活动，要十分尊重艺术家的创造性劳动，做好人才集聚工作，让人才的活力竞相迸发，让智慧的源泉充分涌流，用人才引领生态产业的发展。

3.2.3 产业链的延长作用

生态文化对生态产业的发展除了提供智力支撑外，还有以下直接作用：一是拓宽产业项目，延长产业链，充分利用自然资源，减少自然资源的消耗；二是提高产品品位，增加产品的附加值，整体提升产业水平，这都十分有利经济结构调整和发展方式转变。

生态文化资源的开发，其最明显的一个结果是开展生态旅游。生态旅游把一直被掩盖着的自然的审美价值显现出来。而它本身几乎是不消耗资源的。在游客眼中，此时的自然生态不是劳动对象，而是作为一个审美对象出现的。这有利于生态的保护，又能促进经济发展和社会稳定。

生态文化资源开发，还直接延伸产业链。传统加工的下脚料，都能被充分利用，加工成小件的工艺品，小巧玲珑，很受游客欢迎；一些野生、无公害、有机和绿色食品身价倍增，被游客普遍认可，既增加花色品种，也丰富饮食文化。尤其需要指出的是，在制造业中，加工生产属低附加值的环节，而处于前端的产品设计和文化创意以及处于后端的品牌培育和市场营销，属于高附加值的环节，因此，技术、知识和文化的注入，既增加附加值，又为经济结构调整和转变经济发展方式做出表率。

自然生态作为资源，其开发是有限度的；而作为文化，其开发将是无限度的。开发文化资源，而不是自然资源，是生态文化产业发展的必然选择。

3.2.4 品牌的塑造作用

品牌本身就是一种文化符号，一项无形资产，品牌是一个企业或某一产品的文化、质量、效益的集中体现和标志。

发展生态文化产业，要重视品牌的塑造，除了媒体和广告效应外，塑造品牌的关键是要凸现产品质量、售后服务和文化内涵，顾客称心如意，产品才物有所值。

那么，什么是生态文化品牌应追求的基本目标呢？一是要凸显中国传统文化牌。中国传统文化是中华民族在中国古代社会形成和发展起来的比较稳定的文化形态，是中华民族智慧的结晶，是中华民族的历史遗产在现实生活中的展现。这个思想体系蕴涵着丰富的生态伦理思想和文化科学精神，是塑造生态文化品牌应当借助的巨大文化资源。二是要凸现生态牌。生态是生态文化的特质和基本规定性，它是生态文化的生命线，要贯彻生态文化的始终。

生态文化产业要打文化和生态牌，但要作为一个品牌，要把抽象的概念转化为具体、特定和独有的东西，必须具有唯一性，才能为消费者所接受。例如以原产地地名作为品牌的武夷岩茶、嵊州竹编、贵州茅台、蜀南竹海、安吉的竹博园等，武夷、嵊州、贵州、蜀南、安吉等地名本身就是品牌，为这一原产地所独有。还有以诗人画家或工艺大师署名的品牌。如苏轼、郑板桥、齐白石的书画；还有朱松邻、李文甫、沈大生、蔡照、张志渔的雕刻等，这些诗人画家和工艺大师的名字本身就会产生足够的品牌效应，因为他们是独有的。唯一性是品牌最主要的特征。

3.3　发展生态文化产业应注意的问题

3.3.1　开发与保护

发展生态文化产业，必然要开发和利用自然资源，要产生生态环境问题，开发与保护始终是工业社会必须面对的问题。一方面，不能因噎废食，因为可能产生环境问题而不加开发；另一方面，又要拒绝盲目开发，造成环境污染，这里的关键是要找到一个契合点，一种符合生态学原理的、科学的解决办法。

其一，要做好生态规划。对要开发的区域进行生态规划，划分核心保护区、缓冲保护区、实验区、游览区和住宅区等，区分功能，分别对待，把可能造成环境污染的区域限制在最小的范围。划分不同功能区，把人流密集流动的区域限制在特定的区域内，既保护了广大的保护区，又能满足游客的一般需求，是维护生态环境首先必须解决的问题。

其二，要采用生态技术。要根据生态学和生物学的特性，按照不同生态文化产品的要求，确定生态工艺和生态技术，制定可持续的经营方案，实行重复利用和循环利用，使自然生态系统能持续地为人类服务。

其三，要加强生态管理。要把生态文化产品的生产企业，视为一个封闭系统，进行可循环的生态管理。因为任何一个生产企业，都有废弃物和工业污水产生。要增加相应生产环节和工序，对加工的废弃物进行循环利用、化废为宝；对污水要集中处理，不给外界环境增加压力。

其四，要承当生态责任。作为经营者，要具备生态学的思想理念和专业知识，在项目立项、技术路线、设施和服务等设计和管理上，体现生态学原理，符合生态需求，履行生态责任。同时要求旅游者，遵循生态环保规则，实践生态理念，履行生态责任。保护生态环境仅仅依靠技术是不够的，它需要民众的广泛参与，每位公民都应履行一份生态责任。

3.3.2 传统与创新

生态文化是中华文化的有机组成部分，与渔猎社会相关联，处在文化的源头，而且在中华文明全面进入农耕社会和当下的工业社会，生态文化仍以顽强的生命力在一直传承延续。生态文化源远流长、博大精深。因此，在发展生态文化产业中，在任何时候，都要固守生态文化的根，不能丢掉中华文化的传统。

但固守不是守旧，不是不变，生态文化产业要在工业社会中占有一席之地，必须改变自身的形式，以适应时代的变化。固守传统，又不断创新，这是生态文化产业必须面对的问题。

在传统与创新之间，一定要协调好两者之间的关系，要面对实际，实事求是，把握时机、分寸和节奏。在社会主义市场经济条件下，生态文化的产业化是一种趋势，要与时俱进，引入竞争机制，用价值规律，促进生态文化产业的发展。但又要区分经营性的生态文化产业和公益性生态文化产业。对于经营性的生态文化产业，应当用市场竞争机制进行调节；而对于非经营性和公益性的生态文化产业，例如自然博物馆、生态展厅、国家森林公园等，则应当以财政投入为主，并争取民间其他资金，免费或逐步免费向社会开放。同样，对于应用工艺和应用性文化的研究，应以企业为主体；对于基础性文化理论的研究，则应以财政投入为主，两者不可偏废。

在生态文化形式创新上，既可旧瓶装新酒，用传统的诗、书、画、雕刻等形式，表达对生态的关切；又要突破传统样式，采用装置、动漫、影视、网络等形式，发出当下的生态警世良言。既可存留传统园林，体验自然的秀丽和清新；又要发展原生态旅游，开放自然界中的万紫千红，感受荒野的粗犷和大气。要立足传统，又立意创新，融入传统，成为生态文化自身的东西。

3.3.3　主流与非主流

从渔猎社会的原始生态文化、农耕社会的农耕文化，到当下工业社会的工业文化，历史划出一条主流文化前进的轨迹。但当主流文化在一个社会占主导地位时，人们还看到另外两种文化现象：一种是非主流文化对主流文化的渗透和融合；另一种是非主流文化对主流文化的颠覆和超越。

无论是农耕文化取代原始生态文化，或当下工业文化对农耕文化的取代，主流文化的地位是不容置疑的，这是应当肯定的。但这并不排斥生态文化在农耕文化时代占有相应的地位。在当下的工业文化体系中，生态文化依然占有重要位置，绿色诗画、木竹雕刻、木构建筑、传统园林等等，在工业社会中依然存在，其样式和内容，均有所突破，并与工业文化相融合，成为工业文化体系中有机的组成部分。

生态文化一方面对工业文化进行渗透和融合，另一方面又利用工业文化的缺陷和弱点，对工业文化进行颠覆和超越。生态文化及其产业的特点和优势是生态性，其自身立足在自然生态基础之上，生态文化产品是绿色、有机和可循环的，这些都是工业文化所短缺的。更为重要的是生态文化表达的关怀和爱意，不仅是人与人之间的关怀和爱意，而是传递人对自然之间的关怀和爱意。人以自然中平等的成员出现，倾听自然，感受生命，实践生态，履行人类自身对生态的责任，从而显现人与自然和谐这一社会命题。这显然颠覆和超越了工业文明的理念，而进入生态文明范畴了。在工业社会，生态文化并非居于主流文化的地位，但生态文化所显现的生态内涵，却颠覆和超越了工业文化，指明了时代文明的前进方向。

3.3.4　外在与内涵

外在与内涵的关系即指生态文化产品的外在物质性与精神内涵之间的关系。任何一个生态文化产品，都有其依赖的样式和载体，绿色诗画、生态摄影、木构建筑、传统园林……这些都是生态文化依赖的样式和载体，是生态文化的物质基础。显然，发展生态文化需要样式、载体和物质基础。但同时，又不能忽视生态文化的内涵。没有生态文化的底蕴，仅仅依赖外在的物质性载体，生态文化就会失去血脉和灵魂，失去意义和价值，从这一意义上，很好发掘生态文化的内涵，对于提升生态文化的品牌，具有重要意义。

发掘生态文化的内涵，要重视对天然林、荒野以及文化遗址等非物质文化遗产的保护，要从中寻找有文化价值的东西，“山不在高，有仙则灵。”要借用名人、传说和神话，提高生态文化知名度。游览三山五岳和自然保护区，人们会为自然神奇造化而感叹，但前辈先贤、文人墨客留下的诗文、碑刻、题词等遗迹，更令人肃然起敬。生态文化内涵的呈现，在这里起到关键作用。

发掘生态文化内涵，要重视发掘生态自身的内在价值。古人之所以如此钟情自然、崇尚自然、寄情山水，这与生态文化内涵密切相关。自然本身的形态美、色彩美，质地美和音韵美，以及其中蕴含的天人合一，和谐共生的理念和情怀，确能表达人的心境和时代的精神。充分发掘生态文化内在价值，无疑是提升生态文化产品品位的重要途径。

3.3.5 先进性与多样性

衡量生态文化的先进性，一是看它能否服务于广大人民大众的利益，符合社会的整体需求；二是看它是否服务于时代核心价值的建构，符合社会主义先进文化的前进方向。生态文化是社会主义文化的一部分，其先进性当然应以此衡量。生态文化及生态文化产业的发展，必须坚持这一方向，坚持生态的科学理论，坚持生态的人文精神，坚持生态的绿色主题。

然而，任何一种生态文化形式，能为群众所接受，决定的不仅是内容，还要找到适合的形式。先进性与多样性的关系实质是内容与形式的关系。生态文化产品从本质意义上是形象鲜明的艺术产品。文化教化不是靠主观的善良愿望和僵硬的教条所能解决的。鲜活的现实内容要求相适应的生动形式。而内容和形式既有相适应的一面，又有相冲突的一面。当一种新的内容出现，而旧的形式无法容纳新的内容时，就要求突破传统的形式。反之也一样，当一种崭新时艺术形式出现，要求新的内容给予填充时，寻找新的内容和题材便成为必要了。当下，不断变化的时代正给生态文化内容与形式的创新提供绝好的机遇，应当努力创作一批可感、可爱、可亲的先进性与多样性相统一的作品，以回应一时代的要求。

要实现先进的思想内容与多样化的形式之间的统一，从事生态文化产品创作的文学家、艺术家和文化人，必须要深入自然和荒野，深入乡村的生产和生活实践，从中寻找创作的灵感和内容。“这是自然形态的东西，是粗糙的东西，但也是最生动、最丰富、最基本的东西；在这一点说，它们使一切文学艺术相形见绌，它们是一切文学艺术取之不尽，用之不竭的唯一源泉。这是唯一的源泉，因为只能有这样的源泉，此外不能有第二个源泉。”[44]要提供自由、宽松的环境，使生态文化工作者深入乡村，扎根基层。作为生态文化工作者，则要安下心来，切忌浮躁。市场竞争机制对生态文化产业的引入，并不意味着生态文化工作者可以放弃艺术信念和创作规律。市场法则的最终目的是使生态文化产品的价值得到社会的认可。属于人民的、真诚的文学家、艺术家和文化人历来不沽名钓誉，也不急功近利。名利不能催生真正的作品，千锤百炼、历经时间考量，才能产生内容新颖、形式多样的生态文化精品。

3.4　发展生态文化产业的对策建议

3.4.1　整体提升对生态文化产业的认识

要从科学发展观的战略高度认识生态文化产业。生态文化产业的出现不是孤立的，它的出现同中国经济发展方式的转变相关联。新中国成立以来，中国经济的主导思想发生了两次转变，一次是由以阶级斗争为中心向以经济建设为中心转变；一次是由物质、精神两大文明一起抓向物质、精神和生态三大文明齐头并进转变，建构生态文明，解决当下面临的生态环境问题。

要从可持续发展的战略高度认识生态文化产业。生态文化显然不是无的放矢，它既回应了当今蓬勃发展的生态文化产业，为生态文化产业的发展提供强大的智力支撑和理论引领，还要为经济社会向可持续方向发展铺平道路。正是生态文化资源的发掘，以自然生态系统为基本载体的审美、游憩、休闲、历史、宗教、科学、生物多样性等自然价值成为社会的现实。生态文化的出现，宣告资源竞争的经济社会时代行将结束，一个以生态文化为聚焦点的全面协调、可持续的“两型社会”，将展示它光辉的前景。

要从世界生态文明的战略高度认识生态文化产业。一方面，生态文化是民族文化的一部分，中国传统文化的一部分，但更为重要的是，生态文化凸现的生态内涵，是世界生态文化的一部分。从农耕文明到工业文明，人类还要从工业文明跨进生态文明。人类发展生产力，提升人类自身的自由度，要求坚持以人为本，实现人与人(社会)之间的和谐，还要实现人与自然之间的和谐。这是科学发展观的重要课题，也是生态文明终极要解决的问题。

3.4.2 完善发展生态文化产业的体制机制

当下，生态文化产业尚处在初级阶段，生态文化产业本身又有公益性和经营性二重属性。为此，应当划分公益性和经营性两类不同生态文化产业类型，逐步建立以政府为主导、企业为主体的生态文化产业发展体制机制，各自发挥自身的优势，以利于生态文化的发展。

要发挥政府在促进生态文化发展中主导作用：①建议把生态文化产业振兴规划，列入全国文化产业振兴规划，从宏观上指导生态文化产业发展，重点地区，要因地制宜，加以细化；②建议建立生态文化专项基金，用于生态文化重大课题研究，资助生态文化专著出版，开展生态文化田野调查等；③对于公益性生态文化事业单位，应以财政投入为主，向社会开放，提升全民生态文化知识水平；④建立覆盖生态文化的公共财政，用于促进公益性生态文化事业，搭建各类生态文化公共平台，展示生态文化产品，以生态文化搭台，经济唱戏，促进经济社会发展；⑤建立有效机制，为生态文艺工作者和民间工艺大师提供条件，创新样式，创作更多生态文艺作品、生态工艺品等生态文化产品，适应市场，尤其是国际市场的需求；⑥协调中央和地方，政府和企业，专业研究部门和民间社团两种力量的积极性，齐心协力，整体推进生态文化事业发展；⑦加强理论与实践，研究成果与产品转化的对接，多出生态文化产品、精品。

3.4.3 制定配套生态文化产业政策

为进一步促进生态文化产业健康有序发展，建议出台配套的生态文化产业政策：①对经营性的生态文化产业，应以企业为主体，面向市场，进一步推进改革，充分运用市场杆杠，优化对自然资源的合理配置；②完善法律和行政手段，净化生态文化市场，规范生态文化管理，为生态文化市场发育提供一个公平有序的竞争环境；③增强生态文化知识产权保护意识，鼓励文化主题向生态转向，加大对生态文化品牌的保护，努力创新品牌，及时申请专利；④把生态文化产业纳入经济社会发展序列，统筹安排，适时建立生态文化产业及产值单列统计和公布制度；⑤降低生态文化企业准入门槛，加大对生态文化产业的财政支持力度，建议对生态文化企业免征企业所得税，政策性银行给予贷款贴息，以扶持生态文化企业发展；⑥建议对生态文化中小企业提供贷款扶持，向从事生态文化工艺品加工的经营者提供小额贷款；建议政府建立扶持生态文化企业保险机制，增强生态文化企业抗风险能力；⑦对于公益性生态文化事业单位，应以财政投入为主，事业性质，实行企业管理；⑧鼓励民间兴办各类生态文化产业，形成社会多元兴办生态文化产业的局面。

3.4.4　着力培育生态文化创作队伍

发展生态文化创作，关键是人才。但生态文化创作人员涉及不同艺术门类和不同层次人才，相互交叉，且相当一部分能工巧匠分布在民间和企业。因此，要推行以企业为主，专业和民间相结合的人才体制。要采用更加灵活的政策措施，集聚人才，培育队伍：①要以现有社科院(所)和大专院校的生态文化研究中心以及各类生态文明研究会为主体，设立生态文化研究专题，主导生态文化体系建设。②要采取有效措施，激励社会上有志于生态文化创作的作家、诗人、画家、摄影家、文化工作者，加入生态文化创作队伍。③要以企业为主体，建立各类生态工艺美术工作室，发挥工艺大师的作用，口传心授，造就一批创作队伍。④加强对生态文化企业员工的培训，提高员工素质，对于其中具有创作潜能的人才，要及时发现，予以任用。⑤要遵循生态文化创作规律，不能用行政命令下达任务，不能急于求成，不能搞“一刀切”。要提供条件，鼓励生态文化工作者深入基层、深入实践、熟悉生活、体验生态，创作出好的作品。⑥生态文化创作带有很大的随机性和个别性，要尊重生态文艺工作者的创造性，要给予足够的创作和创意的自由空间，要允许多样性，不同题材、不同流派、不同风格作品的相互竞争和包容正是生态文化繁荣的标志。⑦要提供各种平台，包括展览、舞台、媒体、刊物等，使各类生态文化作品有呈现的空间，接受社会评判，获得社会认同。⑧要开展生态文艺批评，尤其是从生态视域进行的生态文艺批评，不断提升作品的艺术水准。

参考文献

[1]马克思恩格斯选集(第1卷)[M]. 中共中央马克思恩格斯列宁斯大林著作编译局，编译. 北京：人民出版社，1972：21.
[2]苏祖荣，苏孝同. 森林文化学简论[M]. 上海：学林出版社，2004：13，14.
[3][美]亨廷顿. 文明的冲突与世界秩序的重建[M]. 周琪，刘绯，张立平，王圆等，译. 北京：新华出版社，1998：24，25.
[4]白光润. 论生态文化与生态文明[J]. 人文地理，2003，(4)：76.
[5]余谋昌. 建设生态文化，走可持续发展的道路[M]. 北京：文化艺术出版社，2004：236.
[6]余谋昌. 建设生态文化，走可持续发展的道路[M]. 北京：文化艺术出版社，2004：115.
[7]余谋昌. 文化新世纪——生态文化的理论阐释[M]. 哈尔滨：东北林业大学出版社，1996：59.
[8]雷毅. 生态伦理学[M]. 西安：陕西人民教育出版社，2000：17.
[9]江泽慧. 弘扬社会主义先进文化，推进森林文化建设[N]. 中国绿色时报，2002-03-15(1).
[10]余谋昌. 文化新世纪——生态文化的理论阐释[M]. 哈尔滨：东北林业大学出版社，1996：58.
[11]余谋昌. 文化新世纪——生态文化的理论阐释[M]. 哈尔滨：东北林业大学出版社，1996：59.
[12]余谋昌. 文化新世纪——生态文化的理论阐释[M]. 哈尔滨：东北林业大学出版社，1996：58.
[13]维克多·奥辛延斯基. 未来启示录：苏联思想家谈未来[M]. 上海：译文出版社，1988：245，246.
[14]苏祖荣. 森林哲学散论[M]. 上海：学林出版社，2009：144.
[15]余谋昌. 文化新世纪——生态文化的理论阐释[M]. 哈尔滨：东北林业大学出版社，1996：61.
[16]余谋昌. 文化新世纪——生态文化的理论阐释[M]. 哈尔滨：东北林业大学出版社，1996：74.
[17]雷毅. 生态伦理学[M]. 西安：陕西人民教育出版社，2000：.85
[18]雷毅. 生态伦理学[M]. 西安：陕西人民教育出版社，2000：101.
[19]余谋昌. 文化新世纪——生态文化的理论阐释[M]. 哈尔滨：东北林业大学

出版社，1996：73.
[20] 国外自然科学哲学问题[M]. 北京：中国社会科学出版社，1991：140－145.
[21] 苏祖荣，苏孝同．森林文化学简论[M]. 上海：学林出版社，2004：108，109.
[22] 中国文化概论[M]. 北京：中国文化书院，1987：44，45.
[23] 余谋昌．文化新世纪——生态文化的理论阐释[M]. 哈尔滨：东北林业大学出版社，1996：80.
[24] 余谋昌．文化新世纪——生态文化的理论阐释[M]. 哈尔滨：东北林业大学出版社，1996：81.
[25] [苏] N. T. 费罗洛夫．人的前景[M]. 北京：中国社会科学出版社，1989：149.
[26] [英]安德鲁·韦伯斯特．发展社会学[M]. 陈一筠，译．北京：华夏出版社，1987：134.
[27] [美]巴里·康芒纳．封闭的循环[M]. 长春：吉林人民出版社，1997：9.
[28] 余谋昌．文化新世纪——生态文化的理论阐释[M]. 哈尔滨：东北林业大学出版社，1996：115.
[29] 傅泽强．生态与工业的和谐画卷[J]. 百科知识，2006，(11)：22，23.
[30] 李振基等．生态学[M]. 北京：科学出版社，2000：385，386.
[31] 廖福霖．生态文明建设理论与实践[M]. 北京：中国林业出版社，2003：149.
[32] L. A. 怀特．文化的科学—人类与文明研究[M]. 沈原等，译．济南：山东人民出版社，1988：350.
[33] L. A. 怀特．文化的科学—人类与文明研究[M]. 沈原等，译．济南：山东人民出版社，1988：355.
[34] 堺屋太一．知识价值革命[M]. 北京：东方出版社，1986：132.
[35] 苏祖荣．森林哲学散论[M]. 上海：学林出版社，2009：247.
[36] 费希特．论学者的使命[M]. 北京：商务印书馆，1980：54.
[37] 卡普拉．转折点[M]. 北京：中国人民大学出版社，1989：16.
[38]拉兹洛．系统科学演讲集[M]. 北京：中国社会科学出版社，1991：271，272.
[39] 胡德平．森林与人类[M]. 北京：科学普及出版社，2007：259.
[40] 余谋昌．文化新世纪——生态文化的理论阐释[M]. 哈尔滨：东北林业大学出版社，1996：84.
[41] 余谋昌．文化新世纪——生态文化的理论阐释[M]. 哈尔滨：东北林业大学出版社，1996：86.

[42] 余谋昌．文化新世纪——生态文化的理论阐释[M]．哈尔滨：东北林业大学出版社，1996：91.
[43]胡晓明，肖春晔．文化经纪理论与实务[M]．广州：中山大学出版社，2009.
[44] 毛泽东选集[第3卷][M]．北京：人民出版社，1991：860.

第十五章

加强高校生态文明教育，促进生态文明经济发展

随着时代的进步和社会的发展，高校生态文明教育带有其特有的时代经济意义。加强高校生态文明教育，对于促进生态文明经济有着重要的作用。主要体现在两个方面：一个是直接作用，即表现为高校对促进生态文明经济提供思想理念、科学技术、实践模式方面的支持；另一个是间接作用，即表现为人才培养方面，提高大学生生态文明经济的意识，掌握发展生态文明经济的技术、实践能力。大学生作为社会一个重要的群体，其生态文明经济素质不仅关系自身的发展，更关系到整个社会未来的发展。

1 高校生态文明教育对促进生态文明经济发展的重要意义

1.1 落实科学发展观，促进经济发展方式转变

改革开放三十几年来，我国经济迅速增长，综合国力显著增强，人民生活水平得到了普遍提高。但是，随着经济的发展，资源消耗过度、环境破坏严重、资源利用率过低、生产方式粗放、可持续发展方面的科学技术落后和投入不足等一系列问题凸显出来。经济发展方式逐渐成为决定社会经济能否可持续发展的关键。

党的十七大强调落实科学发展观，要进一步转变经济发展方式，大力推进经济增长方式向集约型转变，走新型工业化道路，强调要以科学技术为支撑。高校是社会的重要组成部分，加强高校的生态文明建设对落实科学发展观促进经济增长方式的转变有重要的意义。高校作为集教育、科研为一体的人才培养基地，在研究支撑生态文明经济发展的科学技术上有基础和条件，可以出探究适合生态文明经济发展的模式，以提高生态生产力水平；高校可以通过教育青年学生掌握符合生态文明经济

形态发展的科学技能，应用科学技术寻求解决制约社会经济健康发展的方法和途径。从而缓解和解决在社会经济发展过程中人与自然环境的尖锐矛盾，实现生产和生活方式的巨大变革，走出一条符合可持续发展规律的新型的经济发展道路。

1.2 培养大学生适应生态文明经济发展的素质

本书第三章指出，生态文明经济形态主要有创新经济(也称知识经济)、体验经济、生态经济、绿色经济、循环经济、传统经济的改造提升以及生态文明消费主导型经济。这些经济形态有一个共同点就是都是最大限度地发挥人的创造性，最少限度地利用自然资源，以减少环境污染，促进人类健康，及社会的全面发展。我们知道，社会经济的发展与人的发展是协调一致的，社会经济的发展程度与人类的整体素质总是保持在同一水准上。新型的经济形态，要求人的整体素质也要有一个新的层次提升。

这对高校的人才培养提出了更高的要求。高校加强生态文明教育，在思想意识方面加强大学生生态文明观的树立，从而树立正确人生观和价值观，并逐步树立生态文明经济意识；在专业领域方面，使学生掌握符合生态文明经济发展趋势的科学文化和技能，培养学生能从人类的整体利益出发处理人与自然、人与人、人与社会的关系的能力。这些品德和能力的培养，不仅促进了大学生整体素质的提高，实现大学生的全面发展，更为将来大学生踏入社会，适应生态文明经济这样的新兴的经济发展要求做好准备。

2 高校促进生态文明经济发展的主要途径

2.1 创造和谐校园氛围，为发展生态文明经济奠定文化基础

创造和谐校园氛围，是对我国悠久优良的和谐文化的发扬和传承，也是符合时代发展的要求。和谐的校园氛围，不仅有利于师生的身心健康发展，形成良好的心理素质，特别对鼓励和激发老师和学生的创新性有重要的意义。创新性是生态文明经济技术的特征、特色及优势。从心理学的角度来说，在和谐、友善的环境下，更能激发人的创造性和做事

的热情，促进人与人的友好相处。创造和谐校园氛围主要从以下几个方面进行。

首先“道之以德”，即用道德来教化人们，提高师生员工的生态文明思想道德素质，这是创造和谐校园氛围的根本。胡锦涛同志指出："一个社会是否和谐，一个国家能否实现长治久安，很大程度上取决于全体社会成员的思想道德素质。没有共同理想信念，没有良好道德规范，是无法实现社会和谐的。”创造和谐校园氛围，要求全校师生要有共同的生态文明理想信念和共同的经济价值取向，才能创造一个统一思想氛围，共建校园文化。

再次，引导生态伦理基本原则及其规范。生态伦理的基本原则及其规范是人们在生态活动中必须遵循的道德原则和具体的道德行为规范，用以约束人们的行为。培育大学生的生态文明经济文化素养，就是要使大学生了解生态伦理的基本原则及其规范对发展生态文明经济的要求。生态伦理的基本原则主要体现科学、公正、平等。让学生懂得尊重、遵循生态系统的科学规律、经济社会发展的科学规律，促进社会公正、平等，维护人类与环境的共生关系，维护社会良性运行和协调发展。还要树立绿色消费观念，养成适度享受、科学消费，注意节俭、节能、反对奢侈浪费等行为。以实现培养学生公平、正义、平等的生态文明经济价值观，生态文明经济的消费观，正确的竞争观和和谐宽容的精神。

最后，创造和谐校园氛围重在培育培育绿色人文精神。绿色世界给人类提供了良好的生存环境，契合了生机勃勃、奋发向上、顽强竞争、和谐相融、默默奉献、积极创新等人文内容，中国几千年传统生态智慧与现代可持续发展理念相结合，给人们无穷的智慧和启迪，就是我们所说的绿色人文精神。绿色人文精神是综合的文化素养，它为大学生在进行生态文明经济的建设过程中，提供了重要的文化基础和重要的思想保证，大学里的生态科学知识传授、各类生态文明经济的实践活动对绿色人文精神培育都有着潜移默化的作用，使学生从感性到理性加深对绿色人文精神的理解、接受，从而身体力行地践行。

2.2 培养生态化科技素养，为发展生态文明经济奠定科技基础

生态文明经济的发展必然要有坚实的科技基础的支撑，在这方面高

校起着举足轻重的作用。高校是社会科学技术进步的主力军，是高素质人才的集散地，聚集着全国的绝大部分人才。高校为高新技术产业的发展提供了技术和人才源泉，推动着高技术产业的发展。在知识经济时代，社会经济的发展对高校的依赖性在不断地升高，大学的发展理念和模式也在不断地发展、创新。创办高校创新产业，使得高校的科学研究能满足社会经济发展对新技术的要求，使得大学能与社会经济发展需求更紧密地联系在一起。创新经济（也称知识经济）、体验经济、生态经济、绿色经济、循环经济、低碳经济在技术的支持下和合理的规划下，都可以形成新型的高科技产业，不仅可以为社会创造巨大的物质财富，而且能实现生态效益、经济效益和社会效益的相统一和最优化。高校在生态化科技素养的培养方面，主要有以下几个内容：

首先，研究、运用和普及生态化技术体系就是生态文化科技素养培养的一个重要方面。生态化技术体系："是指把社会生产力发展、人类经济活动纳入复合体的生态母系统中，遵循地球生态母系统运行的客观规律和基本法规，融现代生态学原理与技术、各行各业各个领域的科学技术与知识以及信息化技术于一体的社会技术体系。"[1]要在相关的学科融入生态化技术体系的教学和研究，要使未来社会的建设者和接班人接纳。生态化技术体系具有合理的技术结构、有效的技术平台，可以从内生力量促进人与自然、人与人、人与社会的和谐协调、共生共荣、共同发展。它是取得生态、经济、社会三大效益相统一与最大化共赢的高新技术体系[1]。例如其具有的三个层次的结构即横向技术、纵向技术和绿色管理理念与技术，就是要引导和发挥高校人才集中的特点，从而认真地去学习和运用。

2008 年北京举办奥运会，很多高校发挥了多学科交叉的优势，为绿色奥运理念的实现作了贡献。例如据《中国教育报》报道[2]，江苏大学研制开发的室外降温系统，给奥运沙排场看台上安装了 27 台喷雾机，喷出的水雾形成一个隔热层，能有效降温 6 ~ 8℃，局部地区降温达到 10℃。该降温系统，根据液雾蒸发吸热降温的原理，采用无污染、低能耗的环保型降温技术实现对夏季室外高温环境的调节，每小时耗水量不到 $1m^3$，就可大大改善观众座席区的高温环境；采用净水蒸发降温，没有任何温室气体和污染物的排放；新型低噪声的送风装置，对运动员和观众也不会造成噪声干扰等。

其次，生态科学基本知识和基本规律的普及也是一个重要内容。在高校非生态相关专业中普及生态科学基本知识和基本规律，可以为其他专业领域的学生在进行生态文明经济方面的相关学习和研究提供基本学科知识基础，为其在自身专业领域的研究过程中，清楚生态文明经济的基本原理和理论依据。生态科学基本常识和基本规律主要包括：①生态系统结构与功能统一规律，这是生态系统的基本规律。有助于大学生在进行经济发展研究中，自觉地保护生物多样性，自觉善待大自然的一切生命和环境。②生态系统物质循环、能量流动基本规律教育，有利于大学生清楚生态文明经济的基本原理，从而确立生态文明经济发展观。③生态平衡的基本规律教育，是确立人与自然共生共荣，和谐发展的基本要求，是确立生态文明经济哲学观、价值观和方法论的知识基础和思想基础[3]。目前，大学生中生态科学的基本常识和基本规律的教育并不普及，虽然许多高校已经开始关注此问题，在选修课中增添了有关课程，但是还不够普及。生态科学的基本常识和基本规律教育，是大学生将来自觉地按照社会协调发展的生态规律从事生态文明经济建设的基础。

2.3　产学研合作教育，为发展生态文明经济奠定实践基础

产学研合作教育是利用学校和社会两种教育环境，合理地安排理论课程学习和社会实践，以达到使学生更好地掌握知识、了解社会、培养能力、提高素质的目的[4]。它是高校在产学研建设过程中人才培养的一个重要内容。这种教育模式是由美国辛辛那提大学工程学院教务长赫尔曼·施奈德开创，他于1906年在辛辛那提大学推行了第一个合作教育计划。我国于20世纪80年代后期引进合作教育，1991年4月在上海成立全国产学研合作教育协会[5]。1997年教育部发出《关于开展产学研合作教育"九五"试点工作的通知》，确定"九五"期间在全国28所高校开展产学研合作教育的试点工作[4]。

目前由于国家连年扩招鼓励政策，大学生的数量急剧增加，高校教育也趋于普及。因此，高校的教育理念和目的都要有所转变，不管是职业技术类院校还是本科类院校都要注重培养学生的实践能力。产学研合

作教育与传统教育模式的根本区别在于它与经济社会紧密联系。[4]注重培养学生的实践能力。传统的生态文明教育模式重在理论和思想的教育，但在与社会经济发展实践方面特别是与企业的合作方面是比较薄弱的。加强生态文明经济思想意识教育、加强生态文明经济支撑技术研究的最终目的还是为了生态文明经济的实践。高校常常因为没有足够的资金和条件，不能对自己的研究技术成果进行大规模的实践转化，企业在这些方面是比较有条件的，而企业在自身的技术研究上则需要高校的支持。因此高校与企业间的合作是完全可行和可能的。

高校产学研合作教育可以实现三方面的结合：一是高校对学生在生态文明经济知识、理论、模式、理念上的教育，这是实现生态文明经济实践的理论、思想基础；二是高校加强生态文明经济支撑技术的研究，这是实现生态文明经济实践的技术基础；三是高校与企业间形成持续、互惠的合作关系，这是实现大学生实践生态文明经济实践的机会基础。只有实现这三方面的有机结合，才能实现产学研合作教育的目的，才能为生态文明经济奠定实践基础。

我国高校在产学研合作教育建设方面，有很多好的案例。据《福建日报》报道[6]，在本届“6.18”海交会上，福建省高校(厦门大学、福州大学、福建师范大学)将在新能源和节能技术、环保技术等领域，与相关企业签订一系列重点绿色环保项目，助海西绿色发展。

2.4 分析大学生的消费心理，为大学生生态文明经济行为养成奠定理论基础

消费问题在本书的第三章已有提过，相关内容就不多加重复。大学生的过度消费行为，是不符合生态文明对经济行为的要求，是有碍生态文明经济行为的塑造，大学生作为社会的一个重要群体他们的行为对整个社会的影响是不可小觑的。因为大学生所接受的教育经历和所处的校园环境，使得他们成为社会上一个比较特殊的消费群体，产生了与其他消费者不同的消费需求，具有比较特殊的消费心理，表现为不同的消费行为。因此我们在这重点分析大学生的消费心理，它可以为大学生生态文明经济行为的养成提供理论思路。

一般来看，大学生的不合理消费行为在于以下几种心理：一是攀比

心理。受西方消费文化的影响，人们喜欢以一个人的消费水平作为评价其能力的标准。这种标准或许适用于已经有稳定收入、有一定社会地位的人，但对于大学生来说，这绝对不是值得借鉴的所谓“标准”，这种攀比增加了同学之间不和谐因素。消费物质化的攀比反映了竞争中存在的盲目性、偏激性和低级性。二是虚荣心理。有的在学习、工作或文体比赛活动中落后了，在某种虚荣心理和寻找平衡的心理的驱使下，转而开始从文体活动、学习生活用品、衣着打扮方面下工夫，想在这些方面展示、炫耀，以求心理平衡。三是放任心理。相当一部分学生不知每学期要花或花了多少钱，也从未思考一下钱是怎样花的，反正没钱就向家里要。另一表现则是有钱就大手大脚地花，一口气挥霍几个月的生活费的并不鲜见，这种消费上的盲目性表现出大学生消费上的放任心理。

针对大学生不健康的消费心理而导致的不生态文明的消费行为，高校应该具体问题具体分析，采取措施。首先，高校应该利用教育的主渠道，把这项教育纳入学校德育建设之中，使“以艰苦朴素为荣，以骄奢淫逸为耻”的社会主义荣辱观作为新时期主导生态文明消费观的核心内容进校园、进课堂、进课本，深入到每个学生的心田。其次，高校应该教化大学生，使他们清楚生态文明消费是着眼于人们在消费的全过程中节约资源、尊重自然、减少废弃物生产量，并要求将废弃物最大限度地资源化。再次，高校要大力宣传符合生态文明经济的消费模式：绿色消费、循环消费、低碳消费。为塑造符合生态文明经济的行为，大学生在日常消费过程中应该克服个人需求为主想法，而更多地确立“生态整体”的观念，争取在满足自身基本需要的同时，还要考虑实现生态效益、经济效益和社会效益的相统一和最优化的要求。对整个社会生态文明经济行为的塑造，尽到社会成员应尽的责任。

3 高校生态文明教育的载体——绿色高校

为深化和落实高校生态文明教育，20 世纪 90 年代以来以生态文明理念为指导的“绿色高校”运动在我国方兴未艾，创建“绿色高校”已成为 21 世纪发展的必然趋势。“绿色高校”活动是高校生态文明教育的一个重要的载体，它能检验高校在生态文明的教育，鼓励和促进高校进一步的建设。“绿色高校”是一项大的、综合的校园建设，而高校生态文明教育是“绿色高校”创建的一个重要内容。促进“绿色高校”的创建是对高校生态文明教育的落实，也有益于生态文明经济的发展。

3.1 “绿色高校”的内涵及其特点

从1998年5月20日，国家环境保护总局批准清华大学“创建绿色大学示范工程”的项目报告开始，我国创建绿色大学已有十几年的历程。“绿色高校”是我国“科教兴国”战略和“可持续发展”基本战略的具体体现。它是指学校在实现其基本教育功能的基础上，以可持续发展理论为导向，在日常工作中将可持续发展思想全面纳入管理中，通过制订环境管理制度，开展有效的环境教育活动，创设环境保护的文化氛围，促进师生、家长和专家参与环保和可持续发展的实际行动，全面提高师生的环境素养，共同为社会的可持续发展做出贡献。它不仅成为学校实施素质教育的重要载体，而且也逐渐成为新形势下环境教育的一种有效方式[7]。绿色教育思想不是现代才开始出现的，古而有之，最早见诸与儒家的和合思想。

绿色高校的特点包括和谐的人际关系、和谐的校园环境及和谐的管理环境三个方面。和谐校园的人际关系就是要善于化解矛盾、调解冲突、统筹差异，使学校教职工、学生及各群体之间既能齐心合力做事，又能有自己的独立见解，在和谐中实现共同的发展，在不同中相互吸收对方的长处。和谐校园环境主要指校园布局合理，格调高雅，绿化、美化、净化、亮化，人与自然和谐相处，既有大楼又有大师，师生舒心惬意，和谐氛围浓厚。这种和谐的环境特征，会使高校具有极强的发展生命力。和谐的管理环境指学校依法治校，民主决策，内部的各部门管理制度健全，管理规范，教学、管理、服务工作井然有序。以学生为本，做到教书育人、管理育人、服务育人。

3.2 国内外“绿色高校”建设实践

3.2.1 国内“绿色高校”建设实践

1999年，中共中央宣传部、国家环境保护总局和教育部联合颁布的《2001～2005年全国环境教育宣传教育纲要》中明确指出要“在全国高校中逐渐开展创建绿色大学活动”。以哈尔滨工业大学等为代表的一批大学，率先开展了各具特色的创建活动，成为全国高校创建活动的示范。2003～2004 年间，广西、陕西、云南、福建等省的高校中普遍开展了创建“绿色大学”的评选活动。一批学者或撰文、著书，对绿色大学概念、创建的内容、途径方法、评价指标体系进行了探讨、研究，创建“绿色高校”的实践与研究取得了明显的成效。

以清华大学为例，清华大学十几年前就把创建绿色学校作为争创世界一流大学的重要举措，在进行绿色科研中，鼓励教师所从事的研究工作跟环境问题、资源问题，跟气候变化问题相联系，2008 年成立了低碳能源实验室和低碳经济研究院，他们的科研人员合力协调共同攻关，研究解决人类共同关注的问题，为社会经济发展作贡献。他们首创的“绿色教育、绿色科研、绿色校园”已使全校师生生态文明的意识得到了极大的增强，校园环境得到极大的改善，校园 800 多个树种形成良好的生态环境，并十分重视新能源、建筑节能等方面研究和成果运用，在奥运期间，学校 100 辆节能汽车就使用自行研究的燃料电池作新能源上路。

2008 年，教育部专门组织“985 工程”重点建设高校，首次就建设可持续发展校园开展专题研讨，提出要围绕建设节约型、可持续发展的大学校园，创新大学人才培养、科学研究和校园管理体系。高校在“绿色高校”创建方面开展了很多成功的实践活动。这里以中国林业大学为例，简单介绍。近期，据《中国教育报》报道[8]，北京林业大学在实践科学发展观的“引领生态文明，建设高水平林业大学”活动中，积极发挥国家生态文明教育基地的示范作用，组织推进“绿色校园与生态文明”系列活动。在学习实践活动中，学校积极响应全国绿化委员会、教育部、国家林业局“弘扬生态文明，共建绿色校园”活动的要求，集中智力资源，启动了“绿色校园与生态文明”大型系列活动。

3.2.2　国外“绿色高校”建设实践

2002 年，联合国在约翰内斯堡召开了可持续发展峰会，会议在总结十年来可持续发展教育经验和教训的基础上，重申了教育是实现可持续发展的关键因素，并宣布 2005～2014 年为世界可持续发展教育十年[9]。通过绿色大学建设，实现绿色人才培养，促进高校自身的可持续发展，是全球环境保护与可持续发展对高等教育提出的新要求。当今，许多国家、地区的知名大学都在积极创建绿色大学。

美国的绿色大学建设很有代表性，2008 年 5 月初，美国《福布斯》杂志发表的布莱恩 · 文费尔德（Brian Wingfield）的文章《美国最绿色的大学》，提出了美国 10 所最绿色的大学名单。哈佛大学、纽约大学、加州大学圣克鲁斯分校、佛蒙特大学、华盛顿大学、宾夕法尼亚大学、米德伯里学院、达特茅斯学院、大西洋学院、卡尔顿学院等榜上有名。这些学校可以说是美国"绿色大学"的代表，做法也是各具特色：如哈佛大学设立了"绿色校园行动计划"（Green Campus Initiative），致力于自行推进减少温室气体排放的方针和环保计划；华盛顿大学提出的从 1990～2012 年间减少 7% 的温室气体排放目标，100% 的电力都来自可持续资源，还要求所有由州政府拨款新建的建筑，都要得到环境认可；佛蒙特大学 6 年来所有校车均用生态柴油作燃料；诸如等等，美国有 400 所高校的校长共同签署了一份协议，要保证所在校达到"碳平衡"[10]。这些报道可使我们对美国高校建设绿色大学的状况有所了解。

其他国家也开展名称不一的绿色学校创建活动，如英国的高校积极地提高环境行为和意识，在课程、管理上下工夫；新西兰政府将环境教育纳入到国家课程中，并指出环境教育是实现新西兰可持续发展不可缺少的重要环节[11]；澳大利亚是世界上环境教育发展较早且实践较有特色的国家之一，在 20 世纪 90 年代就确立了走可持续发展环境教育的基本方向[12]。

3.3 加强"绿色高校"建设对策

3.3.1 绿色大学创建活动评价体系及评估指标的改进

评估是对一项工作进行全面科学评价和促进的重要手段，要提升绿色大学创建的水平，改进评估工作也是重要的一个方面，应该构建更加科学的评估体系、方式，科学设置创建评估指标以衡量创建的水平、状况。

3.3.1.1 发挥创建评估体系引领作用

"评价绿色大学的核心过程是广泛收集被评价大学的信息，参照可行标准对学校符合绿色大学的程度进行价值判断，并找出今后努力的方向。”[13]目前有关绿色大学的评估体系，一是学者的研究，早在2000年，绿色大学的初创阶段，就有一些专家提出了创建绿色大学的各项指标体系，如张远增认为：“绿色大学的指标可分解为：可持续发展的办学理念、绿色大学教育内容，绿色科研、绿色实践过程、绿色校园建设，以及绿色大学对社会可持续发展的促进力等一级指标。”[14]就是其代表。学者们在构建评估体系中大多强调了可持续发展的理念，以区别传统的办学理念。二是实际评估的体系，比较各省，在各地政府部门具体运作的绿色大学的评估体系中，大多把“组织管理、环境宣传、环境实践、校园环境建设、环境教育”等方面作为一级指标，各省各校做法不一，有省政府的相关部门统一下发评价大中小学通用的绿色学校的指标体系，也有专门针对大学的；有教育部门与环保部门联合下发，也有教育部门单独制定的。主要区别是各项指标的权重、提法的略有差异。这些学者的绿色大学的评估理论和政府部门的评估指标对各高校的创建活动无疑具有极强的引领和促进，在提升创建水平的实践中，应进一步分析学者的研究和政府的操作指标的科学性和可行性，加以整合、修订，使之更加符合创建实际，推动提升创建水平，使高校的办学理念、发展规划、培养人才等方面都体现出绿色的理念和绿色的精神。

3.3.1.2 科学设置创建评估指标

在评价绿色大学创建的成效时，必然要体现追求者的价值目标，因而科学地设置评价指标要素是评价体系重要的环节。就目前各地的评价指标体系看，比较多地突出了环境的指标元素，这无疑体现了对绿色大学初创成果。就十年的创建的实际情况看，各校校园绿化的效果最为明显，许多新建的校区、大学城在规划时就非常注意绿化工作。但是在绿色的其他要素如节约资源、节能减排等方面，效果并不理想。因此，提升绿色大学创建水平，还应注重突出节约资源、节能减排、生态文明经济消费行为、生态文明经济方面技术的创新与教育、大学生全面发展素质（特别是社会实践）等指标，将运用生态文明经济技术，加强绿色技术创新的措施和实际效果分解量化，形成可考查测定的指标，克服目前存在的二级指标测定的方式上，主要是以定性为主，定量的比较少，评估的方式大多提“提供文件”、“提供材料”、“现场查看”、“影像资料”等，主观描述性的多，定量指标较少的状况。还要注重保障性指标的设定，在使期望和理想状态的绿色大学变成现实的过程中也必须有思想、组织、政策、资金等的支撑和保证。

3.3.2 注重促进大学生和校园的全面发展，构筑共同的美好校园

生态文明观认为，人的全面发展应当包括以下几个方面：一是人的需要的全面发展；二是人与自然、人与人、人与社会关系的全面发展；三是人的自身可持续发展能力的全面发展[15]。根据生态文明观的原理，人的发展必须是一种和谐协调的发展。根据上面的三点，培养大学生的全面发展要相应地做到以下三个方面：首先，满足大学生接收专业领域科学文化知识的需要。第二，注重大学生生态文明意识的培养，培养学生公平正义平等的生态价值观、生态文明经济的消费观、和谐宽容的精神，为大学生在处理人与自然、人与人、人与社会关系上把持好方向、提供了思路。最后，大学生自身可持续发展的能力的培养，需要大学生在努力做好上面两点的基础上，结合自身的未来发展需要，不断地自我充实，能根据社会、经济、自然发展的需求提升自己，使自己成为适应社会、为社会需要的人才，并通过自身的力量影响其他社会成员。

学校的全面发展主要包括硬件与软件两方面。硬件环境是绿色高校校园的外在条件，包括教学设施、后勤服务设施、文化体育娱乐设施、校园绿化带等，是校园环境的物质基础。如学生公寓的管理、学生餐厅的建设、维修和管理，都要以有利于学生的身心健康发展为目标，运用生态链的原理，整合优化教育资源配置，降低教育成本，提高办学效益。软件环境是绿色高校校园的内在条件，包括办学指导理念、师资队伍、教学管理、校风学风等，是校园的精神支撑。与硬件环境相比，软件环境是主要表现为教育教学理念和校园文化，是更内在的东西。绿色高校的软件环境主要表现为充满生态文明意识氛围的和谐校园文化。学校不仅要加强硬件环境建设，更要注重软件环境的建设，为全校师生构筑共同的美好校园。

3.3.3 以人为本，实施和谐管理

坚持以人为本是实现和谐管理的思想基础。在管理中要处处体现对学生、教师、管理人员的人文关怀。第一，在管理过程中，倡导“换位思考”。孔子曰：“己所不欲，勿施于人”，“我不欲人之加诸我也，吾亦欲无加诸人”，通过换位思考，体现管理过程中的人性化。第二，在

制度建设中淡化行政权力，突出学术权力和民主权力，为人才脱颖而出创造条件，为广大教师热心工作、学生努力学习创造制度环境，进而形成具有大学精神的大学制度文化。提倡学术上的自由研讨、自由交流和学术争鸣。第三，建立完善的校务公开机制、民主决策机制、工作激励机制、人事聘任机制、干部约束机制、学生信息反馈机制等，实行管理过程的民主化。第四，科学管理与人文精神的统一。优化管理模式，追求人文关怀做到情感与规范的统一，尊重人、爱护人、理解人、关心人，以方便、体贴、适合人的需要角度思考高校管理。

总而言之，高校作为人才与科技的重要宝库，应积极遵循生态文明自身的规律，寻求生态文明教育的有效途径，促进生态文明的进步，引领生态文明经济在整个社会的迅速发展。当然，这是关乎自然—人—社会复合生态系统的可持续发展，是长期、持久的事业，不是一蹴而就的临时性任务，需要持之以恒不断地提升水平，向前推进。对此，高校仍然是任重道远。

参考文献

[1]廖福霖．生态生产力导论[M]．北京：中国林业出版社，2007，8(1)：74.

[2]高鸣，张明平．科技奥运看高校：喷雾机为沙排场解渴，能降6~8度(N)．中国教育报，2008-8-10(1).

[3]廖福霖．生态文明建设理论与实践[M]．北京：中国林业出版社，2003，3(3)：324-325.

[4]钟秉林．深入开展产学研合作教育培养具有创新精神和实践能力的高素质人才[J]．中国高等教育，2000，(21)：7、15~16.

[5]http：//baike. baidu. com/view/1319202. htm？ fr = ala0_ 1

[6]余潇．我省高校牵手绿色环保项目(N)．福建日报，2010-6-17(1).

[7]http：//baike. baidu. com/view/49168. htm

[8]铁铮，赵海燕，田阳．北京林业大学引领生态文明建设(N)．中国教育报，2009-7-10(1).

[9]祝怀新，李玉静．可持续学校：澳大利亚环境教育的新发展[J]．外国教育研究，2006，(2)：65.

[10]郭英剑．美国“最绿色”的十所大学[EB/OL]．[2008-06-10]. http：//www. sciencenet. cn/html/shownews. aspx？ id = 207671.

[11]翟俊卿，吴瑛．新西兰环境教育的特征及启示[J]．当代亚太，2006，

(4)：60.
[12]祝怀新，李玉静．可持续学校：澳大利亚环境教育的新发展[J]．外国教育研究，2006，(2)；65.
[13]张远增．绿色大学评价[J]．教育发展研究，2000，5：19.
[14]张远增．绿色大学评价[J]．教育发展研究，2000，5：17.
[15]廖福霖．创建绿色大学，实施全面发展教育[J]．福建农林大学学报(哲学社会科学版)，2004，(1)：11.

资料链接

科技奥运看高校：喷雾机为沙排场解渴　能降6~8度

【中国教育报2008年8月10号】8月9日至22日，北京奥运会沙滩排球比赛在北京朝阳公园沙滩排球场举行。天气炎热，有什么高招使高温天气不至于影响观众观看的热情？江苏大学研制开发的室外降温系统，给奥运沙排场看台上安装了27台喷雾机，喷出的水雾形成一个隔热层，能有效降温6~8度，局部地区降温达到10度。

江苏大学开发的降温系统，根据液雾蒸发吸热降温的原理，采用无污染、低能耗的环保型降温技术实现对夏季室外高温环境的调节。其核心部件是27台喷雾机，利用低压旋流超细雾化技术，以多喷头组合的方式产生大量微米级水雾。净水通过雾化装置以雾状分布在高温气体环境中，与空气的接触面积增加，蒸发吸热迅速。

江苏大学能源与动力工程学院副院长王军锋博士介绍，该系统是多种新技术创新集成和优化设计的结果，解决了细水雾、远距离、大面积覆盖的问题，达到了有效降温的效果，相比国外的高压雾化系统，具有能耗低、安全性高、易维护的特点。同时，它的设计和使用也体现了北京奥运的“绿色、科技、人文”的宗旨：每小时耗水量不到1m^3，可大大改善观众座席区的高温环境；采用净水蒸发降温，没有任何温室气体和污染物的排放；新型低噪声的送风装置，对运动员和观众也不会造成噪声干扰等。

另据了解，这一喷雾与流体传送相结合的技术，是由江苏大学科研工作者依托学科优势逐步开发成功的，并获得了多项国家专利。

多年来，该技术曾先后应用于长江三峡工程室外降温系统、非典期间的喷洒消毒车、新疆地区的灭蝗工程车等。

我省高校牵手绿色环保项目

【福建日报2010年6月17日】第八届6·18，福建省高校将在新能源和节能技术、环保技术等领域，签订一系列重点项目，助推海西绿色发展。

厦门大学将与国家核电技术有限公司签订合作协议。双方将在人才培养、技术研发、成果转化、福建省核电产业培养等方面展开战略合作。国家核电将支持厦大建设海西核能工程技术研究中心。

福州大学将和福建双嘉汽车发展有限公司联手开展年产30万t车用系列甲醇汽油及高级生物柴油项目合作。双方将采用新技术、减少能耗、降低成本、研发高品质新型车用甲醇汽油和生物柴油。项目投资额1.5亿元，预计年产值将达15亿元。

福建师范大学“福建省环境友好高分子材料工程技术研究中心”将联手哈尔滨工业大学“城市水资源与水环境”国家重点实验室，共建资源高质化联合研发中心，双方将在废水治理、改性塑料、生活垃圾资源等环境保护领域开展科研合作。这也是我省高校首次牵手国家重点实验室。

北京林业大学引领生态文明建设

【中国教育报2009年7月10日】北京林业大学积极发挥国家生态文明教育基地的示范作用，组织推进“绿色校园与生态文明”系列活动。在学习实践活动中，学校积极响应全国绿化委员会、教育部、国家林业局“弘扬生态文明，共建绿色校园”活动的要求，集中智力资源，启动了“绿色校园与生态文明”大型系列活动。

学校召开了“绿色校园与生态文明”专题研讨，为绿色校园建设提供专家咨询和建议；组织森林培育、园林绿化、生态文明、人文社会科学的专家加紧编辑《绿色校园建设读本》，为全国绿色校园建设提供理论依据和操作指南；充分发挥学校作为首批国家生态文明教育基地的示范作用，向全国大学生发出“弘扬生态文明，共建绿色校园”倡议。面向全国16个省市区的30余所高校青少年生态环保社团骨干开展生态文明专题培训，组织首都多所高校大学生开展青春志愿林种植和绿色咨询活动，举办“绿色播种”全国青少年生态环保项目创意创业大赛，发动大学生与京郊20个行政村建立“绿色北京”教育实验站，进行结对乡村，开展社会观察教育活动。

第十六章

生态文明建设评价指标体系

2007 年 10 月 15 日，胡锦涛总书记在党的十七大报告中强调："建设生态文明，基本形成节约能源资源和保护生态环境的产业结构、增长方式、消费模式；循环经济形成较大规模，可再生能源比重显著上升；主要污染物排放得到有效控制，生态环境质量明显改善；生态文明观念在全社会牢固树立"。这标志着我国要摒弃工业文明的弊端，走上自然—人—社会复合生态系统和谐协调、共生共荣，共同发展的生态文明道路。

建立生态文明评价指标体系是为生态文明建设目标服务的，一个科学合理、操作性强的评价体系对指导我国生态文明建设实践具有重要意义。

1　生态文明建设评价指标选取原则

生态文明评价指标体系要先从系统运行过程中提取具有标识性的、可量化的指标来构建。指标的筛选和体系的构建过程本身就是生态文明发展的一部分，指标体系的完善与否直接关系到生态文明发展的质量。

在现行的国家统计标准中有大量的指标可供参考，包含生态、经济、社会的各个方面，因此可以这么认为：并不是缺少各项指标而无法构建指标体系，相反的是，过多的指标让我们无所适从。应对不同的研究领域理应选择最适宜的指标，力求最恰当地反映问题与描述现状并预测未来趋势。但是指标的选择并非一件易事，由于受到很多因素的干扰，会对指标的筛选造成影响，总结起来具有两个方面的因素：

一是个人因素。一个人的教育状况、研究兴趣、利益趋向会对指标筛选造成潜在的主观性影响。往往会偏向自己所熟知的、所感兴趣的、所爱好的，甚至是为了达到预期结果而选取特定指标，以致影响指标筛选的科学性与客观性。

二是环境因素。学术环境、国家宏观政策环境、国际相关环境等会对指标筛选造成显在的客观性影响。例如当前热门的研究领域——低碳经济，其有关低碳的指标正成为目前生态文明研究的重要参照，并将纳入到生态文明评价指标体系中，如：CO_2 排放总量、人均 CO_2 排放量、碳排放强度、碳排放指数等。

因此，在个人与环境因素的掺和影响下，与真实的情况相比，指标筛选与指标体系的构建将会产生一定程度的偏移，最终会产生两种效应：一是正面效应(positive effects)，即此类筛选有益于指标体系的构建，如前段提到的低碳经济的指标；二是负面效应(negative effects)，即此类筛选有害于指标体系的构建。为了发扬正面效应以及克服负面效应，我们采取国际通用的指标规范(indicator criterion)严格筛选有意义的指标，剔除无关紧要、甚至是消极意义的指标。

在指标选取过程中，应当遵循以下标准：

1.1 科学性与客观性

要选择那些客观存在，易于感知和量算的内容，能够客观反映出生态文明发展的真实状况，切实体现生态文明发展质量优劣的指标。

1.2 典型性与代表性

任何指标的选取必须具有代表性，能集中反映生态文明的本质问题，同时有助于减少指标的数量。并不要求构建一个庞大臃肿的指标体系①，而是采取精简性的原则，让指标涵义通俗易懂，使得数学模型简便易行。

1.3 可操作性

过于繁多的指标使人无所适从。除了在定量测算的难度外，在优化

① 注：一般而言，同类问题的指标越多就意味着指标之间的信息冗余越多，本文选用的模型采用降维技术(reducing dimensions)也是旨在尽可能的消除冗余，抽取(extracting)关键信息的含量。

措施的制定中也困难重重，指标也就失去了应有的作用。当然也要避免以偏概全的过于简单的指标体系。

2 指标体系构建

根据以上标准，参考同类型指标体系，结合相关领域专家意见与建议，选择了以下 56 个指标构成生态文明发展评价指标体系(表 16-1)。

表 16-1 中国生态文明建设评价指标体系

子系统层	约束层	变量层
自然本底	资源支撑	人均土地资源量(hm^2 / 人)
		人均森林资源量(hm^2 / 人)
		人均水资源量(m^3 / 人)
		湿地面积占国土面积比重(%)
		人均确权海域面积(平方米/ 人)
		人均主要矿产能源基础储量(t/ 人)、(km/ 人)
	环境质量	人均生态用水(m^3 / 人)
		人均公共绿地(m^2 / 人)
		森林覆盖率(%)
		实际执行“三同时”项目占比(%)
		城市用水普及率(%)
		自然保护区占辖区面积比重(%)
生态文明生产	绿色经济与生态化技术	绿色研发费用占总费用的比例(%)
		绿色专利授权数(项)
		绿色科技机构经费(万元)
		发展绿色经济的企业占企业总量的比例(%)
		绿色产品营业收入(万元)
		绿色技术服务从业人口比例(%)

（续）

子系统层	约束层	变量层
生态文明生产	低碳经济与循环经济发展	CO_2 排放强度（万 t/亿元）
		每万元 GDP 二氧化硫排放量（t/万元）
		每万元 GDP 烟尘排放量（t/万元）
		工业固体废物综合利用率（万 t）
		“三废”综合利用产品产值（万元）
		每万元 GDP 工业废水排放总量（t/万元）
		工业废水排放达标率（%）
	经济发展效率	生态文明经济结构优化度
		高新技术产业对外开放依存度
		技术创新对经济发展的贡献率（%）
		万元 GDP 能耗（t/万元）
		战略性新兴产业占比（%）
		高新技术产业增值能力（%）
生态文明消费	收入水平	收入均衡度
		绿色技术性收入（元）
		绿色销售收入（元）
		绿色收入整体水平（元）
	消费内容与方式	消费均衡度
		人均绿色食品消费比例（%）
		能源消费中可再生能源的比例（%）
		健康消费支出比例（%）
		城镇居民绿色通勤比例（%）
生态文明社会形成机制	政府管理机制	地方政府污染治理力度
		政府高新技术产业支持度
		生态消费宣传力度
		知识产权保护力度

（续）

子系统层	约束层	变量层
	资金投入机制	科研与技术服务业资金投入比例（%）
		生态环境与公共服务资金投入比例（%）
		卫生教育资金投入比例（%）
		环保专项资金投入比例（%）
生态文明社会形成机制	公共服务业设施保障机制	城镇居民健康度
		城镇居民信息通畅度
		城镇教育发达度
		城镇基础设施建设优化度
	社会稳定机制	社会公平度
		社会进步度
		社会协调度
		社会保障度

3 生态文明评价模型构建

生态文明研究的视野涵盖生态、经济、社会，涉及多学科的知识，因此用单一学科的评价方法已不能满足生态文明多方位评价的要求，因此必须采用跨学科的评价方法。目前国内外已经有很多关于可持续发展等评价模型，这在第六节中具体阐述。对于不同的评价模型有各自的优势与缺陷。目前尚不存在一个能将诸多变量准确无误地描述统计的评价模型。由于不同的评价模型都是基于各自的概念框架得出的，因此在生态文明理论的概念框架内我们总结出了以下评价模型（图 16-1）。生态文明生产、生态文明消费与生态文明社会形成机制均是建立并运行在自然本底基础上的，它们之间互相影响。其中，自然本底与生态文明生产之间的影响程度均很大，对生态文明消费和生态文明社会形成机制的影响较弱，但是能接受更大的反馈。生态文明生产与生态文明消费之间存在很强的反馈，生态文明社会形成机制同时也受到它们的强烈影响。

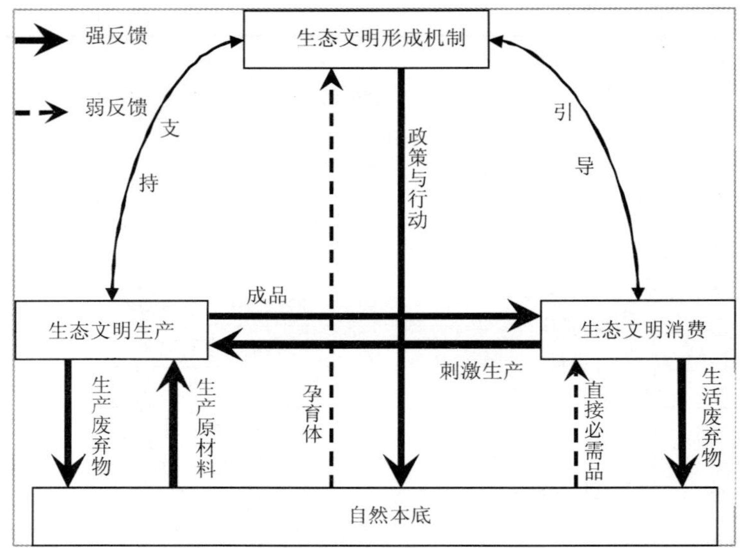

图 16-1　生态文明系统层概念框架图

因此我们采用多指标综合评价方法，依据生态文明系统的结构特性逐层逐级地分析指标，运用客观方法给不同指标内涵的属性赋予不同的权重。在综合考虑多种分析方法的基础上选用了因子分析法作为生态文明评价模型(图 16-2)。

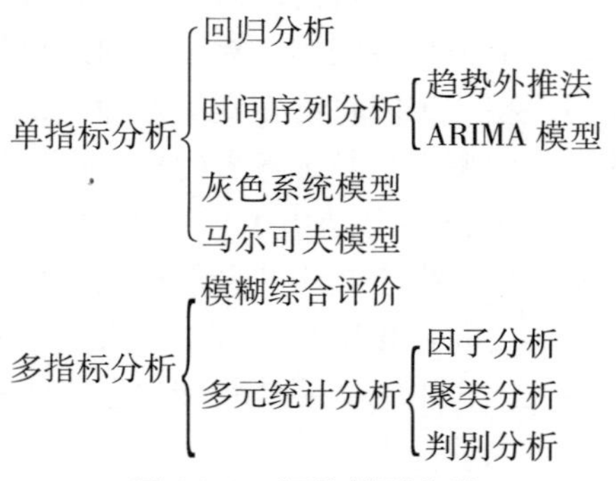

图 16- 2　评价模型分类

首先进行指标数据的标准化，采用 Z－Score，其计算公式：

$$Z_i = \frac{x_i - \bar{x}}{S}$$

其中，$\bar{x} = \frac{1}{n}\sum_{i=1}^{n} x_1$ 为样本数据的平均值；

$S = \sqrt{\frac{1}{n-1}\sum_{i=1}^{n}(x_i - \bar{x})^2}$ 为样本数据的标准偏差。

一些取值越高，贡献越低的指标，即负向指标，将计算式中的分子分母倒置。我们采用 SPSS. 10 软件对数据进行降维处理，求得主成分矩阵和特征根以及方差贡献，根据碎石图（scree plot）和累积方差贡献恰当地选择主成分。将所得的特征向量乘以标准化数据，再与方差贡献率相乘得到最终评价值，也即各子系统的得分分差。在结合专家打分的基础上，我们分别赋予自然本底子系统 0.2 的权重；生态文明生产 0.3 的权重；生态文明消费 0.3 的权重；生态文明社会形成机制 0.2 的权重。因此计算出生态文明建设综合评价得分。

$$X = w_i \sum_{i=1}^{n} x_1$$

式中：w——权重系数；

x——子系统层的得分；

X——综合得分。

因子模型的特点是：①可以消除指标之间的冗余信息，使指标表现出独立性；②根据方差贡献率选择方差较大的因子，可以减少工作量，又能保证关键信息的完整性；③模型成熟典型，在社会科学领域得到广泛的应用；④操作简便易行，有专用软件可供分析。

4 中国生态文明发展评价过程

在对 56 个指标进行运算后得出中国各省份的得分分差表，见表 16-2 至表 16-6。（注：为显示简便，表格中的数据均取小数点后 2 位，实际参与运算的是小数点后 15 位。）

表 16-2 中国各省份

省份	资源支撑					
	人均土地资源量	人均森林资源量	人均水资源量	湿地面积占国土面积比重	人均确权海域面积	人均主要矿产能源基础储量
北京	-0.06	-0.06	-0.04	-0.04	-0.03	-0.06
天津	-0.06	-0.06	-0.04	0.06	0.00	-0.04
河北	-0.06	-0.06	-0.04	-0.01	0.00	0.04
山西	-0.05	-0.05	-0.04	-0.03	-0.03	0.11
内蒙古	0.06	0.11	-0.04	-0.03	-0.03	0.27
辽宁	-0.06	-0.04	-0.04	0.01	0.18	0.19
吉林	-0.05	-0.01	-0.04	-0.00	-0.03	-0.00
黑龙江	-0.04	0.03	-0.04	0.02	-0.03	0.09
上海	-0.07	-0.07	-0.04	0.36	-0.03	-0.08
江苏	-0.06	-0.06	-0.04	0.07	0.10	-0.08
浙江	-0.06	-0.04	-0.03	0.01	0.13	-0.08
安徽	-0.06	-0.06	-0.04	-0.02	-0.03	-0.06
福建	-0.06	-0.02	-0.02	-0.03	0.06	-0.07
江西	-0.06	-0.02	-0.03	-0.01	-0.03	-0.08
山东	-0.06	-0.06	-0.04	0.04	0.06	-0.03
河南	-0.06	-0.06	-0.04	-0.02	-0.03	-0.07
湖北	-0.06	-0.05	-0.03	-0.01	-0.03	-0.07
湖南	-0.06	-0.04	-0.03	-0.01	-0.03	-0.08
广东	-0.06	-0.05	-0.03	0.01	0.01	-0.08
广西	-0.05	-0.02	-0.03	-0.03	-0.01	-0.08
海南	-0.06	-0.03	-0.02	0.02	0.00	-0.08
重庆	-0.06	-0.05	-0.03	-0.05	-0.03	-0.06
四川	-0.05	-0.03	-0.03	-0.04	-0.03	0.01
贵州	-0.05	-0.04	-0.03	-0.05	-0.03	-0.06
云南	-0.04	0.01	-0.01	-0.05	-0.03	-0.06
西藏	1.03	0.95	0.94	-0.02	-0.03	-0.07
陕西	-0.05	-0.03	-0.04	-0.04	-0.03	0.13
甘肃	-0.03	-0.04	-0.04	-0.03	-0.03	0.00
青海	0.27	0.05	0.03	-0.01	-0.03	0.15
宁夏	-0.04	-0.05	-0.04	-0.02	-0.03	-0.03
新疆	0.14	-0.02	-0.02	-0.05	-0.03	0.32

自然本底得分分差表

环境质量						自然本底
人均生态用水	人均公共绿地	森林覆盖率	实际执行“三同时”项目占比	城市用水普及率	自然保护区占辖区面积比重	
0.03	0.00	0.04	0.00	-0.10	-0.06	-0.37
-0.03	-0.01	0.15	-0.05	-0.10	0.11	-0.07
-0.03	0.00	0.07	-0.04	-0.05	-0.19	-0.36
-0.04	-0.01	0.11	-0.06	-0.03	-0.08	-0.21
0.08	0.01	0.07	-0.05	0.03	0.04	0.54
-0.02	0.00	-0.06	-0.05	-0.05	0.01	0.07
-0.01	0.00	-0.10	-0.05	0.03	0.06	-0.21
-0.04	0.00	-0.11	-0.05	0.04	0.08	-0.04
-0.02	-0.01	0.20	-0.05	-0.10	0.12	0.21
0.05	0.03	0.16	0.11	0.02	-0.11	0.19
0.07	0.00	-0.24	0.06	0.10	-0.20	-0.30
-0.03	0.00	0.02	-0.02	-0.03	-0.16	-0.48
-0.03	0.00	-0.31	0.02	0.05	-0.19	-0.60
-0.03	0.00	-0.25	0.01	-0.04	-0.11	-0.64
-0.03	0.03	0.11	0.01	-0.08	-0.09	-0.16
-0.02	0.00	0.09	0.07	-0.01	-0.15	-0.30
-0.05	0.00	-0.01	-0.01	-0.04	-0.13	-0.48
-0.02	-0.01	-0.12	-0.02	-0.04	-0.13	-0.58
-0.02	0.00	-0.17	0.26	0.06	-0.14	-0.22
0.01	0.00	-0.13	-0.04	0.04	-0.12	-0.47
-0.04	0.01	-0.19	-0.04	0.03	-0.13	-0.52
-0.04	-0.01	0.03	-0.05	0.03	0.02	-0.29
-0.04	0.00	-0.03	-0.04	0.03	0.22	-0.02
-0.04	-0.02	0.02	-0.03	0.01	-0.12	-0.45
-0.03	-0.01	-0.12	0.02	0.07	0.02	-0.24
-0.03	-0.01	0.13	0.33	0.25	0.64	4.12
-0.04	0.00	-0.05	-0.05	0.00	-0.13	-0.34
0.01	-0.01	0.17	-0.01	-0.02	0.31	0.26
-0.03	0.00	0.19	-0.05	-0.04	0.54	1.07
0.03	0.01	0.17	-0.05	0.01	-0.01	-0.06
0.41	0.00	0.20	-0.04	-0.04	0.09	0.98

表 16-3　中国各省份生态

省份	绿色经济与生态化技术			
	绿色研发费用占总费用的比例	绿色专利授权数	绿色科技机构经费	发展生态文明新经济形态的企业占企业总量的比例
北京	0.11	0.02	0.00	0.34
天津	0.02	-0.02	0.00	0.26
河北	0.06	-0.02	-0.02	-0.13
山西	-0.12	-0.03	-0.02	-0.14
内蒙古	0.03	-0.03	-0.02	-0.13
辽宁	0.08	-0.01	-0.01	-0.07
吉林	0.00	-0.01	-0.02	0.04
黑龙江	0.12	-0.02	-0.02	-0.08
上海	0.09	0.03	0.02	0.23
江苏	0.01	0.05	0.04	0.24
浙江	0.07	0.03	0.03	-0.03
安徽	-0.08	-0.02	-0.02	-0.04
福建	0.01	0.02	0.00	-0.02
江西	0.11	-0.02	-0.01	0.00
山东	0.04	0.01	0.03	-0.08
河南	-0.01	-0.02	-0.02	-0.10
湖北	0.04	0.00	-0.01	-0.01
湖南	0.02	-0.02	-0.02	-0.09
广东	0.09	0.31	0.27	0.31
广西	-0.10	-0.02	-0.02	-0.07
海南	-0.18	-0.02	-0.02	-0.05
重庆	-0.02	0.00	-0.02	-0.02
四川	0.01	-0.01	0.01	0.05
贵州	-0.06	-0.02	-0.02	0.22
云南	-0.03	-0.01	-0.02	-0.14
西藏	-0.07	-0.03	-0.02	-0.24
陕西	0.09	-0.02	-0.01	0.20
甘肃	-0.03	-0.03	-0.02	-0.02
青海	-0.11	-0.03	-0.02	-0.07
宁夏	-0.07	-0.03	-0.02	-0.15
新疆	-0.12	-0.03	-0.02	-0.21

文明生产得分分差比较表(一)

		循环经济与低碳经济发展			
绿色产品营业收入	绿色技术服务从业人口比例	CO_2排放强度	每万元 GDP 二氧化硫排放量	每万元 GDP 烟尘排放量	工业固体废物综合利用率
0. 04	0. 20	0. 43	-0. 01	0. 59	0. 06
0. 20	0. 13	0. 05	-0. 01	0. 01	0. 13
0. 13	-0. 08	-0. 11	-0. 01	-0. 07	-0. 01
-0. 08	-0. 11	-0. 20	-0. 01	-0. 10	-0. 06
-0. 11	-0. 13	-0. 16	-0. 02	-0. 10	-0. 03
-0. 13	0. 03	-0. 09	0. 01	-0. 08	-0. 09
0. 03	-0. 09	-0. 06	0. 01	-0. 09	0. 01
-0. 09	-0. 04	-0. 06	-0. 03	-0. 09	0. 03
-0. 04	0. 28	0. 23	-0. 01	0. 36	0. 11
0. 28	0. 21	0. 10	-0. 01	0. 00	0. 13
0. 21	0. 18	0. 15	-0. 01	0. 06	0. 10
0. 18	-0. 09	-0. 03	-0. 01	-0. 07	0. 06
-0. 09	0. 04	0. 18	-0. 01	0. 06	0. 02
0. 04	-0. 02	0. 04	-0. 03	-0. 07	-0. 10
-0. 02	-0. 05	-0. 03	0. 00	0. 00	0. 12
-0. 05	-0. 07	-0. 05	-0. 02	-0. 08	0. 01
-0. 07	-0. 01	-0. 01	-0. 01	-0. 05	0. 05
-0. 01	-0. 09	0. 00	-0. 02	-0. 08	0. 04
-0. 09	0. 46	0. 34	-0. 01	0. 06	0. 09
0. 46	-0. 11	0. 10	0. 06	-0. 09	0. 02
-0. 11	-0. 13	0. 09	-0. 01	0. 09	0. 09
-0. 13	-0. 03	0. 05	0. 02	-0. 06	0. 05
-0. 03	0. 04	0. 06	-0. 03	-0. 07	-0. 05
0. 04	0. 00	-0. 17	0. 00	-0. 09	-0. 10
0. 00	-0. 13	-0. 09	-0. 03	-0. 07	-0. 08
-0. 13	-0. 13	-0. 26	0. 00	0. 42	-0. 23
-0. 13	0. 19	-0. 07	0. 04	-0. 08	-0. 08
0. 19	-0. 11	-0. 11	0. 02	-0. 07	-0. 10
-0. 11	-0. 13	-0. 05	0. 04	-0. 09	-0. 13
-0. 13	-0. 09	-0. 19	0. 01	-0. 10	0. 00
-0. 09	-0. 13	-0. 09	0. 05	-0. 09	-0. 06

表 16-3　中国各省份生态

省份	循环经济与低碳经济发展				
	“三废”综合利用产品产值	每万元 GDP 工业废水排放总量	工业废水排放达标率	生态文明经济结构优化度	高新技术产业对外开放依存度
北京	0. 01	0. 59	0. 06	0. 79	0. 02
天津	0. 01	0. 05	0. 07	0. 23	0. 01
河北	-0. 01	-0. 04	0. 03	-0. 08	-0. 03
山西	0. 00	-0. 02	0. 01	-0. 01	-0. 03
内蒙古	0. 01	0. 05	-0. 06	-0. 09	-0. 03
辽宁	0. 00	-0. 04	0. 03	0. 02	-0. 02
吉林	0. 01	-0. 02	0. 01	-0. 02	-0. 03
黑龙江	0. 01	0. 01	0. 00	-0. 04	-0. 03
上海	0. 01	0. 06	0. 06	0. 32	0. 14
江苏	-0. 05	-0. 05	0. 06	0. 07	0. 19
浙江	-0. 07	-0. 05	0. 00	0. 11	-0. 01
安徽	0. 00	-0. 05	0. 04	-0. 08	-0. 03
福建	0. 01	-0. 07	0. 06	-0. 03	-0. 01
江西	0. 00	-0. 06	0. 04	-0. 09	-0. 03
山东	-0. 04	-0. 01	0. 06	-0. 02	-0. 01
河南	0. 00	-0. 04	0. 04	-0. 07	-0. 03
湖北	-0. 01	-0. 05	0. 04	-0. 04	-0. 03
湖南	0. 00	-0. 05	0. 02	-0. 07	-0. 03
广东	0. 00	-0. 03	0. 00	0. 03	0. 33
广西	0. 00	-0. 09	0. 03	-0. 10	-0. 03
海南	0. 02	0. 03	0. 04	-0. 11	-0. 03
重庆	0. 01	-0. 08	0. 03	-0. 04	-0. 03
四川	0. 00	-0. 05	0. 03	-0. 05	-0. 03
贵州	0. 01	0. 04	-0. 07	-0. 11	-0. 03
云南	0. 00	-0. 02	0. 02	-0. 10	-0. 03
西藏	0. 02	0. 16	-0. 28	-0. 10	0. 00
陕西	0. 01	-0. 04	0. 05	0. 00	-0. 03
甘肃	0. 01	0. 00	-0. 03	-0. 07	-0. 03
青海	0. 02	-0. 04	-0. 18	-0. 07	0. 00
宁夏	0. 02	-0. 09	-0. 08	-0. 06	-0. 03
新疆	0. 01	0. 00	-0. 11	-0. 10	-0. 03

文明生产得分分差比较表(二)

经济发展效率				
技术创新对经济发展的贡献率	万元 GDP 能耗	战略性新兴产业占比	高新技术产业增值能力	生态文明生产
-0.03	0.25	0.45	0.50	4.43
0.18	0.09	0.29	0.36	2.04
-0.06	-0.08	-0.11	-0.14	-0.97
-0.05	-0.15	-0.12	-0.16	-1.38
-0.14	-0.12	-0.10	-0.16	-1.29
-0.01	-0.06	-0.06	-0.07	-0.47
-0.06	-0.04	-0.10	-0.04	-0.58
-0.08	-0.01	-0.10	-0.14	-0.63
0.10	0.17	0.36	0.25	3.15
-0.08	0.16	0.28	0.23	1.70
0.04	0.17	0.01	0.00	0.82
-0.04	0.05	-0.10	-0.12	-0.67
0.15	0.15	0.19	0.12	0.97
-0.03	0.10	-0.01	-0.01	-0.25
0.03	0.04	-0.04	-0.04	0.07
-0.03	0.01	-0.11	-0.13	-0.78
-0.04	-0.02	-0.04	0.04	-0.22
0.00	0.00	-0.10	-0.12	-0.67
-0.03	0.22	0.41	0.35	3.68
-0.05	0.04	-0.12	-0.10	-0.73
-0.15	0.14	-0.11	-0.06	-0.44
0.15	0.00	-0.07	-0.05	-0.17
0.15	-0.02	0.08	0.05	0.18
0.00	-0.16	0.00	0.02	-0.60
-0.04	-0.06	-0.12	-0.15	-1.16
-0.15	-0.29	-0.15	0.21	-1.24
0.04	-0.01	0.02	0.01	0.27
-0.08	-0.11	-0.13	-0.14	-1.12
-0.12	-0.16	-0.14	-0.15	-1.52
0.19	-0.19	-0.12	-0.16	-1.25
0.26	-0.10	-0.15	-0.21	-1.18

表 16-4 中国各省份生态

省份	收入水平				
	收入均衡度	绿色技术性收入	绿色销售收入	绿色收入整体水平	消费均衡度
北京	0.76	0.10	-0.04	-0.03	0.93
上海	-0.06	0.00	-0.05	-0.05	0.36
福建	-0.04	-0.05	0.01	0.01	0.13
天津	0.00	-0.02	-0.03	-0.03	0.12
河北	-0.06	-0.06	-0.04	-0.06	-0.16
山西	-0.09	0.17	0.03	0.05	0.40
内蒙古	-0.10	-0.04	0.05	0.06	0.09
辽宁	-0.11	-0.05	0.00	0.00	0.28
吉林	0.10	0.02	0.00	0.01	0.45
黑龙江	-0.06	0.00	0.16	0.18	0.06
江苏	-0.05	0.23	0.03	0.06	0.03
浙江	-0.02	0.00	-0.03	-0.04	-0.27
安徽	-0.06	-0.05	0.03	0.02	-0.07
江西	-0.03	-0.05	-0.03	-0.04	-0.17
山东	0.03	-0.01	0.18	0.21	-0.05
河南	-0.06	0.03	0.01	0.01	-0.11
湖北	-0.03	0.05	0.00	0.01	-0.12
湖南	-0.04	-0.05	0.01	0.00	-0.22
广东	0.07	0.06	0.18	0.21	0.15
广西	-0.03	0.06	-0.03	-0.03	-0.22
海南	-0.08	-0.06	-0.03	-0.04	-0.01
重庆	0.01	0.03	-0.05	-0.06	-0.11
四川	-0.04	0.03	-0.01	-0.01	-0.16
贵州	-0.01	-0.05	-0.05	-0.07	-0.38
云南	-0.07	-0.06	-0.01	-0.02	-0.24
西藏	0.14	-0.06	-0.07	-0.09	-0.32
陕西	0.01	0.05	0.00	0.02	-0.03
甘肃	0.02	-0.06	-0.04	-0.05	-0.17
青海	-0.04	-0.06	-0.07	-0.09	-0.14
宁夏	-0.06	-0.06	-0.07	-0.09	-0.05
新疆	-0.01	-0.05	-0.04	-0.05	-0.01

文明消费得分分差比较表

消费内容与方式				生态文明消费
人均绿色食品消费比例	能源消费中可再生能源的比例	健康消费支出比例	城镇居民绿色通勤比例	
0.02	0.07	0.28	0.90	2.98
0.02	0.09	0.28	0.36	0.95
0.01	-0.11	0.19	-0.12	0.02
-0.01	-0.07	0.02	-0.13	-0.14
-0.03	0.10	0.16	-0.12	-0.27
0.00	0.04	0.21	0.12	0.92
-0.01	0.09	0.39	0.02	0.56
-0.05	0.10	0.29	0.01	0.47
0.02	0.00	-0.16	0.62	1.06
0.02	-0.07	-0.13	-0.01	0.16
0.01	-0.17	-0.08	0.05	0.12
0.02	0.01	-0.07	-0.15	-0.55
0.03	-0.15	-0.33	-0.06	-0.65
0.01	0.05	-0.22	-0.17	-0.66
0.02	-0.26	-0.02	-0.01	0.09
0.02	-0.14	0.03	-0.17	-0.37
0.02	0.05	-0.14	-0.02	-0.17
0.02	0.04	0.00	-0.13	-0.37
0.02	0.00	-0.25	0.05	0.50
0.02	0.10	-0.12	-0.19	-0.43
0.02	-0.19	-0.26	-0.15	-0.79
0.01	0.09	0.02	-0.02	-0.08
0.01	0.00	-0.11	-0.16	-0.43
-0.03	-0.09	-0.33	-0.19	-1.22
-0.01	0.05	0.02	-0.17	-0.50
-0.07	0.00	-0.52	-0.02	-1.02
0.01	0.08	0.18	-0.08	0.24
-0.04	0.09	0.04	-0.17	-0.36
-0.06	0.00	0.23	0.03	-0.21
0.00	0.10	0.24	-0.04	-0.05
0.00	0.09	0.17	0.09	0.20

表 16-5 中国各省份生态文明

省份	政府管理机制			
	地方政府污染治理力度	政府高新技术产业支持度	生态消费宣传力度	知识产权保护力度
北京	-0.02	0.33	0.14	0.00
天津	-0.08	0.13	0.10	0.00
河北	0.05	-0.07	0.02	-0.01
山西	0.14	-0.03	-0.06	0.01
内蒙古	-0.02	-0.09	-0.07	-0.04
辽宁	0.02	0.03	-0.09	0.00
吉林	-0.02	-0.06	-0.10	-0.02
黑龙江	0.04	-0.04	-0.08	0.00
上海	-0.03	0.27	0.21	-0.01
江苏	0.10	0.07	0.06	0.02
浙江	0.11	0.19	-0.01	0.00
安徽	-0.03	-0.05	0.00	-0.01
福建	-0.02	0.04	-0.05	0.01
江西	-0.03	-0.08	-0.05	0.04
山东	0.13	0.01	0.04	0.00
河南	0.08	-0.05	-0.01	0.01
湖北	0.01	-0.04	0.07	0.00
湖南	-0.01	-0.03	-0.07	0.00
广东	0.17	0.17	-0.08	0.00
广西	-0.04	-0.05	-0.07	0.01
海南	-0.10	-0.07	-0.08	-0.02
重庆	-0.04	-0.04	0.09	0.01
四川	0.02	-0.06	-0.03	0.00
贵州	-0.02	-0.06	-0.04	0.01
云南	-0.04	-0.07	0.09	-0.01
西藏	-0.12	-0.11	-0.06	0.00
陕西	-0.05	-0.06	0.00	0.00
甘肃	-0.04	-0.07	-0.06	0.02
青海	-0.10	-0.09	0.19	0.00
宁夏	-0.02	0.01	-0.08	-0.02
新疆	-0.04	-0.02	0.08	0.01

社会形成机制得分分差比较表(一)

资金投入机制			
科研与技术服务业资金投入比例	生态环境与公共服务资金投入比例	卫生教育资金投入比例	环保专项资金投入比例
0. 51	-0. 08	0. 00	0. 00
0. 18	-0. 02	0. 00	-0. 01
-0. 09	0. 05	0. 00	-0. 01
0. 03	0. 07	0. 00	-0. 01
-0. 12	-0. 12	0. 00	0. 00
0. 02	-0. 04	0. 00	0. 01
-0. 02	0. 00	0. 00	0. 01
-0. 06	-0. 02	0. 00	0. 00
0. 16	0. 02	0. 00	0. 00
0. 09	-0. 05	0. 00	0. 00
0. 03	-0. 02	0. 00	0. 00
0. 03	0. 08	0. 00	0. 00
-0. 04	0. 09	0. 00	0. 00
-0. 07	0. 08	0. 00	-0. 01
0. 00	-0. 17	0. 00	-0. 01
-0. 07	-0. 09	0. 00	0. 00
0. 00	0. 07	0. 00	0. 00
-0. 06	0. 05	0. 00	0. 00
-0. 01	0. 01	0. 00	-0. 01
-0. 09	0. 07	0. 00	-0. 01
-0. 11	0. 06	0. 00	0. 00
0. 02	0. 22	0. 00	0. 01
0. 03	0. 19	0. 00	0. 01
-0. 08	0. 00	0. 00	0. 00
-0. 08	-0. 01	0. 00	-0. 01
-0. 14	-0. 21	0. 00	-0. 01
0. 12	0. 06	0. 00	0. 01
-0. 01	-0. 07	0. 00	0. 01
-0. 06	-0. 10	0. 00	0. 02
-0. 01	-0. 04	0. 00	0. 01
-0. 11	-0. 08	0. 00	0. 00

表16-5 中国各省份生态文明

省份	公共服务业设施保障机制			
	城镇居民健康度	城镇居民信息通畅度	城镇教育发达度	城镇基础设施建设优化度
北京	0. 29	0. 29	0. 47	-0. 15
上海	0. 12	0. 10	0. 27	0. 55
福建	-0. 02	-0. 04	-0. 06	0. 01
天津	0. 03	-0. 06	-0. 02	-0. 05
河北	0. 04	-0. 09	-0. 05	-0. 09
山西	0. 11	-0. 01	0. 06	-0. 06
内蒙古	0. 07	-0. 03	0. 07	-0. 10
辽宁	0. 02	-0. 09	0. 03	-0. 10
吉林	0. 22	0. 37	0. 19	-0. 05
黑龙江	-0. 02	0. 10	0. 04	0. 34
江苏	0. 03	0. 23	-0. 01	0. 16
浙江	-0. 09	-0. 06	-0. 07	0. 02
安徽	-0. 10	0. 14	-0. 02	0. 06
江西	-0. 09	-0. 04	-0. 01	-0. 07
山东	-0. 01	-0. 02	-0. 03	0. 20
河南	-0. 07	-0. 07	-0. 08	-0. 11
湖北	-0. 03	-0. 02	0. 05	0. 26
湖南	-0. 04	-0. 07	-0. 03	-0. 02
广东	-0. 05	0. 21	-0. 06	0. 03
广西	-0. 09	-0. 03	-0. 11	-0. 04
海南	-0. 05	-0. 04	-0. 06	0. 07
重庆	-0. 05	0. 04	0. 00	0. 01
四川	-0. 04	-0. 05	-0. 06	0. 01
贵州	-0. 12	-0. 11	-0. 12	-0. 06
云南	-0. 06	-0. 11	-0. 11	-0. 07
西藏	-0. 07	-0. 12	-0. 07	-0. 23
陕西	0. 00	-0. 03	0. 08	-0. 04
甘肃	-0. 05	-0. 12	-0. 06	-0. 18
青海	-0. 01	-0. 09	-0. 10	-0. 08
宁夏	0. 02	-0. 11	-0. 06	-0. 14
新疆	0. 11	-0. 07	-0. 06	-0. 07

社会形成机制得分分差比较表(二)

社会稳定机制				生态文明社会形成机制
社会公平度	社会进步度	社会协调度	社会保障度	
0.18	-0.03	0.37	-0.03	2.26
0.08	0.00	0.51	0.00	1.93
-0.03	-0.03	-0.03	-0.03	-0.29
-0.05	0.51	0.22	0.51	1.24
-0.07	0.08	-0.08	0.08	-0.65
-0.04	-0.03	-0.02	-0.03	-0.09
-0.08	0.18	-0.02	0.18	0.07
-0.09	0.02	0.21	0.02	-0.15
0.43	0.00	0.03	0.00	1.80
0.13	0.00	0.08	0.00	0.96
0.34	0.01	0.07	0.01	1.10
-0.08	-0.04	0.10	-0.04	-0.24
0.16	0.00	-0.12	0.00	0.15
-0.01	-0.03	-0.08	-0.03	-0.48
0.02	-0.03	-0.01	-0.03	0.10
-0.06	-0.02	-0.10	-0.02	-0.66
0.02	-0.05	-0.01	-0.05	0.27
0.03	-0.07	-0.06	-0.07	-0.47
0.05	-0.03	0.11	-0.03	0.49
-0.08	-0.03	-0.15	-0.03	-0.73
-0.07	-0.03	0.01	-0.03	-0.52
0.09	0.01	-0.06	0.01	0.31
0.00	0.04	-0.08	0.04	0.03
-0.17	-0.28	-0.17	-0.28	-1.47
-0.05	-0.07	-0.16	-0.07	-0.84
-0.08	-0.01	-0.21	-0.01	-1.43
-0.07	-0.05	-0.08	-0.05	-0.17
-0.15	-0.03	-0.13	-0.03	-0.96
-0.14	0.00	-0.07	0.00	-0.64
-0.07	0.01	-0.06	0.01	-0.55
-0.13	0.00	-0.01	0.00	-0.39

表 16-6 中国各省份生态文明建设综合得分分差(赋权)比较表

省份	0.2 权重	0.3 权重	0.3 权重	0.2 权重	生态文明建设综合评价
	自然本底	生态文明生产	生态文明消费	生态文明社会形成机制	
北京	-0.37	4.43	2.98	2.26	2.60
上海	-0.07	2.04	0.95	1.93	1.27
福建	-0.36	-0.97	0.02	-0.29	-0.42
天津	-0.21	-1.38	-0.14	1.24	-0.25
河北	0.54	-1.29	-0.27	-0.65	-0.49
山西	0.07	-0.47	0.92	-0.09	0.13
内蒙古	-0.21	-0.58	0.56	0.07	-0.03
辽宁	-0.04	-0.63	0.47	-0.15	-0.09
吉林	0.21	3.15	1.06	1.80	1.67
黑龙江	0.19	1.70	0.16	0.96	0.79
江苏	-0.30	0.82	0.12	1.10	0.44
浙江	-0.48	-0.67	-0.55	-0.24	-0.51
安徽	-0.60	0.97	-0.65	0.15	0.01
江西	-0.64	-0.25	-0.66	-0.48	-0.50
山东	-0.16	0.07	0.09	0.10	0.04
河南	-0.30	-0.78	-0.37	-0.66	-0.54
湖北	-0.48	-0.22	-0.17	0.27	-0.16
湖南	-0.58	-0.67	-0.37	-0.47	-0.52
广东	-0.22	3.68	0.50	0.49	1.31
广西	-0.47	-0.73	-0.43	-0.73	-0.59
海南	-0.52	-0.44	-0.79	-0.52	-0.58
重庆	-0.29	-0.17	-0.08	0.31	-0.07
四川	-0.02	0.18	-0.43	0.03	-0.08
贵州	-0.45	-0.60	-1.22	-1.47	-0.93
云南	-0.24	-1.16	-0.50	-0.84	-0.71
西藏	4.12	-1.24	-1.02	-1.43	-0.14
陕西	-0.34	0.27	0.24	-0.17	0.05
甘肃	0.26	-1.12	-0.36	-0.96	-0.58
青海	1.07	-1.52	-0.21	-0.64	-0.43
宁夏	-0.06	-1.25	-0.05	-0.55	-0.51
新疆	0.98	-1.18	0.20	-0.39	-0.18

5　中国生态文明发展评价结果分析

5.1　各子系统评价分析

5.1.1　自然本底子系统

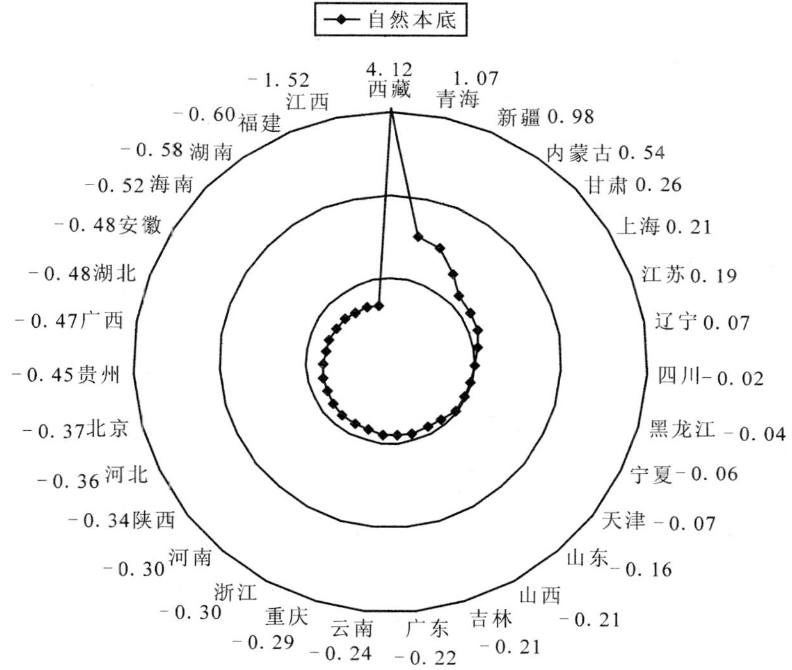

图 16-3　自然本底得分排序雷达图

自然本底子系统排名前三位的是西藏：4.12，青海：1.07，新疆：0.98；后三位是江西：-0.64，福建：-0.60，湖南：-0.58。最高得分与最低得分之差为4.7，这说明中国各省自然本底差异很大。资源支撑方面，西部主要省份人口较少，人均资源占有量高，东部省份偏低，尤其是直辖市上海和天津，人均资源占有量过低，严重依赖外界输入，这对区域可持续发展不利。环境质量方面，上海、江苏等东部地区努力打造适宜的人居环境，上海为迎接世博会，投入大量资金用于改善环境；此外，在国家生态市名单中，江苏在总共六个席位中占五个席位。

从具体指标的省份差异来看，人均土地、森林、水资源量，由于西藏人口稀少，地处高原，土地面积广阔，又有山脉冰川，因此遥遥领先于其他省份。生态用水方面，黄河、淮河、海河流域的省份如：天津、山西过度使用工业用水和生活用水，导致地下层储水量不足，生态用水奇缺。通常流域水资源利用率超过30%，河流生态系统就会出现问题，淮河、黄河流域已经达到80%以上。人均公共绿地方面，江苏、山东、内蒙古均领先，原因是江苏的生态园林众多，湿地资源很丰富，内蒙古地处草原，山东主要是政府支持的了绿地、广场建设。森林覆盖率方面，福建省62%，名列全国首位，这与福建省地形、气候等不无关系。最低是上海和新疆，上海是人工高度开发的大都市，几乎没有森林覆盖，新疆则分布着广袤的沙漠。

5.1.2 生态文明经济(生产)子系统

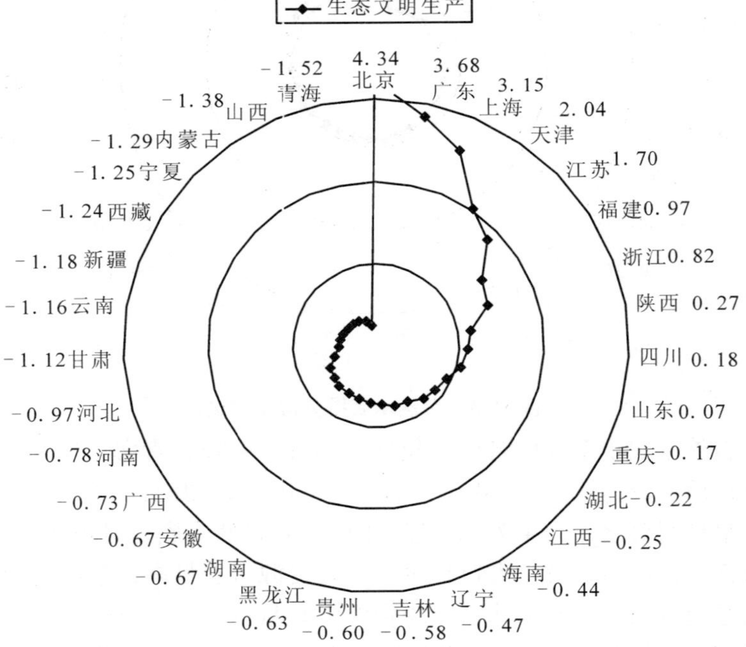

图 16-4 生态文明生产得分排序雷达图

生态文明经济（生产）子系统排名前三位的是北京：4.43，广东：3.68，上海：3.15；后三位是青海：-1.52，山西：-1.38，内蒙古：-1.29。最高得分与最低得分之差为5.95，这说明中国各省生态文明生产差异非常显著。从区域角度来看，东部除东三省得分一般外，其他省份均位于全国前列，说明东部主要省份的经济实力跟生态文明生产有着正的强相关关系，即：生产力越发达的地区，生态文明生产也越发达。同理，西南、西北诸多省份生态文明生产位居末尾。

从具体指标的省份差异来看，绿色专利授权数、绿色科技机构经费、绿色技术服务从业人口比例，广东一省遥遥领先。由于广东是接受外资辐射的重要省份，其主导产业瞄准国际先进生产力，在电子信息产业、生物技术、新材料新能源技术上广泛应用绿色技术提升产业结构层次。这些指标在西部地区均明显低，说明了西部绿色创新能力欠缺、绿色经费不足、绿色人才匮乏，这对发展生态生产力极为不利，但是由于政府十分关注西部生态脆弱地区的环境保护，因此西部地区的三废排放量基本较低。另外值得注意的是：工业固体废物综合利用率、“三废”综合利用产品产值等反映治污的指标非常低，正是由于该区域缺少人才与科技所致，这就意味着，西部地区在经济发展过程中遭受的污染，治理起来是相当的困难。从 CO_2 排放强度指标可以看出，北京和东南沿海地区均高于其他省份，该指标内涵反映的是每单位 GDP 产生的碳排放，据荷兰环境评估局调查分析，碳排放强度高低与工业化、城市化水平均有密切关系。中国发达地区目前已处于工业化的中后期，由于发达的私营经济、稠密的城市人口，因此城市化水平也非常高；另外，这些地区生产消耗大量的碳基能源，虽然 GDP 占全国比重高，但是依赖于化石能源的产业结构仍然没有根本扭转。从生态文明生产得分排序来看，西南、西北省份排在末尾，这是由于较落后的生产力无法催生出一种向生态生产力转变的能力，此外，相关的绿色技术和第三产业发展滞后，由第三产业带动区域经济发展的推动机制尚未形成。因此，此类地区应在保护好生态环境的基础上，通过引进绿色技术加快生态生产力的发展步伐。

此外，经济发展效率也成为重要的评价综合指标，尤其是战略性新兴产业，温家宝总理在2009年11月指出了选择战略性新兴产业的科学依据，“最重要的有三条：一是产品要有稳定并有发展前景的市场需求；二是要有良好的经济技术效益；三是要能带动一批产业的兴起。”[1]我们将它纳入到经济发展效率的指标考核体系里，从数据中发现，北京、上海、广东在发展具有各自优势的战略性新兴产业走在全国前列，将会对生态生产力的发展具有强大的促进作用。

5.1.3 生态文明消费（也属于生态文明经济）子系统

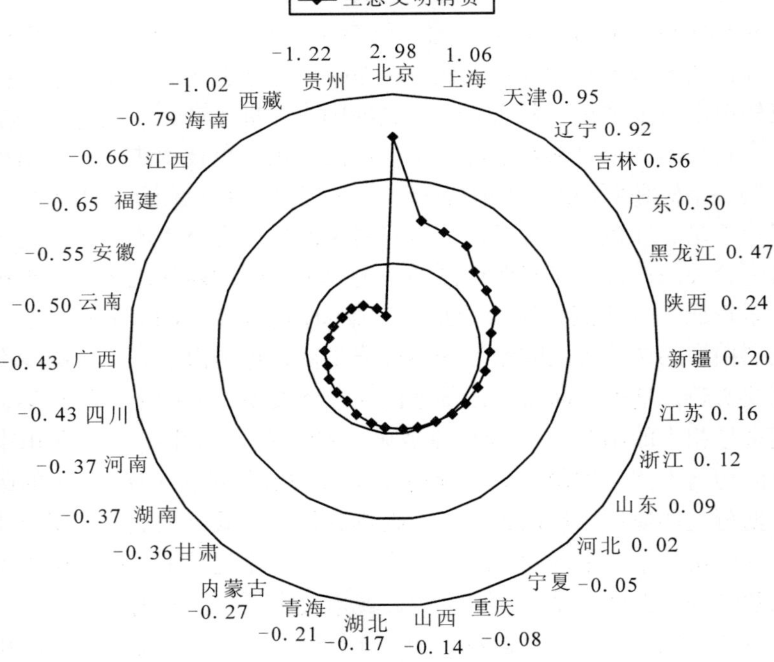

图 16-5 生态文明消费得分排序雷达图

生态文明消费子系统排名前三位的是北京：2.98，上海：1.06，天津：0.95；后三位是贵州：－1.22，西藏：－1.02，海南：－0.79。最高得分与最低得分之差为 3.77，这说明中国各省生态文明消费差异较显著。从区域角度来看，东部地区生产力发达，同时生态文明消费水平也高于其他地区，中西部地区消费水平则较低。这反映了生态文明生产子系统与消费子系统的正相关关系。

从具体指标的省份差异来看，北京和上海在所有的指标中相比其他省份都占有绝对的优势，因此得分遥遥领先。在收入水平方面，绿色产业从业的收入依赖于各地区绿色产业的发展状况。一般而言，绿色产业发达的地区，其绿色从业人员的收入也高。在消费内容和方式方面，我们特别强调对可再生能源的消费，其符合生态文明发展理念，可再生能源消费主要包括如下几种：水能、风能、潮汐能、电能、沼气和太阳能。在人均绿色食品消费中主要考虑的是无污染的绿色农产品消费，城镇居民绿色通勤比例主要考虑乘坐环保型车辆与私人轿车的比值。这 3 个指标突出反映人民生活对环境的影响程度以及表现出的一种可持续性。生态文明消费特别提倡健康、适度、友好的消费方式，主要有 3 种消费层次：绿色消费、循环消费、低碳消费[2]。

5.1.4　生态文明社会形成机制子系统

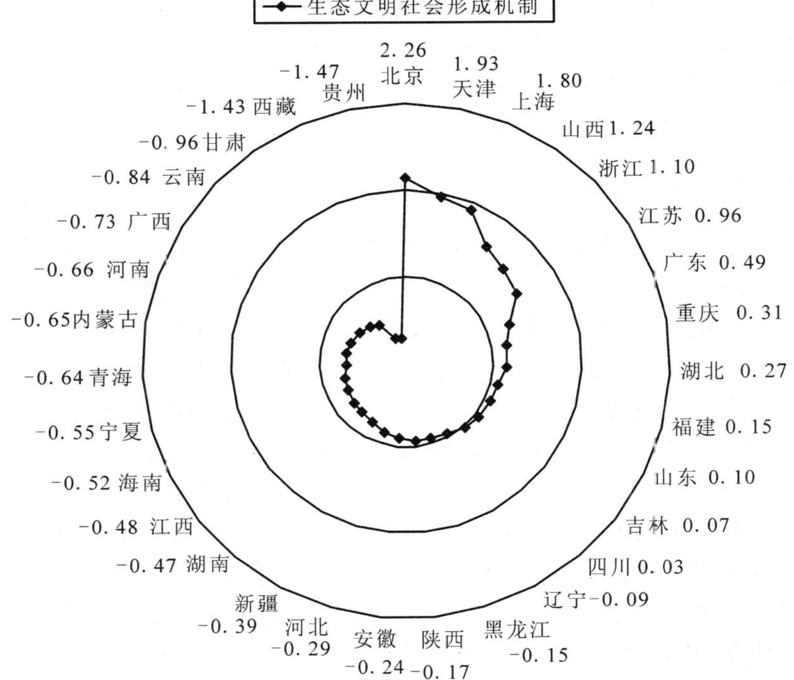

图 16-6　生态文明社会形成机制得分排序雷达图

生态文明社会形成机制子系统排名前三位的是北京：2.26，天津：1.93，上海：1.80；后三位是甘肃：－0.96，西藏：－1.43，贵州：－1.47。最高得分与最低得分之差为3.73，表明了中国各省生态文明社会形成机制差异较小。这说明：我国在科学发展观指导下，构建社会主义和谐社会取得了显著成效。从区域角度来看，东部地区生产、消费发达，同时上层领域的生态文明社会形成机制也高于其他地区，中西部地区生产、消费水平则较低。这反映了生态文明形成机制子系统与生产、消费子系统息息相关。

从具体指标的省份差异来看，地方政府污染治理力度和环保专项资金投入比例反映了政府对环境治理政策的积极性，山西省作为我国煤炭资源大省，长期承受环境污染问题的困扰，政府也相当积极的治理污染问题。不过另一方面，环境治理的积极性并不代表环境治理的成效，因为环境问题的特殊性决定了它需要用过程治理的方式来代替末端治理。在社会稳定机制上，我们构筑了4个指标集合（indicator aggregation）来集中反映社会和谐稳定的程度，以减少指标繁杂与无序性。从数据结果来看，经济发展程度并不等同于社会稳定程度。

5.2 综合评价分析

生态文明建设综合排名前三位的是北京：2.60，上海：1.67，广东：1.31；后三位是广西：－0.59，云南：－0.71，贵州：－0.93。最高得分与最低得分之差为3.53，表明中国各省生态文明系统综合水平差异较明显。由于我国地域辽阔与经济发展水平呈现梯度结构，其相应的自然本底子系统、生态文明生产子系统、生态文明消费子系统差异十分明显，另外生态文明社会形成机制子系统在宏观调控和“全国一盘棋”的大局下，差异较小。从省域来看，东部沿海地区均位于前列，西部地区虽然不如东部，但是个别省份综合得分较高，如：西藏主要是自然本底子系统的影响。众所周知，西部与东部存在显著差异，然而西部省份之间差异也较明显，综合得分中等与后几位的省份中就有西部省份。由于“中部崛起”的政策相比其他区域政策较晚，因此，此类地区排名比较靠后，甚至不如西部个别省份。

因此，对东部地区而言要提升产业结构层次与转变经济发展方式，

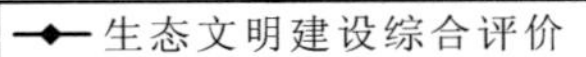

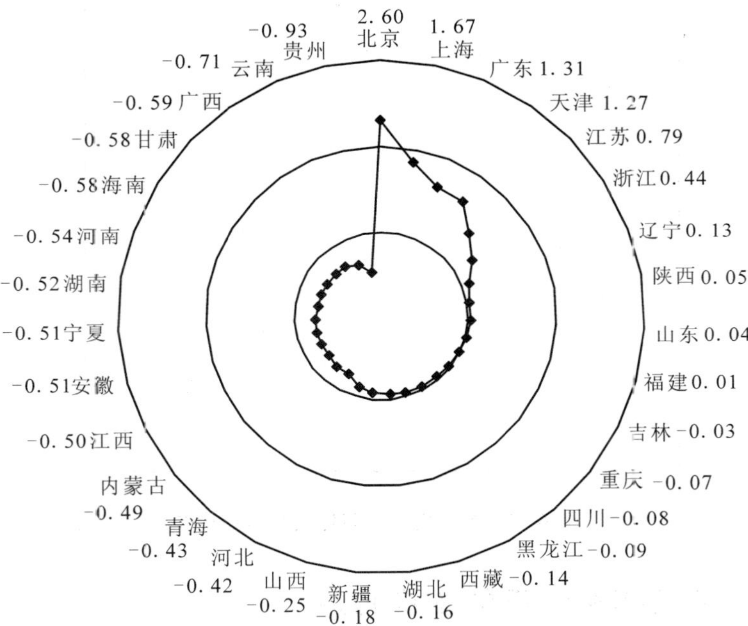

图 16-7　生态文明建设综合评价得分排序雷达图

采用绿色技术以节能减排，降低对能源的依赖；要转变盲目模仿、追求高档的消费方式，建设资源节约型、环境友好型社会；合理利用稀缺的土地资源，提高自然资源利用率以应对人均自然资源比中西部地区少的特点。对中部地区而言，避免与东部地区的产业同构现象，着力发展有竞争优势的产业，尤其是富含生态化技术的产业；建立起与本地区相适应的消费方式，扩大内需吸引东部投资；放宽政府对市场经济的监管和加强社会民生的关注，催生和谐的社会形成机制。对西部地区而言，不仅要保护好生态环境，而且要利用优越的生态环境转化为生态生产力，实现生态效益、经济效益、社会效益的相统一与最优化；通过中央和地方的政策，引进人才、技术、资金，有条件地发展新材料、新能源产业，实现跨越式发展；团结少数民族、改善城市基础设施、建设西部新农村，构建生态文明社会形成机制。

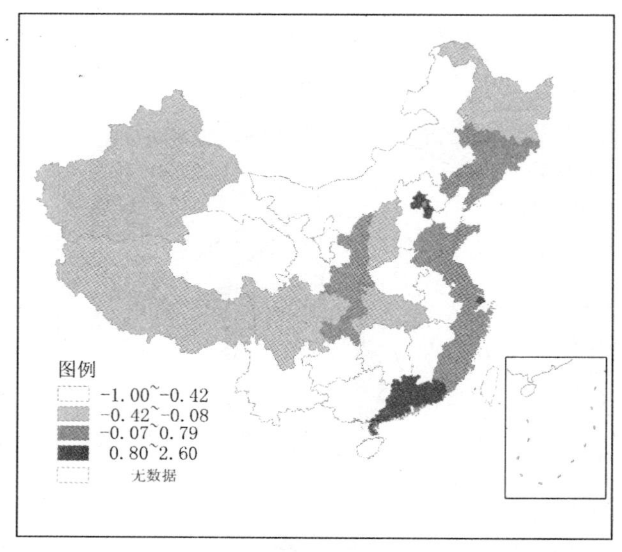

图 16-8　中国生态文明建设综合评价图

6　本评价指标体系的主要特点

6.1　在指标因子方面对以前指标的修正和完善

在生态文明建设评价指标体系方面没有直接的现成模式，指标体系的构建与量化研究处于初始阶段，存在很多空白领域或者误区。虽然有关可持续发展评价、生态市(县)评价、人居环境评价、竞争力评价指标体系可供参考，但是由于生态文明建设研究的框架与实践体系都不同，以及具体指标涵义的差异，仍然需要更合适的模型与具体指标。特别是以前的指标体系中基本上都缺少生态文明经济的诸因子，它在指导生态文明建设的实践中难免出现偏颇，也使许多干部群众产生误解。本章所构建的指标体系正是修正和完善了上述不足，它综合了诸多因素，融经济、环境、社会指标于一炉，熔炼出适应具体问题具体研究的方法体系，力求对实践有更加科学全面的指导意义。同时，经过模型运算后的指标数据能客观地描述生态文明具体领域发生的变异，以往人们表面上无法察觉的、无法准确预测的事物本质(如生态文明经济)能在合理的指标体系构建下逐渐清晰起来，通过对指标数据定量运算得出的结论能形象、具体的指导生态文明建设的实践。并为未来的生态文明竞争力评价奠定了基础，在生态文明建设评价指标体系的驱动下，人们的目光焦点从工业文明竞争力移至生态文明竞争力上，从而改变了以往“有增长、无发展”的社会困境，催生 21 世纪先进的生态生产力的蓬勃发展。

6.2 以马克思主义生态思想为指导构建指标体系

在以前的同类指标中，尚未见到以马克思主义生态思想为指导的指标。其实马克思主义的生态思想由来已久，在马克思的《1844 年经济学哲学手稿》与《资本论》等著作中，用自然辩证法和历史唯物主义的观点分析、揭露、批判了资本主义生产方式的内在矛盾。在《1844 年经济学哲学手稿》中，马克思系统分析了以自由放任的市场经济为特征的资本主义制度对人类社会和自然界的“异化”，这种“异化”是造成生态危机的根源。所谓的“异化”，就是在资本主义制度下造成的社会范畴的劳动畸变以及生态环境的畸变。马克思认为：劳动的“异化”会对劳动者本身造成很大的伤害，劳动为富人创造财富，却给工人带来赤贫；劳动创造价值，但是工人自身的价值在贬低；劳动用机器代替手工，提高了生产效率，却给工人带来了愚钝和痴呆，成了自然界的奴隶[3]。这种制度的存在极大破坏了社会公平与正义，造成人与人之间尖锐矛盾。自然的“异化”，就是资本主义的过度生产和对利润最大化的追求对生态环境造成灾难性后果，是外部不经济性的根源所在。马克思认为自然界是人的无机身体，跟人是联系在一起的，人只是作为自然界的一部分[4]。

马克思在《资本论》中明确指出资本主义生产方式与生态环境的不相容、不和谐问题，从而造成了一种无法弥补的“裂缝”[5]，使得人类社会发展不可持续。另外，他还指出私有产权制度也是这种不可持续性发展的重要根源，私有产权将物质人格化，人是物质的拥有者；而生态环境具有公共性，是公共资源。因此，私有产权的私有性与生态环境的公共性产生了不可调和的矛盾，最终造成生态环境的破坏。恩格斯的《自然辩证法》也对此作了大量论述。

因此，马克思主义生态学思想批判了资本主义“异化”，又对如何消除“异化”提供了设想，具有早期可持续发展思想的内涵。马克思关于人与自然之间如何协调发展为解决生态环境问题奠定了哲学基础，生态文明建设评价指标体系萃取马克思主义生态学思想的精华，用一套现代科学的指标体系去度量“异化”，把握“异化”的变动内涵及其发展趋势，其中自然本底子系统就是对自然界“异化”的度量；生态文明社会形成机制子系统是对劳动“异化”的度量；生态文明生产与生态文明消费子系统是对自然界“异化”和劳动“异化”的共同度量（前者侧重自然界，后者侧重劳动）。奥地利经济学家熊彼特指出科技进步是经济增长的内生变量，而马克思指出科技进步应是促进经济、社会、自然协调发展的一种协同力。生态文明生产子系统下的生态化技术则是对马克思这一论断的量化体现，它更侧重对生态有益的科技进步给生态环境带来的正面影响，引导科技朝向更符合自然—人—社会复合体可持续发展的目标前进。

6.3 评价指标体系在借鉴现代生态科学理论的前提下获得很多启示

一是采用现代生态科学理论对研究对象进行量化研究，而且结合诸多案例研究特定区域，更准确、更科学地反映了生态文明在区域之间的差异；二是研究重点从单一指标的解释转向对人—自然—社会复合生态系统的综合解释和探讨，从个体行为机制的研究扩充至群体的行为机制，直到对整个复合生态系统的响应机制；三是评价指标体系开始尝试用多元统计学的方法构建数学模型，包括：主成分分析、层次分析法、聚类分析、多元回归分析、判别分析等，企图更深刻地把握人—自然—社会复合生态系统中错综复杂的因子关系；四是整合生态环境、经济活动与社会发展为统一体的实践领域，它包括现代生态科学理论的生态系统领域，也包括经济学的经济活动领域，它考察的是人类活动为主体、在生态系统上生存并发展着的人类社会，强调通过生态文明经济指标，从内生力量关注自然的生态指标以及为人的能动性所改造的生态化指标，使得指标体系着眼于整个地球生态母系统的生存空间而不只是人类活动空间，这是借鉴现代生态科学理论的一个进步。

6.4 吸纳了系统学理论，在整体上建构了更为辨证、科学、可操作性与开放性的指标体系

整个体系不是全部变量简单相加减，而是变量内在逻辑的有机整合，是对生态文明在中国国家层面表现出来的层次性、时序性、空间性以及时空耦合的大整合，既考虑同一子系统下变量之间的内聚力，又考虑不同子系统间的排斥力，既考虑正面效应带来的增量，也考虑负面效应引起的减量，最终的指标体系就是内聚力和排斥力的合力，增量和减量相抵消后的总矢量。生态文明建设评价指标体系也体现了系统学理论的层次性，依照生态文明在各省份发展水平不同，分为子系统层和变量层，前者是生态文明理论建构的重要支柱，后者是对子系统层的总体数量、反馈强度、增长速率的表现，是可测、可比、可得的数据。由于将中国各省作为研究对象，因此整个指标体系突显出高度复合性、庞大和具有理念范式的层次特征。同样，这套指标体系具有开放性，是对发展历史的继承，同时也是对发展未来的开往，为将来出现更有价值的指标预留了空间。

参考文献

[1] 温家宝. 让科技引领中国可持续发展[R]. 首都科技界，人民大会堂，2009.

[2] 廖福霖. 关于生态文明及其消费观的几个问题[J]. 福建师范大学学报(哲学社会科学版)，2009，(154)：11~16.

[3] 马克思恩格斯全集. 第42卷，北京：人民出版社，1979年，92~93.

[4] 马克思恩格斯全集. 第42卷，北京：人民出版社，1979年，95.

[5] 马克思恩格斯全集. 第25卷，北京：人民出版社，1974年，916.

资料链接

区域间的竞争力差距呈缩小趋势

——访中国省域经济竞争力蓝皮书主编李建平

本报讯　记者程晖报道　2010年中国省域竞争力蓝皮书《中国省域经济竞争力发展报告(2008～2009)》近日由社会科学文献出版社出版。蓝皮书首次尝试选取主要经济指标，把本评价期内排名前10位的省份与G20国家进行简单的国际比较，从中可以更好地反映我国省域经济综合竞争力的状况。同时，通过这样的比较，力图反映我国各省市区在抵御全球金融危机，实现经济复苏当中所体现的活力和竞争力。总体来看，中国的经济综合排名靠前的省份，在国际比较中也具有一定竞争力，但从消费支出等项目比较时，则相对排名靠后。

在选择国际比较对象时，课题组选取了G20集团，这是因为G20集团主要是由发达国家和新兴市场经济国家组成的国际论坛。国际金融危机爆发后，20国集团先后召开了多次峰会，已经成为当今世界“国际经济合作的主要平台”，在全球经济中占有重要地位。选择G20国家作为比较对象时，由于欧盟作为一个联合体，和中国一起没有纳入比较范围。国内的省份选择近两年省域经济综合竞争力排在上游区的前10个省区市，分别是上海市、北京市、江苏省、广东省、浙江省、天津市、山东省、辽宁省、福建省和内蒙古自治区，形成了中国内地10个省区市和18个国家共28个单位参与比较。

报告分别从经济总量、人均GDP、进出口、固定资产投资及消费等几方面展开了比较。其中从反映经济总量的GDP来看，广东省、江苏省、山东省和浙江省4个省份已经超过了G20中的部分国家，其中国内排名第一位的广东省排在第16位，超过了沙特阿拉伯、阿根廷和南非，仅次于印度尼西亚；国内排名第二位的山东省和第三位的江苏省则超过了阿根廷和南非，国内排名第四位的浙江省超过了南非。

从反映经济发展水平的人均GDP来看，上海市、北京市和天津市3个直辖市已经超过了多个国家，我国广东等经济大省的经济总量已经超过很多发展中国家甚至中等发达国家。上海市等直辖市的经济总量比较小，低于G20的所有国家，但人口相对较少，人均GDP较高，已经超过大多数中等发达国家，但与美国等发达国家相比还有很大的差距。

另外从最终消费支出来看，只有广东省能够进入前20，并且比2007年前进1位，排在第16位，高于阿根廷和南非，其他9个省份的最终消费支出不但排位靠后，规模也比G20国家小很多，差距非常明显。另外山东省和江苏省的政府消费支出超过了南非、阿根廷和印尼，广东省的居民消费支出超过了阿根廷、南非和沙特阿拉伯，山东省的居民消费支出超过了沙特阿拉伯。

资料来源：中国经济导报．http：//www.ceh.com.cn/ceh/xwpd/2010/3/2/60129.shtml [EB/OL]. 2010－03－02.

第十七章

闽台生态文明建设交流合作

生态文明观认为，经济系统属于生态母系统的一个子系统，协同发展是生态文明经济发展的基本规律。环境与经济，两者关系日趋紧密、不可分割，离开经济发展谈环境保护必然是“缘木求鱼”。环境问题究其本质，是经济发展方式和消费模式的问题。因此从生态文明经济发展的基本规律协同发展的视角出发研究生态文明建设利于维护人民群众身体健康和促进经济社会可持续发展。

闽台因其区域自然背景及历史文化的相似性和经济发展时序递差性成为区域对比研究的理想对象之一[1]。台湾因其工业化步伐早、经济实力强于福建，以及较早引进发达国家的生态化技术等原因，在环保产业方面实现了经济与环境的协调发展；福建在生态文明建设方面也取得了一定的进展，但处于快速工业化阶段，面临发展方式的转变，环境与经济矛盾较突出。为此，闽台生态文明建设对比可以很好地为双方拓宽合作领域，取长补短，加强合作与交流，实现共同繁荣。

1　闽台经济发展方式的转变

1.1　闽台经济发展阶段对比

生产力决定生产关系，因此经济发展的阶段与发展方式存在密切相关性。经济发展阶段的划分有不同的学派和标准，其中 20 世纪美国著名学者罗斯托（Walt W. Rostow，1916）引入生产力、科学知识的应用、主导产业的出现以及投资额占国民所得的比重等关键要素来划分不同经济发展阶段；日本学者村上敦（1993）以三级产业的发展、工业产品结构及国外市场需求导向为依据，分析国家的经济发展阶段模式。有关战后台湾经济发展阶段的划分，不同研究有不同的分析角度。蔡仰虔

(2008)[2]认为其中以政府经济主轴、产业结构的变迁以及经济成长的关键年代为主流的划分依据。

台湾李国鼎先生以个别阶段经济发展与结构特色为依据，在其《台湾经济计划及其实施》[3]一书中将台湾经济分为三个发展阶段：进口替代阶段(1950～1962年)、外向型阶段(1962～1980年)和技术密集阶段(1980年至今)[4]。但从产业结构来说，台湾于1962年工业产值比重第一次超过农业，标志着其进入第一个拐点，台湾经济进入工业化初期阶段；1980～1986年第二产业的发展进入高峰，意味着进入工业化的后期阶段；1989年台湾第三产业比重超越第二产业，并在此后持续提升，呈现出向知识经济发展的趋势，台湾迎来了后工业化社会，逐渐迈向现代社会的成熟阶段[1]。

相对于台湾的经济发展阶段，福建真正的工业化开始于改革开放后。第二产业超越第一产业成为主导产业是在1978年，直到1997年第一产业产值比重首次低于20%，第二产业进入快速发展阶段，至2001年，三次产业产值比重达15.3∶44.8∶39.9，表明20世纪90年代中期至今福建工业化发展进入中期阶段。

1.2　闽台发展方式的转变及特征

经济的发展是一个经济总量增加和经济结构不断优化的过程，而且经济结构的优化要以经济总量的增加为基础和前提。从过去闽台发展的时间序列上可以清楚地看到，福建经济发展落后于台湾20年左右，两者经济发展阶段处于不同层次。但近年来两者的差距在逐步缩小。扣除价格影响因素，福建2001～2008年经济增长率平均12.1%，而台湾同期经济增长率平均仅为3.58%，福建的经济总量在20世纪90年代初期为台湾的十三分之一，目前则缩小到是台湾的五分之二。

台湾根据自身经济基础和国际产业变化的趋势，发挥生产要素中的比较优势，先后经历了四个阶段的发展方式转型，即1960～1975年的“劳力密集”时代、1975～1985年的资本密集时代、1985～1995年的国际发展时代和自1995年以来的技术密集时代[5]。四种发展方式实现了从传统产业向出口高级技术产品和优质低价传统产品的转变，设立于1980年新竹科学工业园区可以说是发展方式转型的分水岭，之后以知识、技术密集型产品带动经济增长成为主流。环境与经济发展矛盾趋缓是台湾实现转型过程的特征之一，其中台湾空气污染指标(PSI)值大于100的日数比在20世纪90年代逐渐降低，实现了空气污染的低位徘徊，这是环境改善的滞后效应的表现。

福建在20世纪90年代的发展正好与同期的台湾形成鲜明对比，而是以钢铁、石化、汽车、造船等为代表的高耗能、高污染的重化工业趋势愈加明显[6]，这对资源相对短缺，能源自给率低，环境相对脆弱的福建造成很大的资源环境压力。这是工业化初期向后期转变的环境成本代价，但并不是我们经济发展的目的，因此，2002年福建在生态环境质量指标位居全国前列的时候就正式提出建设生态省的战略目标，致力于可持续发展的各项政策措施不断实施。

1.3 闽台生态文明各种经济形态的协同发展

面临全球环境的恶化和为了自身经济、社会、环境的可持续发展，生态文明的各种经济形态正逐渐成为带动经济发展的动力，例如循环经济、绿色经济、生态产业、环保产业、可再生能源、低碳经济等。生态文明经济发展的基本规律协同发展在这些生态文明经济形态中得到了验证，整个社会、经济与环境实现了良性互动。

1.3.1 闽台环保产业发展

20世纪80年代中期以来，台湾注重经济发展与环境保护、生态保护的协调发展，追求两者双赢的发展模式，而环保产业就是其实现双赢模式的突破口之一。但应注意的是台湾环保产业的发展是随着经济实力的壮大和环境问题的凸显，并在全球可持续发展浪潮与环保产业鼓励政策的推动下在1990年代快速发展。目前，台湾环保产业已具相当规模，环保产品品种繁多，环保服务体系较为完备，环保产业呈现良好发展势头。据台湾“行政院环保署”统计室和台湾“2002年产业技术白皮书”显示，1996年台湾环保产业产值695.6亿元新台币，2001年为953亿元新台币，增长1.37倍；相关从业人员也从1996年的1.8万人增加到2001年的2.46万人。同时，工业废弃物的处理率由1993年的30%提高到1998年的63%。

闽台环保产业的起步几乎都在20世纪70年代，快速发展都在90

年代，但闽台的经济发展阶段相差20年左右，因此福建发展环保产业要早于台湾。根据调查，福建省1997年环保及相关产业产值为29亿元，2000年为63亿元，2004年达到164.89亿元，占当年全省国民生产总值(6053亿元)的2.72%，约为2000年的2.5倍[7]。据抽样调查显示，台湾2000～2005年环保产业产值平均增长率为15.16%，根据Strategies Unlim1ted的预估，台湾节能环保可见光LED生产值以18%，居世界第二位。福建2007年全省环保及相关产业产值增幅保持在15%以上。闽台环保产业的增速都快于同期GDP的增幅，显示出良好的发展势头。

但闽台环保产业同时都面临着一系列发展的“瓶颈”，如相关产业的企业规模较小，中高级环保人才和技术短缺，产品同档、低价竞争严重等等问题一直制约着其发展，致使真正成规模、高效益、上档次，拥有自主知识产权的新产品难以成为产业主流产品。

1.3.2　闽台可再生能源发展状况

全球变暖对低碳经济的要求、传统能源的耗竭、能源价格持续高涨、能源密集产业占比仍高居不下，能源效率仍具改善空间等原因致使再生能源发展备受各国各地区政府关注和重视。

闽台在传统能源方面的共同点是一致的，那就是相对缺乏，能源对外依存度较高。福建2001年的能源自给率是46%，到2010年可能就下降到30%，到2020年预计只能接近20%，2007年，三大产业的能源消耗比重为3.9∶72.1∶13.5，第二产业耗能比重最大且对能源的依赖十分突出[8]；据台湾经建会资料显示，1994年其一次能源95.3%依赖进口，另从台湾经济增长过程来看，1974、1981年经济增长率均出现快速下滑，这与1973年的石油危机、1979～1982年的两次世界能源危机有密切关系，事实也证明了台湾能源高度依赖外援。严峻的能源问题使闽台都非常注重新能源和可再生能源的开发。

为了降低能源对外依存度，闽台发挥自身太阳能、风能的优势，加大二次能源的开发，同时注重节能降耗产品的生产与推广，从开源节流两方面提高能源自给率和使用率。为此福建省政府2006年3月印发了“关于风能开发利用管理暂行管理办法的通知”[闽政(2006)7号]，以促进风能开发利用和技术创新。福建目前已在平潭、东山建立了两个风力发电场，今后仍要加大这方面的投资力度，同时注重扶持太阳能集热器、建筑玻璃节能产品的中空玻璃、Low—E玻璃、热反射膜玻璃的门、窗及幕墙生产企业的发展；台湾则在以火力发电为主的情况下，积极发展水电和核电，1998年台湾在召开的“能源会议”上明确提出了发展太阳能、风能等再生能源的计划目标，并在随后的2000年度起开始实施再生能源五年示范推广计划。有资料显示(经济部能源局资料)，台湾1976~2006年20年间能源密集度(能源密集度以1985年固定价格计算)已降低20%，未来20年(至2025年)拟定进一步降低33%的节能目标，平均每年将以2%的幅度改善。

闽台的传统能源稀缺性和趋同性使两者在追求可持续发展的道路上具有共同的价值目标，风能、太阳能、核能，甚至潮汐能在经济社会发展中所占的比重持续增加，使经济社会环境协同发展成为可能，并展现出良好的发展前景。台湾的能源政策纲领坚持在供应面开源，在需求面节流，以实现永续能源政策原则——二高二低，即高效率、高价值、低排放、低依赖。

1.3.3 闽台循环经济发展

循环经济遵循“资源—产品—再生资源”的反馈式流程，可以在循环过程中实现资源的再生利用，减少污染物排放。国际经济合作与开发组织在1995年的报告中指出，生物科技可以将废弃物转化为资源，减轻重工业对环境的冲击。台湾资源的稀缺性致使其在经济快速发展，环境持续恶化的20世纪80年代中期关注资源的循环利用，以减少对外依存度。在学习借鉴发达国家先进技术的同时，台湾积极研发本土的资源循环技术，并在资源回收、资源再生、污染防治设备及材料取得良好效果。全台湾资源回收率从1998年的1.25%持续走高，2000年为5.74%，2001年为7.46%、2002年为11.6%，其中台中市2002年为27.38%[9]。但台湾的循环利用还有很大开发空间，其技术目前集中在传统与小型设备的应用，回收再利用技术及大型精密设备的技术与发达国家还有差距。

福建近年来注重发展循环经济，2006年制定《福建省“十一五”循环经济发展专项规划》，确定发展循环经济重点产业、重点企业、重点示范园区等，《海峡西岸经济区建设纲要》中也提到要“加快工业园区整合和生态园区建设，探索建立循环工业链和共生生产模式，大力发展循环经济和清洁生产”。国家的《中华人民共和国循环经济促进法》也于2009年开始施行，为地方政府发展循环经济提供了依据和保障。

由于循环经济利用现代生态化技术从源头到末尾实现了资源的高级利用和循环利用，因此经济总量增加的同时并没有伴随着污染物排放总量的增加(如下表所示)，特别是2006～2007年的变化最为明显。

2005年～2008年福建GDP及主要污染物排放量在全国的位次

GDP：亿元；排放量：万t

年度	项目	GDP	COD	氨氮	SO_2	烟尘	工业粉尘	工业固废
2005	全国量	182321	1414.2	149.8	2549.3	1182.5	911.2	1654.7
	福建量	6560.07	39.4	5.16	46.12	13.06	19.3	5.77
	福建位次	11	16	14	24	24	18	18
	全国量	209407	1427.1	141.3	2586.8	1088.8	808.4	1302.1
	福建量	7501.63	39.51	4.92	46.90	14.54	17.57	3.37
	福建位次	13	16	14	24	24	18	20
2007	全国量	246619	1381.8	132.2	2468.1	986.6	698.7	1196.7
	福建量	9160.14	38.32	2.98	44.57	11.80	18.69	2.75
	福建位次	10	16	18	24	25	17	19
2008	全国量	300670	1320.7		2321.2			
	福建量	10863.11	37.82	3.00	42.89	11.67	17.15	2.65
	福建位次	11	15		24			

资料来源：福建省环保厅

2　闽台生态文明消费方式

马克思告诉我们，生产决定消费，消费反作用于生产。随着社会生产力的发展，社会消费品的逐渐丰富，消费选择的自由度在加大，消费所形成的新的需要，对生产的调整和升级起着导向作用，出现了“消费引领生产”的时代消费特征，一个新的消费热点的出现，往往能带动一个产业的出现和成长。因此建设生态文明，不仅要“形成节约能源资源和保护生态环境的产业结构、增长方式”，同时要加强对消费的引导，还要“形成节约能源资源和保护生态环境的消费模式”。

生态文明观认为，消费问题也是资源问题、环境问题和社会问题[10]。生态文明消费观及其模式的确立，是社会生活方式的根本转变，也是核心与关键，既属于物质文明，又属于精神文明[11]。因此从物质文明和精神文明两方面确立生态文明消费观及其模式才是有效途径。台湾研究就发现，消费者对绿色环保产品的认知程度、环保态度、价值观会影响消费者的绿色消费意愿，当认知程度越高、环保态度越坚定、自我期许、社会成就、利己避害的价值观属性愈高时，其绿色消费意愿越强。在提高人们物质消费水平的同时，注重消费文化的宣传与引导，让健康消费、素养消费、能力消费[11]成为一种时尚。

体验经济即为时下流行的一种生态消费形态，其中又以体验旅游最具代表，游客在对文化、历史、自然的自我发现中不但实现求知、求新、求异、求乐的精神和心理满足，而且是对自然环境的保护和提升，也有助于热爱大自然情怀的教育与深化。台湾观光农业即实现了经济与环境的双重收益，观光农业丰富了市民的生活，增加了农民的收入，而且在一定程度上提高了民众的素质。据了解(2002)[12]，台湾休闲农场每年旅游人数达 100 万人，约占台湾人口的 4.7%，台湾休闲农业在政府的规划指导之下，根据市场需求，遵循地方特色不断创新，已经走出了一条成功之路。福建拥有较多的品位较高的与生态环境关系密切的民俗，惠安女、客家女、畲族女、湄洲女等习俗具有很强的国内外吸引力，但品牌知名度偏低[13]。近年来福建注重挖掘旅游文化，例如“中国武夷山国际‘山水茶’旅游节”就体现群众性旅游节会的特点，安排旅游、茶事、体育三大类适宜各类专家、客商、游客广泛参与的活动，突显了体验时代的旅游本质。

3 闽台生态建设

环境问题包括环境污染与生态破坏，环境污染会给生态系统造成直接的破坏和影响，生态系统的破坏则在更深层次上恶化环境污染。闽台生态基础虽良好，但其脆弱性不容忽视。福建森林结构不尽合理，水土流失现象较明显，湿地退化趋势依然存在，外来物种仍对局部流域和区域生态系统造成危害[14]；台湾自然灾害频发，地震、滑坡、泥石流、崩坍、冲蚀和洪水等严重破坏着台湾生态系统的稳定。在经济发展过程中，生态承载力不断加大，2000 年福建省城市污水处理率只有 22.2%，比全国平均水平低 12 个百分点，依据 1999 年河川水质监测资料，全台湾 50 条主要河流水质情况中，严重污染河段和中度污染河段分别占到 12.0% 和 14.2%。廖福霖教授指出，生态系统的恢复与建设的治本之策在于生产方式和生活方式的根本转变。

福建生态省的建设，一定要以人居环境科学为指导，紧紧围绕生态城市、城市生态住宅小区和农村生态型村庄建设三方面推进全省的人居生态环境建设[15]。扎实开展城市环境卫生整治，制定生态型城市规划；开展重点城市达标创建活动；建立高质量的城市环境保护系统；构建多功能、立体化的绿化系统；创建高度文明的人文环境系统，以人文理念引导环境建设，着力提高市民整体素质，使城市形象更加丰满。

福建长汀水土流失治理成为国家典范工程，但据 1985 年遥感普查，全县水土流失面积 146.2 万亩，占土地面积 31.5%。水土流失历史之长、面积之广、程度之重、危害之大居全省首位。经过长期探索与努力，治理与开发相结合的模式终取得成效。灵活多样的土地流转模式盘活了水土流失地，政府通过补助农资、基础设施建设等措施吸纳社会资金参与治理，农民的经济林逐渐绿化了秃山，"草牧沼果"循环种养实现农业产业链循环。生产生活方式的转变让环境与经济协调发展成为现实，并成为学习的典型。

台湾地质时代年轻，处于地震带，又常遭台风侵袭，多暴雨，人口集中分布于西部平原，很容易造成水土流失等生态破坏。在 20 世纪 70 年代重经济轻环保思想的指导下，众多高森林覆盖的山地被开垦，原生态林被砍伐，这成为台湾水土流失严重的主要原因。在台湾被称为"绿色黄金"的槟榔的种植面积曾在短时间内就从 11000hm^2 飙升过 65000hm^2，成为仅次于水稻种植面积的作物，但槟榔的生长特性不利于固土蓄水，因此对山坡地生态造成严重破坏，岩石崩落，道路塌方，山体滑坡现象时有发生。台湾陈信雄教授为此曾疾呼："槟榔可能亡岛。"

台湾省的水土保持工作于 1952 年由农复会开始推动，以训练培育水土保持技术干部及农地水土保持示范为重点工作。台湾 1989 年正式成立水土保持局，负责办理有关大众生命财产安全的公共设施，鼓励农民搞好水土保持，促进土地合理利用，查处滥垦、滥伐、滥建、滥葬等违反山地保育利用条例的行为。随后的 20 世纪 90 年代，政府加大资金投入，鼓励科研创新，多所大学相应成立水土保持系，这为水土保持成效的取得提供了技术支持。水土保持的教育与宣传，以及培训班的举办不但让民众从思想上提高认识，同时掌握水土保持技能，“水保义工”则成为民众保育自然生态的很好途径。

4 闽台环境治理

20 世纪 60 年代后，台湾在“经济优先”政策主导下，短短二三十年迅速实现工业化而成为新兴工业化地区，成为亚洲“四小龙”之一，但其生态环境随着经济的发展却日益恶化[16]。据台湾环保署统计年报显示，台湾空气品质不良，即空气污染指标(PSI)值大于 100 的天数，在 1988 ~1991 年间，其日数比为 15% 左右，处于历史最高。这些从侧面反映出台湾在第二产业快速发展，从工业化后期到后工业化社会的转变时，即 20 世纪 80 年代初始，特别是中后期，环境的持续恶化，台湾民众终因难以忍受累积环境恶化也不断地掀起抗争事件，生态、环境污染问题迅速成为台湾社会普遍关注的焦点。

福建自 20 世纪 90 年代中期进入快速发展阶段，但粗放的发展方式使环境面临巨大压力。据统计，福建省 2006 年二氧化硫排放量达 46. 85 万 t，烟尘排放量达 14. 54 万 t，工业粉尘排放量 17. 57 万 t，分别比 2003 年增长 1. 43 倍、0. 88 倍和 0. 2 倍。水污染与噪声污染等现象也呈上升趋势。据有关部门预计[17]，到 2010 年，福建省环境负荷将是 2003 年的 2 倍；同时，也面临能源自给率不足问题，到 2010 年，全省一次性能源自给率将低于 40%，资源约束矛盾将更加突出。

环境的恶化已经开始阻止经济的可持续发展，更威胁着人类的健康生存。治理环境，防治污染已经成为目前刻不容缓的任务。人类的活动不可能不作用于自然，更不可能静止不前，环境治理与保护不只是单单的保存，或者是消极的防治，而是在保护的前提下，对环境进行合理地开发和利用。

闽台的发展阶段充分说明，工业化快速发展时期是环境与经济矛盾最突出的时候，而其环境治理也都是在经济与环境矛盾突出后才采取补救措施。出于对过去竞争优势的依赖和既得利益的保护，环境治理并非一帆风顺，而是障碍重重。国家环保部在2008年各省区市污染物总量减排考核结果中批评福建三明市和晋江市城市污水处理厂建设严重滞后、收费政策不落实、长期处于低负荷运行及无故不运行。台湾20世纪60年代的"重经济、轻环保"的发展思路也让其在随后的80年代尝尽环境恶化的苦头。拥有后发优势的福建可以充分借鉴台湾的治污的经验与教训，为自身的转型提供参考。

闽台经济发展过程中的环境问题根源在于产业结构的不合理，这和一定时期的生产力水平有直接的关系。为改变产业结构不合理造成的环境与经济之间的矛盾，在生产力和综合实力提高后及时升级产业是明智之举。台湾20世纪90年代大量传统产业外移后，以高科技产品的生产和出口为主的经济形态为环境的好转、生态的恢复贡献巨大。

5　生态文化建设

文化是社会生产方式、经济基础和人们生活方式的产物．又强烈地反作用于社会生产方式、经济基础和生活方式[11]。生态文化是自人类诞生以来，不同人类种族、民族、族群为了适应和利用地球上多样性的生态环境之生存模式的总和。但工业文明坚持以人类为中心的价值观使生产力的价值维出现了偏差，导致人类发展的不可持续性，在此背景下，《寂静的春天》标志了具有现代意义的生态文化的诞生。人类采取政治、经济、法律、技术、文化教育等手段推进生态文明建设，以期实现与自然的共生共荣。而在人类自觉逆转的艰难过程中不同群体会有不同的价值取向，因此以下从群众、政府、企业三方面来探讨闽台生态文化的建设。

5.1　提高全民的生态文化教养

党的十七大提出"生态文明观念在全社会牢固树立"，这就需要在全社会范围推进生态文化教养，它是指社会通过各种教育方式和有利的环境熏陶和浸染，使所有社会成员具备建设生态文明的深厚的生态文化素质，这种素质是对于作为生态文明建设的社会成员的基本素质要求。廖福霖教授就认为生态文化的特征之一就是具有广泛的群众性，群众的生态文明建设是生态文化赖以产生、发展的坚实基础和丰富营养，同时为群众服务、以提高群众生态文明建设的积极性、主动性、创造性又是生态文化发展前进的群众性基础。

提高民众的生态文化修养，要从生态文化的两方面努力，即生态文化的内隐价值理念和外显具体样式，它是生态文化体系架构的两方面，文化内隐价值观(思想、观念、情感)决定了外显的生活和生活的呈现形态(生活方式、组织制度、创造成果)，外显的生活和生活的呈现形态是内隐价值理念的外化和具体化[18]。

福建生态省的建设离不开全体公民的参与，本着一切为了群众，一切依靠群众的工作方针加强教育宣传，让群众认识到生态环境的改善与其健康生活密切相关，有利于群众树立环保意识。同时推动环境公益诉讼，鼓励公众检举揭发各种环境违法行为。在这过程中，民众物质生活水平的持续提高是前提，按照库兹涅茨环境曲线的描述，人均 GDP 超过 3000 美元后，人们对环境质量的要求会逐渐提高，福建 2007 年即以跨入转折点，此时通过各种媒体加强教育宣传，让人们改变“商品高价，资源低价，环境无价”的传统价值观念可谓“水到渠成”。台湾的环境问题受到政府的重视和民众的努力是分不开的，政府在民间环保团体进的监督与推动下，环保政策历经多次修改与调整，以适应民众不同阶段的环保要求。例如成立于 1987 年的以“推展环境保护运动、维护台湾生态”为宗旨的“台湾环境保护联盟”，在让台湾人民拥有安全、健康、舒适、文明而永续的生存环境方面而不懈努力，而其经费来源几乎全靠爱台湾、爱乡土的有心民众的热心捐助。

5.2 政府在生态文化建设中的作用

经济发展过程中出现的环境与生态问题，需要政府有强有力的作为，因为工业文明向生态文明的过度不是其顺势行为。而市场经济是市场在资源配置中起基础性作用，政府更多的对市场进行引导和调控。服务性、法制型政府的建设要求我们在生态文化建设中除了采用行政的手段外，更多的要应用经济与法律的手段。

改革开放之初的1979年，全国人大常委会颁布了中国首部专门的环境保护法律——《环境保护法(试行)》，十年之后制定《环境保护法》。1995年《福建省环境保护条例》施行。从中央到地方的环境保护法律法规逐渐完善，为环保提供了宏观性的制度保障。同时有利于环境保护的价格、财政、税收、金融、土地等方面的经济政策体系要在微观层面发挥作用，让“环保不经济”情况不再发生。

台湾的生态文化建设过程中政府扮演很重要的角色，当政府忽视环境保护，坚持以经济增长为中心的时候，环境与经济的矛盾越加突出，反之，环境与经济逐渐实现了协调发展。台湾通过采取政策、经济、立法等各种措施来改善工业快速发展时期导致的生态破坏与环境污染。20世纪70年代以政策命令为主的政策措施被称为“第一代管制工具”；80年代中期以后，为适应市场经济的需要，以经济诱因工具和志愿性工具为特征的“第二代管制工具”发挥作用；20世纪末，以整合性的环境保护立法为特征“第三代管制工具”出现，它是台湾在自身政治、经济、文化的条件下寻求综合环境管制措施的产物[19]。

在“三代”管制工具中，环境立法发挥了重要作用。1988年，台湾环保机构“环保署”成立，草拟了《环境保护基本法草案》，规定环境保护与经济发展应兼筹并顾，但经济发展对环境有重大不良影响者，应对环境保护优先考虑。2002年12月11日，台湾又公布施行了《环境基本法》，并规定“环境保护应当优先于经济发展、国民、事业”。但事实证明各方面的努力并没有取得很好的效果，原因之一就是无论台湾经济建设与环保工作之间，还是环保工作中立法与行政、规划与实施之间，都未能在一个统一的步调协调进行，从而使台湾的环保工作不能摆脱片面性、权宜性的局限，而只能把重点放在对各种污染问题的善后处理上。[20]

两岸的环境立法中都有预防性原则，都试图把污染源消灭在萌芽状态，甚至不产生污染，但自环境法诞生之日起，其运行模式就是在“先污染后治理”的思路下展开，之后的政策以及市场运行机制的侧重点并没有根本转变，循环经济作为发展模式推行不力，整体以预防为主的目标没有实现[21]。因此可以看到台湾环境立法方面几经修改完善，而大陆1989年制定的《环境保护法》也因时代的变迁面临重新修订的任务，以适应新时期科学发展观的需求。

环保技术的推行主体应是企业，但新技术的开发在早期存在成本高、效益低的危险，甚至存在“技术不经济”的危险，因此，在新技术研发阶段，政府除在税收、政策方面给予企业扶持外，利用公共资金加大对环保技术的支持也不必不可少，这一点福建和台湾都有举措。福建R&D经费内部支出占GDP比重(%)持续走高2003年、2005年、2007年、2008年分别为0.75%、0.82%、0.90%、0.94%；台湾R&D经费支出占GDP比重(%)已经超过2%。

5.3 企业生态文化的建设

企业是以盈利为目的组织，是市场经济的细胞，在现代社会发展中具有重要的作用，整个社会的可持续发展离不开企业，但企业的生态化道路不能使其脱离利润的获得，处于企业文化核心的企业价值观源于企业过去形成竞争优势的成功要素，面对自身竞争能力和外部环境的变化，适时调整企业战略，研发应用生态化技术体系是大势所趋，潮流的必然，但新技术的最初研发成本高，收益存在危险性，这就需要政府在最初的经济转型阶段，加大对环保、绿色企业的扶持，同时广泛宣传教育，让民众改变工业社会的不良消费习惯，为环保产品开拓市场。更为重要的是要在此过程中逐渐通过市场机制让企业形成“自我决策、自我控制、自我管理”的方式，把环境管理融于企业全面管理之中，企业生态文化由此逐渐建立，最终实现和谐动力助推经济，绿色能源服务民生。

6 闽台生态文明交流合作

闽台的生态建设在生态化技术和制度措施方面都存在合作交流的潜力和可能性。目前闽台贸易合作日益加深，从改革开放之初的自发贸易阶段到20世纪80年代中期试探性投资阶段，再到投资与贸易互相促进阶段。尤其是马英九执政之后，两岸高层互访越来越频繁，两岸进入新的发展阶段，合作交流成效显著，这为开拓新的合作领域奠定了一定经济和政治基础。同时应看到台湾海峡的环境问题具有区域性特征，即环境污染和生态破坏是由福建、台湾等相关地区人们的经济社会活动引起的，与此相适应，防止环境污染、恢复生态平衡的措施也往往带有区域性和国际性[22]。因此，加强两岸交流与合作是时代的潮流，是两岸人民的根本利益所在。吴季松在《发展观与中国循环经济战略》一书中提到海峡两岸共建循环经济体系是两岸共建资源节约和环境友好型社会，实现双赢发展的最佳选择。

2009年国务院《关于支持福建省加快建设海峡西岸经济区的若干意见》正式颁布，强调海峡西岸经济区是两岸人民交流合作先行先试区域。2010年初，福建省通过《福建省建设海峡西岸经济区纲要》，把拓展闽台交流合作作为发展目标之一。省台办主任邓本元强调，应在“合、连、通、乐、优”字上继续行与试，努力推进闽台交流先行先试。宏观政策的制定为闽台生态文明交流合作提供了保障和契机；台湾永续发展委员会于1997年成立，2002年改组，并于2003年拟定完成“国家永续发展行动计划书”逐年实施。闽台新的合作领域，即生态文明已经跃然纸上。国际标准化组织（ISO）公布的规范全球工业界环境行为的ISO14000环境管理系列标准，使以统一标准衡量世界各国工业品的环境污染度成为可能。

在此基础上，借助两岸目前已经在经贸、文化、旅游、农业等方面建立的交流合作平台，推动闽台生态文明交流合作。在论坛型合作机构的组织下，由环境管理部门和民间环境组织、企业家定期或不定期地协商台湾海峡的环境和生态平衡问题，讨论台湾海峡环境保护和生态平衡，协调两地逐步实现既定目标。开始可以民间为主推动，并逐步转向官民相结合共同推动[22]，这符合海峡两岸目前的特殊关系。以下就两岸生态文明交流合作领域及机制问题进行探讨。

两岸政府主管部门应成为生态文明建设的宏观组织者和推动者，积极构建两岸生态文明交流合作的框架，制定和完善交流合作的制度及相关标准。在此基础上，两岸相关协会和企业发挥主体作用，利用已经建立的经贸关系，发展节能产业和服务，构建“政府搭台，企业唱戏”的合作模式。这符合双方利益，合作基础坚实，前景广阔。

福建“先行先试”的政策优势，目前两岸合作项目已经涉农业、产业、金融、用地、旅游和交通等领域。2009年，台湾绿色生产力基金会与中国再生资源回收利用协会举办“两岸电子废弃物资源再生发展论坛”，探讨议题涵盖两岸资源再生产业推动政策、废电子产品回收处理制度、体系、技术等，并签订“两岸资源再生产业发展合作意向书”建构合作平台，推进各项特定议题的实际交流与合作。

2005 年，闽台利用气候、地理相近的优势正式成立了“海峡两岸(福建)农业合作试验区”，闽台农业合作渐入佳境。截至 2007 年 12 月底，福建累计批准台资农业项目 2012 项，合同台资 25. 2 亿美元，实际利用台资 14. 5 亿美元，占了大陆两岸农业合作试验区利用台资总量的 7 成以上。福建成为大陆对台农业合作的密集区和重要基地，也是大陆农业利用台资最多的省份。2010 年德化确定六个对台科研合作项目，且都以植被的生态、经济效益为目标。5 月，由福建省省长率领的经贸文化交流团赴台参访，以“走亲访友做生意”[23]行交流，期盼闽台深化合作，实现双赢。

企业借助政府和协会已经搭建的平台，建立商业网络互动共享机制，彼此取长补短，发挥各自优势，可在生态工程、环保服务、环保建材等领域加强合作。福建可以借鉴学习台湾环保科技，也可为其提供广阔市场，达到加速福建环保技术提升和工业转型的目的；台湾的旅游市场一直受到大陆人民的向往，实现“大三通”加快了两岸人员往来，台湾可发挥旅游生态教育作用，提升旅游者人文修养，对于加深两岸了解，坚实生态建设民众基础，创建闽台共同生态文化有积极意义。因此，挖掘闽台旅游资源中的共有生态文化，激发民众热爱祖国大好河山的热情，是实现生产、生活方式转变的情感诉求。

闽台经济上的密切往来，情感上的共同诉求，地缘上的相邻依托，生态上的相互融合都为已经开启，即将走向全面的生态文明建设交流合作奠定了坚实基础，并继续发挥桥梁和纽带作用。

参考文献：

[1]韦素琼．闽台经济发展阶段辨析[J]．福建师范大学学报，2004(6)：41 ~45.

[2]蔡仰虔．台湾经济发展阶段论[EB/OL]．http：//www. docin. com/p - 7132828. html.

[3]李国鼎．台湾的经济计划及其实施[M]．南京：东南大学出版社，1995.

[4]曹小衡，葛立祥．台湾经济快速增长时期(快速工业化时期)的收入分配研究[J]．台湾研究集刊，2008(3)：51～60.
[5]林丰德，林俊文，李金龙．中国台湾地区的经济发展历程[J]．经济研究导刊，2009(15)：134～136.
[6]郑少春．资源环境约束和福建经济发展方式转变[J]．中国科技论坛，2009(9)：73～77.
[7]胡致鹏，应传友，邵春雨，陈春秀．福建环保产业发展分析和展望[J]．海峡科技，2009(6)：141～143.
[8]福建省统计分析报告．节能降耗的难点与实现途径探讨[C]. 2007(17)：5.
[9]李鸿霖．台湾地区废弃物回收管理之研究[D]．台北：中南大学，2006：6～20.
[10]廖福霖．关于生态文明及其消费观的几个问题[J]．福建师范大学学报，2009(1)：11～16.
[11]廖福霖．关于生态文化的几个问题[J]．三明学院学报，2009(3)：1～7.
[12]林秀琴．台湾观光农业的发展与启示[J]．海峡科技与产业，2002(2)：26～27.
[13]袁书琪．福建省生态旅游资源的总体特征与空间分布[J]．辽宁师范大学学报(自然科学版)，28(3)：349～351.
[14]曾从盛，郑达贤，汤小华等．福建建设生态省的条件分析[J]．福建地理，2002，17(4)：1～3.
[15]林永健．福建人居生态环境建设的基本思路[J]．区域经济，2003(6)：11～13.
[16]杜强．论台湾环保产业的发展[J]．台湾研究，2005(4)：33～37.
[17]游健胜，陈志强．台湾可持续发展的做法及其对福建的启示[J]．海峡科技与产业，2007(6)：45～48.
[18]余达忠．生态文化的形成、价值观及其体系架构[J]．三明学院学报，27(1)：19～24.
[19]黄嘉珍．台湾地区《环境基本法》评析[J]．昆明理工大学学报，9(7)：9～14.
[20]张景旭，贺弘景．台湾环境污染与工业发展政策[J]．台湾研究集刊，1988(1)：42～46.
[21]唐荣智，钱水娟．海峡两岸环境基本法模式与原则比较研究[J]．太平洋学报，2007(11)：86～96.
[22]金泓泛．可持续发展与台湾海峡环境保护带[J]．亚太经济，1998(1)：35～39.
[23]连萌．闽台交流情况介绍[EB/OL]．http：//www. huaxia. com/thpl/tbch/tbch-wz/05/1433471. html.

第十八章

生态文明建设的社会目的

党的十七大报告提出："建设生态文明，基本形成节约能源资源和保护生态环境的产业结构、增长方式、消费模式。"使"生态文明观念在全社会牢固树立"[1]。生态文明建设的历史使命立足于13亿中国人的生存与发展，确立"使人民在良好生态环境中生产生活，实现经济社会永续发展"的社会目的。探索文明自觉发展道路的伟大实践赋予实践主体以历史性、全球性的社会责任，将推动人类文明形态的变革与转型，在人类文明史上写下光辉篇章。"19世纪英国教会世界如何生产，20世纪美国教会世界如何消费，21世纪中国教会世界怎样实现可持续发展。中国在转变经济发展方式过程中所取得的理论进展和实践成效，不仅将造福于10多亿中国人民，而且将为世界经济可持续发展和经济学演进做出重要贡献。"[2]

1 社会实践目的的统一性

人类文明植根于作为对象性存在的现实的自然界，生存与环境的统一是人类社会实践的重要目的。成文史前的原始社会时期，人类经历着生命史上最为漫长和曲折痛苦的艰难创业的历程，满足生存需要的巨大压力迫使人类竭尽全力与强大的自然抗争。如果说，人类从制造最简陋的砾石工具开始，就在进行着损害自然以利于自己的活动，人作用自然的行为逐渐割裂了人的生存发展与保护自然生态平衡的统一。那么，可以说工业文明借助于日益强大的工具技术系统，对地球自然已经造成全局性与长期性的负面影响，直接威胁着地球上生命系统的存在与演化，不仅制约着当代社会的发展，而且对未来人类的生存与发展构成了威胁。生态文明作为新的文明形态，是对工业文明的扬弃，满足人类持续生存与全面发展的需要与实现自然界生态系统的平衡，实现自然—人—

社会复合生态系统的共生共荣、共同发展是其最终价值追求。也就是说，生存发展与自然保护构成了生态文明建设社会目的统一性。生态文明建设的社会目的不仅致力于追求满足人类整体对于生存与发展的需求，而且致力于维护地球生态系统的积极平衡。

1.1　社会实践的双重目的

人们作用自然的社会实践应当以满足自然—人—社会复合生态系统需求为目的。在自然界的力量显得异常强大的文明史早期，诞生于动物界的原始人群对于各种自然现象缺乏了解，感到神秘莫测，对于自然界带来的各种灾难无法抗拒，心怀敬畏恐惧。“自然界起初是作为一种完全异己的、有无限威力和不可制服的力量与人们对立的，人们同它的关系完全像动物同它的关系一样，人们就像牲畜一般服从它的权力。”面对着庞大的地球自然界及其丰富的资源，面对着异常强大的、外在的自然力，人类艰难地与自然抗争，致力于满足生存与发展的需求，人与自然的互动关系具有单一性、物质性的特征，突出人作用自然的社会目的定位的单向性，似乎有其合理性。“在启蒙时代，人类就不能在生产和消费所带来的尽情享乐中寻找他们的人生目的和意义，人的需要和欲望、梦想和追求，都囿于对物质利益的追求之中了。”[3]在科学技术发展水平不高、社会生产力低下并且人口规模相对比较小的古代，作为生态食物链上高级物种的人类，凭借简陋的工具，主要获取自然界的现成产物，艰难地满足自身生存的需要，几乎无暇顾及其行为所引起的危及自然的消极后果。事实上，人类行为对庞大的地球自然系统的干扰与影响是极其有限的。

人类随着工具——技术系统的逐渐完善而获得了日益强大的现实力量以控制、支配自然力，导致了人与自然之间本质上的新关系。农业生产方式实现了自然物的增殖，并且从土地种植中获得的食物超过在广大地面上猎获和采集的数量，初步改变了人对自然的依附地位，改变了对动物和植物的寄生地位。农业文明通过开发地球表面生物水土资源实现对自然有限的征服，过度的开发导致了局部性、地域性的表土资源耗竭、生态环境恶化……人类为自己肆无忌惮的扩张而付出沉重的代价，许多曾经灿烂的古代文明因失去表土资源的支撑而衰弱，乃至消失在地平线下，留下一片荒漠。工业文明创造了神奇的生产力，人与自然关系的“征服—惩罚”特点更加突出。一方面，“征服自然”、“控制自然”成为工业文明的主旋律，全面开发、利用各类自然资源，产品不断制造出来，财富像泉水般从地下不断涌现出来，高度发达的社会生产力足以改变了整个世界的面貌。另一方面，人类迷信理性的力量，对自然的征服、掠夺达到登峰造极的疯狂程度，根本破坏和瓦解了人与自然的和谐统一整体，人类生活的两个世界——他所继承的生物圈和他所创造的技术圈——业已失去了平衡，处于深刻的矛盾与对立之中。强大的社会生产力在资本的逻辑的支配下突显工业文明的进攻性、征服性和掠夺性特征，单一性社会实践目的形成其反人性和反自然(生态)的性质。

几百年来，工业文明的辉煌是以破坏生态环境为代价的，无节制的生产增长猛烈冲击着我们周围的生态系统。“只要当今这种组织形式的现代工业文明带着强大的技术力量作为一个整体继续遵循着这种思维模式前进，鼓励人们为短期利益、局部利益而去操纵自然界，榨取自然界，那么，这种无坚不摧的力量将继续其摧毁地球的进程而不以任何人的所作所为而转移。”[4]人与自然的高度相关及人对自然的高度依赖，使人凭自己的意志征服自然成为不可能，人类必须改弦易辙，改变人与自然关系尖锐对立、对抗的状况，化解文明进程中人与自然的对抗，克服既往文明特别是工业文明单一性实践目的的片面性。我国生态文明建设立足于经济社会发展和生态环境资源的基本国情，积极探索摆脱生存和发展危机的途径。我们需要从人与自然关系和人们的社会关系相互制约的观点出发，反思导致否定工业文明以来形成的物质享乐主义和对自然的掠夺，思考强大的人类如何对脆弱的自然给予关怀，确立人类社会与自然和谐共处、协同发展的双重目的。一方面，鉴于我国属于发展中人口大国的国情，应该确立人的社会需求的满足作为生态文明建设的目标，强调通过有目的的活动——劳动，改变自然界，实现社会与自然的物质、能量、信息交换，推动社会经济发展满足人们不断增长的持续的社会需求。另一方面，鉴于我国生态脆弱、人均资源少、环境污染严重，应当确立社会发展中实现与自然的平衡的理想目标，强调人与自然交换活动应当遵循而不是违背自然界的客观规律，维护而不是破坏自然界的整体性、系统性，促使地球生态自然继续沿着有序化方向进化、发展，使作为“自然存在物”及“社会存在物”的人与自然之间达到和谐，使人类社会与其赖以生存的自然环境协调发展。

1.2 满足人类生存需求的优先地位

“全部人类历史的第一个前提无疑是有生命的个人的存在”[4]，任何文明形态都要满足人的生存与发展需求。生态文明作为人类文明的新形态，应当始终将满足人的需求置于优先地位，坚持在发展中实现人与自然的积极平衡。

以往人们对发展的理解具有片面性，强调工业化，突出追求经济增长，把社会发展仅仅看成是一种经济现象，把 GDP 增长当成社会发展的唯一目标。近代以来，“增长就是一切”的思想付诸实践，少数工业化国家确实通过持续的经济增长而进入现代化社会，人们的生活质量也有明显的提高。然而，在这一过程中所形成的高生产、高消费、高浪费的发展模式，却破坏了所赖以发展的环境，导致环境污染，生态破坏，资源枯竭，工业病蔓延。也就是说，这种发展模式具有不可持续性，况且，仅仅追求经济增长也不合乎人类本性。

20 世纪中叶以来，面对生存环境的现实威胁，环境保护运动的思想家们反思、批判人类中心的观念，他们清醒地认识到人类与周围自然有着共同的命运，人类的利益存在于自然界之中，告诫人们必须以地球生物圈的健康生存来约束和限制自己对待自然的行为，而不能像癌细胞那样失去控制，具有警世的积极作用，从而具有一定的合理性。但是，完全漠视人类利益，甚至以人类自我为敌的极端自然主义(也是泛生态主义)，背离了人类实践的社会经济目的，应该说，他们的见解在理论上是片面的，在实践上是不可行的。生态文明践行生态整体主义理念，人是主体与客体的统一，目的与手段的统一。

建设生态文明以自然—人—社会复合生态系统为考虑问题的出发点和最终归宿的立场，明确表达了生态环境保护对于人类的极端重要性，目的就在于“使人民在良好生态环境中生产生活，实现经济社会永续发展”，强调经济可持续发展、社会可持续发展、环境或生态可持续发展是一个统一的整体，环境与环境保护作为人类维护生态平衡和净化生存环境的必然要求构成发展所包含的基本内容。中国作为发展中的人口大国，正面临着消除贫困、提高人民生活水平和保护环境的双重挑战。目前我国虽然总体上达到了小康水平，但距离全面建设小康社会还有很长的路要走。在农村，尤其是在西部贫困地区，大多数居民刚刚解决温饱问题，甚至还有不少贫困人口。生态环境恶化与贫困现象往往并存。在极其贫困的条件下，人们追求生存的自然本性“必需重新开始争取必需品的斗争，全部陈腐污浊的东西又要死灰复燃”[4]。其中包括进一步掠夺、剥夺自然，加剧人与自然关系的危机，从而削弱了人类全体生存与发展的根基。贫困人口在生存压力下的选择是无可厚非的，但是，其后果导致人们为了短暂的利益而付出昂贵的环境代价，而环境的破坏又使贫困人口陷入更加恶劣的生活环境之中。在资源有限的条件下通过发展满足人民尤其是贫困人口生存与发展的需要，破解贫困与环境恶化恶性循环的怪圈，通过发展中去实现人与自然的积极平衡，是生态文明建设题中应有之义。

1.3 人与自然积极平衡的基础地位

生态文明建设致力于协调人与自然的关系，引导人类从与自然的对立走向和谐，形成人与自然的积极平衡关系，奠定满足人类需求的自然基础。人从自然界分化产生出来，在“完全异己的、有无限威力和不可制服”的强大自然力的压迫下，作为自然界的对立物，“人们同自然界的关系完全像动物同自然界的关系一样，人们就像牲畜一样慑服于自然界”[4]。为了克服早期人类对自然界的恐惧与崇拜心理，基督教义赋予人以仅次于神的地位，从而拥有对自然的无上权利，认为自然被创造出来的目的性、存在的合理性在于满足人类的需要。近代科学的兴起否定了关于人与自然关系的神学假定，却把生机盎然的自然界描绘成沉默、僵死、被动的世界，将其分解为一组组可以操纵的客体，在理性的基础上进一步强化了自然存在的合目的性——满足人的需要。两者异曲同工之妙，体现为致力于确立人对自然的主体地位，使人与自然关系成为一种征服与被征服的关系。“文明人走过地球表面，在他们足迹所过之处，留下一片荒漠 。”[4]印度河畔的巴哈马文明，南美洲的玛雅文明的突然消失，曾经对世界文明发展做出巨大贡献的两河流域的衰退……伴随着农业文明的灿烂是一串串荒漠化的足迹。工业文明对自然的负面影响具有全局性与长期性的特点，经过一百多年的积淀，终于形成急剧改变地球的环境趋势，演化成为当前的全球性环境问题。愈演愈烈的全球性环境问题足以警醒世人：生态环境问题不仅直接制约着当代社会的发展，而且对未来人类的生存与发展构成了威胁；不仅威胁着人类社会的生存与发展，而且威胁着地球上生命系统的存在与演化。进入新世纪，生态环境恶化的趋势并没有得到遏制，科学家忧心忡忡地再次发出警告：人类正在主导第六次物种大灭绝，处于生物链顶端的人类当然也难逃其他生命所面临的厄运。

满足人类需求与生态环境保护具有高度相关性，人类与周围自然有着共同的命运，人类的利益存在于自然界之中，人与自然的协调发展是满足生态文明建设社会目的的内在诉求。人类作用自然的行为总是不断打破自然界已有的平衡，建立新的平衡，生态文明建设赋予自然资源与环境容量在人与自然关系中的基础地位，以地球生物圈的健康生存来约束和限制人类对待自然的行为，致力于建立人与自然的积极平衡关系，归根到底是奠定人类整体持久生存与发展外部自然基础。

2　实现社会目的的超越性

人类只有一个地球，地球生态环境决定着人类的生存与发展，生态文明建设立足现实，面向未来，在时空维度上需要超越个体、集团和时代的局限性，形成全球性思维的整体观念和面向未来的历史视野。总结文明史演化为荒漠史的经验教训[5]，我们应当从自然的历史演化中理解人类支配权的暂时性，从自然的普遍联系中理解人类支配权的相对性。生活于文明高度发展的当代，我们已经无法改变祖先们对于环境的所作所为，也解决不了子孙后代的环境问题，但是我们有责任改变我们的生产方式、生活方式和价值观，解决我们现在能解决的问题，不应该也不允许进一步增加子孙后代的负担。

2.1　人类现实自然界的有限性

生态文明建设强调人类文明的基础是人类现实的自然界，具有唯一性、有限性的特点。马克思主义认为，人类现实的自然界构成人类社会生存与发展的基础和前提，“整个自然界——首先作为人的直接的生活资料，其次作为人的生命活动的材料、对象和工具——变成人的无机的身体”[6]，自然界还是人类“精神的无机自然界”。

在人与自然关系的历史发展过程中，人类与自然交往的范围经历了外延不断扩张的进程。资本主义大工业把人类带进世界历史性存在的时代，人类现实的自然界已经扩展到整个地球自然系统，极大地扩充了人与自然进行物质、能量变换的基础。当人类的足迹几乎踏上地球表面的每一空间，也就意味着人与地球自然交往的外延扩张已经快到了尽头，地球的空间限制成为人们难以逾越的屏障。1969 年，“阿波罗”计划的成功表明人类可以克服地心引力而飞向太空其他星球，但是费用高昂的航天运输工具使得移居球外天体只能是极少数地球人的一种奢望。20 世纪末，“生物圈二号”实验的失败证明了这样一个无情的事实：人类在现有技术条件下还无法模拟出一个类似地球、适合人类生存的“地球二号”。在无边无际、无穷无尽的茫茫宇宙中，人类没有可以召唤的近邻，没有可以停靠的现成空间基地。在特定的时空范围内，适合人类生存的场所只有一个：“我们的宇宙”即人类现实的自然界——就是人类赖以生存的地球自然。

20 世纪科学的一个伟大发现是发现地球很小。大爆炸宇宙学的发展，应用射电天文望远镜，观察到总星系直径 120 亿光年以上；相比之下，人类现实的自然界——地球只不过是直径 1/24 光秒即 12000 多 km 的小小寰球。相对于经济：随着经济发展，经济规模膨胀，作为财富源泉的地表物质资源显得那么有限，部分资源出现短缺；相对于人口：日益增加的人口使人均生存空间变得更加狭小，凸显地表环境资源有限性。当代及未来的若干世纪，人类的命运始终和地球联系在一起，外部空间以铁的必然性规定了人类对自然资源利用的极限和环境容量的极限。人类社会的发展无法突破地球环境的容量、地球生物圈的再生能力和承受能力。

自然资源是人类赖以生存的基础，它是有用的，又是唯一的，对其造成的损害往往是不可逆的。生态文明建设立足于地球自然这个有限的环境，不让自然作为盲目的力量统治自己，就必须正确认识自然，形成正确的环境资源价值观念。首先，自然资源的有用性，作为生存条件，自然资源是人与自然物质交换的对象，其对人类提供的服务是不可替代的。人类的肉体生活与精神生活离不开自然及其资源。在商品经济体系中，自然资源的有用性已经被人们赋予了市场价格，并且这种市场价格与经济环境高度相关，受供求关系的影响而波动。其次，自然资源的唯一性与有限性，地球是唯一适合人类生存的场所，地球自然资源的供给是有限的，不可能随着不断增加的总需求而同步增加。随着资源开发强度的提高，潜在自然资源日趋减少，水、空气、土地、生物、矿物等自然资源并非“取之不尽，用之不竭”。第三，环境资源损害的不可逆性。自然环境是亿万年自然进化过程的结果，与人类时间尺度有着不同数量级的巨大差异。自然资源的掠夺开发会导致环境资源的破坏，而环境资源一旦遭破坏，以目前的科技水平，修复局部自然环境或许可能，但将是一件耗资巨大的工程，而宏观自然环境的损毁也许就意味着永远失去。

生态文明建设摒弃工业文明无限扩张的传统模式，通过深化对制约发展的环境因素的认识，不仅定性而且定量地考察环境的容量、生物圈的承受能力，走依赖地球环境资源的内涵发展道路，更充分地利用地球资源，以实现人类文明的持续发展。

2.2　现实自然的整体性

生态文明建设以自然—人—社会整体的生存和发展为最高追求，必须确立生态整体主义的价值追求。随着生产、分工、交往的发展，特别是随着资本主义市场经济的发展，本来各自孤立的共同体越来越被各方面的密切联系和相互依赖所代替，物质生产如此，环境与环境保护也如此，人类共同的发展、共同的环境使人们之间的联系更为紧密，我们都属于一个比我们更广大的世界。人们的生产、消费及其依赖的环境都具有全球性的特点，形成一个在各个方面互相交往的、互相依赖的世界联系的总体系、世界交往总链条，人类的命运、人类的生存与发展已经构成一个整体。

人类作用自然的社会实践具有实现利益的直接性，组成人类的不同个体、群体、地区、民族、国家仍然有各自独立的利益。早期人类社会在对局部利益、短期利益的追逐过程中，人类整体的概念实际上是一个空洞的抽象，仅仅是分解为各个具体的社会共同体的算术和，体现人类整体利益的生态环境效益具有漫延性的空间特点，对人类整体的生存与发展的思考被追逐局部利益、短期利益的阴影所掩盖。不同利益集团现实、具体的利益与未来的、似乎抽象的全局利益的冲突不断加剧，环境保护突出民族、国家利益的地区化倾向正在侵蚀着我们的环境保护事业。人们都希望环境得到根本好转，但却指望他人付出更大的努力而使自己分享到更多的好处。在这种搭便车心态的支配下，人类活动正在毁灭着全球环境这块“公用草地”，“局部好转，整体恶化”的全局性环境趋势就是环境保护中“自扫门前雪”的必然后果。生产资料的私人占有和资本追逐剩余价值的本性进一步加剧了这一矛盾，破坏了人类整体生存和发展的能力。“由于生产的供应和管理是一个相当复杂的过程，因此……国家政策往往会产生复杂的预想不到的后果。一个政策很可能以牺牲资本总体利益为代价来使个别资本获益，或者是以牺牲个别资本的利益为代价来使各种资本派别获得好处。一些企业会以别的企业受损、或以环境为代价而受到帮助和支持。一些地区可能会以别的地区受到损失而得到实惠。国家也可能一手硬、一手软。”[7]

如果说，人类共同利益的主体具有广泛性、不确定性的特点，与具体行为主体的现实利益产生矛盾，使之成为具有普遍性意义的动力机制具有相当的难度，那么，以包括人在内的地球生态系统的共同利益为目标的价值体系的建立则更是困难重重。当今世界，经济全球化使全球环境更加紧密地联成一体，侵蚀生态环境“公共草地”的责任主体之间存在错综复杂的关系。比如，存在温室气体的“转移排放”现象，一些发展中国家的高排放量实际上反映了工业化国家的高消费水平。根据英国廷德尔研究中心 2007 年对“谁应该为中国排放的 CO_2 承担责任?”的研究，中国温室气体排放量的近 25% 源于出口到工业化国家的产品。又如，在水资源的消费利用方面，据日本《呼声》月刊报道，由于生产基地的全球化，日本的小麦、玉米、大豆九成以上依赖进口，其中一半来自美国。而生产这些农作物需要消耗大量水，比如每千克小麦或玉米需 2000L 水，但通过进口，日本不用消耗本国的水而是依靠外国的水资源保证了本身的食品供应[8]。

生态文明立足于人类现实自然的整体性，强调人类生存和发展的系统整体性。确立满足人的需要的社会目标，一部分人的发展不应以损害另一部分人发展的权利为代价；享有平等的发展机会不仅是人们应该拥有的权利，而且是协调人与自然关系、保护生态环境的必要前提。强调生存与发展的机会平等是以人们赖以生存的现实的自然界—地球自然环境为中介，提供了解决矛盾的现实基础，在理性框架下努力探索整体性理想的现实途径。

2.3　代际分享的公平性

生态文明建设的社会目的具有历史发展的涵义，在人类世代发展的系列中实现，体现为生存与发展权利的代际公平—当代人的发展不应损害下一代人满足其需要的能力。人们今天在环境问题上还必须放眼未来加以思考，进一步认识到被时间差掩盖着的代际之间资源的共享性：当代人消耗的每一单位非再生资源意味着后代人将要少消耗同样多的非再生资源；当代人对可再生资源的开发、利用如果超过了其再生速率，破坏了其可再生性，就意味着后代人丧失了开发、利用的机会；当代人对自然环境的污染如果超过了其可承受能力，就意味着后代人永久性地失去了适合生存的自然环境。

由于人类作用自然的活动对于生态环境的影响具有滞后性的特点，因此，“我们不要过分陶醉于我们人类对自然界的胜利。对于每一次这样的胜利，自然界都报复了我们。每一次胜利，起初确实取得了我们预期的结果，但是往后和再往后却发生完全不同的、出乎预料的影响，常常把最初的结果又取消了。”[9] 当代人正在承受着工业化进程产生的第二步、第三步的影响，承受着先辈们对自然生态环境的破坏所造成的严重祸害。尽管我们已经并继续为前人的发展承受了惨重的代价，但是这并没有提供我们转嫁危机的权利，即加大掠夺自然的强度从而进一步削弱子孙后代的生存与发展的自然基础。因为，我们所拥有的地球是向子孙后代借贷来的，而不是从先辈那里继承来的。代际平等性要求在当代人的发展与后代人的发展之间保持必要的张力，以打破“掠夺—发展—祸害”恶性循环的怪圈。

环境共同性与环境影响的滞后性，在当代人与后人之间出现利益的一致性与利益主体在责任与义务上的不对称，他们对每一个他人的未来的责任集中体现为对整个地球环境的责任。代际分享的公平性需要确立新的理念，肩负着双重的任务，当代人既要消除前人造成的环境祸害，又要为后人留下一个美好的环境，至少不要进一步祸害环境。

发展需要付出代价，生态文明建设同样需要付出代价，需要人们承受局部利益、当前利益的部分牺牲。生态文明建设社会目的的确立，赋予人与自然的关系这个古老而又常新的课题以崭新的内涵，揭示了生态文明建设的系统整体性和历史发展性，为人们争取生存与发展的代间公平与代际公平奠定了理论基础。

3 生态社会责任

生态文明建设强调人在人与自然系统中的主观能动性，突出人类行为主体的生态社会责任。在长期的进化过程中，人类作为地球生物圈特殊的智慧生命，必须承担起与这种作用相适应的责任。生态环境保护作为人类生存和发展的基本前提，是生态文明建设的内在诉求。生态文明建设的双重目的和双重任务要求我们，要以科学发展观为指导，“坚持走中国特色新型工业化道路”，在继承工业文明成果的过程中超越工业文明，实现文明的自觉发展。作为发展主体的政府、企业与公众，都必须勇于承担其应当担当的生态社会责任。

3.1 政府的生态社会责任

建设生态文明，政府必须肩负起自己的生态社会责任。环境是一种公共财产，这种公共财产的提供(例如清洁水，良好的大气环境)，对所有人都有好处且多一些人享受它的好处并不会加大总成本。但是如果没有公共财产，所有人的利益都会受损。公共财产或者公共财产受到破坏(例如污染水，污染大气等)的特点决定了个人或市场都不会提供控制环境污染的费用和服务，只有政府是公共财产的提供者。来自市场经济的压力愈大，政府对防治环境污染、整治国土资源的责任就愈大。否则，日益扩大的生态赤字将使其他领域所获得的成绩不是大打折扣，就是黯然失色。在人口和经济增长的双重压力下，环境的污染和生态的破坏已经给我国社会、经济和环境带来多方面的影响，这种影响随着时间的推移已越来越明显。整个中华民族及其子孙后代赖以生存和发展的基础——自然资源和环境支持系统已经受到严重损坏，我们当代人及后代人的生存空间更加狭小，生存的环境更加脆弱。2002 年牛文元院士主持的《中国可持续发展战略报告》经过认真分析基本国情，进行计算机 1.7 亿次有效运算，指出中国要实现可持续发展的战略目标，必须有序地通过三个基本台阶，实现三个“零增长”：2030 年实现人口规模的零增长；2040 年实现能源资源消耗的零增长；2050 年实现生态环境退化零增长。人口零增长是我国实现持续发展的第一块试金石，实现可持续发展的第一个战略台阶。连续三个十年迈上三个新台阶，我国才能跨越可持续发展的高门槛[10]。为了改变日益恶化的环境形势，我国政府立足于这一基本国情，勇于负起自己的生态社会责任，坚持开拓适合中国国情的环境保护道路，确定了环境保护为振兴中华民族的一项基本国策，早在上个世纪末，就在全球率先编制了《中国 21 世纪议程》，进入新世纪，我国又进一步提出统筹解决人与自然关系、建设节约型社会，推出建设生态文明的伟大战略。

3.2 企业的生态社会责任

建设生态文明，企业必须肩负起自己的生态社会责任。从生态文明的视野，企业是人类借以实现复合生态系统和谐协调，共生共荣，共同发展的经济组织，是资本运行的一种社会形式和实现增殖的一种方式。企业作为一种社会设置、社会组织，直接体现着人与自然的物质、能量、信息变换关系，其生产经营活动都离不开人类所依存的大自然。企业的发展规划决定了企业与其自然及人文环境的关系；原材料与能源的投入大量地消耗着自然资源；生产过程通过其排放的有害废弃物影响了自然环境。企业在与自然和社会的关系中创造物质财富，同时也改变着自然环境。企业享有利用和处置社会共有的自然资源的权利，理应承担生态责任。相比个人和其他社会组织，企业是资源消耗最大，最容易对环境产生污染的部门，应当承担更大份额的生态责任。因此，企业应切实考虑到自然生态及社会对其生产活动的承受性，应考虑其行为是否会造成公害，是否会导致环境污染，是否浪费了自然资源。总之，应当协调好与自然、社会的关系，摆脱那种单纯追求经济利益的桎梏，要回报社会和善待大自然。市场经济本身会产生许多外部经济效应或者外部不经济效应，环境污染就是最明显的例子。企业以越来越高的强度把地球上的物质和能源开采出来，在生产加工和消费过程中又把污染和废物大量地排放到环境中去。实际上是把自然当作天然的资源库和废物的垃圾场，无偿地为人类服务，而不考虑生态环境的承受力。在这里，企业享受了权利，却没有承担责任，把本应由企业承担的生态责任外部化，推到遥远的未来或推给他人和社会承担。生态文明建设，转变经济发展方式，解决经济增长中资源过度消耗，环境污染严重等问题，企业身负重任，“必须”承担生态社会责任。承担生态社会责任意味着企业成本的加大，影响企业的短期效益，对企业来说是一种严峻的挑战，但这是建设生态文明社会企业生存与发展的必然选择，同时也是我国企业自我提升的一个契机。

3.3 公众的生态社会责任

建设生态文明，公众必须肩负起自己的生态社会责任。生态文明建设是一项面向未来的事业，需要社会公众的自觉参与。问题出在人类内部，任何可能的解决办法也存在于人类内部。“我们的盟友是我们自己”，文明的自发发展向自觉发展固然需要理想主义者，但是更需要善于实践的现实主义者。当代人缺乏与其新地位相符的职责观念，这是人类变得更强大的一大缺陷。

提高人类的责任水平是建设生态文明所必需的，要“增强全民族的环境保护意识，在全社会形成爱护环境、保护环境的良好风尚，”[11]引导公众确立生态文明观。极其重要的任务在于提高人的环境意识、提高人类素质，用保持自然之统一的情感取代对自然的统治与掠夺。其一，使人们认识到人类必须用尊重自然的态度取代占有自然的欲念。尊重自然是科学理性的升华，人类的命运与生态系统中其他生命的命运是紧密相连、休戚相关的，人类对自然的破坏最终会返回来伤害人类自己，所以，人类对自然的伤害实际上就是对自己的伤害，对自然的不尊重实际上就是对人类自己的不尊重。其二，用爱护自然的行为取代征服自然的活动。人类作用自然的行为事实上已经取代自然本身的自发运演，人类在利用和改造自然时要尊重自然的基本规律，在利用和改造自然满足人类生存需要的同时，尊重并维护自然的完整性与稳定性，维护生态系统的平衡，保护生物多样性，适当关注其他生命的生存和延续。其三，用适度消费取代无度消费。消费作为人类生存的手段，其存在与发展毫无疑问必须有利于人的发展。人的需要是无穷尽的，而无穷尽只能在精神王国里实现，在物质王国里永远不能实现。无限扩张的消费欲望是人与自然不和谐的原动力，如果对其不加以控制，必然激化人类的贪婪、不知足与资源有限性的矛盾。必须坚持马克思主义关于消费本质及合理消费标准的立场，汲取我国文化传统的精华，提倡并坚持合理消费的原则，构建合理消费的良好社会氛围，坚决抵御消费主义的诱惑，以促进人与自我、人与社会、人与自然协调发展。

建设生态文明，追求并实现人与自然的积极平衡，需要人类全体的努力。生态文明建设事业固然需要理想主义者，但是更需要善于实践的现实主义者，“我们的盟友是我们自己”，人类文明的转型需要广泛的群众基础，使建设新文明真正成为一项社会公众的事业。探讨并明确生态文明建设的社会目的因素，以追求自然—人—社会复合生态系统的持续、协调、全面发展为导向，应该成为新世纪新文明的基石。中华民族应当在生态文明建设中有所作为。

参考文献

[1]胡锦涛：在中国共产党第十七次全国代表大会上的报告[N]，福建日报，2007-10-25(1).

[2]张玉玲：转变经济发展方式意义重大——访卢中原[N]，光明日报，2007-10-24(7).

[3][美]里夫金，霍华德．熵：一种新的世界观[M]．上海：上海译文出版社，1987：22.

[4][美]阿尔-戈尔．濒临失衡的地球[M]．北京：中央编译出版社．1977年：第237页．

[5][美]卡特，戴尔．表土与人类文明[M]．北京：中国环境科学出版社，1987.

[6]马克思，恩格斯．马克思恩格斯全集[M]．第42卷．北京：人民出版社．1979年．

[7][美]詹姆斯·奥康纳．唐正东，臧佩洪(译)．自然的理由[M]．南京：南京大学出版社．2003，1：239.

[8]全球合作是阻止气候变化的防波堤[N]. 科技日报. 2007-12-13(6).
[9]马克思恩格斯选集[M]. 第4卷. 北京：人民出版社，1995.
[10]中国科学院可持续发展研究组. 2002中国可持续发展战略报告[M]. 北京：科学出版社，2002.
[11]胡锦涛. 在省部级主要领导干部提高构建社会主义和谐社会能力专题研讨班上的讲话[N]. 厦门日报2005-6-27(1).

后　　记

本书在实证调研和理论研究的基础上，由福建省生态文明研究会会长、福建师范大学生态文明研究所所长、福建师范大学博士生导师廖福霖教授提出全书撰写提纲、各章理论观点、实证研究要求，由团队成员分头撰写。第一稿出来后，由廖福霖总篡并提出修改意见，撰写人分别修改，形成第二稿；然后集中改稿，由廖福霖和改稿人员逐章逐节讨论修改意见，形成第三稿，最后由廖福霖统稿定稿。

各章撰写人员如下：

绪论、第一章至第四章　　廖福霖

第五章、第十六章　　朱子明

第六章　　郑国诜

第七章、第八章　　官巧燕

第九章　　罗栋燊

第十章、第十一章　　邓翠华

第十二章　　祁新华

第十三章　　钟明春

第十四章　　苏祖荣、苏孝同

第十五章　　俞白桦、吴双霞

第十七章　　谢泽峰

第十八章　　陈墀成、邓翠华

全书集中改稿人：廖福霖、罗栋燊、祁新华、官巧燕、郑国诜、朱子明、吴双霞。

本书在实证调研中，得到福建省委办公厅副主任王佗、省委政研室经济一处处长叶穗山、省发改委、经贸委、环保局；龙岩市委宣传部、社科联；厦门市委政研室、发改局、经贸局、环保局、林业局；厦门市集美区、泉州市洛江区、石狮市、永春县、德化县、仙游县、明溪县、漳平市、长汀县、永定县的领导和干群的大力支持。得到福建省三钢(集团)有限责任公司、厦门路达有限公司、厦门通士达有限公司、厦门钨业股份有限公司、厦门金龙公司、福建圣农发展股份有限公司、泉港石化有限公司，龙岩卓越新能源发展有限公司、德化县的儒苑礼瓷有限公司 、冠福家用陶瓷有限公司、鼎盛艺瓷有限公司、冠林竹木有限公司、戴云黑鸡养殖有限公司等一批企业的大力支持。

在理论探索中得到陈征教授、李建平教授、张春霞教授、庄宗明教授的指导，有幸聆听了原国家环保总局局长、全国生态文明研究领军人物曲格平教授和国际地理联合会气候委员会前主席、全球气候变化研究著名专家、德国美因兹大学曼弗雷德·道默勒斯教授等的学术报告。

在集中改稿中得到泉州市林业局、德化县林业局、戴云山国家自然保护区管理局的鼎力相助。

在研究、撰写与出版过程得到福建师范大学地理科学学院、福建省委宣传部、福建省社科联(社科规划办)、全国哲学社会科学规划办的立项与资金支持，得到中国林业出版社的大力支持。

在此一并表示感谢!

著 者

2010 年 9 月 10 日